"十四五"职业教育国家规划教材

"十二五"职业教育国家规划教材
经全国职业教育教材审定委员会审定
职业院校饭店服务与管理专业系列教材

酒水与酒文化

(第3版)

主　编　单铭磊
副主编　孙　晟　李海英　孙　欣　何　鑫
编　委　林泽慧　王　璐　牟　青　阮龙超

中国财富出版社

图书在版编目（CIP）数据

酒水与酒文化／单铭磊主编．—3版．—北京：中国财富出版社，2022.7（2026.1重印）

（“十二五”职业教育国家规划教材　职业院校饭店服务与管理专业系列教材）

ISBN 978-7-5047-7149-0

Ⅰ.①酒…　Ⅱ.①单…　Ⅲ.①酒吧—商业管理—职业教育—教材　②酒—文化—职业教育—教材　Ⅳ.①F719.3　②TS971

中国版本图书馆CIP数据核字（2020）第076972号

策划编辑　李　丽　　**责任编辑**　李　丽　　**版权编辑**　武　玥

责任印制　田　超　　**责任校对**　孙丽丽　　**责任发行**　敬　东

出版发行　中国财富出版社有限公司

社　　址　北京市丰台区南四环西路188号5区20楼　　**邮政编码**　100070

电　　话　010-52227588转2098（发行部）　　010-52227588转321（总编室）

010-52227566（24小时读者服务）　　010-52227588转305（质检部）

网　　址　http://www.cfpress.com.cn　　**排　　版**　宝蕾元

经　　销　新华书店　　**印　　刷**　北京九州迅驰传媒文化有限公司

书　　号　ISBN 978-7-5047-7149-0/F·3305

开　　本　787mm×1092mm　1/16　　**版　　次**　2022年7月第3版

印　　张　21.75　　**印　　次**　2026年1月第3次印刷

字　　数　464千字　　**定　　价**　49.00元

前　　言

习近平总书记在二十大报告中明确提出，必须坚持在发展中保障和改善民生，鼓励共同奋斗创造美好生活，不断实现人民对美好生活的向往。随着人民生活水平的不断提高，以及我国旅游业、饭店业和餐饮业的发展，商务餐饮和休闲餐饮的消费不断增加，来自世界各地的葡萄酒、烈性酒、利口酒和非酒精饮料陆续进入我国，我国酒水销售额亦呈增长态势。在新的市场条件下，人们越来越感到了解更多酒水知识和酒文化的必要性。对于我国饭店业和餐饮业来说，也迫切需要大批懂得酒水知识和酒水经营的管理人才。

《酒水与酒文化》一书是根据社会需要以及现代饭店和餐饮管理对酒水知识的需求，结合我国酒水经营实际情况，融合国内外名酒和饮料的历史、文化、种类及特点，在总结多年教学经验的基础上编写而成的。原教材自 2011 年出版以来受到使用单位和个人的一致好评，该教材于 2015 年获评教育部“十二五”职业教育国家规划教材。随着教材的不断推广，在出版社的支持下 2015 年出版了《酒水与酒文化》（第 2 版）。2023 年 6 月，《酒水与酒文化》（第 2 版）被教育部评为“十四五”职业教育国家规划教材。

本次修订的《酒水与酒文化》（第 3 版），在前两版的基础上严格按照《“十四五”职业教育规划教材建设方案》（教职成厅〔2021〕3 号）文件精神的要求，并结合该门课程专业教学标准和特色及实际岗位情况，注重全面介绍酒吧、酒水等基础知识，注重服务操作、实践技能与实战能力的系统化培训。修订后的教材打破原有教材的格局，按照实际岗位需求把整个知识点分为酒、水、酒水运行三大块，即分三篇，第一篇为酒精饮料，其中以烈酒和葡萄酒两大部分为主；第二篇为非酒精饮料，主要以咖啡和茶为主；第三篇为酒水服务与管理，主要以鸡尾酒和酒吧服务管理为主。教材既涵盖整个酒水服务的知识体系，又有重点的突出，既全面又实用。另外，本次修改还补充、更新了大量图表，强调直观性和操作性。修改后教材具有以下特点：

1. 进一步完善、创新内容与体系，更加突出实用性

本教材在使用过程中征询了多方面的意见，这次修订在考虑这些意见和建议的基础上对教学内容和体系做了进一步的完善和创新。首先，本教材内容上力求以酒水知识和现代管理理论为基础，引入酒吧经营中的典型案例，通过讲解与分析，针对酒吧产品的特殊性将酒水知识和管理理论相结合，使内容更加实用，更加便于学生掌握。其次，在体系构建上，本教材重点突出基础知识和管理理论在酒吧服务和管理中的应用，按照酒吧的服务流程和管理活动的内在联系构建本书的体系框架，做到体系为内容服务、内容为应用服务。

2. 积聚多年教学经验，凝集课程建设成果

《酒水与酒文化》自 2011 年首次出版以来，我们通过 10 余年 50 多个班次的教学使用以及征询兄弟院校使用情况和课程建设情况，对该课程从课程定位、内容选取与知识体系构建、载体选择与学习情境设计、课程资源开发、教学方法改革、实践实训教学等方面，进行了深入的研究和实践探索，取得了丰富成果和经验，对原教材的文化内涵部分有了新的认识，引进、更新了实践案例，对知识点的解读和理解有了新的提高。可以说，本教材的修订是多年来编者和教材使用者教学实践以及课程建设的结晶。

3. 注重产学结合，强化高职教育优势

第 3 版教材依据理论与实务并重、立足基础、突出应用的原则，既保持了原教材对酒水知识与酒吧经营管理原理的阐述，又加强了对实际操作方法的介绍，还增添、完善了配套的实践与实习要求以及考核标准，体现出高职高专教、学、做一体化的教学特点。

4. 注重教材的学术性，体现教师的最新成果

第 3 版教材进一步体现了编者在教学中的新研究和新成果，为教师教学设计提供了思路和借鉴。新修订内容的选取按照完整工作过程的要求，体现酒店和酒吧服务的新特征、新动向和新概念，并有编者独到的见解和诠释。编者在进行教材修订时注重选择具有典型性的案例，根据任务导向教学法的需要，以缜密的逻辑、多形式的增强记忆手段和有效的视觉运用效果，保持学生的学习兴趣。教材逻辑结构更加符合酒店、酒吧的工作实践，与现实紧密相连，内容深入浅出，更加符合学生的认知规律。此外，编者把近几年关于酒店、酒吧管理的多篇论文成果融入新版教材。

为保证教材修订的效果，在组织编写人员时，本书除主编外未让原有其他编者加入，新加入编者均为专业内教学经验丰富的一线教师。这样，在修订中既能继承原有教材的优点，又不受原教材格局和思维的限制，能较好地融入新的知识和理念。本教材由山东青年政治学院的单铭磊任主编，孙晟（山东青年政治学院）、李海英（山东旅游职业学院）、孙欣（济南技师学院）、何鑫（山东青年政治学院）任副主编。另外，烟台技师学院的林泽慧、王璐，山东旅游职业学院的牟青，山东青年政治学院的阮龙超参与了编写。其中，第一篇的第一章由单铭磊、牟青编写，第二章由李海英、单铭磊编写，第三章由单铭磊编写，第四章和第六章由孙欣编写，第五章由何鑫编写，第七章由牟青、阮龙超编写；第二篇中的第八章由孙晟编写，第九章和第十章由何鑫编写，第十一章由林泽慧编写；第三篇中的第十二章由单铭磊编写，第十三章由王璐编写，第十四章由孙晟编写，第十五章由何鑫编写；全书由单铭磊进行统稿和最终审定。教材配有电子课件、习题答案、相关视频等资料，可扫描右侧二维码获取。

在教材修订过程中得到多家院校、酒店和酒吧的帮助与支持，在此表示感谢。因为编者水平有限，本教材仍存在有待改进的地方，望广大读者批评指正。

作者

2023 年 9 月于泉城

目　录

第一篇　酒精饮料

第三篇　酒水服务与管理

第一篇

酒精饮料

第一章　酒水概述

本章概要

本章主要讲述酒的定义、酒度、酒龄、酒水的分类、酒的发展历史、酒的酿造工艺以及酒的品评与酒对健康的影响等知识。

学习目标

▲ 知识目标

(1) 了解酒的起源、发展历史和酿造工艺。

(2) 掌握酒的定义、成分和酒水的分类。

(3) 熟悉酒的品评与酒对健康的影响。

▲ 技能目标

参观实验室或技能训练场所，了解酒水实验室的相关规定。

关键性术语

酒　酒度　分类　酿造工艺

章首阅读

黄土地上结出紫葡萄

黄河自青藏高原上的约古宗列盆地发源，蜿蜒着奔腾到宁夏，带着青海的凉意，承载雪山清凉的雪水，倚着贺兰山蜿蜒而去。来自高原的黄河水一滴滴注入到宁夏葡萄酒里，融合成宁夏葡萄酒“色泽鲜明、甘润平衡、香气馥郁、酒体饱满”的中国特征和东方特质。

依靠优越的地理位置扎根贺兰山东麓，在产业上，宁夏始终坚持“酒庄基地一体化”“酒庄酒”“全产业链融合”发展模式。据宁夏贺兰山东麓葡萄酒产业园区管委会（以下简称管委会）李如意介绍，如今宁夏每个酒庄都有稳定的酿酒葡萄基地，确保了葡萄酒品质的一致性和高质量。截至2021年，全区酿酒葡萄种植基地占地面积52.5万亩，是中国最大的酿酒葡萄集中连片产区，占中国种植面积近1/3。现有酒庄228家（其中已建成酒庄116家），年产葡萄酒1.3亿瓶，占中国葡萄酒酿造总量的37.3%。目前，贺兰山东麓葡萄酒已远销40多个国家和地区。2021年，“贺兰山东麓葡萄酒”以品牌价值281.44亿元位列全国地理标志产品区域品牌榜第9位，出口额同比增长了256%。近年来，更先后有60多家酒庄的葡萄酒，在品醇客、布鲁塞尔、柏林等国际葡萄酒顶级大赛中获得1100多个大奖，真正把紫葡萄带出了黄土地，带向了世界。

“葡萄美酒夜光杯”的月色，照在“贺兰山下果园成，塞北江南旧有名”的贺兰山脉上，一千四百余年缓缓流淌而过。黄河、贺兰山奔腾、巍峨如旧，照看着宁夏葡萄酒千年来的蜕变。宁夏葡萄酒兴起于风土，蓬勃于盛世。

（资料来源：内蒙古《小康》杂志2022-10-28）

第一节　酒的定义及成分、酒度及酒龄

一、酒的定义及成分

（一）酒的定义

酒是指以粮食、水果等含淀粉或糖的物质为原料经发酵、蒸馏、配制等酿造工艺而得到的含乙醇的饮料。

（二）酒的成分

不同的酒，因为用料不同，酿造工艺不同，其所含成分也不尽相同，主要包括水、乙醇、甲醇、糖、杂醇油、矿物质和维生素等。这些物质在酒中所占比重不同，对酒的质量以及酒的色、味、体等品鉴要素会有不同的影响和作用。

1. 乙醇

乙醇，又名酒精，化学式为 C_2H_6O，乙醇的特性在很大程度上决定了酒的特性。乙醇是低毒性液体，用途广泛。乙醇的主要物理特征是：常温下呈液态、无色透明，易挥发、易燃烧，沸点约为78℃，熔点约为-114℃；不易感染细菌，刺激性较强；可溶解酸、碱和少量油类，不能溶解盐类，可溶于水；乙醇与水相互作用释放出热，体积收缩。在乙醇浓度为53%的溶液中，乙醇与水分子结合最紧密，因而刺激性相对较小。长期大量饮酒对人体器官有很大的损害，使人的大脑抑制功能减弱，会让人丧失自制力，同时辨别力、记忆力、集中力及理解力也会受到影响，甚至出现视力障碍。此外，乙醇浓度过高会抑制胃液分泌，减弱胃蛋白酶活性。

2. 甲醇

酒中还含有另一种成分——甲醇。甲醇又称木醇，它能无限溶于酒精和水，有刺激性气味。甲醇有毒性，对人体的神经系统和血液系统伤害最大。4～10g 甲醇就可引起严重中毒，它在人体内有积蓄作用，不易排出体外，其氧化的产物为甲酸或甲醛。因此，对于酒中甲醇的含量有限定性要求。

3. 酸类物质

酒中含有少量的酸类物质，如酒石酸、苹果酸、乳酸和少量的氨基酸。酒中酸类物质的主要作用是增加酒的香味，防止杂菌感染，溶解色素，稳定蛋白质，但也有不好的作用，如在原料发酵过程中，如果产生过多的挥发酸，就会使酒液腐败变质。

4. 糖

糖是引起酒精发酵的主要成分，可改变酒的味道，但如果糖过多，而且在保管的过程中温度过高，就容易再次发酵，造成变质。

5. 酯类物质

酯类物质是由醇类物质和酸类物质在贮藏过程中化合而成的一种芳香化合物。此化合物能增加酒的香气，但不易溶于水。如果白酒中这类物质过多，在加浆时易产生乳白色混浊物沉淀，影响酒的质量。

6. 杂醇油

杂醇油是几种高分子醇的混合物，有强烈的刺激性和麻醉性，一般在白酒中含量较高。杂醇油在酒液的长期储藏中会与有机酸发生化合反应，产生一种水果香，改善酒的味道。酿酒原料中蛋白质含量较高时，酒中杂醇油含量也较高。但杂醇油含量过高，对人体有毒害作用，会使人的神经系统充血。人们经常讲的“上头”，就是杂醇油对中枢神经的刺激作用引起的。杂醇油对人体的麻醉力比乙醇强，毒性也比乙醇大，在人体内的氧化速度比乙醇慢，停留的时间较长。

7. 含氮物质

含氮物质一般是指蛋白质和硝酸盐类物质，它可以改善酒的风味、口感，增强啤酒泡沫的持久性。

8. 醛类物质

醛类物质的主要作用是使酒带有辛辣味。

9. 矿物质

矿物质是指钾、镁、钙、铁、锰、铝等。它们以无机盐的形式存在于酒中，主要是黄酒、葡萄酒。

10. 维生素

酒液中的维生素主要有维生素 C、维生素 B_1、维生素 B_2、维生素 B_6、维生素 B_{12}。

二、酒度

酒度是指在规定温度下酒精饮料的酒精含量，也称作酒精度。测定酒度的标准温度一般为20℃。对于蒸馏酒，可以将蒸馏酒处于20℃标准温度下，用酒精比重表测量，并直接读出酒度即可。其他酒类则需要先采用蒸馏法蒸馏出酒精，再用比重瓶在20℃温度下称出比重，并用酒精比重表换算得出酒度。而测量出的酒度，通用的表示方法主要有三种，即容积百分数、质量百分数和标准酒度。

（一）容积百分数

容积百分数即每100mL酒中所含有的纯酒精毫升数，以%（v/v）表示。用这种方法表示酒度时，对于测定酒度所采用的标准温度各个国家的规定不尽相同，如美国一般采用60℃，法国采用15℃，而我国及其他大部分国家都采用20℃测定。例如，我国著名的二锅头酒的酒度为56%（v/v），即每100mL二锅头酒中含有纯酒精56mL。

（二）质量百分数

质量百分数即每100g酒中所含有的纯酒精的质量，以%（m/m）表示。采用这种表示方法测定时，我国和大多数国家都采用20℃为标准温度。

（三）标准酒度

标准酒度是法国著名化学家盖－吕萨克发明的，又称为盖－吕萨克酒度，或用缩写GL表示。它是指在温度为20℃的条件下，每100mL酒中酒精的含量，是一种体积表示法，通常用百分比表示，因此也被称为酒精度百分比法。这种表示法比较容易理解，使用也最为广泛。例如，威士忌一般为40%vol或43%vol，即每100mL酒中含酒精40mL或43mL。一般在酒精浓度后都会加上“vol”以表示与质量百分数表示法的区分。

（四）英制酒度

英制酒度也就是英式Proof法，又被称为Sikes。英制酒度中的酒精纯度是标准酒度的1.75倍。英制酒度是18世纪由英国人克拉克创造的一种酒度计算方法。由于欧盟采取了统一的酒度表示方法，因此英制酒度目前使用得较少。

（五）美制酒度

美制酒度也就是美式Proof法，美式酒度也用酒精纯度“Proof”表示，Proof之值等于标准酒度的2倍，如80 Proof = 40% vol。美国、加拿大等国家都是用此方法来表示酒度的。

英制酒度和美制酒度的出现都早于标准酒度的出现，它们都用酒精纯度“Proof”来表示。三种酒度之间可以通过以下公式进行换算：

标准酒度 ×1.75 = 英制酒度

标准酒度 ×2 = 美制酒度

英制酒度 ×8/7 = 美制酒度

三、酒龄

简单地讲，酒龄，即酒的储存期。酒龄的计算方法不一，不仅不同国家的酒龄计算方法不尽相同，而且不同的酒亦有不同的酒龄计算方法。例如，白兰地、威士忌和朗姆酒等酒度较高的酒，若将它们储存于橡木桶中，那么酒就会发生较大的变化，但若将其装入玻璃瓶中，酒的变化就比较小了。因而对于这些酒的酒龄一般只计算其置于橡木桶中的储存期，装入玻璃瓶之后的酒不再计算酒龄。以我国市场上占有率较高的白酒、黄酒、啤酒、葡萄酒为例，其酒龄计算方法各有特点，具体计算方法如下。

（一）白酒

过去，我国的白酒一般都被储存在陶瓷酒坛中，酒坛的某些成分会融入酒中，而且这种坛上有一些细孔，具有一定的透气作用，其中的酒亦会发生一定的变化。所以，一段时间内只以白酒在酒坛中的储存时间来计算酒龄。目前，酒厂储存白酒的容器基本改为不锈钢罐等不具有透气作用的容器，这种不透气的容器也非常适宜储存白酒，因而也以白酒在罐中的储存时间来计算酒龄。通常，白酒在装入玻璃瓶后，若酒质没有问题，那么一般不会由于温度、光线等作用而发生变化，所以，装入玻璃瓶后的白酒不再计算酒龄。当然，笔者在这里所指出的计算白酒酒龄的方式只限于一般情况。如果一瓶酒在开封后喝喝停停，存放时间很长，那么，开封时的酒质和最后的酒质一定会有较大的差异，这种情况就需要另当别论了。

（二）黄酒

黄酒酒龄的计算方法与白酒的类似，也是从酒制好装入酒坛或罐中开始计算，直至杀菌后装入玻璃瓶为止。

（三）啤酒

啤酒酒龄的计算方法比较简单。过去，啤酒酒龄通常可达到3个月，现在即便是出口的啤酒，其酒龄也已缩短为1个月了。目前，制造啤酒的厂商大多采用“一、二制”发酵法，也就是啤酒的前发酵期为 1 个星期，后发酵期为 2 个星期，采用这种方法所酿造的啤酒，其酒龄基本上也就无从谈起了。

（四）葡萄酒

葡萄酒酒龄从发酵结束后开始计算，整个储存的时间均可计算为酒龄。也就是说，即便葡萄酒已经装瓶，只要装瓶前后未经杀菌，那么，装瓶后仍可计算酒龄。一般来讲，凡是酒精含量在 12% 以上的葡萄酒，装瓶后都无须杀菌，可以继续计算酒龄。

小贴士一

酒并非“愈陈愈好”

酒经过较长时间的储存之后，会变得香醇滋润，美味可口。因为在储存过程中，醇类物质与有机酸发生化学反应，产生酯类物质，从而使酒气香醇沁人，但并非人们通常所认为的酒“愈陈愈好”。一般优质酒以储存4 ~ 5 年为最佳，如果继续储存，到了一定程度就会造成酒度下降，酒味变淡、香气消失，乃至发生质的变化。所以，将酒无限期地存放是不妥的。

小贴士二

李渡无形堂元代烧酒窖遗址

李渡镇有 800 多年的酿酒历史，是中国烧酒发源地之一。2002 年，对李渡镇的考古挖掘将中国烧酒酿造历史往前推了 200 多年。李渡无形堂元代烧酒窖遗址如图 1 – 1 所示。

图 1 – 1　李渡无形堂元代烧酒窖遗址

第二节　酒水的分类

一、酒水的概念

人们通常认为，酒水是一切含酒精的饮料和不含酒精的饮料的统称，并把含酒精的饮料称为酒，把酒精含量低于0.5%的饮料称为软饮料。酒水也被称为饮料，从其功能角度来讲，酒水是能够供给人类水分及营养物质，并经过一定的酿造工艺制作出来的供饮用的液体食品。

二、含酒精的饮料分类

从酒水的概念可知，酒水本身就是两种饮料的合称，一类是含酒精的饮料，另一类是不含酒精的饮料，这是最常见也是最简便的酒水分类的方法。酒精饮料即“酒水”中的“酒”，指含有酒精、可饮用的液体，酒精含量一般为0.5%～75.5%。酒精饮料具有令人兴奋、麻醉的特殊作用，具有一定的刺激性。日常生活中的酒精饮料主要有葡萄酒、啤酒、黄酒、药酒等。

（一）按工艺分类

1. 酿造酒

酿造酒亦可称为发酵酒，又被称为原汁酒，是在含有糖分的液体中加入酵母进行发酵而产生的含酒精的饮料。酿造酒的主要原料是谷物和水果，其特点是酒精含量低，属于低度酒。酿造酒有水果酿造酒和谷物酿造酒两种。

（1）水果酿造酒。水果酿造酒是以水果为原料经发酵制成的酒，如葡萄酒、苹果酒、梅酒、杏酒等，其中以葡萄酒最为多见，它也是人们最喜欢的品种之一。

（2）谷物酿造酒。谷物酿造酒是以谷物为原料经发酵而制成的酒，在谷物酿造酒市场上销售量最大的应是啤酒。中国的黄酒和日本的清酒也属于谷物酿造酒。

2. 蒸馏酒

蒸馏酒是把原料发酵后，经过一次或多次蒸馏而得到的高酒度的酒液。其酒度不低于24%vol，属于烈性酒。各种白酒大都属于这种类型。蒸馏酒有谷物蒸馏酒、水果蒸馏酒和果杂蒸馏酒三种。

（1）谷物蒸馏酒。谷物蒸馏酒是将谷物发酵酒进行蒸馏得到的烈酒，如威士忌、伏特加、金酒、中国白酒等。

（2）水果蒸馏酒。水果蒸馏酒是将水果发酵酒进行蒸馏得到的烈酒。如葡萄白兰地、苹果白兰地、樱桃白兰地等。

（3）果杂蒸馏酒。果杂蒸馏酒是用除谷物、水果之外的一些不常用的原料酿造的发酵酒进行蒸馏得到的烈酒，如朗姆酒、特基拉。

3. 配制酒

配制酒是在发酵酒、蒸馏酒或食用酒精中加入药材、香料或特定的植物等浸泡、配制而成的酒。其酒度多在22% vol左右，个别配制酒的酒度高些，但一般都不超过40% vol。中国的药酒、露酒都属于这种类型。欧洲国家的配制酒品种较为丰富，根据配餐的习惯，可以分为以下三大类：

（1）开胃类配制酒。开胃类配制酒一般在餐前饮用，有开胃的作用。主要有味美思、苦味酒、茴香酒。

（2）佐甜食类配制酒。佐甜食类配置酒也被称为甜食酒，是以葡萄酒为酒基，加入蒸馏酒勾兑而成的，因此也被称为强化葡萄酒。甜食酒的糖度和酒度均高于一般的葡萄酒。但是其中的甘型甜食酒也常被称为开胃酒来饮用。甜食酒的主要种类有雪利酒、波特酒、玛德拉酒、玛萨拉酒。

（3）餐后用配制酒。餐后用配制酒即利口酒，一般在餐后饮用，含糖度较高。根据加入材料的不同，利口酒可分为果料类利口酒、草料类利口酒和种料类利口酒。

（二）按酒度分类

1. 高度酒

酒度在40% vol以上的酒均为高度酒，主要是各种蒸馏酒，如白兰地、威士忌、茅台等。

2. 中度酒

酒度为20% vol ~ 40% vol的酒为中度酒，主要是各种配制酒，如味美思、五加皮等。

3. 低度酒

酒度在20% vol以下的酒为低度酒，主要是各种发酵酒，如葡萄酒、啤酒、清酒等。

（三）按商业分类

酒店业与餐饮业为方便顾客购买酒品，一般将酒分为以下几种：

①开胃酒。

②雪利酒和波特酒。

③烈酒，主要包括普通威士忌、高级威士忌、波旁威士忌、加拿大威士忌、普通白兰地、干邑、金酒、朗姆酒、特基拉、伏特加。

④利口酒，如百利甜、咖啡利口酒等。

⑤葡萄酒，如红葡萄酒、白葡萄酒、玫瑰红葡萄酒等。

⑥啤酒，如科罗娜、百威、嘉士伯等。

⑦鸡尾酒，包括长饮类鸡尾酒、短饮类鸡尾酒、无酒精鸡尾酒等。

（四）中国酒的分类

中国酒基本是谷物酒。在数千年的酿造史中，中国偏重于烈酒类的酿造。中国酒的分类没有外国酒的分类细，严格地说，中国酒主要是白酒、黄酒和药酒。葡萄酒和啤酒基本是从国外引进的。

1. 白酒

中国白酒是以谷物及其他含有丰富淀粉的农副产品为原料，以酒曲为糖化发酵剂，经发酵、蒸馏而成的高酒精含量的酒。中国白酒颜色透明、质地纯净、醇香浓郁、味感丰富，按香型可分为酱香型、浓香型、清香型、米香型和复合香型等。

2. 黄酒

黄酒又称压榨酒，以谷物（主要是糯米和黄米）为主要原料，经过特定的加工工艺酿制而成的一种低酒精含量的原汁酒，酒精度为12% vol ~ 18% vol。黄酒酒质醇厚幽香、味感和谐，按原料和酿造方法、风味可分为江南黄酒（绍兴黄酒和花雕酒）、山东黄酒（老酒和兰陵美酒）、福建黄酒（福建老酒和沉缸酒）。

3. 药酒

药酒是配制酒，以烈酒作为酒基，加入各种中药材经过酿制或泡制而成的一种具有药用价值的酒。因加入的药材不同，药酒的药用功效各有不同。常见的药酒有五加皮酒、人参酒、五味子酒、灵芝酒、竹叶青酒等。

（五）外国酒的分类

外国酒经常被称为洋酒，实际上是对进口酒类的总称，包括烈酒、葡萄酒、配制酒等。

1. 烈酒

烈酒主要有六大类，即白兰地、威士忌、伏特加、朗姆酒、金酒和特基拉。

2. 葡萄酒

葡萄酒主要有红、白、桃红、起泡酒等类型，一般酒度为12.5% vol上下，目前，在中国市场上红葡萄酒仍为主流，白葡萄酒、桃红葡萄酒、起泡葡萄酒及甜型葡萄酒均有上升趋势。另外，葡萄酒的产地逐渐增多。同时，我国葡萄酒市场地位有很大提升，产区概念逐渐凸显，主要有山东、河北、宁夏、新疆、山西、云南、甘肃、东北等地。

3. 配制酒

比较常见的配制酒有苦艾酒、波特酒和雪利酒，这些酒常被用来调制鸡尾酒。利口酒也比较常见，并且种类繁多，一般都带有芬芳的气味、甜蜜的味道，也常被用来调制鸡尾酒。

三、不含酒精的饮料分类

不含酒精的饮料（软饮料）即“酒水”中的“水”。有些软饮料含有少量的酒精（含量在0.5%以下），但酒精主要是起到调香、调味的作用，因此这种饮料仍属于软饮料。软饮料的作用主要是解渴、提神以及补充人体水分。

软饮料是近现代食品工业的产物，主要包括碳酸饮料、果蔬汁饮料、乳品饮料、瓶装饮用水、运动保健型饮料、嗜好饮料、无酒精鸡尾酒以及“不含酒精”的麦芽饮料和无醇葡萄酒等。随着食品工业的发展，必然会出现越来越多的新型软饮料，以满足人们多样化的需求。

（一）碳酸饮料

碳酸饮料俗称汽水，是指在一定条件下压入 CO_2 气体的饮料，不包括因发酵自身产生 CO_2 的饮料。

1. 果汁型碳酸饮料

果汁型碳酸饮料是指原果汁含量不低于2.5%的碳酸饮料，如橘汁汽水、橙汁汽水、菠萝汁汽水或混合果汁汽水等。

2. 果味型碳酸饮料

果味型碳酸饮料是指以食用香精为主要赋香剂以及原果汁含量低于2.5%的碳酸饮料，如芬达、雪碧、七喜等。

3. 可乐型碳酸饮料

可乐型碳酸饮料又名黑色饮料，指含有焦糖色素、可乐果、古柯叶、月桂提取的香辛料及柠檬油、甜橙油等香料，或者是它们的代用品的碳酸饮料，如可口可乐和百事可乐。无色可乐不含焦糖色素。

4. 低热量型碳酸饮料

低热量型碳酸饮料是指以甜味剂全部或部分代替糖类的各种碳酸饮料和苏打水，其热量不高于75KJ/100mL。

5. 其他型碳酸饮料

其他型碳酸饮料是指除上述四种类型以外的含有植物提取物或以非水果香型的食用香精为赋香剂的碳酸饮料，如姜汁汽水、运动汽水等。

（二）果蔬汁饮料

果蔬汁饮料即以水果、蔬菜为原料制作的不含酒精的饮料。自20世纪20年代初开始，食品中的维生素和其他营养成分的意义和作用逐渐为人们所认识，从而使新鲜水果和蔬菜的消费量迅速增加。目前，果蔬汁饮料的消费量仍然持续上升。果蔬汁饮料无统一的国际性产品标准，一般是各个国家自己制定。

1. 天然果汁

天然果汁是由新鲜水果直接榨汁，不稀释、不发酵的纯果汁，其果汁含量为100%。

2. 果汁饮料

果汁饮料是在天然果汁中加入水、糖、酸味剂、色素等调制而成的单一果汁或混合果汁制品，果汁饮料的果汁含量通常为6%～30%，可以直接饮用。

3. 浓缩果汁

浓缩果汁是新鲜成熟水果榨汁后经过浓缩，加糖、色素、防腐剂、香料、乳化剂及人工甘味剂等调制而成的果汁制品，食用时须加水稀释。

4. 果浆

果浆是将水果的可食用部分用打浆工艺制成的，与原果汁相比，果浆中含有水果除皮、核等以外的所有可食用成分，而原果汁含有的是溶于水的各种成分。果浆可去水制成浓缩果浆，反过来，浓缩果浆可以加水制成果浆。

5. 果肉果汁

果肉果汁是指含有少量的细碎果粒的饮料，可通过在果浆或浓缩果浆中加水、糖、酸味剂、香精等调制而成。果肉果汁的成品中，果浆含量通常在300g/L左右。

6. 其他蔬菜类饮料

（1）蔬菜汁。蔬菜汁是在用机械方式加工制得的蔬菜汁液中加入食盐或糖等调制而成的饮料，例如在番茄汁中加入0.5%的盐。

（2）蔬菜果汁。蔬菜果汁是在蔬菜和水果中加入水、糖液、酸味剂等经压榨和调制而成的可直接饮用的饮料。含有两种或两种以上蔬菜汁的饮料称为混合蔬菜果汁饮料。

（三）乳品饮料

1. 鲜奶饮料

常见的鲜奶饮料包括纯牛奶、脱脂牛奶、高钙牛奶和加味型牛奶等。

2. 发酵型含乳饮料

发酵型含乳饮料是指以鲜奶或乳制品为原料，经乳酸菌培养发酵制得乳液，再向其中加入水、糖、酸味剂等调制成的饮料。成品中蛋白质含量不低于10g/L的被称为乳酸菌乳饮料，蛋白质含量不低于7g/L的被称为乳酸菌饮料。

3. 配制型含乳饮料

配制型含乳饮料是指以鲜牛奶或乳制品为原料，加入水、糖、果汁、香料、CO_2等配制而成的饮料。

（四）瓶装饮用水

水是人体维持正常生理活动的必需品，水有助于人的新陈代谢，经常饮水对身体健康有很大的好处，人体每日的最佳饮水量在2500mL左右。

1. 饮用水

饮用水通常是先从政府允许的水源处取水，然后进行过滤或用其他方法处理再装瓶。

2. 纯净水

纯净水是美国科学家发明的经过蒸馏处理的水，纯净水去除了普通水中所含的各种矿物质。由于它不含任何杂质，故在美国被称为"Purified Water"，在日本被称为真水，在我国则被称为纯净水。

3. 天然水

天然水是指来自地下泉水或井水的饮用水，水里不得掺入其他物质，但允许过滤。从地下流到地表的水被称为泉水，如果泉水未经过任何处理，未加入任何物质，也未去除任何物质，可以贴上"天然"的标签，产品可以叫作"天然泉水"。

4. 矿泉水

矿泉水是含有适量矿物质成分的水，其主要的苦味是由水中的钙、镁、钾、钠等成分引起的，这些矿物质来自矿物的无机盐类。

5. 气泡水

气泡水是指任何含有CO_2的水，气泡水中的CO_2可以是天然的，也可以是人工的，人工气泡水是通过人工加压向普通水中注入CO_2气体制成的。

（五）运动保健型饮料

1. 运动饮料

运动饮料就是根据人体运动时的生理消耗特点配制而成的饮料，可以有针对性地补充运动时流失的营养，具有保持、提高运动能力，加速消除运动后疲劳的作用，如脉动、佳得乐等。

2. 营养素饮料

营养素饮料一般会添加适量的食品营养强化成分，以快速补充人体体能的消耗，帮助人体快速恢复体力和精力。营养素饮料常常含有咖啡因，如红牛维生素饮料。

（六）嗜好饮料

嗜好饮料的共同特点就是含有刺激性，常见的嗜好饮料就是被称为世界三大饮料的茶、咖啡、可可。

（七）无酒精鸡尾酒

无酒精鸡尾酒是经过调制的不含酒精或者含微量酒精的混合饮料。无酒精鸡尾酒盛入载杯后可以添加装饰物或加入大量的果汁。

（八）“不含酒精”的麦芽饮料

“不含酒精”的麦芽饮料在产品上均说明其酒精含量在0.5%以下，而且不能当作啤酒或任何相关酒类出售，只能以“麦芽饮料”“谷物饮料”出售。

（九）无醇葡萄酒

无醇葡萄酒指的是发酵结束后去除酒精的葡萄酒，酒精含量在0.5%以下。无醇葡萄酒让很多由于对酒精过敏或其他原因而无法饮用葡萄酒的人士得以享受葡萄酒的美味。

小贴士

饮酒与健康

俗语说：“无酒不成席，无酒不成礼。”逢年过节、亲朋宴请、迎宾喜庆等都少不了酒，酒在某种程度上已成为人们交流情感的使者。而只有充分了解饮酒对人体健康的影响，掌握科学的饮酒知识和方法，才能在饮酒中获得真正的乐趣。酒具有双重性，饮之得当，会给人们带来欢乐；饮之不当，又常常给人们带来痛苦和疾病。那么，怎样来把握这个度呢？饮之得当，一是不贪杯，对健康的人来说，饮酒能增强食欲，产生轻度的快感；二是患有高血压、心脏病、动脉硬化等疾病的患者，应尽量少饮酒或不饮酒，避免病情加重和发生意外。饮之不当，酒精会减弱大脑对中枢神经的控制，进而抑制大脑功能，还会损伤胃黏膜。长期大量饮酒，会造成慢性酒精中毒，使人的理解力、记忆力下降，手指不时颤抖，甚至精神反常，还会引发酒精性脂肪肝和肝硬化等疾病。

第三节 酒的发展历史

人类何时开始酿酒，酒发源于何地，在世界范围内，目前考古界还难以确定。但是目前学术界认为：酒是从自然发酵到人工发酵，是集体发明的，不是某个圣贤发明的。酿酒起源于自然发酵，成熟于人工发酵，发展于工业发酵。中国是世界上较早掌握酿酒技术的国家之一。中国古代在酿酒技术上的一项重要发明就是用酒曲酿酒。古人从利用自然微生物到人为控制微生物，对酿酒技术是一个很大的推进。

一、发酵酒的发展历史

（一）世界发酵酒的发展历史

1. 发展概述

世界上酒的起源可以追溯到史前时期。就生产方法而论，有发酵酒和蒸馏酒两类。古时的发酵酒是在发酵结束后稍加处理即可饮用的低酒度饮料酒，如葡萄酒等水果酒，啤酒、黄酒等谷物酒，发酵酒出现得较早；蒸馏酒出现得较晚，是在发酵酒基础上经蒸馏而得的高酒度饮料酒，主要有白酒、白兰地、威士忌和伏特加等。

发酵酒是指以谷物、果汁、奶液等为原料，经发酵而得的酒。这类酒的酒精含量一般不高，主要包括葡萄酒、啤酒、米酒、奶酒。葡萄酒主要以葡萄为原料酿造而成。依据酿造过程划分，葡萄酒可分为一般葡萄酒、气泡葡萄酒、强化葡萄酒和混合葡萄酒四种。一般葡萄酒就是人们平常饮用的红葡萄酒、白葡萄酒和桃红葡萄酒。啤酒是用麦芽、啤酒花、水和酵母发酵而产生的含酒精的饮品的总称。啤酒按发酵工艺分为底部发酵啤酒和顶部发酵啤酒：底部发酵啤酒包括黑啤酒、干啤酒、窖啤酒和慕尼黑啤酒等；顶部发酵啤酒包括淡色啤酒、苦啤酒、黑麦啤酒等。米酒主要以大米、糯米为原料，与酒曲混合发酵而制成，其代表为我国的黄酒和日本的清酒。

人类酿酒的历史始于距今4万～5万年前的旧石器时代。当时人类有了足以维持基本生活的食物，又能短期地储存食物，因而有条件去模仿大自然的自酿过程。人类最早的酿酒活动是对葡萄酒、啤酒、黄酒的酿造，是简单重复大自然的自酿过程。人工酿酒、进行有目的的生产活动，是在人类进入新石器时代、出现了原始农业之后开始的。这时，人们有了比较充裕的食物，又会制作陶制器皿，才使得人工酿酒成为可能。

2. 葡萄酒的发展历史

葡萄酒起源于公元前7000年—公元前5000年，作为西方文明的标志，葡萄酒在人类历史中扮演着非常重要的角色。

（1）初始时期。考古发现，第一批种植葡萄和酿造葡萄酒的闪族人可能居住在外高加索至高加索山脉南部地区，在黑海和里海之间，位于当今的亚美尼亚和格鲁吉亚境内。这个时期的闪族人学会了酿造葡萄酒。埃及人和腓尼基人是闪族人的贸易伙伴，他们跟闪族人学会了葡萄的种植和葡萄酒的酿造，对葡萄酒文化的传播产生了非常重要的影响。古埃及人在壁画里详细记录了他们酿酒的整套工艺。约在公元前2000年，埃及人把葡萄种植及葡萄酒酿造技术传到了古希腊。在公元前1000年到公元前960年，葡萄的种植及葡萄酒酿造技术在地中海地区广泛传播。古罗马在最强大的时期统治了欧洲大陆，葡萄酒也就随着古罗马的军队传播到了法国、德国等地区。古罗马人还用手稿记录了葡萄栽培和葡萄酒的酿造过程，阐述了土壤、坡度和葡萄园选址的重要性，使欧洲大陆的葡萄酒贸易得到发展。

（2）发展时期。大约在公元前4世纪，古罗马文化衰退，在这个时期基督教修道院的葡萄园如雨后春笋般涌现。葡萄酒在基督教文化中是圣餐的重要组成部分，因此每个修道院都在开发葡萄园，研究酿酒技术，并记录了当时的葡萄种植及酿酒技术。法国修士还发明了香槟酒的酿造技术，为葡萄酒文化做出了卓越的贡献。15世纪之后，欧洲地区的葡萄种植及葡萄酒酿造从教会走向民间，基督教文化的传播、殖民战争的推行、世界范围内的商贸往来，促进了葡萄酒行业在欧洲地区、美洲地区、亚洲地区、大洋洲地区迅速发展。19世纪末，欧洲地区优质葡萄酒的紧缺使假冒伪劣产品猖獗，为了保护原产地葡萄酒，各国政府积极采取措施抵制假货，保证地理产区的真实性和优质葡萄酒的产权。20世纪30年代，法国已经建立了原产地命名控制制度，以法律保护优质葡萄酒产区，这一做法后来成为国际葡萄酒行业效仿的对象，各国纷纷建立各自的原产地保护机制和法规条例。

3. 谷物酒的发展历史

据考证，生活在美索不达米亚平原地区的人们约在公元前6000年就在黏土板上雕刻了啤酒的制作方法；约在公元前4000年，人们已熟练地使用大麦、小麦、蜂蜜等原料制作啤酒；约在公元前3000年，人们已经用啤酒花酿造啤酒。人们从利用谷物自然酿酒到人工酿酒，经历了一段漫长的时期。约公元前5000年—公元前3000年，在中国，人们发现谷物可以自然发酵并酿成低度酒，这是谷物发酵酒的萌芽期，在这个时期利用发酵法酿造的酒多属于黄酒、果酒、奶酒。中国在以后的酿酒过程中发明了用“曲”来酿酒的技术。中国黄酒的酿造技术伴随着中国历史的发展而不断传承和创新，从自然发酵到工业发酵，进入了现代智能化、规模化发展时期。酿酒技术的发明是人类在效仿生物活动中迸发出的聪明才智的结晶。

（二）中国发酵酒的发展历史

1. 发展概述

人类开始农业生产之时，便懂得把成熟的谷物收藏起来，但是谷物经常受潮、发芽、霉变，从而发生糖化和酒化反应。这大概是最早出现的自酿谷物酒。人类通过观察自然酒的产生过程，并不断模仿、实践，终于掌握了用粮食来制酒的人工酿酒技术。中国的甲骨文和金文中都有“酒”字。在原始社会时期，酿酒的必需条件是有农业和制陶业，中国新石器时代早期已经完全具备这些条件，在黄河流域的磁山文化、裴李岗文化、仰韶文化、李家村文化等早期文化中已出现较发达的农业和制陶业。在商周时期人们发现了曲蘖，并开始在酿酒过程中使用。到了春秋战国时期，人们普遍掌握了用“固态发酵法”与“复式发酵法”酿酒，并传承发展到现在。以“曲”酿酒是中国酿酒技术的进步。

2. 谷物酒的发展历史

中国传统酿酒呈阶段性发展，分为初始期、成长期、成熟期、提高期和融合期。

（1）初始期。在中国用谷物酿酒的初始期，酒史中记载了黄帝酿酒、猿猴造酒、仪狄造酒、杜康造酒的传说。公元前4000年—公元前2000年，即由新石器时代的仰韶文化早期到夏朝初期，是中国谷物酿酒的初始期。

黄帝酿酒：史书记载，在黄帝时代人们就已开始酿酒。《黄帝内经》中记载了黄帝与岐伯讨论酿酒的情景，黄帝以乳汁酿酒从而得到乳酒，称“醴酪”，是中国乳酒的最早记载。

猿猴造酒：洪荒时代的古猿将吃不完的果实藏于岩洞、石洼中，因为果皮上及自然界中分布着酵母菌，时间久了果实腐烂，通过果皮及自然界的酵母菌自然发酵而生成了低酒精度的果酒。

仪狄造酒：相传夏禹时期的仪狄发明了造酒技术。《战国策》中记载了仪狄造酒的情形。

杜康造酒：《世本》等书，都对杜康造酒有过记载。

（2）成长期。公元前2000年—公元前200年为中国谷物酿酒的成长期。在这个时期，中华民族的先民发明了酒曲，使中国成为世界上最早用酒曲酿酒的国家。随着人类社会逐步进入农业社会，出现了谷物酒。在谷物酒的酿造过程中，因谷物不能直接与酵母发生作用而生成酒精，人们发明了酒曲，用酒曲发酵，使谷物转化成低度酒液，使酿酒逐步变成了人类自觉、有意识的生产行为。就在这个时期，酿酒业得到了很大发展，官府设置了专门酿酒的机构。

（3）成熟期。公元前200年—1000年是中国谷物酿酒的成熟期。此时，《齐民要术》等著作问世；黄酒、果酒、药酒及葡萄酒等酒品也有了进步；李白、杜甫、白居易、杜牧等写下了关于酒的脍炙人口的诗篇。政治、经济、文化等各方面的因素促使中国谷物酿酒进入了黄金时代。魏晋南北朝时期，酒业繁荣，饮酒不但盛行于贵族中，而且流行于民间。国内经济的繁荣和对外贸易的兴起，使中西酒文化得以互相渗透，为中国酿酒事业的发展进一步奠定了基础。

（4）提高期。1000 年—1840 年，酿酒技术提高的标志为用曲不用蘖，酿酒技术大为改进，酒的度数大大提高，名酒大量出现，酒的品种迅速增多，酒的药用价值也为人们所认识。这个时期是中国谷物酿酒的提高期。其间蒸馏器传入中国，促进了中国白酒的发明。

（5）融合期。1840 年至今是中国谷物酿酒的融合期。在此期间，西方的酿酒技术与中国传统的酿酒技术相互吸收；啤酒、白兰地、威士忌、伏特加及日本清酒等外国酒在中国立足生根；竹叶青酒、五加皮酒、“玉冰烧”等新酒种的产量迅速增长；传统的黄酒、白酒也各显特色。中国谷物酿酒事业进入了空前繁荣的时代。

3. 葡萄酒的发展历史

葡萄，我国古代曾叫“蒲陶”“蒲萄”“蒲桃”“葡桃”等，葡萄酒则相应地被叫作“蒲陶酒”等。在植物分类学中，葡萄属于葡萄科—葡萄属—真葡萄亚属，真葡萄亚属又分为三个种群：欧洲种群、东亚种群和美洲种群。其中，东亚种群主要分布在中国。原产于中国的葡萄属植物有 30 多种（包括变种）。例如山葡萄、葛藟刺葡萄、蘡薁等，都是本土葡萄。远古时期的葡萄酒并非人为酿造而成，实际上是野生葡萄腐烂后由其表皮上的野生酵母自然发酵而成的果酒，古时被称为“猿酒”。中国正式的葡萄酒起源于汉朝，发展于现代。

（1）汉朝：葡萄酒起源期。关于中国葡萄酒最早的记载出现在西汉时期的《史记》中，张骞出使西域，引入了葡萄种植技术和葡萄酒酿造技术，并在新疆、甘肃河西走廊、陕西、华北、东北等地广为传播。

（2）魏晋南北朝：葡萄酒兴起期。魏晋南北朝时期，葡萄酒业的生产和消费又有了新发展。从当时的文献记载中可以看到，葡萄酒文化从宫廷渐渐传播到民间，并被当时的人们广泛接受。

（3）唐朝：葡萄酒灿烂期。640 年，唐太宗发动了对西域高昌国的正式进攻，并从高昌国获得了马乳葡萄种和葡萄酒酿造法及酒器。唐太宗不仅在皇宫里大量种植葡萄，还亲自参与葡萄酒的酿制。此后葡萄酒在唐朝大为流行，在唐朝的诗词歌赋中有许多关于葡萄酒的词句。

（4）宋朝：葡萄酒衰落期。两宋时期，葡萄酒依旧是苏东坡等人诗词中常见的宴饮物品。到了北宋末年，经过战乱，真正的葡萄酒酿酒法在中原地区基本失传。除了从西域运来的葡萄酒外，宋朝人还自酿葡萄酒，但其味道并不好。

（5）元朝：葡萄酒鼎盛期。元朝贵族十分喜爱马奶酒和葡萄酒。元朝酿造葡萄酒时使用了多种工艺，葡萄酒第一次上升为“国饮”，与马奶酒一同被皇室列为国事用酒，元朝还规定，在太庙祭祀先祖时必须使用葡萄酒。元朝的葡萄酒在民间也很普及，民间百姓多能自酿。

（6）明清：葡萄酒低潮期。明朝时期传承了元朝饮葡萄酒的习俗。清朝前期，因为满族人不喝葡萄酒，葡萄酒酿造就被中止了。清朝中期以后，欧洲各类葡萄酒开始大规模进入中国，成为上层人士款待嘉宾的上佳酒品，清朝中期本土的葡萄酒开始走向衰落，洋葡萄酒日渐流行。

（7）清末至今：葡萄酒复兴期。1892 年，爱国华侨张弼士在山东烟台创办了张裕酿酒公司，从国外引进欧亚种葡萄在烟台栽培并进行工业化酿造葡萄酒，以后发展到太原、青岛、北京等地。1892 年之后，我国葡萄酒产业进入复兴时期。我国不断发展和西方国家的葡萄酒贸易，还大力扶持本国的葡萄酒产业，特别是改革开放之后，我国葡萄种植面积名列世界前茅，主要产区有胶东产区、东北产区、黄河产区、新疆产区、河北产区、天津产区、宁夏产区、甘肃产区、云南产区及其他产区。葡萄酒贸易繁荣兴盛，很多企业及个人到国外名产区收购酒庄，大力发展本土葡萄酒品牌，目前我国主要的葡萄酒名企业和名酒庄驰名中外，葡萄酒的发展进入高潮期。

二、蒸馏酒的发展历史

（一）世界蒸馏酒的发展历史

蒸馏酒是把经过发酵的酒液，通过蒸馏器经过一次或多次的蒸馏而提取的高酒度酒液。世界上的蒸馏酒分为白酒、白兰地、威士忌、伏特加、金酒、朗姆酒、特基拉等。白酒是中国特有的，用谷物酒蒸馏而成；白兰地是发酵后的葡萄酒蒸馏而成的；威士忌是大麦等谷物发酵后经蒸馏而成的；金酒是在葡萄发酵酒中加入杜松子等多种植物香料蒸馏而成的；朗姆酒是甘蔗酒液经多次蒸馏而成的；特基拉是用龙舌兰的根茎发酵蒸馏而成的。由此可见，蒸馏器的发明是蒸馏酒起源的必需条件。

亚里士多德曾经写道：“通过蒸馏，先使水变成蒸气继而使之变成液体状，可使海水变成可饮用水。”这说明当时人们发现了蒸馏的原理。在中世纪早期，阿拉伯人发明了蒸馏器，并用以提炼香水，之后也对发酵酒进行蒸馏而得到烈性酒。在 10 世纪，一位名叫阿维森纳的哲学家曾对蒸馏器进行过详细的描述。1313 年，加泰隆（欧洲民族之一，主要分布在西班牙）的一位教授是第一个记载蒸馏酒的人。国外已有证据表明，大约在 12 世纪，人们制成了蒸馏酒。据说当时蒸馏得到的烈性酒并不是供人饮用的，而是作为燃料和使用溶剂，后来烈性酒又辅助药品使用。早期国外的蒸馏酒基本都用葡萄发酵酒蒸馏而得。

（二）中国蒸馏酒的发展历史

中国白酒是蒸馏酒，白酒多以含淀粉物质为原料，如高粱、玉米、大麦、小麦、大米、豌豆等，其酿造过程大体分为两步：第一步是用米曲霉、黑曲霉、黄曲霉等将淀粉分解成糖类，这一步被称为糖化过程；第二步由酵母将葡萄糖发酵产生酒精。

1. 发展概述

从蒸馏工艺来看，唐朝陈藏器所著的《本草拾遗》中就有了“甑气水”“以器承取”的记载，说明在唐朝就已经使用蒸馏器；明朝李时珍在《本草纲目》中说“烧酒非古法也，自元时始创其法”，李时珍认为元朝开始使用蒸馏器；有的史料认为蒸馏器是唐朝从阿拉伯国家传入的。本书观点倾向于蒸馏器的使用是从唐朝开始的。总而言之，中国白酒的生产经历了从液态发酵与蒸馏到固态发酵与蒸馏的过程。中国白酒的蒸馏技术和酿造工艺是中华民族的伟大发明，这是中国白酒科技发展史上的一次飞跃。

2. 中国蒸馏酒的发展历程

（1）汉朝。上海博物馆收藏的汉朝青铜蒸馏器以及四川两次出土的东汉“酿酒”作坊的画像砖，都表明液态法蒸馏酒的产生应起源于汉朝。

（2）唐朝。唐朝为蒸馏酒发展初期。640 年，唐朝军队攻克西域高昌，有了“唐时破高昌始得其法”之说，唐太宗便在宫廷中种植葡萄和学习酿酒。新疆地区早在唐朝便会使用固态法酿造蒸馏酒，是中国固态法蒸馏酒的雏形。

（3）宋朝。北宋田锡的《曲本草》中记载了一种酒，即经过 2～3 次反复蒸馏便得到的高度酒。1975 年，河北省青龙县出土了一套金代铜烧酒锅，是一个加篦式的青龙蒸馏器，专家断定它的年代最迟不超过 1161 年。这说明宋朝时人们便使用蒸馏器蒸馏高度酒了。

（4）元朝。白酒始创于元朝的依据是医药学家李时珍在《本草纲目》中的记载。在元朝，人们已经熟练使用固态发酵工艺进行酒的蒸馏，酒度比液态蒸馏酒高得多。

（5）明清时期。明清酒业在制曲技术、酿酒技术、酒业规模、酒类品种、理论总结等方面取得了很大的进步。明清时期，我国酿酒已经形成了南酒、北酒两大体系，洋酒也传入我国。南酒是南方风味酒，以江、浙、皖为代表，主要是以绍兴酒为首的黄酒系统。北酒以京、冀、晋、鲁、豫、陕等为代表，以烧酒为最。洋酒，有六大烈酒、葡萄酒、啤酒等，这些舶来品对我国近现代酒业的发展影响很大。

（6）当代。我国酿酒事业进入了空前繁荣的时代。酿造工艺、白酒品牌、白酒企业等都呈现品质化、规模化发展。现在，市场繁荣稳定，人们喜欢的品类更加多样化。

中国白酒在世界蒸馏酒中扮演着重要角色，是世界文化遗产的重要组成部分。但是，白酒酒精含量高，易危害人体健康，现在世界各国已经出现高度酒向低度酒转变、蒸馏酒向发酵酒转变、粮食酒向果酒转变的态势。

小贴士

我国出土汉代蒸馏器

马承源先生撰文《汉代青铜蒸馏器的考古考察和实验》，介绍了上海博物馆收藏的一件青铜蒸馏器。该青铜器由甑和釜两部分组成，经过青铜专家鉴定该青铜器是东汉早期或中期的制品。用此蒸馏器做蒸馏实验，蒸出了酒度较低的蒸馏酒。在安徽滁州黄泥乡也出土了一件几乎一模一样的青铜蒸馏器。专门研究这一课题的专家认为，我国早在公元一二世纪时期，人们在日常生活中便已使用青铜蒸馏器了，但他们并未认定此蒸馏器就是用来蒸馏酒的。上海博物馆馆藏蒸馏器如图 1－2 所示。汉代铺首衔环弦纹铜蒸馏器如图 1－3 所示。

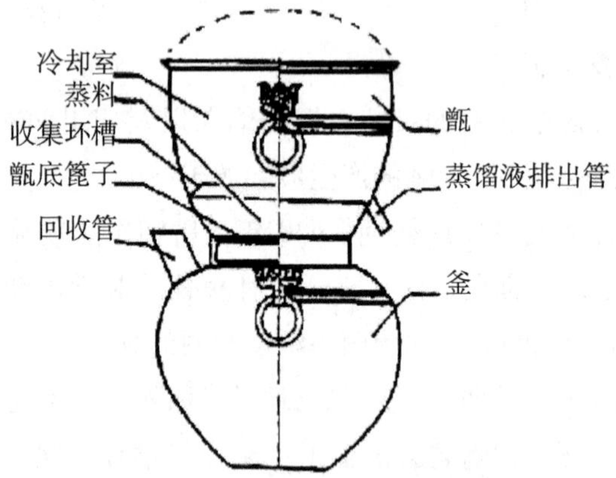

图 1－2　上海博物馆馆藏蒸馏器

资料来源：澎湃新闻。

图 1－3　汉代铺首衔环弦纹铜蒸馏器

资料来源：柳州博物馆馆藏实拍。

三、配制酒的发展历史

（一）配制酒的概述

配制酒是混合的酒品，又称调制酒，是酒类中的一个特殊的品种。比较有名的配制酒生产国有法国、意大利、匈牙利、希腊、瑞士、英国、德国、荷兰等。中国的配制酒较为独特，主要是指在成品酒或食用酒精中加入药材、香料等原料精制而成的酒精饮料。其配制方法一般有浸泡法、蒸馏法、精炼法三种。

（二）中国配制酒的发展历史

中国的配制酒主要有药酒和滋补酒。药酒和滋补酒的主要特点是在酒中加入中草药。药酒是在酿酒过程中加入中草药，以治疗疾病为主，从使用方法上可将药酒分为内服、外用、既可内服又可外用三大类。滋补酒是在酿好的酒中加入中草药以保健强身，滋补酒可分为补气、补血、滋阴、补阳和气血双补等类型。中国配制酒的主要特点是食药合一。酒与药的结合，弱化了药的苦味，丰富了酒的风味。

中国远古时期的药酒大多数是将药物加入酿酒原料中共同发酵的，其主要原因有：一是药物与酿酒原料同时发酵，由于发酵时间较长，药物成分可充分溶解；二是远古时代的酒不易保存，浸渍法容易导致酒的酸败。

1. 汉族地区的配制酒发展历史

殷商时期的配制酒被称为“鬯”。鬯是以黑黍为酿酒原料，加入中草药酿成的，这是有文字记载的最早药酒。鬯常用于祭祀和占卜，还具有防腐的作用。春秋战国时代的药酒及滋补酒，大多数是将药物投入酿酒原料中一起发酵的。汉代至唐代的药酒及滋补酒，采用煎煮法和浸渍法。南北朝梁代的著名医药学家陶弘景在《本草经集注》中提出了一套制药酒的冷浸法。唐宋时期医药著作《备急千金要方》《外台秘要方》和《太平圣惠方》中都收录了大量的药酒和滋补酒的配方和制法。元明清时期，在整理前人药酒制作经验的基础上，进行配方创新，在发展新配制方法等方面都取得了成就，使药酒的配制达到了更高的水平。元朝忽思慧撰写的《饮膳正要》为我国现存的第一部完整的饮食卫生和食疗专著，也是一部颇有价值的古代食谱。

2. 少数民族地区的配制酒发展历史

明朝医学家兰茂吸取各少数民族丰富的医药文化，编撰了独具地方特色和民族特色的药物学专著《滇南本草》。少数民族的配制酒种类丰富，有用药物根块配制的，如滇西天麻酒、哀牢山区的茯苓酒、滇南三七酒、滇西北虫草酒等；有用植物果实配制的，如木瓜酒、桑葚酒、梅酒、橄榄酒等；有以植物秆茎入酒的，如人参酒、绞股蓝酒、寄生草酒；有以动物的骨、胆、卵等入酒的，如鸡蛋酒、乌鸡白凤酒等。

小贴士

名酒“女儿红”

“女儿红”是浙江省绍兴市的地方名酒，属于发酵酒中的黄酒，用糯米、红糖等发酵而成。“女儿红”为旧时富家生女、嫁女必备之物。当女儿出生时，就用三亩田的糯谷酿成三坛“女儿红”，仔细装坛封口深埋在后院桂花树下，待到女儿出嫁时，将酒作为陪嫁的贺礼，送到夫家。按照绍兴老规矩，从坛中舀出的头三碗酒，要分别呈献给女儿的公公、亲生父亲以及丈夫，寓意祈盼人寿安康、家运昌盛。在绍兴一带这一习俗长久流传。南宋著名爱国诗人陆游住东关古镇时，品饮“女儿红”后写下了著名诗句：“移家只欲东关住，夜夜湖中看月生。”

第四节　酒的酿造工艺

各种酒皆有不同的风格和特点，有的令人不醉不休，有的令人回味悠长，有的香浓热烈，有的清淡爽口。酒的不同品质取决于酒的酿造过程，不同的酒亦有不同的酿造工艺。但总的来说，酿酒过程都离不开原料的选取、发酵和蒸馏等工艺。

一、原料的选取

酿酒原料的选取包括水的选取、淀粉类原料和糖质原料的选取。

1. 水的选取

任何酒的酿造都需要加入大量的水才能进行，尤其是黄酒、啤酒等，其大部分成分是水。因而人们常讲：“水为酒之血。”酿酒用水是非常讲究的，并非任何水源都可应用。若想酿造出品质优良、香浓的酒，更需要选取优质的水。酿酒用水需要采用含有多种矿物质的自然水，这些矿物质与酿造过程中的酶活性、耐热性、反应 pH 值、微生物生长都有很大关系。正如酿酒业中的一句俗语所述：“名酒必有佳泉。”例如，我国的名酒茅台酒所用的是赤水河的水，郎酒用的是四川省龙洞山的郎泉水，湖南名酒白沙液酒用的则是长沙白沙古井泉水。

2. 淀粉类原料和糖质原料的选取

酿酒所需的淀粉类原料主要包括大米、高粱、大麦、小米、玉米、马铃薯和红薯等，淀粉类原料多用于白酒、黄酒、啤酒等酒类的酿造。淀粉含量的高低是淀粉类原料选取的重要指标，这直接关系到能否由原料发酵得到大量的酒精。糖质原料则主要包括糖蜜、蜂蜜、葡萄、苹果等，多用于葡萄酒、白兰地及其他各类果酒的酿造。糖质原料中含有大量的葡萄糖、果糖及麦芽糖等糖类物质，这些糖类物质可以直接被酵母菌发酵为酒精。

二、酿造工艺

从机械模仿自然界生物的自酿过程起，经过千百年的生产实践，人们积累了丰富的酿酒经验。在现代各种科学技术的推动下，酿造工艺已成为一种专门的工艺。

（一）发酵工艺

任何酒的生产都必须经过发酵工艺，这是酿酒过程中最重要的一步。发酵（Fermentation）最初是由拉丁语 fervere，即“发泡”“沸腾”派生而来的。虽然人类有悠久的酿酒历史，但直到 19 世纪中叶，微生物学家巴斯德才研究出了酵母酒精发酵的生物意义，认为发酵是酵母在无氧状态下的呼吸过程，即无氧呼吸。

酒精的形成需要具有一定的物质条件和催化条件。糖是酒精发酵最重要的物质条件，而酶则是酒精发酵的催化剂。在酶的作用下，单糖被分解成酒精、二氧化碳和其他物质。以葡萄糖酒化为例：

$$C_6H_{12}O_6\text{（葡萄糖）}\xrightarrow{\text{酒化酶}}2C_2H_5OH\text{（酒精）}+2CO_2\text{（二氧化碳）}+100\ KJ\text{（热量）}$$

制成后的发酵酒，其酒精含量一般不超过 15%。因为在发酵过程中，当酒液的酒精含量达到 13% ~15% 时，酵母会停止活动，发酵也就停止了。

据测定，每 100g 葡萄糖理论上可以产生 51.14g 酒精。酒精发酵的方法很多，如白酒的入窖发酵，黄酒的落缸发酵，葡萄酒的糟发酵、室发酵，啤酒的顶部发酵、底部发酵等。

（二）淀粉糖化

用于酿酒的原料并不都具有丰富的糖，而酒精的产生又离不开糖，因此，将不含糖的原料变为含糖原料，就需进行工艺处理。当水温超过 50℃时，淀粉溶解于水，在淀粉酶的作用下，淀粉水解成麦芽糖和糊精（多糖），淀粉完全水解的产物是葡萄糖。笔者称这一变化过程为淀粉糖化，可用下式来表示：

$$\underset{\text{淀粉}}{(C_6H_{10}O_5)_n}+\underset{\text{水}}{H_2O}\xrightarrow{\text{酶}}\underset{\text{葡萄糖}}{n\,(C_6H_{12}O_6)}$$

淀粉糖化过程一般为 4 ~6 小时，糖化好的原料可以用来进行酒精发酵。简单地说，此工艺的关键就是将酿酒原料中的淀粉糖化，继而酒化。用蒸煮法进行淀粉糖化如图 1 –4 所示。

图1－4　用蒸煮法进行淀粉糖化

（三）制曲

淀粉糖化需用糖化剂，中国白酒的糖化剂又叫曲或曲子。用含淀粉和蛋白质的物质做成培养基（载体、基质），并在培养基上培养霉曲的全过程即为制曲。常用的培养基有麦粉、麸皮等。白酒的糖化剂主要有大曲、小曲、麸曲等。

大曲主要用小麦、大麦、豌豆等原料制成。

小曲又叫药曲，主要用大米、小麦、米糠、药材等原料制成。

麸曲又称皮曲，主要用麸皮等原料制成。

制曲是中国白酒重要的酿造工艺之一，曲的质量对酒的品质和风格有极大的影响。

（四）原料处理

为了使淀粉糖化和酒精发酵取得良好的效果，就必须对酿酒原料进行一系列的处理。不同的酿酒原料，其处理方法不同，常见的方法有选料、洗料、浸料、碎料、配料、拌料、蒸料、煮料等。但有些酒品的原料处理过程相当复杂，如啤酒，其生产要经过选麦、浸泡、发芽、烘干、去根、粉碎等处理环节。酒品的质地优劣首先取决于原料处理的好坏。

（五）蒸馏工艺

蒸馏工艺是酿酒的重要过程。蒸馏酒与酿造酒相比出现较晚的原因之一就是蒸馏酒需要蒸馏技术。蒸馏的原理即根据酒精的理化性质，酒精的汽化温度为78.3℃，只要将发酵过的原料加热到78.3℃以上，就能获得酒精气体，冷却后即为液体酒精。采用蒸馏方法来提高酒度，酒精含量一次可提高3倍，即把酒精含量为15%的酒液进行一次蒸馏，可得到酒精含量为45%的酒液。民间土法蒸馏酒液的简易装置如图1－5所示。

图1－5 民间土法蒸馏酒液简易装置

蒸馏器有两种：壶式蒸馏器和连续蒸馏器。连续蒸馏器在各地的叫法不同，有的叫柱式蒸馏器，有的叫科非蒸馏器等。在加热的过程中，随着温度的变化，水分和其他物质混合的情况也会变化，从而形成不同质量的酒液。蒸馏温度在78.3℃以下取得的酒液称为“酒头”，78.3℃～100℃取得的酒液称为“酒心”，100℃以上取得的酒液称为“酒尾”。“酒心”杂质含量低，质量较好，为了保证酒的质量，酿酒者常有选择性地取酒。我国很多名酒均采用“掐头去尾”的取酒方法。工业蒸馏酒液的生产装置如图1－6所示。

（六）陈化工艺

陈化工艺（如图1－7所示）对于酒的风味的形成非常关键。有些酒初制成后味道不好，如中国黄酒和法国勃艮第葡萄酒；有些酒初制成后往往味道寡淡，如中国白酒和苏格兰威士忌。这些酒储存一段时间后，其风味方能得到提升，这一存放过程被称为老熟或陈酿。

酒品储存对容器的要求很高，如中国黄酒用酒坛盛放，埋入泥土中储存；法国勃

图 1－6　蒸馏酒液的工业化生产装置

图 1－7　陈化工艺

良第葡萄酒用大木桶装，在室内储存。其他如苏格兰威士忌使用橡木桶，中国白酒用瓷瓶等。无论什么酒，均要求储存所使用的容器坚固、耐磨、耐蚀、无怪味、密封性好，这样才能陈酿出美酒。陈酿可使酒品挥发增醇，浸木夺色。精美优雅、独一无二的世界名酒无不与其陈酿的方式方法有密切的关系。但也有少数酒不需要陈化工艺，如金酒、伏特加等。

（七）勾兑工艺

在酿酒过程中，由于原料质量不稳定、生产季节更换、不同的工人操作等原因，不可能总是获得质量完全相同的酒液，所以就需要将不同质量的酒液加以兑和（勾兑），以达到预期的质量要求。勾兑工艺的关键是选择和确定配兑比例，这不仅要求勾兑师能够准确地识别不同酒品千差万别的风格，还要求勾兑师将各种相配或相克的因素全面考虑进去。勾兑师的个人经验往往起着决定性作用，因此，勾兑师需要具有很强的责任心和丰富的经验。勾兑是酒类生产工艺中相当重要的一步，酒的最终风格的形成有赖于勾兑工艺。

第五节　酒的品评与酒对健康的影响

一、品评酒的注意事项

品评酒的注意事项是保证品评的准确性和品评效果所必需的，品评人员应遵守品评酒的注意事项。

（1）品评酒前尽可能休息好，品评酒前和品评酒时必须精力充沛、精神饱满，患病（如感冒、头晕等）或对酒精过敏者不宜参加。

（2）为保持嗅觉、味觉的灵敏性，品评人员的饮食以清淡为好，并刷牙漱口，保持口腔清洁。

（3）品评酒前不要过多地高谈阔论，这样易于分散精力，影响味感。

（4）品评酒时，不要用有气味的化妆品和携带有气味的物品。

（5）做好各种准备工作（如做好记录用的表格等）。

二、品评酒前的准备

品评酒时所用的酒杯因酒的不同而有所不同。首先检查酒杯是否干净，然后对准备好的酒样和酒杯进行对应编号，准备好记录用的表格。

开瓶时要轻取轻开，减少酒的振荡，防止瓶口的包装物掉入酒中。倒酒时瓶口一般距杯口 3 厘米，特别是含汽酒，如啤酒，以便观察起泡情况和计算泡沫持续的时间，把酒徐徐注入酒杯中，倒入的酒量应不超过酒杯容量的 3/5，同时注意每个酒杯中注入的酒量必须大致一样。

每种酒都有其适宜的品评温度（人的味觉在 10℃ ~36℃时最敏感，因此适宜的品评温度也一般在此范围内）。我国各大酒类一般采用以下温度：

白酒：15℃ ~20℃。

黄酒：38℃左右。

啤酒：15℃以下，保持 1 小时以上（温度的高低，会影响泡沫的升起状况）。

葡萄酒及其他果酒：一般在 9℃ ~18℃。当然，不同品种的葡萄酒，其适宜的品评温度也各有不同。

三、品评酒的顺序与品评酒的操作

（一）品评酒的顺序

同一类酒的酒样应按以下因素排列先后顺序：

酒度：先低后高。

香气：先淡后浓。

滋味：先干后甜。

酒色：先浅后深。

为避免各种影响，品评酒时，应先按1、2、3……编号的顺序品评，再按……3、2、1的顺序品评，如此反复几次。每品评一种酒后，要稍稍休息一下，缓解感官的疲劳，特别是品评完一轮后，要有适当的间歇，并用清水漱口。

（二）品评酒的操作

1. 品评外观

用手指夹住酒杯的杯柄或用手托住酒杯的杯底，举杯于适宜的光线（不影响酒色的光线）下，按外观品评要求进行观察，然后记录和打分。

2. 品评气味（香气）

置酒杯于鼻下两寸（6～7cm）处，头略低，轻嗅其气味，这是第一感受，应特别注意。嗅完第一杯，接着嗅第二杯，嗅完一轮，立刻记下香气情况，也可以嗅一杯就记录一杯，避免各杯气味的混淆。稍停，再做第二轮嗅香，酒杯可以接近鼻孔，闻嗅，然后转动酒杯，短促呼吸，用心辨别气味。此时，对酒液的气味优劣，应已得出基本评价。再用手捧着酒杯（可起加温作用）轻轻摇晃，再慢嗅以判别其香韵的细微差别。一杯酒或一组酒，经过三次闻嗅，即可以根据自己的感受按香气的浓淡优劣进行排名了。对每杯酒做好记录（记录要及时，不要等品评完一组后再去记录），说明特点，打出分数。

品评酒的气味要注意，闻嗅时先呼气，再对着酒杯吸气，不能对着酒杯呼气；还应注意品评每杯酒时酒杯与鼻的距离。品评完气味后，休息片刻，再品评口味。

3. 品评味道（口味）

将酒饮入口中时，注意要慢而稳，使酒液先接触舌尖，然后是两侧，再至舌根，然后活动舌头，让舌头打卷，使酒液均匀铺展到舌头的表面，进行味觉的全面判断。除了体验味道的基本情况外，还要注意味道的协调，即强烈还是柔和、有无杂味、是否有愉快的感觉等。然后将酒（少量或全部）咽下以辨别后味。按顺序反复品评几次后，优劣就比较明确了。每品评完一轮后，最好休息片刻，用水漱口。要一边品评一边做感受记录，最后打出分数。为避免发生偏差，注意每次饮入口中的酒量要基本相等。不同酒类的具体饮入数量则可因酒度的不同而有所区别。一般来说，高度酒一次饮入2mL即可；低度酒则可饮入4～12mL。最后品评回甘长短，饮入的酒量可以加大一些，酒液在口中停留时间一般在2～3秒，不宜过久。

4. 品评风格

对酒的色、香、味各方面做一个全面的考察，依据平时对一些名酒的了解和书本上对名酒风格的评语，认真写好评语、打好分。

四、专业品评酒举例

以下是专业品评葡萄酒的注意事项：

①酒度低的酒在酒度高的酒之前品评；②有汽酒在无汽酒之前品评；③新酒在旧酒之前品评；④品评葡萄酒需要品评人员观察酒的颜色，分辨酒的香气，尝出酒的味道。

五、品评酒的术语

（一）外观术语

（1）光泽：在正常光线下有光亮。

（2）色暗或失色：酒色发暗，失去光泽。

（3）略失光：光泽不强或亮度不够。

（4）透明：光线从酒液中通过，酒液明亮。

（5）晶亮：如水晶体一样高度透明。

（6）颜色：有的酒类常以自然物的颜色来表示，如白葡萄酒的禾秆黄色、琥珀色等，红葡萄酒的宝石红色、玫瑰红色、石榴皮红色等。

（7）混浊：混浊程度是品评酒的一个重要指标，优良的酒都具有澄清透明的液相。混浊程度不同，应给予不同的评语，如有悬浮物、轻微混浊、混浊、极混浊等。

（8）沉淀：酒中的沉淀多数是由于某些原因从酒液中离析出来而原来溶解于酒液的物质。注入酒杯时，因受振荡，先呈现混浊现象，不久会沉淀于酒杯底部。

（9）含气现象：用于二氧化碳气体是否充足的评语有平静的、不平静的、起泡、多泡等，对于气泡升起现象则用气泡如珠、细微连续、持久、暂时泡涌、泡大不持久、形成晕圈（香槟酒）等。

（10）音响：音响能在一定程度上说明含气状态，香槟酒有音响的鉴定，以“清脆”“响亮”为佳。

（11）泡沫：它是啤酒的质量指标之一，常用词有泡沫高度高或低、持久、细腻、粗大、洁白、色暗、挂杯、不挂杯、持泡性好（泡沫消失慢）等。

（12）流动状：主要用于糖度较高的酒，方法是举杯旋转观察，给予评语，如流动正常、浓的、稠的、黏滞的、油状的等。

（二）香气术语

（1）清雅：香气不浓不淡，令人愉快。

（2）细腻：香气纯净而细致，柔和。

（3）纯正：纯净而无杂气。

（4）浓郁：香气浓厚馥郁。

（5）喷香：香气扑鼻。

（6）入口香：酒液入口挥发后感到的香气。

（7）回香：酒液咽下后回返到口中的香气。

（8）余香：饮酒后余留的香气。

（9）悠长、绵长、脉脉、绵绵：都形容香气持久不息，常用以表示酒的余香和回香。

（10）谐调：酒中有多种香气，彼此和谐一致。

（11）完满：香气和谐，无欠缺感。

（12）芳香：香气悦人，如鲜花、香果发出的香气。

（13）陈酒香：也称老酒香，是酒成熟的香气，在长期储存的过程中形成，香气醇厚而柔和不烈。

（14）固有的香气：酒长期以来保持的独特的香气。

（三）味道术语

（1）浓淡：酒液入口后的感觉，一般有浓厚（浓而持久）、淡薄、清淡、平淡等评语。

（2）醇和：入口和顺，不会感觉到强烈的刺激。

（3）醇厚：醇和而味长。

（4）香醇甜净：这是酒类，特别是白酒的最好的口味表现。

（5）绵软：刺激性极低，口感柔和、圆润。

（6）清爽：口感纯净、爽适。

（7）入口：是酒液进入口腔时的感觉，品评时，以自己的感受给予评语，如入口醇正、入口绵甜、入口浓郁、入口甘美、入口圆润、冲劲强烈等。

（8）落口：是咽下酒液时，舌根、喉头等部位的感受，如落口甜、落口淡薄、落口微苦、落口稍涩、尾净等。

（9）后味：酒在口腔中持久的感受，如后味怡畅、后味短（没有持久的味感）、后味苦、后味回甜等。

（10）余味：饮酒后，口中余留的味感，如余味绵长。

（11）回味：饮完酒，稍停顿后返回的味感，是香与味的复合感，术语有回味悠长、回味醇厚等。

（12）绵甜：甜而绵长。

（13）甘冽：甜而爽净。

（14）甘爽：甜而爽适。

（四）风格术语

酒的风格可表示酒的色、香、味的全面品质，就一类酒来说，它们有共性，这一类酒的特点就是这类酒的风格。名酒之所以名贵，是名在质量上，贵在风格上。

酒体是与酒的风格有关的一个品评项目，一般来说，酒体是酒的化学成分的反映，是酒的颜色、香气、口味各个方面的表现。

酒体完满：酒液色泽美观，各种成分完全平衡。

酒体优雅：酒液外观优美，香气和口味恰到好处。

六、酒的质量鉴别

随着酒业的迅猛发展，市场上的各种酒品一应俱全，但其中也不乏一些劣质酒或假酒。劣质酒和假酒对人体的健康损害极大，因而加强鉴别、保护消费者的利益非常重要。酒的质量鉴别方法中，最简便、最直观的方法，就是根据生产酒的厂家采用现代化技术所设定的防伪标识进行鉴别。一般来讲，有防伪标识的酒瓶上都会有一定的鉴别真伪的说明，根据厂家所提供的鉴别说明即可鉴别酒的真伪。此外，对于酒的质量鉴别还有以下几种方法：

1. 根据酒的外观、香气、味道和风格等指标鉴别

这种鉴别方法需要将酒液倒入酒杯中进行鉴别，鉴别过程中要注意以下几点：

（1）酒的外观。不同的酒应有不同的外观，这需要消费者具有一定的酒类知识。例如，将啤酒倒入酒杯后，应产生一定量的泡沫且泡沫应该洁白、细腻、持久，5 分钟内不会消失。又如，干红葡萄酒倒入酒杯后应呈现红宝石般的颜色，干白葡萄酒则应呈现微黄略带绿的颜色。

（2）酒的香气。懂得品酒的人都会闻酒香。例如，对于白酒，在闻香时，可以将白酒倒几滴于手掌中，稍搓几下后握拳，从手指的缝隙中闻香。

（3）酒的味道。一般来讲，酿造酒不应有呛人的醋酸的味道，蒸馏酒不能有怪异的味道，配制酒则应口感醇厚而柔和、酸甜适度，且应具有果实或中草药所带来的味道。

（4）酒的风格。不同的酒具有各自不同的风格，而且许多有多年生产经验的厂家所产的酒也具有其独特的风格。只要是该厂家的产品，其固定的风格就不会改变。若酒的风格有变化，则应仔细鉴别，以防买到劣质酒。

2. 采用容量分析和仪器分析法鉴别

大部分长期、大量生产的酒品，在经过了数次的容量分析、仪器分析后都会保存各种微量元素的数据，从而可确认其正常的波动范围。因此，若是劣质酒品，在检测时其显现的数据会超出正常的波动范围，且各种微量元素之间的比例也会出现异常。

3. 根据卫生指标鉴别

国家相关部门对酒的卫生指标都有明确的规定。通过检测，可查出酒的卫生是否合格，其含有的有害成分或细菌等是否超标。例如，利用微生物检测法可有效测定出酿造酒所含有的细菌等。

4. 通过酒的包装进行鉴别

真品酒的包装往往都非常正规，若是伪劣酒，从瓶盖、瓶身以及包装纸上都可以看出伪造痕迹。善于观察酒的包装对于鉴别酒的质量非常有帮助。喜欢饮酒的人，在日常生活中可留意真品酒的包装，亦可收集国内外一些名酒的标识，以便日后参考核对。

5. 采用其他先进分析法进行鉴别

除上述所讲的一些鉴别酒的质量的方法外，一些国家还发明了专业鉴别酒的质量的先进分析法。例如，美国发明了一种品酒的激光仪，能够测定酒中所含离子的大小和数量，从而可判定酒的风味和酿造时间。

七、酒对健康的影响

酒中的酒精能麻醉和刺激人的神经，使其受到抑制或兴奋而失去正常功能，影响内脏的协调运行。长期大量饮酒可使脑细胞受损，造成头脑不清，反应迟钝，记忆力减退。

长期大量饮酒会加重肝脏氧化分解的负担，造成肝脏受损。酒精的刺激使人兴奋，可使人的血压、血脂升高，胆固醇含量增加，心肌受损，冠状动脉硬化，冠心病发病率增加。

酒精会损害生殖细胞，使精子、卵子降低活力，酒后受孕会影响胎儿的正常发育。

酒精会刺激消化系统，使其减少消化液的分泌，或损伤胃壁组织，导致消化不良，引发胃炎、胃溃疡、痔疮等疾病。

思考题

一、选择题

1. 酒是指以粮食、水果等含（　　）的物质为原料经发酵、蒸馏、配制等酿造工艺而得到的含乙醇的饮料。

A. 乙醇　　B. 酒精　　C. 淀粉或糖　　D. 蛋白质

2. 酒度是指在规定温度下酒精饮料的（　　）含量。

A. 甲醇　　B. 酒精　　C. 淀粉或糖　　D. 蛋白质

3. 酒的成分包括水、乙醇、甲醇、糖、杂醇油、矿物质和（　　）等。

A. 甲醛　　B. 维生素　　C. 淀粉　　D. 蛋白质

4. 简单地讲，酒龄，即酒的（　　）。

A. 储存期　　B. 装瓶期　　C. 生产周期　　D. 酿造期

5. 酒的不同品质取决于酒的（　　）。

A. 品牌　　B. 生产厂家　　C. 国家　　D. 酿造过程

二、问答题

1. 什么是酒水？酒水是如何分类的？
2. 酒的酿造过程需要哪些必要条件？
3. 酒的酿造工艺有哪些？

第二章 葡萄酒

本章概要

本章主要讲述葡萄酒的起源与发展、代表性红白葡萄品种及葡萄酒的酿造、葡萄酒品鉴、葡萄酒的主要产国以及葡萄酒的侍酒服务等相关的葡萄酒文化知识。

学习目标

▲ 知识目标

(1) 了解葡萄酒的起源，新旧世界葡萄酒的不同之处。

(2) 掌握葡萄酒的分类与特点，红、白、桃红及起泡葡萄酒的酿造方法，代表性红白葡萄品种的特点及口感风味，主要葡萄酒产国、产区以及葡萄酒特点。

▲ 技能目标

(1) 熟悉葡萄酒的储藏方法、葡萄酒酒杯的类型及侍酒量、葡萄酒的饮用温度，正确为客人做好服务前的准备工作。

(2) 能够熟练掌握静止、起泡葡萄酒的开瓶服务工作，以及葡萄酒侍酒服务的方法与流程。

关键性术语

葡萄酒　历史　品种　酿造　品尝　产区　服务

章首阅读

金色黄河串起绿色产业

微凉的秋风吹过葡萄园的枝叶，塞上江南进入了最舒爽宜人的时节。苍茫雄浑的贺兰山俯视着丰收的喜悦，一瓶瓶经过岁月沉淀的紫色佳酿开瓶起塞、吐露芬芳。2022 年 9 月 6 日，第二届中国（宁夏）国际葡萄酒文化旅游博览会在银川启幕。

黄河宁，天下平！葡萄酒产业是绿色产业，符合“节水优先、空间均衡、系统治理、两手发力”的治水思路，且附加值高。党的十八大以来，相关地区和部门携手奋进，协同推进沿黄区域的葡萄酒产业，除原有山东、河北、河南产区外，又拓展加强了宁夏、甘肃、青海、内蒙等新产区（见图3），将葡萄酒作为宁夏的支柱产业进行扶持，打造了世界级葡萄种植及葡萄酒生产基地，同时，围绕葡萄种植加强生态环境保护，保障黄河长治久安，推进水资源节约集约利用，推动黄河流域高质量发展，努力开发葡萄酒旅游产业，使流域生态环境持续明显向好。通过大面积的种植葡萄园使裹泥卷沙、河道摆动、地上悬河等诸多问题得到有效解决，并通过葡萄酒产业提高了当地群众的经济收入，成为搭建黄河流域保护综合治理“四梁八柱”的重要支撑，为黄河治理和黄河流域经济社会发展做出了巨大贡献。

党的二十大报告提出：推动黄河流域生态保护和高质量发展。保持历史耐心和战略定力，我们一定能推动黄河流域生态保护和高质量发展不断取得新进展。黄河是连接青藏高原、黄土高原和华北平原的重要生态廊道，在保障国家生态安全和促进区域协调发展中具有十分重要的作用。黄河是中华民族的“母亲河”，但是历史上也给我们民族带来了沉重的灾难和严重的危害。保护黄河是事关中华民族伟大复兴和永续发展的千秋大计。对黄河流域的生态保护和治理，中上游的内蒙、宁夏、甘肃一带是关键，黄土高原水土流失是重点，在这一区域大力推动葡萄酒产业是党和国家在掌握关键抓住重点的基础上注重各项治理措施、统筹协调的重要举措之一。相信通过综合运用多种手段和多种措施，这条中华民族的母亲河，一定会以全新的生命形态造福沿岸人民。

第一节 葡萄酒概述

一、葡萄酒的起源与发展

没有人能精确地说出葡萄酒究竟是在何时何地被发明出来的。实际上，葡萄酒是大自然的产物。葡萄成熟，果实掉落，酵母渗入，将果实中的糖转化成了酒精，葡萄酒的诞生如此天然，葡萄酒酿造历史悠久也不言而喻。

（一）初始阶段

考古学家们曾发掘出成堆的葡萄籽化石，他们认为这可能就是古人曾经酿造葡萄酒的证据。通过碳定年法对葡萄籽化石进行分析并得出结论：第一批种植葡萄和酿造葡萄酒的人类可能居住在外高加索地区、黑海与里海之间，这个地区位于当今的亚美尼亚与格鲁吉亚境内，具体时间在公元前7000年—公元前5000年。在葡萄酒发展的初期，古埃及人记载了葡萄酒年份和葡萄园的概况，他们甚至在陶罐上刻录了酿酒师的名字，饮用葡萄酒成为埃及文化的一部分。另外，腓尼基人可能对当今葡萄酒格局的形成有更深远的影响，随着腓尼基人对地中海沿岸的贸易与殖民，葡萄种植与葡萄酒酿造开始向欧洲等主要国家延伸。

（二）希腊人与罗马人

在希腊人进行贸易与殖民活动的过程中，葡萄酒与橄榄同等重要，他们对葡萄酒的贡献在于将新的葡萄品种与新的酿酒技术传入法国南部、西班牙等国家和地区。

随着希腊文化的衰退，罗马帝国日渐繁荣，罗马人开始在欧洲大肆扩张，随着罗马军队南征北战，葡萄酒也飘香欧洲各地。直到今天，在法国隆河谷、德国莱茵河、奥地利多瑙河附近都能找到罗马人留下来的葡萄酒的痕迹。

（三）探索与贸易

15 世纪，新航路的开辟为欧洲葡萄酒打开了另一扇大门，葡萄酒业在美洲大陆上新的人口聚居地迅速发展，修道院的葡萄园如雨后春笋般涌现，以满足教堂与商人的需要，商人们在港口城市设立店铺提供葡萄酒。随着探索的不断深入，葡萄牙人、西班牙人、英国人与法国人等开始在新大陆建立定居点，为葡萄种植与葡萄酒酿造提供了人文环境。17 世纪，荷兰人在南非开普地区建立葡萄园。18 世纪末，随着英国人对澳大利亚与新西兰的殖民，葡萄酒开始在澳大利亚与新西兰扎根。自此，世界葡萄酒的格局基本形成。

趣　谈

2004 年，中美考古学家分析河南省舞阳县贾湖遗址的文物得出惊人结论：最古老的果酒在中国，8600 年前中国已经掌握了酒的制造方法，这一发现将中国造酒的历史向前推进了 4000 年。此项研究结果刊登在 12 月 6 日出版的《美国国家科学院学报》上。

河南省舞阳县的贾湖遗址距今 9000—7000 年，1984 年以来，主持贾湖遗址历次发掘的张居中教授带领中国考古学家在遗址中发掘出了大批陶器，并发现陶器碎片上留有一些沉淀物。中美专家合作对陶器碎片上的沉淀物进行研究。分析结果显示，这些沉淀物中含有酒类挥发后的酒石酸。酒石酸是葡萄酒特有的物质，因此这一发现佐证了人类至少在 9000 年前就开始了葡萄酒的酿造，而中国有可能是酿造葡萄酒最早的国家。

（资料来源：安徽日报，2004 年 12 月 20 日）

二、葡萄酒的新旧世界

按照历史发展的先后，笔者习惯将世界范围内的葡萄酒产国分为旧世界与新世界。旧世界是指欧洲范围内历史较为悠久、有古老的酿酒传统和人文条件的产国，包括法国、德国、西班牙、葡萄牙以及东欧部分国家；新世界多指伴随着新大陆的开辟诞生的、历史发展较为短暂、葡萄酒酿造风格多变的国家，包括澳大利亚、新西兰、美国、智利、阿根廷等。由于历史成因与后期发展的不同，新旧世界存在很多差异，现总结如下。

（一）地理位置不同

旧世界主要分布在欧洲范围内，北纬30°～50°，气候变化较大，年份差异大，葡萄酒受年份影响相对较多。新世界主要分布在南纬30°附近、气候变化相对较小的沿海，葡萄酒年份差异小，葡萄酒酒度较高，口感较为浓郁。

（二）葡萄酒酿造理念不同

旧世界更倾向于传统酿造方法，新世界更倾向于通过创新迎合消费者需求。

（三）酒标侧重点不同

旧世界具有悠久的葡萄酒发展历史，当地已经具备了非常完备的人文与风俗环境，形成了很多知名度较高的葡萄酒产区，因此，酒标多倾向于以产区命名。而新世界在短暂的历史条件下，对产区的管理不够成熟，或者更强调创新发展、技术改进与品牌的推广，因此新世界酒标多倾向于以品种、品牌命名。

（四）制度不同

旧世界有一套完整的制度体系，像法国的原产地控制命名制度（AOC）、意大利葡萄酒分级制度，以及德国、西班牙等国的产业等级制度，同时各产区有各自的分级制度，如波尔多1855年分级制度等。而新世界葡萄酒产业相对自由，相关的制度较少。

（五）饮用方法不同

旧世界部分优质、高端的陈年葡萄酒，对醒酒等侍酒服务有一定要求；新世界的葡萄酒大多新鲜饮用，对醒酒等侍酒服务的要求较少，相对灵活。

三、葡萄酒的酿造

人们对葡萄酒有深入的认识似乎是一件不容易的事情，但是由葡萄转变成葡萄酒的过程却遵循了一条极为简单的原理，这也是葡萄酒酿造史伴随人类文明的原因所在。葡萄富含天然糖分，果皮上布满天然酵母，葡萄成熟、破裂，酵母自然侵入，并消耗果汁里的糖分，发酵自然开始，葡萄糖转化成了酒精。下面我们先看一下葡萄酒的发酵公式：

葡萄糖 + 酵母 = 酒精 + 二氧化碳 + 热量

可以看出，葡萄酒的发酵异常简单，葡萄酒本身就是大自然的产物，工业上葡萄酒的酿造大致遵循的就是这样一个过程。

（一）葡萄的组成

（1）葡萄梗。连接葡萄粒的葡萄梗含有丰富的单宁酸（鞣酸），并且葡萄梗中的单宁酸收敛性强且粗糙。通常，酿造葡萄酒之前会先将葡萄梗去掉。

（2）葡萄籽。葡萄籽内部含有许多单宁酸和油脂，它们会破坏酒的品质，所以酿造葡萄酒时应避免弄破葡萄籽。

（3）葡萄皮。葡萄皮的质量虽然仅占葡萄总质量的 1/10，但对葡萄酒的品质影响相当大。葡萄皮除了含有丰富的纤维和果胶，还含有单宁酸和香味物质；另外，黑葡萄的皮里还含有红色素，是红葡萄酒颜色的主要来源。葡萄皮中的单宁酸较为细腻，其是构成葡萄酒的主要元素；其香味分为挥发性香和非挥发性香，后者须待发酵后慢慢发出来。

（4）果肉。果肉的质量占葡萄总质量的 80% 左右，一般食用葡萄多肉，而酿酒用葡萄多汁，果肉主要由水分、糖分、有机酸和矿物质组成。其糖分是发酵的物质基础，有机酸则有酒石酸、乳酸和柠檬酸，矿物质主要是钾。

（二）红葡萄酒的酿造

（1）采摘。随着人力成本的不断上升，地势平坦的葡萄园、酒庄更喜欢使用机器采摘葡萄，以节约成本。

（2）去梗破碎。通过除梗机去除葡萄梗后，再使用破皮机将果实压破，挤出葡萄果皮上的物质，获取风味物质。

（3）发酵。葡萄去梗破碎后，会被转移到不锈钢桶、水泥槽或橡木桶内，在桶内葡萄汁开始华丽蜕变。葡萄果浆里的果汁在酵母的作用下慢慢转化为酒精。果皮上的色素在浸渍过程中得以释放，葡萄酒获得色素、单宁酸与酚类物质。一般情况下，红葡萄酒的发酵温度比白葡萄酒的略高，为 25℃ ~ 32℃，发酵时间从几天到几周不等。

（4）压榨。发酵结束，需要将发酵好的葡萄酒与果渣分离开来，从发酵桶内最先放出的，被称为自流汁。自流汁被放出之后，发酵的果浆部分仍然非常湿润，这时比较先进的做法是使用一种叫作气囊压榨机的机器榨汁，它可以有效缓和葡萄酒因为强烈挤压而产生的苦涩感，这些汁液被称为压榨汁。

（5）苹果酸-乳酸发酵。大部分红葡萄酒的酿造采用这种发酵方式。发酵后的红葡萄酒含有高浓度的刺激的苹果酸，所以需要采用苹果酸-乳酸发酵把刺激的苹果酸转化为柔和的乳酸。

（6）调配。葡萄酒的调配是很多地区的酿酒惯例，品种之间相互调和可以实现特性互补，对葡萄酒增加香气、降低酸度、改善酒体与色泽都有很大的帮助。

（7）熟成。橡木桶由于富含单宁酸及与葡萄酒自然相近的香气，数百年前就成为酿造陈年葡萄酒的最佳容器。橡木桶可以为葡萄酒带来更多复杂的果香，帮助葡萄酒更好地陈化，而且其自身的结构特点可以有效帮助葡萄酒澄清与稳定，柔化葡萄酒的口感。

（8）澄清过滤。在这一阶段，酿酒厂会使用各种试剂去除固体杂质，常用的物质有果胶、黏土、鸡蛋清等。

（9）装瓶。澄清过滤后，葡萄酒进入装瓶环节，这时酒厂需要决定使用橡木塞还是螺旋盖，最后贴上正背标出厂发售。

（三）白葡萄酒的酿造

（1）采摘。与红葡萄酒酿造一样，要选择采摘时间与采摘方式，采摘方式有人工采摘和机器采摘，酿造白葡萄酒的葡萄其采摘时间一般会比酿造红葡萄酒的葡萄早些。

（2）去梗破碎。通过除梗机去除葡萄梗后，再使用破皮机将果实压破，有些酒庄会直接压榨葡萄，以缩短去梗破碎环节。

（3）压榨。将湿润的果皮与果汁分离，一般采用的压榨设备与酿造红葡萄酒采用的一样，这个过程一般会很迅速，尤其是使用红葡萄酿造白葡萄酒时，更需要速战速决，减少果皮与果汁接触的时间。

（4）澄清。通常酿造白葡萄酒需要先澄清，然后进入发酵阶段。酿造优质的白葡萄酒，澄清的方法会比较天然。随着时间的流逝，可以让固体颗粒慢慢沉向不锈钢桶的底部，通过换桶达到澄清的效果。

（5）发酵。为了保留白葡萄酒中自身的水果果香，白葡萄酒发酵温度一般为15℃~20℃，比红葡萄酒的低，发酵使葡萄酒香气更加细腻，发酵时间为2~4周。

（6）调配。与红葡萄酒一样，有些地区会使用不同的葡萄品种进行混酿。

（7）熟成。白葡萄酒比红葡萄酒脆弱很多，所以是否熟成需要根据不同品种及风格进行选择，大部分为了保留其新鲜的酸度与果香会直接装瓶，也有部分白葡萄酒会被转移到橡木桶内进行陈化，为葡萄酒改善酒体、香气与口感。

（8）装瓶。白葡萄酒装瓶之前，会先冷却，过滤其酒石酸，使其稳定，否则葡萄酒很容易出现白色结晶状的酒石酸。

红、白葡萄酒酿造流程比较如图 2－1 所示。

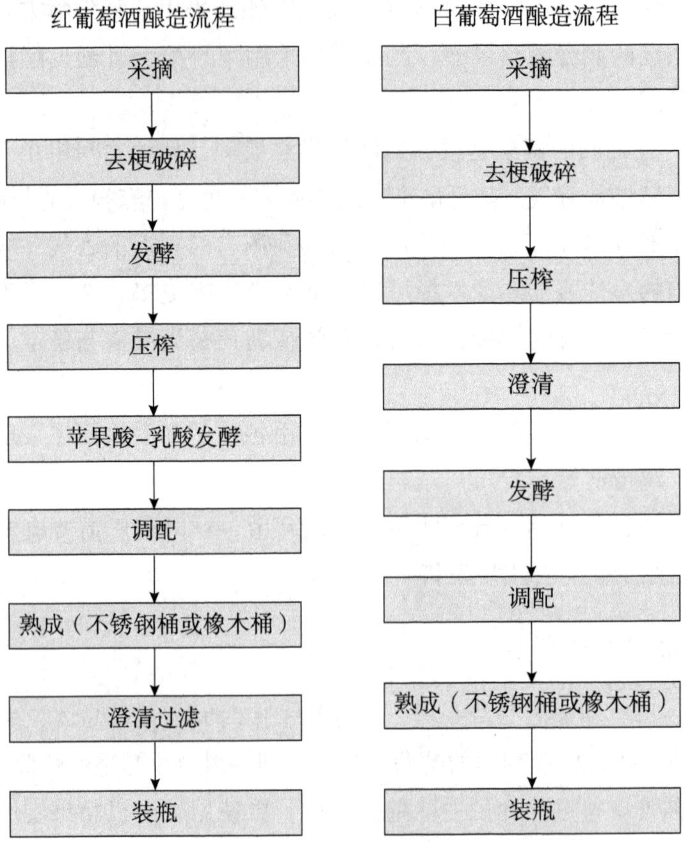

图 2－1　红、白葡萄酒酿造流程比较

（四）桃红葡萄酒的酿造

桃红葡萄酒是介于红、白葡萄酒之间的葡萄酒，色泽比白葡萄酒深，但比红葡萄酒浓重的色泽浅很多，呈玫瑰色或桃红色，因此被称为桃红葡萄酒。虽然完全可以通过调配红、白葡萄酒获得桃红葡萄酒，但大部分的桃红葡萄酒是结合红、白葡萄酒的酿造方法酿造而成的。葡萄酒颜色的萃取与发酵温度和发酵时间是分不开的，因此只需要在酿造红葡萄酒的基础上降低发酵的温度或者压缩发酵的时间就可以获得桃红葡萄酒。把短期浸渍发酵的已经获得了足够色素的葡萄汁抽出一部分进行压榨，接下来再像酿造白葡萄酒一样，先澄清，然后发酵、熟成，最后完成装瓶，这种方法称为放血法。除此之外，其他方法还有直接压榨法、排出法等。

（五）起泡酒的酿造

起泡酒区别于静止酒的特征就是自身携带二氧化碳，保留二氧化碳的方法一般有三种形式：①传统酿酒法。把葡萄基酒逐一装瓶后，二次发酵产生气泡，也被称为瓶内二次发酵法。这种方法酿出的酒，气泡细腻且持续时间长，果香复杂。②罐式发酵法。把基酒转移到密封的不锈钢桶内进行二次发酵，获得气泡，在高压下装瓶。③二氧化碳注入法。将二氧化碳直接注入静止的葡萄酒内，这种方法酿成的起泡酒，气泡较大、持续时间短，不稳定，极易挥发。

四、葡萄酒的分类

葡萄酒受到广大消费者的喜爱，其拥有众多类型是公认的原因之一。红葡萄酒、白葡萄酒、起泡酒、甜葡萄酒都是葡萄酒的具体类型。

根据国际葡萄与葡萄酒组织的规定，葡萄酒是破碎或未破碎的新鲜葡萄果实或葡萄汁经完全或部分发酵后获得的饮料，其酒度不能低于8.5% vol（体积分数）。

（1）发酵型葡萄酒。

以葡萄为原料，在酵母的活动下发酵而成，不添加任何糖分、水分、香料及酒精的葡萄酒即为发酵型葡萄酒。人们日常饮用的各类干红、干白、甜白葡萄酒大多属于此类。酿造过程依赖酵母的使用，发酵型葡萄酒酒度一般在12.5% vol左右，过高的酒精环境下，酵母无法生存。

（2）蒸馏型葡萄酒。

以葡萄为原料蒸馏而成的葡萄酒即为蒸馏型葡萄酒，通称为白兰地。比如，法国干邑，酒度通常大于等于40% vol，酒精度较高，口感浓郁，一般餐后单独饮用或者作为基酒制作各类鸡尾酒。

（3）加强型葡萄酒。

在天然葡萄酒中加入蒸馏酒（一般为白兰地），酒精度一般在15% vol ~ 20% vol，如雪利、波特、马德拉、马尔萨拉等。

五、代表性红白葡萄品种

葡萄品种是影响葡萄酒味道的首要因素。现在常见的葡萄品种有20 ~ 30种，本书简单介绍8种国际上较具有代表性的葡萄品种。了解它们的品种特性对同学们入门学习葡萄酒有至关重要的作用。

（一）霞多丽

霞多丽又叫莎当妮，是白葡萄品种里最具代表性的一个，非常容易栽培，能适应多种气候，因此在世界范围内分布广泛。在凉爽地区，霞多丽散发出绿色水果、柑橘类水果的香气，酸度高，味道清爽，代表产区有夏布利与香槟；温暖产区的霞多丽散发出核果以及热带水果的香气。另外，在酿造霞多丽的过程中经常使用橡木桶，这会使酿造的葡萄酒散发出香草、椰子和烘烤类食物的香气。使用霞多丽酿造的葡萄酒酒体饱满，口感浓郁，优质霞多丽有很大的窖藏潜力。

（二）长相思

长相思又叫白苏维翁，有浓郁的果香，酿出的白葡萄酒会散发出清爽的香气，如黑醋栗芽孢、青草、芦笋、百香果、柑橘等香气，酸度高，酒体轻盈度为中等。长相思原产于法国波尔多，现在卢瓦尔河谷的桑塞尔、普伊富美等是长相思的著名产区，新世界的新西兰也是公认的长相思的经典产区。

（三）雷司令

雷司令又名威士莲，是有名的芳香型葡萄，原产于德国，雷司令适合生长在凉爽产区，散发绿色水果、柠檬及小白花的气味，酸度高。优质雷司令晚熟，很容易感染贵腐霉菌，适合酿造晚收酒、冰酒及贵腐葡萄酒。成熟后的雷司令会散发蜂蜜、烤面包的香气，有些陈年老酒会散发汽油的味道。法国阿尔萨斯与新世界经常酿出一些优质雷司令干白。

（四）琼瑶浆

琼瑶浆又名特拉密，是典型的芳香型葡萄，而且非常容易辨认，散发出的浓郁的果香与香料的味道让人难忘，如荔枝、蜜桃、玫瑰、丁香等的香气，间或有月桂等香料的气味。用琼瑶浆酿出的酒口感肥厚甜美，酒体浓郁，酒精含量相对较高，但酸度往往不足。阿尔萨斯是其经典产区。

（五）赤霞珠

赤霞珠闻名全球，又名苏维翁，原产于法国波尔多，新旧世界都有栽培。用它酿造的葡萄酒，色泽幽深，果香饱满，有丰富的单宁酸，优质赤霞珠陈酿潜力非凡，酿造出了很多世界经典。果香以黑色水果的果香为主，如黑醋栗、黑莓等，还伴有青椒、雪松的香气。赤霞珠适合用橡木桶酿造，在这个过程中，单宁酸得以柔化，还提升了葡萄酒的香气复杂度（会含有橡木、咖啡、香草的香气）。由于单宁酸丰富，赤霞珠在酿酒过程中经常与其他品种的葡萄混酿，美乐是其经典搭档，而在澳大利亚经常与西拉混酿。

（六）美乐

美乐，又名梅洛、梅鹿辄，原产于法国波尔多，在波尔多，美乐与赤霞珠是经典混酿搭档。用美乐酿出的酒口感柔顺，带有浓郁的果味（李子、草莓、黑莓等的果香），单宁酸含量中等。波尔多右岸的圣埃美隆的黏土质适宜种植美乐。在法国南部及新世界的智利、澳大利亚等用美乐酿造的葡萄酒物美价廉，但保留了酒体与丰富的果香。和赤霞珠一样，美乐适合在橡木桶里酿造，以提升果香的复杂度。

（七）黑皮诺

黑皮诺是红葡萄中的名贵品种，又名黑品诺，原产于法国勃艮第，气候较炎热的地区不宜栽培黑皮诺。黑皮诺果皮较薄，所酿葡萄酒颜色浅，酒体单薄，单宁酸含量较少，但酸度是红葡萄中有名的居高者。黑皮诺适合单一品种酿酒，所酿葡萄酒一般有红色水果的果香（草莓、覆盆子、樱桃等的果香）。新世界也有一些凉爽的地区适宜栽培黑皮诺，如新西兰中奥塔哥、美国加利福尼亚州的俄罗斯河谷等。

（八）西拉

这个品种原产于法国隆河地区，又被称为西拉子。西拉颜色深，单宁酸含量高，酸度中高。西拉酿出的酒酒体浓重饱满，香气以黑色水果的果香为主，有明显的香料（胡椒、丁子香）味道，适合在橡木桶中储藏，成熟后会散发香草、烟熏等气味。法国隆河及澳大利亚巴罗萨谷是其经典产区。

以上是国际上较常见的八大葡萄品种，除此之外，白葡萄品种还有麝香、灰皮诺、白诗南、维欧尼、赛美蓉等；其他代表性红葡萄品种还有品丽珠、佳美、马尔贝克、内比奥罗、桑娇维塞等。它们都在某些区域具有非常重要的地位，成为该区域的主打品种。当然，在世界葡萄酒追求多样化的今天，葡萄与葡萄酒品种多样化的培养与酿造成为大部分产区及酿酒商丰富品牌的重要途径。

第二节　葡萄酒品鉴

一、葡萄酒的品鉴要求

品酒不是单纯地喝酒，它可以帮助人们正确认识葡萄酒的特点，了解葡萄酒的多样性与复杂性，提高人们的鉴赏能力。人们常用干型、甜型、酒体饱满、有橡木的香气等来描述葡萄酒，这些都属于专业的品酒词汇。专业品酒要注意以下几点。

（一）对品酒环境的要求

对品酒环境的要求有以下四点：

（1）良好的自然光（过暗或过强的光线都会影响品酒者对酒的颜色的判断）。

（2）没有异味的环境（避免香水、香烟、厨房的味道等）。

（3）适宜的温度（一般为室内常温）。

（4）白色背景（便于观察葡萄酒的颜色）。

（二）对品酒者的要求

对品酒者的要求有以下三点：

（1）身上无香水味，品酒前不喝咖啡、烈酒，不吸烟。

（2）口腔清新（品酒前要漱口，以清除口香糖、牙膏等的味道）。

（3）良好的身体状态（感冒会影响嗅觉与味觉）。

（三）品酒设备

必要的品酒设备如下：

（1）ISO标准品酒杯（型号、大小一致的品酒杯，且倒酒量一致）。

（2）吐酒桶（吐出品过的葡萄酒，以保证头脑清醒）。

（3）矿泉水（漱口使用，保持口腔清洁）。

二、葡萄酒的品鉴方法

1. 观色

从葡萄酒的颜色中，可以观察出葡萄酒的酒龄等特性。葡萄酒的颜色主要由葡萄品种、收获期的气温和酒龄决定。葡萄酒的颜色随着陈酿时间的变化而变化。霞多丽酒的颜色比雷司令酒的颜色要深，赤霞珠酒、西拉酒的颜色比黑皮诺酒、美乐酒的颜色要深。同品种的葡萄，产于气温高的地区酿成的酒的颜色较深，而产于气温较低地区的酿成的酒的颜色较浅。红葡萄酒的颜色随酒龄的增长会逐步变浅，而白葡萄酒正好相反。

观色时，握住杯柄，倾斜45°，观察葡萄酒的颜色。红葡萄酒随着陈酿时间的延长颜色变浅，分别呈现紫红、宝石红、石榴红、棕红色。白葡萄酒随着陈酿时间的延长颜色会变深，分别呈现浅稻草黄、浅金黄、金黄、琥珀色。品酒者还需要观察葡萄酒是否清澈，是否有杂质，以判断酒质。另外，葡萄酒的浓郁度、黏稠度也可以通过挂杯情况加以判断。

2. 闻香

先静闻，然后晃动酒杯闻香，通过酒的香气判断酒质。下面介绍几种香气。

柑橘类香气：柠檬、葡萄柚、橘子等。

浆果类香气：草莓、覆盆子、红醋栗、黑莓、黑醋栗等。

热带水果香气：菠萝、杧果、香蕉、荔枝等。

核果香气：樱桃、李子、杏、桃子、苹果等。

干果香气：李子干、葡萄干等。

植物型香气：青椒、青草、芦笋等。

烘烤类香气：烤面包、焦糖、咖啡、巧克力等。

花香气：玫瑰、紫罗兰、槐花、椴花等。

香料类香气：香草、桂皮、丁子香、番红花、胡椒等。

橡木香气：橡木、烟熏等。

3. 品味

将葡萄酒含在口中，吸入一点空气，让空气与酒的甜味布满口腔所有味蕾，然后试着发出呼噜声，帮助释放酒的甜味与香气。对酒的味道的描述一般会涉及以下方面。

甜味：干、半干、半甜、甜（确定酒是否有甜味）。

香气：水果香、花卉香、香料香、橡木香、其他香（再次确认香气类型）。

酒体：轻盈、中度、浓郁。

酒精含量：低、中等、高。

单宁酸：少、中等、高（一般针对红葡萄酒）。

酸度：少、中等、高。

4. 总结

通过视觉、嗅觉与味觉的感知，品酒者对葡萄酒的认知会一步步清晰起来。总结以上三个步骤，品酒者需要根据视觉、嗅觉、味觉综合考量葡萄酒的平衡性、结构、复杂度与余韵。葡萄酒的平衡性相对比较容易判断，它是指单宁酸、酸度、果香等在口腔中是均衡的、和谐的、舒适的；复杂度也是葡萄酒质量的表现。

综上所述，品酒者需要对葡萄酒做出质量评定。即对葡萄酒色泽、香气、口感的综合性质量鉴定，葡萄酒质量评定通常为差、一般、好、很好等。综合来看，葡萄酒品鉴与咖啡、茶的品鉴一致，需要细细观察、慢慢品味。要成为一名优秀的品酒者，除了要保持良好的味觉、嗅觉，品酒经验的积累也非常重要。

第三节 葡萄酒的主产国

一、法国

法国是葡萄酒最主要的产区，法国葡萄酒最早可以追溯到公元1世纪左右。法国葡萄酒产业一直保持着独特的传统酿造工艺，法国葡萄酒常被世人奉为经典。

（一）法国葡萄酒的质量等级

法国的原产地控制命名制度，是法国葡萄酒产业的基本制度，简称AOC制度，隶属于法国国家原产地名号研究会。该制度诞生于1935年，对提高葡萄酒质量以及保护出产者与消费者的双重利益起到了很大作用，也是欧洲各国效仿的最初模板。该制度把法国葡萄酒分为优质葡萄酒与餐酒。优质葡萄酒有法定产区酒AOC（Appellation d'Origine Contrôlée），餐酒有地区餐酒Vin de Pays（VDP）与日常餐酒Vin de Table（VDT）。

1. 地区餐酒VDP

法国地区餐酒，相当于PGI葡萄酒，在法国对应为Indication Géographique Protégée（IGP）。法国很多产区都有分布，但以法国南部产区朗格多克－鲁西荣最多，法国地区餐酒几乎50%以上来自南部产区，酒标上多显示为Pays d'Oc，也有很多酒厂使用IGP。地区餐酒的监管相对宽松，大部分物美价廉，一般有品种标识，方便选择。

2. 法定产区酒AOC

字面意思为"受监控的原产地"，代表最优质的法国葡萄酒。该级别对葡萄酒原产地的葡萄品种、葡萄栽培与采摘、酿造过程、酒精含量等都有明确的法律法规，都要得到相关的监控管理。

（二）法国葡萄酒酒标

法国葡萄酒酒标如图2－2所示。

（三）法国葡萄酒主要产区

1. 波尔多产区

波尔多是全世界优质葡萄酒最大的产区，其中AOC级葡萄酒产量最多。波尔多地理上位于法国西南部，西邻大西洋，吉伦德河穿城而过。属于温带海洋性气候的波尔多一直保持温和的气候，使得葡萄可以慢慢成熟。波尔多分左岸、右岸与两海之间，红葡萄品种以赤霞珠、美乐为主，其他有品丽珠、小维尔多等。白葡萄品种有长相思、赛美蓉等。红葡萄酒单宁酸丰富，酒体浓郁，优质波尔多葡萄酒具有很强的陈酿潜力，造就了诸如拉菲、玛歌、木桐堡、柏图斯等顶尖酒庄。波尔多还是优质干白、甜白的主产区。

2. 勃艮第产区

勃艮第位于法国中部偏东，葡萄种植历史悠久，早期的西多会教士沉迷于葡萄品种的研究与改良，对勃艮第葡萄酒的发展做出了巨大贡献。勃艮第以种植单一葡萄品种黑皮诺著称，是全球最好的黑皮诺产区。勃艮第以葡萄园为基础进行等级划分，每个小产区、每个葡萄园的葡萄风格迥异，是无数黑皮诺爱好者终极追随的地方。

3. 阿尔萨斯产区

阿尔萨斯是法国白葡萄酒之乡，葡萄园位于莱茵河的西岸，孚日山脉挡住了北方

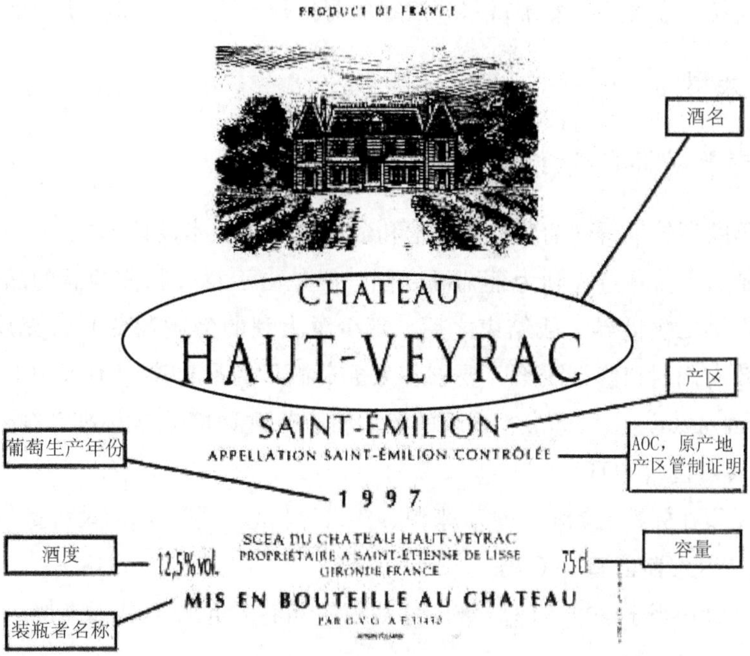

图 2－2 法国葡萄酒酒标

的寒风，这里秋季日光充足、气候温暖，造就了果香丰富、口感浓郁的干白。阿尔萨斯主要酿造单一品种的白葡萄酒，雷司令、琼瑶浆、灰皮诺、麝香是该地四大贵族葡萄品种，以清新精致的花香与果香著称。阿尔萨斯是世界公认的最佳白葡萄酒产区之一。

4. 香槟产区

香槟产区位于法国巴黎东北部，是法国境内最北的产区，寒冷的气候及较短的生长季使得葡萄生长略显缓慢。葡萄酸度极高，酿出的酒香气及酒体极致优雅，口感细腻。香槟产区以出产香槟而著称。香槟一般使用霞多丽、黑皮诺等混酿而成。香槟配餐能力很强，一般作为高端晚宴的开胃酒来饮用，清爽的酸味可以很快增强人们的食欲。对中餐来讲，粤菜和川菜与香槟极为相配。

5. 隆河谷产区

隆河谷位于法国的东南部，充足的日照为该地带来了浓郁、饱满、厚重的葡萄酒。隆河谷产区历史悠久，早在公元 1 世纪时，随着罗马对高卢的征战，罗马人就认识到隆河两岸是种植葡萄的理想地区。隆河谷葡萄园沿狭长的河谷从南至北呈条状分布，北隆河河谷陡峭，形如梯田，很多昂贵的葡萄酒生产于此；南隆河河谷属于地中海性气候，日照充足，以河流的冲积土壤为主，还包含卵石等。该地酿造的葡萄酒具有丰富的果香，酒体饱满，色泽浓郁，几乎是法国境内葡萄酒酒度最高的产区。该地葡萄酒产量大，是世界第二大优质葡萄酒产区，在法国是仅次于波尔多的第二大法定产区。葡萄品种有西拉、歌海娜、慕维得尔等法定葡萄品种，该地以酿造优质干红为主。

二、意大利

（一）意大利葡萄酒的质量等级

意大利是欧洲较早得到葡萄种植技术和葡萄酒酿造技术的国家之一，早在3000年以前，古代希腊人就称意大利为葡萄酒之国。但是由于意大利葡萄酒的品质管理一度比较混乱，在第二次世界大战结束之后，不少意大利的劣质葡萄酒曾充斥国际市场。意大利通过政府规划和修订法案，要求各大葡萄酒厂商严格遵守DOC（Denominazione di Origine Controllata）定级标准，现行的意大利葡萄酒DOC定级标准系统分为四级。

1. 普通佐餐酒（VDT）

此类酒无须在标签上标示产地、来源、年份等信息，只标示酒精含量与酒厂即可。

2. 典型产区级葡萄酒（IGT）

虽然IGT级相当于法国VDQS级。葡萄酒的标签看起来不是很高级，但可以在这个等级中发现许多好酒。

3. 法定产区葡萄酒（DOC）

在意大利有200种以上的葡萄酒属于DOC级，这一级别的葡萄酒是把经过严格划分的生产地域作为其故乡，从葡萄的种类到其最低酒精含量、酿造方法、储藏方法，以及味觉上的特征等都有相关的法定特别标准。DOC级相当于法国葡萄酒分级中的AOC级，品质也相当卓越。

4. 优质法定产区葡萄酒（DOCG）

这一级别的葡萄酒是从DOC级产区中挑选品质最优异的产区再加以认证，接受更严格的葡萄酒生产与标示法规管制，为意大利葡萄酒等级中最高的一级，必须在特定的产区，符合规定的生产标准，才能冠上DOCG。意大利共有18个产区的葡萄酒属于此等级。

DOC级和DOCG级的意大利葡萄酒，不仅会在酒标上（通常在酒名之下）标示级别，也常常以粉红色长封条的形式在瓶口的锡箔收缩膜上标示。

（二）意大利葡萄酒主要产区

意大利葡萄酒主要产区分为南、中、北三部分，顶级好酒集中在北部。南部地区包含长靴形状地图的“脚踝”以下的部分，以及西西里岛和撒丁岛，这两个岛屿产的葡萄酒多为单位产量高、价格低廉的日常餐酒，绝少外销。西西里岛的加强酒“马尔萨拉”是例外，口味从干到甜全有，深受世界人民喜爱，外销很多。中部地区被亚平宁山脉贯穿，最著名的产区是托斯卡纳。北部地区是西北部的皮埃蒙特（也译作皮得蒙）和东北部的威内托。

（1）托斯卡纳位于意大利中部，首府是佛罗伦萨，出产高品质红葡萄酒和一些清新爽口型的白葡萄酒，包括基安蒂、蒙达辛诺和蒙特普查诺。蒙达辛诺和蒙特普查诺出产的红葡萄酒，品质大部分一流。最著名的还是基安蒂，它由桑乔维亚红葡萄和少数其他白葡萄混酿而成。

基安蒂分为三种：普通基安蒂，简单清淡，不耐久存；传统基安蒂，颜色略深，单宁酸含量高，香气浓郁，可存放十年以上；陈年基安蒂，除了满足传统基安蒂的条件，还需在木桶中储存三年以上才能上市，色深红，香味浓郁，口感复杂。

此外，近年来有一类所谓的“超级托斯卡纳酒”在国际市场上大受欢迎，这类酒大多加入大量赤霞珠，酿造的方法也和波尔多葡萄酒接近，所以酒质接近波尔多葡萄酒风格。最著名的是：西施佳雅、奥那尼亚、苏拉亚。

（2）皮埃蒙特在意大利语中是“山脚”之意，表示这里以阿尔卑斯山为屏障，以抵挡冬日的北风。皮埃蒙特葡萄酒的特色是采用单一品种葡萄酿酒，类似法国的勃艮第。

该区葡萄主要有三种：一是巴贝拉，多用来酿酸度较高的日常餐酒；一是多姿桃，主要酿单宁酸含量低、口感柔和的红餐酒，类似法国薄若来，要趁新鲜时喝；一是内比奥罗，其品质最好。

该区最重要的产区是巴罗洛和巴巴莱斯克，所酿酒颜色深沉、单宁酸丰富、香味丰富、耐久存。皮埃蒙特最著名的酒庄是嘉雅，嘉雅旗下三个最好的园区——苏里圣洛伦佐、苏里提丁、罗斯海岸都在巴巴莱斯克，出产的酒都是一流品质的世界顶级酒。嘉雅另外还有波尔多风格红酒达玛吉、勃艮第白酒盖娅 & 雷伊，都得到过极高的评价。巴罗洛产区的酒比巴巴莱斯克产区的酒更浓郁饱满，也需要更长时间酿制，最好的酒集中在阿尔巴这个小村子附近，最出名的酒庄是赛拉图，其代表作是意大利美食家最热衷的罗西顶峰酒。

皮埃蒙特酒庄出产的酒大多数是红葡萄酒，也有少量的白葡萄酒和起泡酒。

最有名的起泡酒在阿斯蒂，阿斯蒂起泡酒花香甜美、浓郁迷人，很受年轻人喜爱。

这个产区的白葡萄酒中比较常见的是加维，它是一种干白酒的种类名称。柯蒂斯是酿制加维的白葡萄品种，主要种植在皮埃蒙特地区的东南部，多数种在亚历山德里亚。这个品种不仅高产，而且能酿出优雅细腻的酒。

（3）威内托位于意大利东北部，生产的酒清新淡雅，适合即开即饮。最有名的红葡萄酒是巴豆里诺、瓦波赛拉，最著名的白葡萄酒是苏维。威内托生产的葡萄酒也是采用混合葡萄酿造的，威内托的葡萄品种很多，与其他产区大不相同。威内托的阿玛若尼和瑞西欧托两种酒，酿制方法很特别，也很古老，是把葡萄串放在麦秆架上风干起皱后，使其糖分浓度提高、水分减少，再发酵酿制，该酒酒质浓郁，酒度高，葡萄干味比较重。

三、德国

（一）德国葡萄酒的质量等级

德国葡萄酒是依据葡萄采摘时的成熟度来划分葡萄酒等级的，这一点和法国、意大利、西班牙等国按酒庄或产区分级的方式不同，主要原因是德国气候相对较为寒冷。葡萄的成熟度对葡萄酒的影响非常大，对于高品质葡萄酒而言，葡萄的成熟度会标在酒标上，目前世界上只有德国和奥地利的葡萄酒会在酒标上有此类信息。

虽然葡萄的成熟度在德国的分级制度中是制定“质量标准”的指标，但实际上它和一瓶葡萄酒的“质量”并没有必然关系。葡萄中的糖分含量是葡萄成熟度的衡量指标，大多数德国葡萄酒是干型或半干型。德国葡萄酒分为以下几个等级。

（1）日常餐酒：相当于法国酒中的 VDT 和 VDP。日常餐酒产量很少，只占到德国葡萄酒总产量的5%。

（2）优质餐酒（QBA）：此种酒的葡萄来自法定的 13 个产区，而且葡萄通常都不太成熟，需要在酿造过程中加入糖分发酵以保证酒精浓度。

（3）高级优质餐酒（QMP）：德国葡萄酒的最高级别，根据葡萄成熟度的不同又细分为六个等级，而且在酿造过程中是不允许加入糖分的。

①小房酒：由正常采摘季节收获的葡萄酿造，较为清淡，酒精度低，通常是干型的。

②迟摘：葡萄成熟后再过 7～10 天采摘，香气和酒体都较小房酒浓重一些，可以是干型的，或是有些微甜。

③逐串精选：在迟摘基础上，逐串精选非常成熟的葡萄，并将没有熟透的葡萄去除。通常只有在葡萄收成较好的年份才会酿造这种等级的酒。酒的整体表现会更高一层，通常带有甜味，价格也会更高。

④逐粒精选：简称 BA，手工逐粒精选那些已经长出贵腐霉菌的葡萄，逐粒精选的葡萄的糖分含量非常高，用以酿造昂贵优质的甜酒。

⑤枯萄精选：简称 TBA，等到葡萄基本干枯了才开始采摘，由于糖分含量非常高，很难进行正常的发酵，所以酒度不超过 6% vol，并且需要陈酿 10 年以上。价格当然也非常高，世界上最贵的白葡萄酒“伊贡－米勒枯萄精选”就属于此类。

⑥冰酒：等到下雪当天才开始采摘葡萄，葡萄成熟度已经达到逐粒精选的程度，葡萄内部的水分已经结冰，通过压榨去除冰块，剩下浓缩的果汁用来酿酒。

德国顶级的甜型葡萄酒基本上是用雷司令酿造的，但冰酒就不一定了，有时甚至用黑皮诺酿造。另外，由于寒冷气候的影响，如果在葡萄收成一般的年份，酒庄往往会选择酿造比较清淡、酸度高、回味较短的优质餐酒和小房酒等级的酒，只有遇到葡萄收成较好的年份才会酿造更高等级的酒。

另外，在2000年之后，针对德国干型葡萄酒又多了两种标识——Classic和Selection（其实属于上述优质餐酒等级）。

Classic：用来表示酒标上葡萄的产区、品种，然后加上Classic字样。这种酒的含糖量不超过15%，即每升酒中的含糖量不超过15g。

Selection：用来表示酒中的葡萄是在哪个村庄和葡萄园中种植的，在酒标上会标明葡萄产区、品种、Selection字样，然后是村庄名称和葡萄园名称。这种酒的含糖量不超过12%。

（二）德国葡萄酒主要产区

德国葡萄酒的特点首先来自特有的产地和气候条件。这里的葡萄大都种植在河谷地区，南起的康士坦丁湖沿着莱茵河及其支流，北抵波恩的米特莱茵，西与法国接壤，东至易北河。全德国共有13个法定葡萄酒产区，如莱茵高、莱茵黑森、乌尔藤堡、巴登、法尔兹等。每一个产区都有自己的特色。北部产区出产的葡萄酒一般清淡可口，果香四溢，芳香馥郁，并富含果酸。而南部产区出产的葡萄酒则果味诱人，有时带有强烈的味道但却不失温和适中的酸性。最常见的德国葡萄酒来自摩泽尔河流域和莱茵河流域的四个主要产区：摩泽尔-萨尔-鲁维、莱茵高、法尔兹、莱茵黑森。

1. 摩泽尔—萨尔—鲁维

摩泽尔河发源于法国境内的弗日山脉，流出法国后成为德国和卢森堡的天然国界，并在德国西部边境蜿蜒流贯200多千米，最后在科布伦茨与莱茵河汇流。作为莱茵河的支流，摩泽尔河也由几条支流形成，萨尔河与鲁维河便是摩泽尔河的两大支流。河流对于寒冷的德国北部地区是很重要的，它可以在寒冷的冬季起到调节温度的作用，同时，水面的反光对于葡萄的生长也十分有利。在寒冷的德国北部，每一缕阳光对于葡萄都是宝贵的。

摩泽尔-萨尔-鲁维是世界公认的德国最好的白葡萄酒产区之一，一般以摩泽尔简单称之。这里的土壤以板岩为主，几乎所有的葡萄园都位于陡峭的河岸上，坡度一般在60°以上，葡萄树必须独立引枝以适应这样的坡度。整个摩泽尔产区一共有1万多公顷葡萄园，主要种植贵族品种雷司令。产区内有六个子产区，分别是：泽尔/摩泽尔、贝伦坎斯特尔、上摩泽尔、萨尔、鲁维尔河谷、摩泽尔入口。产区内有许多酒村和单一葡萄园。

在摩泽尔-萨尔-鲁维产区，萨尔河两岸的气候条件最为恶劣，但是这里却有出产最为精美，同时也是最为昂贵的葡萄酒厂家伊贡-米勒。摩泽尔产区著名的葡萄酒厂还有露森、约翰·约瑟夫·普朗和正在崛起的泽巴赫酒庄。摩泽尔产区的葡萄酒精致优雅，一般装在绿色的瓶子里，酒度很少超过10% vol，一般约为8% vol。

2. 莱茵高

莱茵高产区葡萄园面积并不算大，但是这里出产世界级的葡萄酒。莱茵高产区内只有一个子产区，就是约翰山，这里被认为是真正的雷司令老家。葡萄园面积的81%种植的是雷司令品种，但是近年来红葡萄品种，特别是黑皮诺，在德国的种植量有了急剧性的增长，目前面积已经达到莱茵高葡萄种植面积的9%（也有资料说是11%）。

相比摩泽尔产区的白葡萄酒而言，莱茵高产区的白葡萄酒无论是颜色、香气，还是口感、酒体，都更重。如果说摩泽尔产区的酒是“莫扎特”，那么莱茵高产区的酒就好比“贝多芬”。该产区的顶级酒厂包括：约翰山酒庄、沃尔莱茨酒庄、罗伯特威尔酒庄、格奥尔格·布累亚庄园等。1994年，该产区开始实行半官方的葡萄园分级制度，用最好的葡萄酿造的精选等级以上的干型葡萄酒可以使用一等酒的名称。

3. 法尔兹

法尔兹原为“宫殿”的意思，因古罗马皇帝奥古斯都在此建行宫而得名。以前此产区也被称作“莱茵法尔兹”，该产区葡萄园面积达到2万多公顷，是德国第二大葡萄酒产区，所产葡萄酒约70%为白葡萄酒。这里种植的葡萄品种比较丰富，有雷司令、米勒图高、肯纳、西万尼等。

法尔兹内有中部哈特产区、德国的葡萄酒之路产区，苏德利切葡萄酒之路产区三个子产区，以及一些酒村和单一葡萄园。最好的法尔兹葡萄酒来自该产区北部一些种植雷司令和米勒图高的葡萄园。而南部则大量种植西万尼等品种，且高产，生产大量质量一般的葡萄酒。

4. 莱茵黑森

莱茵黑森是德国最大的葡萄酒产区，葡萄园的面积有26000多公顷。产区内有三个子产区，即必恩、尼尔斯泰恩和沃尔姆斯，以及一些酒村和单一葡萄园。

莱茵黑森产区多数是富饶而平坦的土地，因此比较容易种植高产的施埃博、肯纳、巴克斯和产量比较稳定的米勒图高，这些品种种植面积的总和超过了葡萄种植总面积的1/4。这里出产最多的是质量中等的葡萄酒，其中最具代表性的就是“圣母之乳”。但是也有一些高质量的葡萄酒，这些葡萄酒集中在尼尔斯泰恩。

上述四个产区的葡萄酒在德国葡萄酒的出口中所占比例最大，在国际市场上经常见到，其他产区相对比较小，而且出口的葡萄酒不算多，在国际市场上不是很常见。

四、其他葡萄酒生产国

（一）西班牙

西班牙是世界上葡萄种植总面积最大，但平均种植面积最少的国家，产酒量世界排名第三。西班牙葡萄酒给世人的感觉就像意大利葡萄酒一样“大众化”。20 世纪 70 年代西班牙才有了 Denominación de Origen，简称 DO 制度，其规定了葡萄酒的原产地及品质。里欧哈是西班牙的“波尔多”。因 19 世纪的蚜虫之害，许多原本在波尔多产区的葡萄种植者来到里欧哈产区重建葡萄园，重新酿酒，所以此地以产波尔多类型的葡萄酒为主，只是葡萄品种及酒的陈放不尽相同罢了。1991 年，西班牙又建立了比 DO 制度更严格的 DOCa（Denominación de Origen Calificada）制度。

（二）美国

美国是全美洲最大的葡萄酒产区，凭借其独特的地理位置、稳定的气候、先进的科技以及高超的营销方法，当前已在国际市场上成为新兴的优良葡萄酒产区。其中加利福尼亚州所产的葡萄酒不论品质还是数量均居全美国第一。加利福尼亚州葡萄酒的产量约占全美国的九成，其葡萄种植主要分布于中央谷地、南部海岸，其中又以北海岸的那帕山谷、索诺玛山谷最具知名度，大多数知名酒庄建在这一带。

（三）澳大利亚

澳大利亚有良好的土壤条件及稳定的气候条件，是一个优质的新兴葡萄酒产区。其葡萄酒产量约占世界的 2%，近三成出口。原以生产强化葡萄酒为主，但近 30 多年来改为大量生产甜度不高的一般餐用酒。因地处南半球，季节与北半球正好相反，每年二、三月为其葡萄采收期，所以澳大利亚的葡萄酒比欧美各产区的葡萄酒提早半年上市。在澳大利亚，最有特色的是混合酒，当地的制造商勇于创新，大胆尝试前人未尝试过的调配方式，如以卡伯纳与西拉来调配出优良的葡萄酒。另外，澳大利亚出产很好的强化葡萄酒。

（四）新西兰

有“长白云之乡”美誉的岛国新西兰自然风光迷人，全境被海洋包围，凉爽的气候尤其适合白葡萄的生长。新西兰的葡萄酒近几年在世界舞台上可谓大放异彩。新西兰的长相思频频获奖，引起世人的广泛关注；黑皮诺也是新西兰的标志性品种，好评不断。得益于本国四面环海的自然条件，再加上高度发展的经济、不断革新的技术及活力，新西兰葡萄酒产业正以惊人的速度向前发展，在葡萄酒产国里占据了一席之地。主要葡萄品种有长相思、黑皮诺、霞多丽、琼浆液、西拉等。该国主要的葡萄酒产区分布于两岛内：北岛主要有奥克兰（Auckland）、吉斯伯恩（Gisborne）、霍克斯湾（Hawke's Bay）等；南岛主要有尼尔逊（Nelson）、马尔堡（Marlborough）、中奥塔哥（Central Otago）等。

第四节　葡萄酒的侍酒服务

一、葡萄酒的储藏

葡萄酒储藏对环境有一定要求，如果未能正确储藏，很容易破坏葡萄酒的香气以及酒的骨架，甚至变质，影响正常饮用。葡萄酒的理想储藏条件如下。

（一）温度要求

（1）葡萄酒储藏需要低温，一般要求在12℃～15℃。

（2）在葡萄酒的储藏过程中，如果温度过高，会加速葡萄酒的成熟，让酒产生煮过的味道。

（3）需要温度恒定，温度忽高忽低会加速葡萄酒变质。

（二）光线要求

（1）葡萄酒对光线敏感，需要避光储藏。

（2）不要阳光直晒，直晒后的葡萄酒颜色很容易改变。

（三）湿度要求

（1）葡萄酒储藏的湿度应保持在70%左右。

（2）湿度过高，橡木塞会发霉。

（3）湿度过低，环境干燥，橡木塞很容易风干，空气会进入容器从而使葡萄酒氧化。

（四）振荡

振荡会影响葡萄酒香气及骨架的保持。

（五）通风要求

（1）葡萄酒储藏环境需要一定的通风，保持空气流通顺畅。

（2）环境中应避免异味污染。

（六）放置要求

葡萄酒需要横放，保持酒塞与葡萄酒的接触；竖放很容易风干橡木塞，使得葡萄酒氧化；如果是螺旋塞酒瓶，横放、竖放均可。

二、葡萄酒杯

市场上最常见的就是红葡萄酒杯、白葡萄酒杯与杯柄较长的起泡酒杯，部分酒杯类型如图2－3所示。这几种类型的酒杯都有统一的形态，形状上多呈现大小不一的郁金香型，同时都有一个长长的杯柄，这样可以使得在抓握酒杯时较为方便，切记不要直接抓握杯肚，手掌的温度会对葡萄酒有很大影响。红葡萄酒杯，一般使用大型号酒杯，增加葡萄酒与氧气接触的面积，通过晃动酒杯，以更好地释放葡萄酒香气，柔化葡萄酒口感，一般侍酒量为3～4 oz。白葡萄酒杯比红葡萄酒杯小，一般使用中等型号酒杯，新鲜的果香直接送达杯口，一般侍酒量为2～3 oz。起泡酒使用笛状香槟杯，杯身较长，以延长气泡上升的时间。宽大的杯身很容易使气泡爆破，影响观赏效果。侍酒量一般为酒杯容量的2/3。

图2－3 部分酒杯类型从左至右依次为：勃艮第酒杯、波尔多1号杯、波尔多2号杯、白兰地酒杯、香槟杯、白葡萄酒杯

三、葡萄酒侍酒服务注意事项

（一）葡萄酒的侍酒温度

葡萄酒饮用需要适宜的温度，不同类型的葡萄酒、不同的酒体及浓郁度，葡萄酒的最佳饮用温度都不尽相同。适宜的温度是葡萄酒品鉴体验的关键，是保证顾客饮用效果最佳的一项重要的服务标准。

（1）红葡萄酒，一般常温饮用，侍酒温度为15℃～18℃。酒体轻盈的红葡萄酒，如黑皮诺等，尤其在夏季，饮用时可稍加冰镇，温度可控制在15℃左右。

（2）白葡萄酒，浓郁的干白稍微冰镇，温度保持在10℃～12℃为宜；酒体轻盈的干白温度可以略低于浓郁的干白，需要完全冰镇，温度为8℃～10℃饮用为宜。

（3）起泡酒，由于葡萄酒内含有大量CO_2，酸爽清新，侍酒温度在6℃～10℃。

（4）甜葡萄酒，这类酒甜度较高，饮用时需要完全冰镇（葡萄酒的冰镇如图2－4所示），侍酒温度为6℃～8℃。

图2－4　葡萄酒的冰镇

（二）起泡葡萄酒的开瓶

起泡葡萄酒因为酒瓶内有相当大的气压，所以开瓶前需要冰镇，通过降低温度来降低气压，另外橡木塞外的铁丝圈也能有效控制瓶内气压。起泡酒开瓶步骤如下：

（1）手动或用酒刀去除锡纸。

（2）手动松开铁丝圈。

（3）将酒瓶倾斜30°，左手握紧瓶塞，右手握住瓶底。

（4）转动瓶底，而非转动橡木塞。

（5）握紧瓶塞，使瓶塞慢慢移出瓶颈，防止飞塞。

（6）瓶内气压释放时会发出“噗”的一声，而不是爆炸声，或者出现瓶塞飞出的情况。

（三）起泡葡萄酒的服务流程

学会了起泡葡萄酒的开瓶，起泡葡萄酒的服务就显得简单多了。因为在起泡葡萄酒的服务环节里，熟练的开瓶能力被很多人认为是最重要的服务技能。不过起泡葡萄酒的斟酒训练也是必不可少的，另外在冰桶的准备上也要多注意细节。

器皿准备：冰桶、冰桶架、口布、起泡葡萄酒杯、小碟等。

起泡葡萄酒服务部分流程。

（1）为宾客递送酒单点酒。

（2）为宾客准备起泡葡萄酒杯，托盘托送。

（3）准备冰桶，并将口布放置在冰桶上方。

（4）为宾客取酒，并向宾客重复酒名、年份及产地等信息。

（5）按照起泡葡萄酒开瓶方式，轻轻取出瓶塞。

（6）轻闻瓶塞，确认葡萄酒酒质。

（7）擦拭瓶口，保持瓶口清洁卫生。

（8）为宾客倒少量葡萄酒，请宾客品鉴。

（9）为宾客倒酒，女士优先，最后为主宾倒酒。

（10）祝宾客用餐愉快，带走放有橡木塞的小碟并离开。

（四）静止葡萄酒的开瓶

静止葡萄酒的开瓶相对于起泡葡萄酒较为容易，因为酒瓶内没有气压，也就不用担心飞塞的危险，但偶尔也避免不了断塞情况的发生，因此要多做练习。静止葡萄酒的开瓶流程如下：

（1）沿瓶口下方切开锡纸，分三步切割，尽量保持锡纸完整。

（2）用口布擦拭瓶口，保证良好的卫生状态。

（3）用开瓶器尽量安静、干净地取出橡木塞，不要钻透橡木塞。

（4）用口布擦拭瓶口内侧，再次做好卫生工作，为宾客倒酒。

（五）红葡萄酒的醒酒服务流程

与起泡葡萄酒的服务不同，一些红葡萄酒的服务需要醒酒器皿，例如蜡烛、火柴、醒酒器等。点蜡烛主要是为了看清瓶中沉淀，所以只有年份久或未澄清、未过滤的葡萄酒会用到。年份较新一点的葡萄酒在进行醒酒服务时则可以不用准备蜡烛。

器皿准备：醒酒器、蜡烛、口布、开瓶器、酒篮、酒杯、小碟。

红葡萄酒的醒酒服务流程如下：

（1）为宾客递送酒单，请宾客点酒，介绍酒的口感及说明为什么需要醒酒。

（2）为宾客准备酒杯、醒酒器、蜡烛等器皿，送至宾客面前。

（3）为宾客取酒，并向宾客重复酒名、年份及产地，年份较久的酒要使用红酒篮。

（4）使用火柴点燃蜡烛，较新年份酒不需要此步骤。

（5）轻轻取出瓶塞，并擦拭瓶口（周围），确保良好的卫生状态。

（6）轻闻瓶塞，确认葡萄酒酒质，并呈递给主宾。

（7）擦拭瓶口（内侧），保持瓶口清洁卫生。

（8）为主宾倒少量葡萄酒，请主宾品鉴，同时为自己倒入30mL，以备品鉴。

（9）左手抓握醒酒器，右手抓瓶，确保酒标对着宾客，将酒轻轻倒入醒酒器。

（10）剩余少许，以避免酒渣倒入醒酒器内。

（11）为宾客倒酒，女士优先，最后为主宾倒酒。

（12）祝宾客用餐愉快，除醒酒器及酒瓶外，撤掉所有器皿。

思考题

一、选择题

1. 下列哪个不是旧世界葡萄酒产国？（　　）

A. 德国　　B. 法国　　C. 意大利　　D. 美国

2. 以下哪项红葡萄品种来源于勃艮第？（　　）

A. 雷司令　　B. 黑皮诺　　C. 长相思　　D. 赤霞珠

3. 以下哪项与黑皮诺的香气无关？（　　）

A. 草莓　　B. 蘑菇　　C. 樱桃　　D. 覆盆子

4. 以下哪个产区是琼瑶浆的主要产区？（　　）

A. 阿尔萨斯　　B. 波尔多　　C. 勃艮第　　D. 隆河

5. 长相思一般有哪些香气？（　　）

A. 凤梨与橡木　　B. 青草与百香果　　C. 梨与蜂蜜　　D. 柑橘与黄油

6. 以下哪个是西拉的经典产区？（　　）

A. 巴罗萨谷　　B. 波尔多　　C. 里欧哈　　D. 基安蒂

7. 以下哪个葡萄品种原产地在德国？（　　）

A. 赛美蓉　　B. 特伦斯　　C. 霞多丽　　D. 雷司令

8. 以下哪个葡萄品种单宁酸含量较少？（　　）

A. 黑皮诺　　B. 美乐　　C. 西拉　　D. 赤霞珠

9. 以下哪项为葡萄酒提供理想的储藏条件？（　　）

A. 温度应该冷热交替　　B. 低温恒温

C. 酒瓶竖直摆放　　D. 需要明亮的光线

10. 浓郁的红葡萄酒最佳饮用温度是（　　）。

A. 18℃　　B. 6℃　　C. 12℃　　D. 25℃

二、问答题

1. 介绍什么是葡萄酒的新旧世界，它们有什么不同之处。
2. 介绍几种葡萄酒的酿造方法。
3. 葡萄酒品鉴需要做哪些准备工作？
4. 介绍葡萄酒储藏有哪些要求。
5. 介绍不同类型葡萄酒的适宜饮酒温度。

【经验性训练】

1. 实训名称：葡萄酒品鉴及服务。

2. 实训目的：通过对不同种类葡萄酒的品鉴与鉴别，熟悉葡萄酒的主要特点，提高品评葡萄酒的能力。通过开瓶及服务程序训练，提高服务水平。

延伸阅读

期酒是什么？

四月，又到了一年一度的波尔多期酒盛会，在各大酒评家、投资者前往法国葡萄酒圣地波尔多品鉴期酒之时，不少葡萄酒网站、杂志也开始发布大量与期酒相关的文章。一些对葡萄酒不甚了解的人可能就会迷惑不解：期酒是什么？为什么要买卖期酒？期酒要怎么买？

期酒，在法语里叫作“En Primeur”，最简单的理解就是“葡萄酒的期货”。期酒制度是一种葡萄酒预售制度，是指酒庄在葡萄酒尚未正式发售之时，将其以预估价格提前卖给买家，在酒款正式发布后再发货。波尔多是实行期酒制度的主要产区，但期酒制度并不局限于波尔多，其他国家的一些葡萄酒产区也有类似的交易形式。

以波尔多为例，每年9—10月，酒庄采收葡萄之后，就开始酿酒，再将酒液放入橡木桶陈酿。在次年的3—4月，酒液还在橡木桶中陈酿时，酒庄就会邀请国际上的各大葡萄酒评论家、记者和买家来波尔多进行桶边试饮。酒庄在综合考虑该年份葡萄酒的产量、品质、评分以及市场情况等因素后，发布期酒的价格，并给酒商一定配额。酒商拿到酒庄给出的期酒配额之后，再将其售出。而买家则可以在综合考虑该年份的状况和该酒款的评分后，判定是否购买该年份的期酒。买家付款之后，酒庄会在1年或2年之后发货，买家缴纳完酒款的税额和手续费之后，就可以拿到预定的酒款。

为什么要买卖期酒？对于酒庄而言，首先，由于酒商们每年都要购买一定量的期酒，期酒制度能缓解年份差异对酒庄带来的影响；其次，由于期酒的售卖时间为葡萄采收后的次年4月左右，可以让酒庄的资金快速回流，减轻资金压力。而对于买家而言，购买期酒可以提前以较优惠的价格预定一些珍稀酒款，而且由于这些酒款有着一定的升值空间，可以看作一种投资行为。一般而言，在葡萄酒表现较好的年份，期酒的价格远比现货要低，购买期酒是提前锁定佳酿并且以较实惠的价格获得名酒的上佳之选。当然，买家购买期酒也不一定稳赚不赔，由于市场因素的影响，酒款的正式发布价格比期酒价格低的情况虽然比较少见，但也是存在的。

（资料来源：红酒世界，2018年4月19日）

第三章　黄酒和米酒

本章概要

本章主要讲述了中国黄酒的生产原料、酿造过程、著名品牌、饮用知识等，并简单介绍了米酒。

学习目标

▲ 知识目标

(1) 掌握黄酒的酿造过程、分类和特点、品种及饮用方式。

(2) 熟悉著名黄酒品牌。

(3) 了解黄酒文化和相关典故。

▲ 技能目标

(1) 了解黄酒的储存方法。

(2) 熟悉黄酒的饮用温度，能正确为顾客做好服务前的准备工作。

关键性术语

黄酒　米酒　糖化

章首阅读

令壮者无娶老妻，老者无娶壮妇。女子十七未嫁，其父母有罪；丈夫二十不娶，其父母有罪。将免者以告于孤，令医守之。生男二，贶之以壶酒、一犬，生女二，赐以壶酒、一豚。生子三人，孤以乳母；生子二人，孤与一养。

（资料来源：《吴越春秋·勾践伐吴外传》）

第一节 黄酒的基本概念

黄酒是以稻米、黍米、玉米、粟米等和水为主要原料，经发酵、压榨、过滤等工艺而制成的酿造酒。

1. 糖化

糖化是指原料中的淀粉、蛋白质等高分子物质分解成糖类、糊精、氨基酸、肽等可溶性小分子物质的过程。由于酵母不能直接利用淀粉发酵，糖化的主要目的是将淀粉水解成酵母可利用的葡萄糖、麦芽糖等可发酵性糖。

2. 发酵

黄酒的发酵是指利用酵母对醪液中的某些成分进行一系列的代谢，产生酒糟和各种风味物质的过程。发酵过程的主要变化是可发酵性糖在酵母酒化酶的作用下生成酒精和二氧化碳。

3. 酒药

酒药又称小曲或酒饼，是生产黄酒的糖化发酵剂。酒药中的主要糖化酶和发酵菌分别为根霉和酵母。在绍兴黄酒的生产中，酒药用于生产淋饭酒母和香雪酒。

4. 麦曲

麦曲是黄酒生产的糖化剂，并赋予黄酒独特的风味，为“酒之督”。麦曲中含有米曲霉、根霉、毛霉等多种微生物和淀粉酶、蛋白酶等多种酶。

5. 酒母

酒母中含有大量酵母，是生产黄酒的发酵剂。酒母与米、麦曲、水同为黄酒生产的配料，落缸时一同加入。

第二节 黄酒的生产与分类

一、黄酒的生产原料

黄酒酿造以稻米、黍米、玉米、粟米等和水为主要原料，以小麦、大麦、麸皮为辅料。材料种类的不同和品质的优劣直接影响黄酒的风格和质量。人们把米、麦曲和酒母、水分别形象地比喻为黄酒的肉、骨、血。

（一）米

在北方，黄酒的生产原料多为粟米、黍米；在南方，普遍用稻米（尤其糯米最佳）

为原料酿造黄酒。

黍米，也叫黍子或黄黏米，籽粒脱壳呈金黄色，比小米略大，具有黏性。黍米营养价值高，含有丰富的蛋白质、淀粉、脂肪和矿物质。

粟米，在古代是秫、粱、稷、黍的总称，有时也称为粱。

稻米，可分为糯米、粳米和籼米。糯米是最好的酿酒原料，原因是糯米的淀粉含量一般比粳米和籼米稍高，而蛋白质等其他成分较少，因此用糯米酿成的酒杂味少。糯米中的淀粉大多数是支链淀粉，支链淀粉分子排列比较疏松，吸水快，容易糊化。淀粉酶对支链淀粉的分支点往往不易完全切断，在酒中残留的糊精和低聚糖较多，因此糯米酒的口味较甜，口感较醇厚。

（二）水

在黄酒酿造中水被称为“酒之血”，可见水对黄酒酿造的重要性。水不但是酒的主要成分之一，而且对酿造的全过程都会产生很大的影响。水是物料和酶的溶剂，生化酶促反应都在水中进行，水中的微量无机盐成分是微生物生长繁殖所必需的养分和催化剂，又是调节氢离子浓度的重要缓冲剂，所以水质直接影响酒的质量。许多名酒的产地往往和水质有关，所谓“名酒必有佳泉”，驰名中外的黄酒同优良的水质是分不开的。

（三）麦曲

在经过强烈蒸煮的米中，移入曲霉的分生孢子，然后保温，米粒上便会生长出茂盛的菌丝，此即酒曲。曲霉产生的淀粉酶会糖化米里面的淀粉，因此，自古以来就有人把它和麦芽同时作为原料糖，用来制造酒和豆酱等。用麦类代替米者称麦曲。黄酒多用麦曲制作。

（四）酒母

酒母是重要的发酵素，能分解碳水化合物，产生酒精和二氧化碳等。黄酒酒母是从黄酒发酵醪中分离出来的，它的主要成分是黄酒酵母。酵母菌是单细胞真菌，喜生长在含糖质较多的偏酸性环境中，在空气中也有大量酵母菌存在。酵母菌是异养兼性厌氧菌，在无氧条件下进行酒精发酵，在有氧条件下则主要进行呼吸作用，分解葡萄糖释放能量。

二、黄酒的酿造过程

黄酒的传统酿造过程涉及食品学、营养学、化学和微生物学等多种学科知识。华夏祖先在几千年漫长的实践中逐步积累经验，不断完善，不断提高，使之成为极纯熟的工艺技术。目前黄酒生产主要集中于浙江、江苏、上海、福建、江西、广东、安徽等地，山东、陕西、辽宁等地也有少量生产。

中国酿造黄酒的传统过程主要为：浸米—蒸饭—发酵—压榨—煎酒—过滤—封存。

（1）浸米。选择较好的糯米或大米，经过淘洗，用普通凉水浸泡 8～10 小时，沥干后备用。

（2）蒸饭。将沥干的米上锅蒸至九成熟。要求米饭蒸到无夹心，疏松不糊，熟透均匀。熟后不要马上掀锅盖，等饭稍微冷却之后再出锅，出锅后将饭打散，摊盘晾至 28℃以下再入缸。

（3）发酵。把准备好的水、麦曲和酒药倒入缸内，与蒸好的米饭搅拌均匀，盖好盖，夏季置于室温下，冬天放在暖气上或火炉旁。经 3 天左右，米饭变软、变甜，用筷子搅动，即可见到有酒渗出。当缸里的温度达到 23℃左右时，即可停止前期发酵。

（4）压榨。将经过前期发酵的物料装入一个干净的布袋中，在布袋上面压上木板、重物，榨出酒液。

（5）煎酒（加热杀菌）。把压榨出的酒液放入锅内蒸（各种蒸锅均可），当锅内温度升到 85℃左右即停止加热。

（6）过滤。用豆包布做成一个布袋，把蒸过的酒液倒入袋中过滤，将滤液收集起来。

（7）封存。把滤液装进一个干净的坛子里，用干净的牛皮纸把坛口包好，再用稻草或稻壳与黏土和成稀泥把坛口封严，然后把坛子放到适宜的地方，两个多月后即可开坛饮用。黄酒的封存如图 3－1 所示。

图 3－1 黄酒的封存

近年来，黄酒生产技术有了很大的提高，新原料、新菌种、新技术和新设备的引入为传统工艺的改革、新产品的开发创造了条件，产品不断创新，酒质不断提高，原料逐渐多样化。除黍米黄酒、粟米黄酒、糯米黄酒外，开发了粳米黄酒、籼米黄酒、黑米黄酒、高粱黄酒、荞麦黄酒、薯干黄酒、青稞黄酒等，并具有以下几个特征：①酒曲纯种化，运用高科技手段，从传统酒药中分离出优良纯菌种，达到用曲少、出酒率高的效果；②工艺科学化，采用自流供水、蒸汽供热、红外线消毒、流水线作业等科学工艺生产，酒质好，效率高；③生产机械化，蒸饭、发酵、压榨、煎酒、过滤、封存均采用机械完成，机械作业代替了传统的手工作业，降低了劳动强度，提高了产量和效益。

三、黄酒的分类和特点

（一）根据原料和酒曲划分

1. 糯米黄酒

糯米黄酒以酒药和麦曲为糖化发酵剂，主要产于我国南方地区。

2. 黍米黄酒及粟米黄酒

这两种酒以米曲霉制成的麸曲为糖化发酵剂，主要生产于我国北方地区。

3. 大米黄酒

大米黄酒是一种改良的黄酒，以米曲加酵母为糖化发酵剂，主要生产于我国吉林和山东。

4. 红曲黄酒

红曲黄酒以糯米为原料，红曲为糖化发酵剂，主要产于我国福建、浙江。

（二）根据含糖量划分

1. 干黄酒

“干”表示酒中的糖含量少，总糖含量低于15.0g/L。干黄酒口味醇和、鲜爽、无异味。

2. 半干黄酒

“半干”表示酒中的糖分还未全部发酵成酒精。在生产上，这种酒的加水量较少，相当于在配料时增加了饭量，故又称为“加饭酒”，总糖含量在15.0~40.0g/L，口味醇厚、柔和、鲜爽、无异味。

3. 半甜黄酒

这种酒采用的工艺独特，是以成品黄酒代水加入发酵醪，在糖化发酵的开始之际，就使发酵醪中的酒度达到较高的水平，一定程度上抑制了酵母菌的生长速度。由于酵母菌数量较少，发酵醪中产生的糖分不能转化成酒精，故成品酒中的糖含量较高。半甜黄酒总糖含量为40.1~100.0g/L，口味醇厚、鲜甜爽口，酒体谐调，无异味。

4. 甜黄酒

这种酒一般采用淋饭操作法，拌入酒药，搭窝（在搅拌好的饭团中间挖个坑，以便增加米饭和空气的接触面积，有利于糖化菌更好地生长繁殖）先酿成甜酒酿，当糖化至一定程度时，加入酒度为40% vol ~ 50% vol 的米白酒或糟烧酒，以抑制微生物的糖化发酵作用。甜黄酒总糖含量高于100. 0g/L，口味鲜甜、醇厚，酒体谐调，无异味。

第三节　著名黄酒品种、品牌及饮用知识

一、著名黄酒品种、品牌

黄酒是世界上最古老的酒类之一，在商周时期，中国人独创酒曲复式发酵法，开始大量酿制黄酒。黄酒产地较广，品种很多，著名的有绍兴黄酒、上海老酒、福建老酒、九江封缸酒、丹阳封缸酒、无锡惠泉酒、即墨老酒等。但是被中国酿酒界公认的、在国际国内市场最受欢迎的、最具中国特色的，首推绍兴黄酒。

（一）品种

1. 元红酒，又称状元红

这类酒的酒度一般是15% vol 左右，是黄酒中最大宗产品。元红酒采用的是绍兴黄酒酿造的基础方法，具体是将酒母加入浆水以及蒸熟的糯米中进行酿造。10 天之内用较小的瓮进行第一次发酵；3 个月内需进行第二次发酵，发酵后酿造。之后需进行过滤，然后装坛。在古代，此酒酿造好以后装在漆成红色的坛中，所以叫元红酒。

2. 加饭酒

所谓加饭，是指生产原料中所选用的糯米比例比元红酒的高，一般高10%。饭量增加，水量相应减少，出酒率降低，口味自然比元红酒醇厚。如果增加的糯米比例再高一些，那就称为“双加饭”，其口味更好。加饭酒是黄酒的代表品种，酒度一般为16% vol ~ 18% vol。因为过去绍兴储存加饭酒时，一般都要在酒坛的外表雕刻具有民族色彩的花纹，所以加饭酒又叫“花雕”。

3. 善酿酒

它是以储存1 ~ 3 年的元红酒代水酿成的。以酒代水，以酒做酒，质量较高，酒度大于等于12% vol。陈年善酿是绍兴黄酒中的绝品。

4. 香雪酒（封缸酒）

与善酿酒不同，香雪酒以黄酒酒糟蒸馏而成的“糟烧”作为原料，酿造时不加入麦曲，而是以白色的酒药取代，所以酿造出来的酒液色白如雪，香雪酒名称由此而来。其酒度达20% vol。

（二）品牌

1. 古越龙山

浙江古越龙山绍兴酒股份有限公司于1997年5月成立，是我国规模较大的黄酒生产、经营、出口企业之一，拥有国内一流的酿酒师团队、国家黄酒工程技术研究中心，主要产品有“沈永和”“状元红”“鉴湖”等。“古越龙山”是国家优质产品，多次荣获国际国内金奖，是我国首批原产地保护品牌。公司产品畅销全国各大城市，远销日本、东南亚、欧美等40多个国家和地区。

2. 会稽山黄酒

创始于1743年的会稽山绍兴酒股份有限公司（原云集酒坊），经过270多个春秋的风风雨雨和几代会稽山人的艰苦创业，成为中国黄酒行业一颗璀璨的明珠。1915年，云集酒坊为绍兴黄酒夺得第一枚国际金奖。

3. 塔牌黄酒

自1958年进入国际市场以来，塔牌黄酒以其浓郁的酒香、醇厚的口味而享誉30多个国家和地区。塔牌黄酒多次获得国家级金奖和国际金奖。塔牌黄酒之所以成为中国绍兴黄酒中的精品，主要源于得天独厚的鉴湖源头水。此处水清如镜，硬度适中，含有适量的矿物质和有益的微量元素，溶解度高、耗氧量少，以此水酿出的酒不但色、香、味俱佳，且极富营养。另外选用当年的精选糯米和优良小麦。其酿制过程全部采用传统手工艺，制作十分考究，始终保持高质量和高品位，从而受到国内外消费者的推崇和好评。

4. 即墨黄酒

即墨黄酒是食品工业中的一颗明珠。它以悠久的历史、独特的酿造工艺和典型的地方风味受到人们的喜爱和赞誉。即墨黄酒酒液清亮，呈深棕红色，酒香浓郁，口味醇厚，微苦而余香不绝。现在较为著名的有山东即墨妙府老酒有限公司的妙府老酒、新华锦集团旗下的即墨老酒。

二、黄酒的饮用

黄酒香气浓郁，甘甜味美，风味醇厚，并含有氨基酸、糖、醋、有机酸和多种维生素等，也是烹调中常用的主要调味品之一。

1. 温饮

黄酒通常是烫热喝。原因是黄酒中还含有极微量的甲醇、醛、醚类等有机化合物，对人体健康有一定的影响。为了尽可能减少这些物质的残留量，人们一般将黄酒隔水烫到60℃～70℃再喝。黄酒中所含的这些极微量的有机物，在烫热的过程中，会随着温度升高而挥发掉。同时，黄酒中所含的酯类芳香物随温度升高而蒸腾，从而使酒味更加甘爽醇厚，芬芳浓郁。因此，黄酒烫热喝是对身体健康损害较小的饮用方式，它的最佳品评温度是38℃左右。

黄酒温酒的方法一般有两种：一种是将盛酒器放入热水中烫热，另一种是隔火加热。但黄酒的加热时间不宜过久，否则酒精都挥发掉了，反而无味。一般冬天盛行温饮。

2. 冰饮

目前，在年轻人中盛行一种冰黄酒的喝法，尤其在日本和中国香港，流行黄酒加冰后饮用。可以将买来的黄酒放入冰箱冷藏室。如果是温控冰箱，温度控制在3℃左右为宜。饮用时再在杯中放几块冰，口感更好。也可根据个人口味，在酒中放入话梅、柠檬等，或兑些雪碧、可乐、果汁，有消暑、增强食欲的功效。

3. 佐餐

黄酒的佐餐也十分讲究，以不同的菜配不同的酒，则更可领略黄酒的特有风味。以绍兴酒为例，干型的元红酒，宜配蔬菜类、海蜇皮等凉菜；半干型的加饭酒，宜配肉类、大闸蟹；半甜型的善酿酒，宜配鸡鸭类；甜型的香雪酒，宜配口味较甜的菜肴。

小贴士

“女儿红”的来历

在名扬天下的绍兴黄酒中，“女儿红”格外受人青睐。不仅因为它色泽晶莹、醇香醉人，更因为它体现了江浙地区的习俗。“女儿红”的美名可谓家喻户晓，蜚声海外。绍兴是驰名中外的黄酒之乡，绍兴花雕是黄酒的精华，而“女儿红”则为绍兴花雕锦上添花，尤招人爱。“女儿红”的酒名源于广为流传的以酒陪嫁的民间传说。

相传很久以前，绍兴乡下有一个裁缝师傅，妻子怀孕后，他想妻子怀的定是男孩，待儿子降生时，要庆贺一番。于是他特意请有名的酿酒师傅精酿了几坛米酒，准备得子时款待亲友。可是事与愿违，妻子生了一个女儿，这犹如给裁缝师傅当头泼了一盆冷水，酿好的酒也不请人喝了，全部埋入屋后的树下。光阴似箭，裁缝的女儿长大成人后，眉清目秀，聪明伶俐，十分讨人喜欢。满心欢喜的裁缝把她嫁给了自己最得意的徒弟。在女儿成亲之日摆酒请客时，他忽然想起十几年前埋在树下的几坛老酒，便挖了出来。开坛之时，酒香四溢。席上宾客从未品尝过这样色泽橙红、口味甘醇的陈年佳酿，纷纷赞道：“地埋女儿红，闺阁出仙童。”此后绍兴一带很多家庭生下女孩，必酿“女儿红”埋于地下，到女儿出嫁时款待宾客。那时的酒异香扑鼻，呈琥珀色，口味香醇，堪称绍兴黄酒陈酿之极品。“女儿红”酒由此得名。这种酒经过多年陈酿，自然醇香无比。

第四节　米酒

米酒，又叫酒酿、甜酒，古代叫“醴”，用糯米酿制而成。由于发酵条件不同，米酒的酒度通常在1% vol～10% vol，以5% vol以下居多，很少有超过15% vol的。

一、米酒的生产原料及酿制工艺

米酒的主要原料是江米（糯米），所以也叫江米酒。酒酿在北方一般被称为“米酒”或“甜酒”，是用蒸熟的江米拌上酒曲发酵而成的一种甜米酒。其酿造工艺简单，口味香甜醇美，酒度极低，因此深受人们的喜爱。米酒对酒度的要求不高，很多家庭就可制作。酿造米酒用的糯米的主要成分是淀粉，将酒曲撒上后，首先根霉和酵母开始繁殖，并分泌淀粉酶，将淀粉水解成为葡萄糖，米酒的甜味即由此得来。随后，葡萄糖在无氧条件下在真菌细胞内发生糖酵解反应，将葡萄糖分解成为酒精和二氧化碳。然而在有氧条件下，葡萄糖也可被完全氧化成二氧化碳和水，提供较多能量，已经生成的酒精也可被氧化成为醋酸。

因此在发酵过程开始时，可以保留少量空气，以便使食用真菌利用有氧呼吸提供的大量能量快速繁殖，加快发酵速度。然而在真菌增殖后，就应该防止更多氧气进入，防止葡萄糖被氧化成二氧化碳。发酵时间过长则淀粉被分解完，酒味过大；时间不够则江米尚未酥烂，口感黏。发酵过程中最好不要打开，一来氧气会进入，二来可能引起杂菌污染。

二、米酒的饮用

米酒可以直接生饮，也可以加热后饮用，亦可用来调味。米酒同肉中的脂肪起酯化反应，生成芳香物质，使菜肴增味。米酒的这些去腥、去膻及增味功能，在菜肴烹制中广被人们采用。

总的来说，米酒冬天宜热饮，这样更能享受到其醇香，驱寒暖身的效果也更佳，夏天宜冷饮。

思考题

一、选择题

1. 黄酒中（　　）的酒度较高。

A. 元红酒　　B. 加饭酒　　C. 善酿酒　　D. 香雪酒

2. 要酿造风格独特的黄酒离不开优良的米、水、(　　) 及高超酿造工艺。

A. 酒曲　　B. 酵母　　C. 优质的土壤　　D. 麦曲和酒母

3. 米酒的酒度通常在 (　　)。

A. 1% vol ~ 10% vol　B. 5% vol ~ 10% vol　C. 1% vol ~ 5% vol　D. 14% vol ~ 20% vol

二、问答题

1. 黄酒的分类有哪些？特点分别是什么？

2. 简答黄酒的饮用方法。

3. 简答米酒的饮用。

【经验性训练】

1. 实训名称：黄酒品鉴。

2. 实训目的：通过对不同种类黄酒的品尝与鉴别，熟悉黄酒的主要特点，提高品评黄酒的能力。

3. 实训内容：选取本章介绍的几种黄酒进行品尝，分别说出其特点。

延伸阅读

古越龙山中央酒库位于绍兴市孙端镇，是1956年周恩来总理亲自指示，由国家拨款扩建（1956年中央拨款24万元，1957年中央及地方拨款81万元），并正式定名为中央酒库。古越龙山生产规模不断扩大，遂于2003年易地重建中央酒库。重建后的中央酒库占地308亩（约为205334.36平方米），拥有18间大型酒库，储存着20余万吨大坛原酒。时至今日，中央酒库中还贮藏着酿造于1928年的珍贵黄酒。中央酒库高大通风，四季凉爽，空气中的杂菌含量很少，温湿度均匀，有利于黄酒的陈化。工作人员定期翻动原酒，保证了每一坛酒的酒体均衡。2008年11月，经上海大世界吉尼斯总部审核，总面积为149550.03平方米（为纯酒库面积，通道、办公场所等除外）的古越龙山中央酒库成为中国乃至世界最大的黄酒酒库，古越龙山中央酒库中如图3-2所示。

图3-2　古越龙山中央酒库

点评：

黄酒储存应注意以下几点：①黄酒属于发酵酒类，一般酒度较低，所以储存地点最好在阴凉、干燥的地方，即温度应在4℃以上15℃以下，温度、湿度变化平稳，干湿度合适的通风良好的仓库。这样能促进酒的陈化，并能减少酒的损耗。但在 -15℃以下则会出现冰冻现象，影响酒质，甚至会冻裂酒坛和酒瓶。②黄酒的包装容器以陶坛和泥头封口为最佳，这种古老的包装有利于黄酒的老熟和提高香气，在储存后具有陈香的特点。③黄酒堆放要平稳，酒坛、酒箱堆放高度一般不得超过4层，每年夏天翻一次坛。④黄酒不宜与其他有异味的物品或酒水同库储存。⑤黄酒储存不宜经常受到振动，不能有强烈的光线照射；要远离热源，不能潮湿。⑥不可用金属器皿储存黄酒。⑦黄酒储存时间要适当，普通黄酒宜储存1~3年，这样能使酒变得芳香醇和。如果储存时间过长，酒的色泽则会加深，尤其是含糖多的酒更为严重，而且口味会由醇和变为淡薄。⑧黄酒经储存会出现沉淀现象，这是酒中的蛋白质凝聚所致，属于正常现象，不影响酒的质量。但应该注意不要把细菌引起的酸败混浊视为正常的沉淀，如果酒液混浊，酸味很浓，说明黄酒已经变质。

第四章 其他酿造酒

本章概要

本章主要讲述了常见发酵酒包括啤酒、清酒的起源与发展，生产原料与酿造过程，品牌、饮用与储存等知识，介绍了啤酒、清酒的相关酒文化知识。

学习目标

▲ 知识目标

(1) 了解啤酒的起源与发展及酿造过程。

(2) 掌握啤酒的分类与特点。

(3) 了解清酒的起源与发展及酿造过程。

(4) 掌握清酒的分类与特点。

▲ 技能目标

(1) 熟悉啤酒的饮用知识与储存事项。

(2) 熟悉清酒的饮用知识与储存事项。

(3) 能够区分不同品牌的啤酒、清酒。

关键性术语

啤酒 清酒 酿造 分类

章首阅读

清酒的命名

《铭酒事典》中介绍了400多种清酒，其命名方法各异。有的用一年四季的花木和鸟兽及自然风光等命名，如白藤、鹤仙等；有的以地名或名胜命名，如富士、秋田锦等；也有以清酒的原料、酿造方法或酒的口味命名的，如本格辣口、大吟酿、纯米酒之类的；还有以各类誉词做酒名的，如福禄寿、国之誉、长者盛等。

（资料来源：《不为人知的秘密——日本的清酒文化你知道多少》，2016 年 6 月 8 日）

第一节 啤酒

啤酒是人类最古老的酒精饮料之一，是水和茶之后世界上消耗量排名第三的饮料。啤酒于 19 世纪末传入中国，属于外来酒种。啤酒以大麦、啤酒花、水为主要原料，经酵母发酵作用酿制而成的饱含二氧化碳的酒度较低的酒。

一、啤酒的起源与发展

（一）最早的啤酒

人类目前可考的最古老的酒精发酵痕迹出现于新石器时代，大约在公元前 7000 年。在亚欧大陆交界地的伊朗，考古专家在陶罐表面发现了大麦汁发酵的残余。当时并没有复杂的蒸馏技术，不可能依靠谷物产出蒸馏酒（威士忌、白酒、伏特加等），因此这就是最早的啤酒。那时的啤酒不像今天一般经过复杂的配方设计、精细的工业生产，更像是谷物粗糙发酵的产物，混浊且口味复杂。

（二）中东地区的啤酒

两河流域的苏美尔文明在赞美酒神宁卡西的诗歌中，就描述了一种古老啤酒的配方：使用双层大麦面包加水发酵便可得到啤酒。这说明啤酒已经进入了人类文化层面，不再只是无意之中得到的一种饮品。在苏美尔文明中，也规定了不同等级的人能购买的啤酒的上限。可见，啤酒已经是一个标准的等价商品了。

古巴比伦在公元前 2150—公元前 2000 年有一部楔形文字泥板著作《吉尔伽美什史诗》。这部史诗描述了苏美尔时代乌鲁克王国英雄首领吉尔伽美什的传说故事。他征服野人部落的首领恩奇都靠的就是啤酒，恩奇都臣服之后就支持了吉尔伽美什的大一统事业。

（三）欧洲大陆的啤酒

1. 希腊时代

希腊时代，啤酒进入欧洲。希腊著名的悲剧作家索福克勒斯在其著作中写过，一个希腊人最完美的菜单包括“面包、肉、各种蔬菜和啤酒”。古代希腊人还制作了度数较高的啤酒，放在银器或金器中饮用。这个时期，葡萄酒也流行起来了，与啤酒平分秋色。

2. 罗马时代

伴随着罗马帝国的发展，啤酒的脚步也逐渐扩张到跨越亚非拉三大洲的广袤土地上，尤其是法国、英国、巴尔干半岛等地。但啤酒的酿造依然是一个很难保证稳定质量的技术，它上面有漂浮物，底部有沉淀物，酒体混浊，保质期短，随时可能变酸。随着罗马帝国手工业和农业的兴起，尤其是葡萄的大规模种植，啤酒的地位受到了极大挑战。同时，受宗教影响，基督徒们相信基督教中“以葡萄酒为圣血，以面包为圣体”的教义，这使得葡萄酒的扩张又有了一层宗教含义。

这一时期，啤酒被流放到了罗马帝国的边缘，就是今天的德国、捷克、奥地利、荷兰等地区。那里的日耳曼人、凯尔特人、高卢人等并没有先进的技术，而且所在领地是更靠北的地区。那里天气寒冷，只有零星地区能实现一些抗寒白葡萄品种的种植，几乎无法产出葡萄酒。所以，这些国家也成为今天世界啤酒种类的主要产地和发源地。

3. “格鲁特”啤酒时期

在公元前1000年前，欧洲几乎所有啤酒在酿造中都尚未使用啤酒花，而是使用一种被称为“格鲁特”的昂贵混合物来调味。“格鲁特”由当地拥有“格鲁特权”的人来贩售，他们通常属于某个由权贵组成的小圈子。一座展示了“格鲁特”强大力量的建筑至今还屹立在比利时的布鲁日，现已成为中世纪民俗博物馆。因为宗教改革在北欧和西欧影响巨大，此时“格鲁特”成为征税和挣钱的最好工具之一，后来中欧以德国为代表的各个国家开始想办法不依托于“格鲁特”酿酒。

4. 啤酒花啤酒时期

第一批啤酒花啤酒大约于1000年出现在德国北部城市不来梅的汉莎商业工会。早期使用啤酒花的大多是教会势力范围以外的“自有”城市居民，这种身份使他们无须被迫使用“格鲁特”。那时，“格鲁特”啤酒的酿造商被称为“红色”啤酒酿造商，生产棕色或琥珀色啤酒，使用啤酒花的酿造商生产“白色”啤酒。

德国的修道院第一次尝试使用啤酒花酿造啤酒，结果发现啤酒花的优点大大高于原来的“格鲁特”，酿造出来的啤酒更加清爽、易饮，优势很大。到了大约1600年，很多啤酒在酿造过程中都使用一定数量的啤酒花。最终，啤酒花逐渐被人们接受，并得到广泛使用。

5. 皮尔森啤酒时代

到了19世纪，哈布斯堡王朝卓越的外交家梅特涅，对外大量输出奥地利帝国文化。当时奥地利帝国的波希米亚地区首府——美丽的皮尔森小城，产出了一种特殊的啤酒。由于皮尔森本地水源水质很好，没有其他地方硬质水带来的酿造困扰，它酿造的酒清亮透明、鲜爽可口，能最大限度地突出麦芽和啤酒花的味道；而本地特色的皮尔森麦芽则赋予了啤酒淡淡的烤面包麦芽味和焦糖味作为点缀，背景则是鲜明的面包谷物味，它赋予啤酒的透亮金黄色更是让人神魂颠倒。

在政治、铁路系统，以及更加成熟的玻璃加工技术的推动下，皮尔森啤酒扩展到了欧洲甚至全世界。现在人们喝的喜力啤酒、嘉士伯啤酒都是皮尔森啤酒的风格，后来的百威啤酒、青岛啤酒也都是皮尔森啤酒的淡化版本。

（四）中国啤酒业的发展

19 世纪末，啤酒进入中国。1900 年，俄国人在哈尔滨首先建立了乌卢布列希夫斯基啤酒厂；1903 年德国人和英国人合资在青岛建立了日耳曼啤酒公司青岛股份有限公司（青岛啤酒股份有限公司前身）；此后，不少外国人在东北、天津、上海、北京等地建设并经营啤酒厂。中国人最早自建的啤酒厂是 1904 年在哈尔滨建立的东北三省啤酒厂，当时中国的啤酒业发展缓慢，分布不广，产量不大，生产技术掌握在外国人手中，生产原料麦芽和啤酒花都依靠进口。1949 年以前，全国啤酒厂不到十家，总产量不足万吨。1949 年后，特别是改革开放之后，中国啤酒业发展迅速。随着人民收入的增加、消费习惯和人口结构的变化等，啤酒消费量持续增长和消费高端化是啤酒业发展的长期趋势。

二、啤酒的生产原料与酿造过程

（一）生产原料

（1）大麦。大麦是啤酒的核心。酿造啤酒的大麦要求颗粒肥大，淀粉丰富，不含杂质。水分含量不超过 12%，淀粉含量在 60% 以上，蛋白质含量要在 8% ~12%。

（2）啤酒花。啤酒花是啤酒的灵魂。它是一种多年生草本植物，属桑科葎草属。有的植株生长期可达 50 年。该植物雌雄异株，只有雌株才能结出花体。在啤酒花松果体状花体的表面，布满了黄粉状的香脂腺，香脂腺中含有大量的苦味质单宁、酒花油及矿物质。这些物质能赋予啤酒特殊的香味和爽口的苦味，提升啤酒的泡沫的持久性，抑制杂菌的繁殖，促进蛋白质凝固，加速啤酒的净化。

（3）酵母。啤酒发酵使用的专用的啤酒酵母，分为顶部发酵酵母和底部发酵酵母。顶部发酵酵母发酵时，需要较高的温度，发酵时间短，发酵结束时，酵母多漂浮在酒液的顶部。底部发酵酵母发酵时，要在较低的温度中进行，发酵时间较长，发酵结束时，酵母多凝聚在酒液的底部。

（4）水。水是啤酒的血液。水中的无机物的含量、有机物和微生物成分会直接影响啤酒的质量。啤酒中含有 89% ~91% 的水分。啤酒工业消耗水量很大。各大啤酒厂多建立酿造用水处理系统。处理方法大致有以下几种：煮沸法、定量加饱和石灰水、用酸类中和处理、用石膏改良糖化用水、用离子交换法处理、用电渗析法处理、用反渗法处理、利用活性炭处理等。

（二）啤酒的酿造过程

（1）选麦。收割好的啤酒麦得先经过6～8周的储存，等养足发芽力后才能用于啤酒酿造。先用精选机将杂质去掉，再用筛选机选出颗粒均匀的大麦。

（2）浸麦发芽。将大麦放在浸麦槽里，使其吸收发芽所需的足够水分。通过浸麦槽的网状底部连续送4～6天的湿空气，直到大麦的麦根长到麦粒的1.5倍时，麦芽长到麦粒长度的2/3左右。在此期间，芽内的糖化酶形成并充满活力。这时生成的麦芽叫绿麦芽。

（3）烘干。用热风将绿麦芽烘干，使其停止生长，产生出啤酒所需的色素。然后用除根机去掉麦芽根部，将余下部分放到筒仓里储存起来。麦芽分淡色啤酒用的淡色麦芽和做黑色啤酒用的浓色麦芽。这主要通过调节烘干温度和时间来完成。

（4）制浆煮浆。先将麦芽粉碎，再加入大米等辅料，和温水搅拌，加热到适当温度。由于麦芽里的酶的作用，麦芽和辅料中的淀粉被糖化成麦芽糖。将其过滤后得到澄清的麦汁（糖汁），将麦汁倒入锅内，加入啤酒花一起煮沸，让啤酒花特有的清香和苦味融入麦汁。

（5）冷却。做好的热麦汁在完全无菌的状态下被送入发酵室进行冷却（一般冷却到5℃～6℃）。

（6）发酵。在冷却后的麦汁里加入啤酒酵母。酵母开始发酵，将麦汁中的糖分分解成酒精和二氧化碳。经过一周的低温发酵，就生成了生涩啤酒。

（7）陈酿。生涩啤酒的口感和香味比较粗糙，把它放在0℃以下的低温下储存几十天，让它慢慢熟化。二氧化碳逐渐溶解、调和，渣滓沉淀，酒色开始变得透明。

（8）过滤。成熟的啤酒经过离心器去除杂质，酒色完全透明或呈琥珀色，这就是通常所说的生啤酒，然后在酒液中注入二氧化碳和少量浓糖进行二次发酵。

（9）杀菌。酒液进行高温杀菌（俗称巴氏消毒），使酵母停止作用，使酒液能长期储存。

（10）包装。检查、贴签、包装（分瓶装、听装、桶装、罐装几种形式）。

三、啤酒的分类与特点

（一）根据酵母划分

根据酵母划分，啤酒分为两大类：顶部发酵啤酒，即艾尔（Ale）啤酒；底部发酵啤酒，即拉格（Lager）啤酒。

1. 顶部发酵啤酒

使用这种方式发酵的啤酒在发酵过程中，液体表面聚集大量泡沫发酵。这种方式发酵的啤酒适合在温度较高的环境（16℃～24℃）制作。艾尔啤酒呈现琥珀色，外观透亮；泡沫丰富细腻，挂杯持久；香气丰富，麦芽香气浓郁；口感细腻，酒体醇厚，杀口力强。

2. 底部发酵啤酒

顾名思义，该啤酒酵母在底部发酵，对发酵温度的要求较低，一般在10℃～12℃，酒精含量较低。拉格啤酒注重清爽和麦芽香气，一些特别的拉格啤酒也会有水果或坚果的香气。

（二）根据啤酒色泽划分

1. 淡色啤酒

淡色啤酒是各类啤酒中产量最多的一种，按色泽的深浅，淡色啤酒又可分为以下三种。

（1）淡黄色啤酒

此种啤酒大多采用色泽极浅、溶解度不高的麦芽为原料，糖化周期短，因此啤酒色泽浅。其口味多属淡爽型，啤酒花香气浓郁。

（2）金黄色啤酒

此种啤酒所采用的麦芽，溶解度较淡黄色啤酒略高，因此色泽呈金黄色，其产品商标上通常标注“Gold”一词，以便消费者辨认。其口感醇和，啤酒花香气突出。

（3）棕黄色啤酒

此类啤酒采用溶解度高的麦芽，烘焙麦芽温度较高，因此麦芽色泽深，酒液黄中带棕色，实际上已接近浓色啤酒。其口感较浓稠。

2. 浓色啤酒

浓色啤酒呈红棕色或红褐色，酒体透明度较低，产量较淡色啤酒少。根据色泽的深浅，又可划分成棕色、红棕色和红褐色三种。浓色啤酒口感较醇厚，苦味较淡，麦芽香气突出。

3. 黑色啤酒

黑色啤酒的色泽呈深棕色或黑褐色，酒体透明度很低或不透明。一般原麦汁浓度高，酒精含量在5.5%左右，口感醇厚，泡沫多而细腻，苦味根据产品类型而有轻重之别。此类啤酒产量较少。

（三）根据原麦汁浓度划分

1. 低浓度啤酒

原麦汁浓度为2.5%～9.0%，酒度为0.8%vol～2.5%vol的属低浓度啤酒。无醇啤酒也属于此类型。

2. 中浓度啤酒

原麦汁浓度为11%～14%，酒度为3.2%vol～4.2%vol的属中浓度啤酒。这类啤酒产量最大，最受消费者欢迎。淡色啤酒多属此类型。

3. 高浓度啤酒

原麦汁浓度为14%～20%，酒度为4.2%vol～5.5%vol，少数酒度高达7.5%vol，这种啤酒均属高浓度啤酒。黑色啤酒即属此类型。这种啤酒生产周期长，含固形物较多，稳定性强，适宜储存或远销。

（四）根据生产方式划分

鲜啤酒是指啤酒经过包装后，不经过巴氏灭菌而销售的啤酒，这类啤酒一般就地销售，保存时间不宜太长，在低温条件下一般为一周。

熟啤酒是指啤酒经过包装后，经过低温灭菌的啤酒，保存时间较长，可达三个月左右。

四、世界著名啤酒品牌

1. 美国百威啤酒

诞生于1876年的美国百威啤酒，在发展中一直以其纯正的口感、过硬的质量赢得全世界消费者的青睐，成为世界销量最多的啤酒，长久以来被誉为“啤酒之王”。百威啤酒如图4－1所示。

2. 荷兰喜力啤酒

喜力啤酒总部位于荷兰，凭借着出色的品牌战略和过硬的品质保证，成为全球顶级的啤酒品牌之一。喜力啤酒在全世界170多个国家热销，其优良品质一直得到业内和广大消费者的认可。喜力啤酒口感平顺甘醇，不含苦涩、刺激味道。喜力啤酒凭借形象年轻化、国际化的特点，成为酒吧及其他娱乐场所特别受欢迎的饮品。喜力啤酒如图4－2所示。

3. 丹麦嘉士伯啤酒

嘉士伯啤酒由丹麦嘉士伯集团出品。嘉士伯集团于1847年创立，至今已有170多年的历史，在40多个国家都有生产基地，产品远销世界140多个国家和地区，风行全球。嘉士伯啤酒的口感属于典型的欧洲式拉格啤酒，酒质澄清甘醇。嘉士伯啤酒如图4－3所示。

图4－1　百威啤酒

图4－2　喜力啤酒

图4－3　嘉士伯啤酒

4. 德国贝克啤酒

拥有400多年历史的贝克啤酒是德国啤酒的代表，也是全世界最受欢迎的德国啤酒。尤其是在美国、英国、意大利，贝克啤酒更是受到广大消费者的欢迎。贝克啤酒风行全球140多个国家，高居德国啤酒出口量第一位，年出口量占德国啤酒出口总量的35%以上。贝克啤酒如图4－4所示。

5. 新加坡虎牌啤酒

虎牌啤酒于1932年开始在新加坡生产，至今全球的销售网络已覆盖超过60个国家，它是新加坡最受欢迎的啤酒，在东南亚其他国家如越南和马来西亚也取得了出色的表现。出口到美国的虎牌啤酒占其市场份额的12.4%。虎牌啤酒被公认为亚洲最佳啤酒之一，也是一个高档的啤酒品牌。虎牌啤酒如图4－5所示。

图4－4　贝克啤酒

图4－5　虎牌啤酒

6. 爱尔兰健力士黑啤

每一个健力士啤酒标签上面，都有一个人人熟悉的签名，这就是健力士黑啤。此种啤酒内有焙焦大麦，故其色泽呈深黑色，与众不同。健力士厂家所改良的啤酒是一种酒性较浓烈、味道更醇厚的波打酒，又称“黑啤”，除焙焦大麦之外，健力士黑啤还有麦芽、水、蛇麻子及酵母四种主要成分。都柏林经特别程序将成熟化的健力士黑啤出口国外，使之与在国外酿造的健力士啤酒互相混合，以保证味道纯正。健力士黑啤如图4－6所示。

7. 日本朝日啤酒

朝日啤酒株式会社成立于1889年，是日本著名的啤酒制造厂商。朝日啤酒开发的序幕开始于1986年，生产商大胆假设判断啤酒美味的标准是随着时代的变迁而改变的，顾客不是外行，是能够分辨啤酒味道的。朝日啤酒在市场上开始了大规模的多达5000人的调查，请顾客品尝啤酒，了解顾客感觉的啤酒味道，总结出下一个时代人们追求的啤酒味道，于是“醇香且可口”这一啤酒新味道的概念就此诞生了。朝日啤酒如图4－7所示。

图4－6　健力士黑啤

图4－7　朝日啤酒

8. 墨西哥科罗娜啤酒

科罗娜啤酒是墨西哥莫德罗啤酒公司的拳头产品，因其独特的透明瓶包装以及饮用时添加白柠檬片的特别风味，在美国一度深受时尚青年的青睐。墨西哥莫德罗啤酒公司创建于1925年，在当地有八家酒厂，年产量达到4100万吨，在本国的市场占有率达60%以上。墨西哥莫德罗啤酒公司目前有10种产品，科罗娜啤酒是主力产品，也是世界第五大品牌。科罗娜啤酒如图4－8所示。

9. 美国蓝带啤酒

蓝带啤酒创始于1844年，已有170余年的历史，曾多次获世界性博览会金牌奖，其产品以色浅、质优、味醇、气足的特点而著称。蓝带啤酒如图4－9所示。

10. 日本麒麟啤酒

麒麟啤酒也是日本的明星品牌，口味十分特别。麒麟啤酒如图4－10所示。

图4－8　科罗娜啤酒

图4－9　蓝带啤酒

图4－10　麒麟啤酒

11. 中国青岛啤酒

青岛啤酒的品牌一度是开拓中高档市场，但中高档市场份额仅占全国市场份额的15%左右。增长快速及潜力巨大的却是占有85%市场份额的大众市场。因此从1993年开始，青岛啤酒借着收购当地其他啤酒品牌来进入不同省市的大众市场。青岛啤酒如图4－11所示。

图4－11 青岛啤酒

五、啤酒的饮用服务及储存

（一）啤酒的饮用服务

啤酒拥有丰富、细腻、持久的泡沫，含有充足的二氧化碳气体，杀口力强，麦香四溢，清苦爽适，口味卓越，因此对饮用服务有较高的要求。在西方，啤酒往往被视为一种能够单独饮用的饮料，无须丰盛的菜肴。在中国，越来越多的人会选啤酒为佐餐饮品，特别是在吃辛辣菜肴时，啤酒则是更好的佐餐酒，因为辛辣调味品中的活性成分可溶于酒精而不溶于水，且啤酒略带苦味，可缓冲食物的辣味。

1. 杯具要求

常用的标准啤酒杯有三种，第一种是杯口大、杯底小的喇叭形平底杯，称为皮尔森啤酒杯，如图4－12所示；第二种是大口郁金香形高脚或矮脚杯，往这种酒杯中倒啤酒可以减少泡沫的产生，常用作瓶装啤酒的饮用服务，如图4－13所示；第三种是带柄壁厚的生啤酒杯，酒杯容量大，如图4－14所示。

图4－12 皮尔森啤酒杯

图4－13 常用啤酒杯

图4－14 生啤酒杯

啤酒杯对清洁度要求极高，尤其应绝对清除啤酒杯内外壁的油污，因为油脂类成分是啤酒泡沫的大敌，油脂会降低泡沫中的α－苦酸成分的表面张力，对泡沫形成的稳定性起销蚀作用，啤酒杯的清洁度不够还会影响啤酒的口感。

2. 饮用温度及服务

为了实现啤酒的最佳酒品风格，保持丰富细腻的泡沫，并使啤酒既清新爽口又透出非凡的味道，必须确保啤酒的最佳饮用温度。酒温过高，则啤酒泡沫多，持久性弱，二氧化碳不足，缺乏杀口力，口感酸涩；酒温过低，则啤酒泡沫不够充盈，苦味突出，酒香丧失或降低。啤酒的最佳饮用温度与环境温度和储存温度相互关联。

在对宾客服务前，啤酒都要冰镇，因为啤酒适宜低温饮用。酒温在10℃的状况下，啤酒的风味最佳，温度过低的啤酒，会将舌头冻麻，使饮用者暂时失去味觉。亦可根据饮用地的气候和温度变化来适当调节啤酒的最佳饮用温度。室温条件下，啤酒的最佳饮用温度为10℃左右；春秋季啤酒的最佳饮用温度为10℃～15℃；而夏季气候炎热，啤酒的饮用温度在6℃左右更能使人觉得清凉解渴。

在啤酒的饮用服务过程中，要掌握斟啤酒的基本技能和技巧，斟酒时将啤酒顺杯壁斟入杯中，商标朝向宾客，为了避免泡沫溢出杯口和控制泡沫的厚度，应分两次斟酒，泡沫的厚度宜占据杯口下沿1.5～2.0cm。在啤酒的饮用服务中注意使用干净杯具为宾客添酒，以保证啤酒应有的口味。

（二）啤酒的储存

啤酒是低酒度的谷物酿造酒，除含有少量的酒精，更多是碳水化合物、蛋白质、氨基酸等营养物质，这些物质极易促成微生物的生长繁殖。因此，啤酒的稳定性较差，啤酒的保管和储存有特定的要求。

1. 光线

啤酒要避免阳光直射，更不宜暴晒，因为啤酒对阳光中的紫外线极其敏感。紫外线透过瓶壁，能加速啤酒的氧化，破坏啤酒的稳定性，产生混浊、沉淀等现象。为了避免阳光中紫外线的直射，啤酒要选用紫外线透过率较低的深色啤酒瓶或铝质易拉罐包装。

2. 温度

啤酒不宜在高温下储存，也不能在过低的温度下存放。储存温度过高或过低都会直接破坏啤酒的色、香、味、泡沫等风格。不同种类啤酒的储存温度要求也不一样。桶装鲜啤酒储存温度应严格控制在10℃以下，如果储存温度为－1.5℃，啤酒就会开始冻结，啤酒的酒品风格会遭到严重破坏。瓶装或罐装啤酒的储存温度应控制在5℃～25℃，15℃为最佳。

3. 储存时间

桶中或瓶中的啤酒不会因储存时间愈久而愈加醇香，必须在保质期内饮用。开瓶后的啤酒不宜长时间存放，一次饮用完为好。桶装鲜啤酒在适宜温度下的储存期为5～7天，瓶装或罐装的熟啤酒在适宜温度下的保质期为6～12个月。

4. 酒库

储存啤酒的酒库应清洁卫生、干燥通风、阴凉避光，不宜堆放其他杂物。必须按先进先出的原则储存，做到码放整齐。要按啤酒的种类、品牌、出厂日期分类储存，并建立入库、领用、报损等账目。

六、啤酒文化

（一）德国啤酒文化

就像瓷器使人想到中国、樱花使人想到日本、牛仔使人想到美国一样，说到啤酒自然就让人想到德国。德国是世界上啤酒消耗量最大的国家之一，德国人酷爱喝啤酒，因此德国形成了特殊的啤酒文化。

在德国，啤酒被称为“液体面包”，年消费量仅次于矿泉水和咖啡，没有什么产品能够像啤酒一样充满感情色彩：啤酒是平民饮品，什么都可以贵，啤酒不能贵；什么都可以变，啤酒不能变；啤酒是大众情绪的标尺，是人与人之间的黏合剂。所以啤酒是德国当之无愧的“国酒”。

1. 啤酒文化

为了保护和发扬啤酒文化，德国人做了各种努力，除了众所周知的慕尼黑啤酒节，德国各地还有啤酒园、可供人们参观的酿造厂和啤酒博物馆等。

2. 啤酒与生活

由于德国人将喝酒视为每天的“必修课”，各种酒馆、酒屋遍布德国各地。

3. 啤酒与宗教

有趣的是，啤酒与德国宗教也有所关联：古代天主教徒在复活节前的四旬节需为纪念基督受难而禁食，其间，便有修道院研发酿造的修塔库啤酒出售。该种啤酒颜色很深，酒度达到5.5%vol，又含有丰富的矿物质和维生素，用来补充和支撑禁食时期人的体能和精神。

4. 啤酒与饮食

德国人喝啤酒时不一定会搭配很多小菜，通常搭配咸面包。假如喝啤酒的同时佐以乳酪或火腿、香肠，这就已经成为正餐的一部分了。

（二）名人与啤酒

1. 华盛顿

美国第一任总统华盛顿，出身于大种植园主家庭。从政前，他曾在家乡开过啤酒厂，对啤酒酿造过程也颇有研究。1757年，他在记事簿中记下了不少酿造淡啤酒的秘诀，如：“如果天气冷，就将毛毯盖在容器上。在容器内放置24小时后装到木桶内。”

2. 拿破仑

在捷克众多的啤酒馆中，布拉格的“乌·弗莱克”啤酒厅最有名气。这个啤酒厅之所以出名，是由于一段历史趣闻。当年拿破仑远征俄国失败后，逃跑途中曾到“乌·弗莱克”啤酒厅休息。这位不可一世的征服者痛饮之后，仓皇中竟把军旗遗忘在啤酒厅里。据说这面军旗至今仍保存在“乌·弗莱克”，使许多人慕名而来。

3. 伊丽莎白一世

这位英国历史上的著名女王在位40余年，使英国从一个四分五裂的弱国一跃成为世界强国。但精通文韬武略的伊丽莎白一世，在情场中是一个失意者。或许为了借酒浇愁，女王特别嗜饮艾尔啤酒。相传，艾尔啤酒是英国人于中世纪酿造的，颇受王公贵族的喜爱。不过最早的艾尔啤酒是不加啤酒花的麦酒，啤酒花是1524年由荷兰传入英国的，伊丽莎白一世喝的便是加了啤酒花酿造的美味香醇的艾尔啤酒。如果女王外出巡视，她便要派人先去出访的城市品尝当地产的艾尔啤酒，假若发现不合口味，即派人从伦敦专程运来艾尔啤酒。女王与啤酒，真可谓是结下了不解之缘。

4. 彼得大帝

彼得大帝积极考察欧洲的文化、科学和技术，在国内兴办工厂、改革军制，使一个落后的俄国强盛起来。但他也是一个贪杯的君主，他喜爱英国啤酒。彼得大帝手下有个智囊团，叫作“有趣的班底”，他们组成了一个“饮酒的宗教会”，彼得大帝自己任执事。他还积极地为“饮酒的宗教会”制定各种典仪，他制定的第一条戒律是：“巴卡斯（希腊酒神）应该受到崇拜，应理所当然地接受贡品。”

小贴士

如何倒出漂亮的泡沫

要让啤酒的顶部形成漂亮的泡沫，需要用一个绝对干净的杯子盛酒，然后将酒从杯子中间的位置猛地往下倒，啤酒的泡沫就会向上涌。稍等一会儿，让泡沫沉淀，然后再重复上述动作，直到把杯子斟满。通过延迟，让大量的泡沫涌上之后再下沉，就可以得到一层浓厚的奶油状泡沫，里面充满了可以持续很长时间的小气泡。这样做还有点附加收益——即已经把多余的气体通过碰撞挤出了啤酒，这样就会得到更像生啤酒的奶油般柔滑的效果。

第二节　清酒

日本清酒是借鉴中国黄酒的酿造过程而发展起来的，它又有别于中国的黄酒，该酒色泽呈淡黄色或无色，清亮透明，芳香宜人，口味纯正，绵柔爽口，其酸、甜、苦、涩、辣诸味谐调，酒度在15% vol以上，含多种氨基酸、维生素，是营养丰富的饮料酒。

一、清酒的起源与发展

据史书记载，古时候日本只有“浊酒”，没有清酒。后来有人在浊酒中加入炭，使其沉淀，取其清澈的酒液饮用，于是便有了“清酒”之名。7世纪中叶之后，古朝鲜与中国常有来往，并成为中国文化传入日本的桥梁。由此，中国的酿酒技术就由古朝鲜传播到日本，使日本的酿酒业得到了很大的进步和发展。到了14世纪，日本的酿酒技术已日臻成熟，人们能够用传统的清酒酿造法生产出质量上乘的产品，尤其奈良地区所产的清酒最负盛名。

自19世纪后半叶日本明治维新运动之后，日本清酒的质量逐渐下降，尤其是在第二次世界大战期间，日本酒商往清酒中兑入大量的食用酒精，以增加酿酒量牟取暴利，使清酒失去了独特风味，加上新一代日本人崇尚饮用啤酒和烈性酒，所以清酒的销售量逐年下降。如今，日本酒商利用现代酿造技术和先进设备不断提高清酒质量，日本著名的清酒厂多集中在神户和京都附近。

二、清酒的生产原料与酿造过程

（一）清酒的生产原料（酒米）

所谓酒米，是指适合酿造清酒的大米，其正式名称是“造酒适用米”或“酿造用玄米”。目前酒米的新品种越来越多。酒米的主要特征是颗粒大而柔软，心白（米粒中心的白色不透明部分）很大，蛋白质和脂肪含量少，清酒中最有名的四大酒米有以下几种。

1. 山田锦

山田锦是最有名的“酒米之王”，米味极具张力。目前，山田锦是栽培人气最高的品种，主要产地在兵库县。

2. 五百万石

五百万石是米仓新潟开发的畅销酒米。其名称是为了纪念这种米育成的昭和三十二年（1957年），其产量突破五百万石。五百万石心白较大，研磨50%以上就会使其变得容易碎裂，因此不适合酿制大吟酿，但其耐寒性强。

3. 美山锦

美山锦是日本长野县开发的酒米，属于耐寒品种，其实现了大颗粒高心白率的培育。

4. 雄町

雄町是原生种酒米，被认为是“山田锦”的先祖，属于古老品种，雄町是晚稻。

雄町的主要产地在日本冈山，最早却是在鸟取县大山山麓被发现，其最初被命名为二本草，后改为发现人的出生地地名“雄町”。雄町是口感柔软的软米，易融化，风味深邃，酿成的酒余韵绵长。

（二）精米步合

精米步合是评判清酒等级的重要指标，指磨过之后的白米占原米的比重，比如将一批米磨去四成后，所制成的白米重量占原米重量的六成，其精米步合即为60%。

这个数值越小（相同重量糙米加工后剩下的精米越少）意味着成本越高，加工难度越大，酒的品质会越好，口感越轻盈纯粹。

在日语的传统说法中，用“几割几分”来表示精米步合，如“二割三分”就是23%的精米步合。精米步合小到23%这个地步，可谓是清酒中的极品了。

（三）清酒的酿造过程

日本清酒的酿造过程十分考究。精选的大米要经过磨皮，变得精白，浸渍时吸收水分快，而且容易蒸熟。发酵时又分成前后发酵两个阶段。杀菌处理在装瓶前后各进行一次，以确保酒的品质。勾兑酒液时注重规格和标准。

大米如同清酒的灵魂一样，没有优质的米，就不会酿造出优质的清酒。一般而言，最理想的酒米必须符合米粒大，蛋白质、脂肪含量低，吸水率高等条件。例如，山田锦、美山锦等，都是非常著名的酒米。吟酿作为清酒中的奢侈品，在酿造过程中不加入任何酒精，其酒米要磨掉外层，保留其精华后再加以酿造，因此吟酿也被称作“清酒之王”。

清酒的成分中80%以上是水，所以清酒的用水相当讲究，不同的水酿造出来的清酒会有截然不同的口感和味道。根据性质，水可分为硬水和软水。按照要求对硬水进行净化，对软水适当添加成分。硬水一般可以用来酿造口味辛辣的清酒，而软水可以用来酿造口味偏甜的清酒。

三、清酒的分类与特点

（一）按精米步合分类

（1）本酿造：精米步合70%以下，常温发酵，酿造过程中会添加酿造用酒精，味道比较清淡，有个性。

（2）特别本酿造：精米步合60%以下，常温发酵，酿造过程中会添加酿造用酒精，相对于本酿造，香气更加纯净。

（3）纯米酒：无精米步合限定（2005年之前要求精米步合70%以下，2005年起取消），常温发酵，酿造过程中只加原料米、米曲与水，不能添加酿造用的酒精和糖类。纯米酒能展现出米种本来的风味。

（4）特别纯米酒：精米步合60%以下，常温发酵，酿造过程中同样不能添加酿造用的酒精和糖类，特别纯米酒味道浓郁纯净，充满了米的香甜。

（5）吟酿：精米步合60%以下，运用特殊酵母低温发酵，可以添加酿造用酒精。吟酿以能体现出吟酿香气为出发点，具备不同特色的芳醇酒香。

（6）纯米吟酿：精米步合60%以下，运用特殊酵母低温发酵，不能添加酿造用酒精，酒香浓郁，带果香味。

（7）大吟酿：精米步合50%以下，运用特殊酒米低温发酵，可以添加酿造用酒精。大吟酿能产生复杂的香气。

（8）纯米大吟酿：精米步合50%以下，运用特殊酵母低温发酵，不能添加酿造用酒精。纯米大吟酿是清酒中的极品。

（二）按口味分类

（1）甜口酒：含糖分较多、酸度较低的酒。

（2）辣口酒：含糖分少、酸度较高的酒。

（3）浓醇酒：含浸出物且糖分多、口味浓厚的酒。

（4）淡丽酒：含浸出物且糖分少而爽口的酒。

（5）高酸味酒：以酸度高、酸味浓为特征的酒。

（6）原酒：制成后不加水稀释的清酒。

（7）市售酒：原酒加水稀释后装瓶出售的酒。

（三）按储存期分类

（1）新酒：压滤后未过夏季的清酒。

（2）老酒：储存过一个夏季的清酒。

（3）老陈酒：储存过两个夏季的清酒。

（4）秘藏酒：酒龄为5年以上的清酒。

（四）其他分类方式

（1）浊酒：以粗布过滤，酒中仍留有一些酒粕，样子很像乳酸菌饮料，喝起来有颗粒感，米味尤其浓郁。

（2）起泡清酒：这种清酒是新品种，有混浊的，也有清澈的，口味甘辛都有。这种酒起泡相当持久，用于聚会，也是不输香槟的选择。

（3）贵酿酒：做的人少，也相对少见一些。类似清酒的浓缩精华版，米味极浓郁，酒度、糖度、黏稠度都很高。

（4）古酒：与中国的黄酒很相似，质感圆润，鲜味尤其显著。古酒至少经过两三年的熟成，有的甚至几十年。

（5）樽酒：因为储存于杉木桶中，樽酒喝起来多了一丝木香和辛辣香料的风味。

四、清酒酒标与日本清酒品牌

（一）清酒酒标解析

看清酒酒标主要看的应该是清酒品牌和特定名称，以及精米步合、酒度、生产日期、日本酒度。日本清酒的品牌众多，基本上每个地区都有自己的品牌，国内比较常见的有獭祭、菊正宗、月桂冠这些品牌。特定名称可以说是重点，它直接决定了清酒的等级，一般来说同级别的酒（比如纯米大吟酿）在不同品牌中差价不太大。比较有代表性的是“十四代”，被称为清酒中的茅台，价格可以达到普通清酒品牌的十倍以上。清酒酒标正面、清酒酒标背面分别如图4－15、图4－16所示。

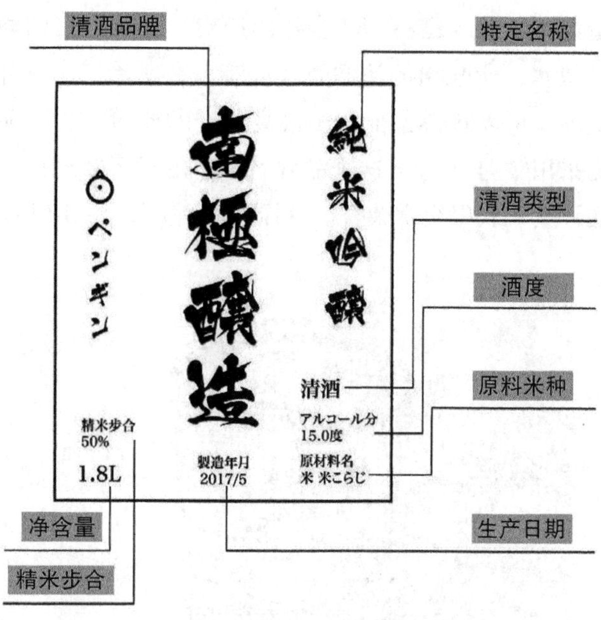

图4－15　清酒酒标正面

资料来源：企鹅吃喝指南。

（二）日本清酒品牌

日本每个清酒厂家都有自己的品牌。在日本将清酒厂家分为全国品牌（日语表述为“大手”）和地区品牌（日语表述为“地酒”）。

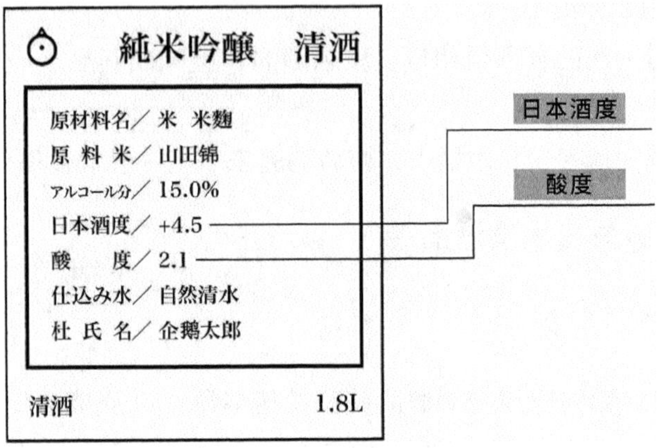

图 4－16　清酒酒标背面

资料来源：企鹅吃喝指南。

1. 月桂冠

月桂冠的最初商号名称为笠置屋，成立于宽永十四年（1637 年），当时的酒品名称为玉之泉，其创始者大仓治右卫门在山城笠置庄，也就是现在的京都相乐郡笠置町伏见区，开始酿造清酒，至今已有 380 多年的历史。其所选用的酒米是山田锦，所用水为水质属软水的伏水，所酿出的清酒香醇淡雅。在明治三十八年（1905 年），日本流行竞酒比赛，优胜者可以获得象征清酒最高荣誉的桂冠，为了能赢得象征清酒最高荣誉的桂冠，商家采用“月桂冠”这个品牌名称。由于不断地研发并引入新技术，月桂冠在许多清酒品评会中获得金赏荣誉。月桂冠清酒如图 4－17 所示。

图 4－17　月桂冠清酒

2. 菊正宗

菊正宗在日本是一个老品牌，创立于 1659 年，拥有被认可的品质与极高的人气。菊正宗专注烈味酒，其是以酿造烈味酒而闻名的菊正宗酿酒师，利用江户时代传承至今的“生酛酿造法”酿造的日本清酒，是一款百喝不厌的烈味酒。因为其酒气猛烈，菊正宗被称为“男人之酒”。

另外，菊正宗的日式桶装酒——樽酒，也很有特色。由于樽酒在酿造的过程中使用了酿造公司自行开发的“菊正酵母”，再放入杉木桶中进行陈酿，因此樽酒的味道更浓郁香醇，带有米香与杉木香气，味道更佳。菊正宗清酒和菊正宗樽酒分别如图4－18、图4－19所示。

图4－18 菊正宗清酒

图4－19 菊正宗樽酒

3. 大关

大关清酒在日本已有280多年的历史，也是日本清酒中历史久远的品牌。“大关”的名称来源于日本传统的相扑运动，数百年前，日本各地最勇猛的力士，每年都会聚集在一起举行摔跤比赛，优胜的选手则会被赋予“大关”的头衔，而大关作为清酒品牌名在1939年才被采用。1958年，大关颁发“大关杯”给优胜的相扑选手，此后大关清酒就与相扑运动结合，成为相扑运动优胜者在庆功宴上常饮用的清酒。大关清酒如图4－20所示。

4. 日本盛

酿造日本盛清酒的西宫酒造株式会社，在1889年创立于日本兵库县，为使品牌名称与酿造厂一致，于2000年更名为日本盛株式会社。日本盛的原料米为日本有名的山田锦，使用的水为“宫水”，其酒品特质为不易变色，口味淡雅甘醇。日本盛清酒如图4－21所示。

5. 白雪

白雪清酒的发源可追溯到1550年。到了1600年，小西家族第二代主人运酒至江户途中仰望富士山时，被富士山的气势感动，因而命名为“白雪”。

白雪清酒多在冬天进行酿造，称为“寒造”，酿造好的酒在第二年春夏进行陈酒。白雪清酒采用兵库县的山田锦，酿造水则是“宫水”，所酿出来的酒属酸性辛口酒，即使经过稀释，酒气仍然猛烈，因此被称为“男酒”。白雪清酒如图4－22所示。

图 4－20　大关清酒

图 4－21　日本盛清酒

图 4－22　白雪清酒

6. 白鹿

白鹿清酒创立于1662年，至今（2022年）已有360年的历史。白鹿清酒的特色是香气清新高雅，口感柔顺细致，非常适合冷饮。另外一款白鹿生清酒，口感较一般的清酒多了一分清爽、新鲜、甘甜的风味。一般清酒的酿造过程须经两次杀菌处理，而生清酒仅做一次杀菌处理便装瓶，因此其口感更清新。白鹿清酒如图4－23所示。

7. 白鹤

白鹤清酒创立于1743年，至今（2022年）已有近280年的历史。在日本的主要清酒产区关西滩五乡，白鹤清酒有不可动摇的地位，尤其是白鹤的生酒、生储藏酒等，在日本的销量更是常年名列前茅。白鹤清酒如图4－24所示。

图 4－23　白鹿清酒

图 4－24　白鹤清酒

8. 獭祭

酿造獭祭的旭酒造位于日本山口县岩国市，成立于1770年，至今已250余年。樱井博志在1984年接手酒厂。当时正值日本清酒销量下滑期，全日本的清酒消费量下降了70%，1500多家清酒厂相继倒闭。樱井博志接手酒厂几年后经营也没有什么起色，因此他毅然停止生产有几十年历史的“旭富士”普通清酒，转而购买高级酒米山田锦，酿造纯米大吟酿，并另立品牌“獭祭”。

獭祭常被誉为清酒中的“拉菲”，因为它在清酒市场的行情就如前几年的拉菲：知名度最高，产量不小，但仍被狂热追捧至一货难求。而且，论风味和品质，獭祭也和拉菲一样，算得上同类产品中非常高端、优质的产品。獭祭的名声远播海外，在巴黎、伦敦和纽约的许多高档餐厅都能见到其踪影。獭祭清酒如图4－25所示。

图4－25　獭祭清酒

五、清酒的品鉴、饮用及储存事项

（一）清酒的品鉴

普通等级的清酒，只要储存良好、没有变质、色泽清亮透明，就能维持住一定的香气与口感。如果是等级较高的清酒，其品鉴可分为以下几个步骤：

（1）眼观。观察酒液的色泽与色调是否纯净透明，若是有杂质或颜色偏黄甚至呈褐色，则表示酒已经变质或是劣质酒。

（2）鼻闻。清酒最忌讳的是过熟的陈香或容器所逸散出的其他杂味，所以，有芳醇香味的清酒才是好酒。

（3）口尝。在口中含3～5mL的清酒，然后让酒在舌面上翻滚，使其充分均匀地遍布舌面以进行品味，同时闻酒杯中的酒香，让口中的酒味与闻到的酒香融合在一起，之后再仔细品尝口中的余味，酸、甜、苦、涩、辣五种口味均衡调和，余味清爽柔顺的酒就是优质清酒。

（二）清酒饮用酒器

1. 冷酒器

与起泡酒和新鲜的生酒等适合冷饮的酒一样，清酒可以选用杯口较薄的酒器，这样可以体会到微妙的味觉差异。各类不同的酒器使用效果各异，若要欣赏色泽，最适合的便是红酒杯，因为手指不会直接接触杯身导致酒的温度上升。

品鉴清酒，较薄的瓷器也很适合。白瓷酒杯可以清楚显示酒色，而且酒器花纹和酒器设计多样，可以营造各种氛围。此外，能够品味最冷之清酒的酒器当属银及锡等金属酒器。冷酒器如图4－26所示。

2. 热酒器

选择热酒器，最重要的是方便拿取。漆器质量轻而隔热性强，适合使用。还有陶器，像备前烧这种不使用釉药的烧制器皿，表面会有细腻的凹凸质感，可以让清酒的风味更加圆润，还有让人只看一眼就感到安心的厚重的信乐烧等。像吟酿等口感清爽的清酒，比较适合边缘轻薄的瓷器。最后要推荐的是杉木器，杉木器顺应了杉树造型的简约特点，清爽的杉木香气能让品酒者独享“一桶酒”，杉木器掉在地上也不会摔坏，便于携带。热酒器如图4－27所示。

图4－26　冷酒器

资料来源：Timon S Drinks。

图4－27　热酒器

（三）清酒的饮用

清酒可作为佐餐酒，也可作为餐后酒。一般来说，等级越高的清酒越适合冷饮，而低等级清酒要看具体情况决定温饮还是冷饮。

1. 温饮

一般最常见的温酒方式，是将欲饮用的清酒倒入清酒壶中，再将清酒壶放入预先加热至沸腾的热水中再加热至适饮的温度，这种隔水加热法最能保持酒的原本风味，并让其渐渐散发出迷人的香气。

2. 冷饮

冷饮的方法也各有其不同的表现方式，较常见的是将饮酒用的杯子预先放入冰箱，要饮用时再取出杯子倒入酒液，让酒杯的冰冷低温均匀地传导融入酒液，以保持独特的口感。另外有一种特制的酒杯，可以隔开酒液及冰块，将碎冰块放入酒杯的冰槽后，再倒入清酒。当然最直接方便的方法就是将整樽的清酒放入冰箱中冷藏，饮用时再取。

（四）清酒储存事项

不同的清酒，储存时间和要求也不相同。

（1）普通清酒：平时饮用的清酒大多数属于这一类。这类清酒并不像白酒或者葡萄酒，年份越久，味道越浓厚，反而是越新鲜味道越好，香气越浓。一般情况下常温放置在阴凉处，可以1年不跑味。如果是放置在0℃～4℃的冰箱中，可以保持2年不跑味。

（2）生酒、活性清酒：保质期短，一般在冰箱中也只能储存1年以下。

（3）古酒：保质期很长，可达20年。

清酒打开后没喝完最好放在冰箱中，并且尽快饮用，一般几周后香气就会明显变淡，味道也会大不如前。

六、清酒文化

（一）清酒的传说

日本的造酒文化源于中国，约2000年前，中国江浙一带的大米种植技术和以大米为原料的酿酒技术传到了日本。日本将其精炼并发展成现在的清酒。奈良的三轮神社、京都的松尾大社、梅之宫神社在日本因供奉酒神而非常著名。三家神社所供奉的酒神代表了日本酿酒技术在不同时期的情况。

三轮神社供奉的诸神中有一位大国主神，他是日本原有民族的代表。松尾大社供奉的酒神据说是秦氏，他是距今1500年前从朝鲜半岛旅居日本的众多有技术的工匠中掌握酿酒技术的代表人物。梅之宫神社供奉的是木花咲耶姬，传说她用大米酿造甜酒。

（二）清酒与日本的工匠精神

清酒在日本有着悠久的历史，在世界酒林的舞台上有着无可取代的地位。这些功劳应该归属于酿酒师们。他们有着至高无上的工匠精神。他们一生也许只做这一件事情，就是一心一意把传统酿酒技术发扬光大。

（三）居酒屋里的日本酒文化

在日本的大街小巷，被称为居酒屋的小酒馆随处可见，里面坐着常来喝酒的人。日本人生活节奏快、工作压力大，居酒屋变成了众多工薪族润滑人际关系、释放工作压力的场所。

日本人在居酒屋中的行为模式是“神人同乐”的状态在现代社会的延伸。人们放下地位、资历，进行无差别的交流，共同享受清酒所带来的美妙。

小贴士

日本人为什么要在荞麦面馆里喝清酒?

作为日本饮食文化的重要组成部分，荞麦面自古以来就深受日本人喜爱。吃荞麦面时喝上一壶清酒也是日本传统饮食文化中特有的风俗。这种饮食风俗到底是何时开始形成的呢?

在回答这个问题之前，首先要了解荞麦面和清酒之间的关系。在距今420多年的1596年，初代丰岛屋十右卫门在江户的神田桥附近开设了供武士、手艺人、商人小酌的酒馆，酒馆里也会供应荞麦面，这被认为是荞麦面配清酒的起源。荞麦面是现做的，客人点了面以后，会等待较长的时间，这时客人就会先点一些下酒菜，再喝上几杯清酒。后来荞麦面馆也开始供应下酒菜，江户人慢慢喜欢到荞麦面馆喝清酒。荞麦面馆成了大家休闲娱乐时经常去的地方。在荞麦面馆里，配着简单的小菜喝上一两杯清酒，再吃一碗荞麦面，然后回家，就成了土生土长的江户人重要的生活习惯。

思考题

一、选择题

1. 啤酒是人类最古老的酒精饮料之一，是世界上消耗量排名（　　）的饮料。

A. 第一　B. 第二　C. 第三　D. 第四

2. 啤酒的主要原料有（　　）、啤酒花、水和酵母。

A. 大麦　B. 小麦　C. 燕麦　D. 荞麦

3. 根据酵母划分，啤酒分为（　　）。

A. 顶部和中部　B. 中部和底部　C. 第一层和第三层　D. 顶部发酵啤酒和底部发酵啤酒

4. 大吟酿的精米步合在（　　）以下。

A. 30%　B. 40%　C. 50%　D. 60%

二、问答题

1. 在啤酒的饮用服务方面应注意哪些问题？
2. 简述啤酒的分类及各自的特点。
3. 简述清酒的饮用方法。
4. 简述酿造清酒的酒米有哪几个主要品种。

【经验性训练】

通过对啤酒、清酒的比较认识以及感官体验，使学生能够区分常见的啤酒与清酒。

【实践考核项目】

酒水的识别

（一）本项目的考核目的

认识酒标，掌握各类啤酒和清酒的特点，掌握啤酒和清酒的代表性品牌。

（二）所需理论知识

掌握啤酒和清酒的分类方法、特点、品牌等知识。

（三）所需仪器设备和消耗性器材

准备常见的啤酒和清酒。

（四）实训考核内容和要求

（1）能按照行业规范熟练进行啤酒和清酒的分类，并掌握各类啤酒和清酒的特点。

（2）能较为准确地区分各品牌的啤酒和清酒。

（3）实训考核标准：

酒水识别考核评分表

班级________　姓名________　学号________　操作时间________　分数________

项目	啤酒	清酒
项目分数	5分	5分
得分		
合计		

考核说明：考生对以上酒种进行盲评，在6分钟内说出各个酒杯中酒水的名称及其特点，答对一杯得5分，不对不得分。每超时30秒扣1分，扣完为止。

考核时间：　　年　　月　　日　　　　　　　　　　考评教师签名：________

第五章　世界著名蒸馏酒

本章概要

本章主要讲述了世界著名蒸馏酒的起源与发展、酿造过程、品鉴等知识，介绍了世界著名蒸馏酒的相关酒文化知识。

学习目标

▲ 知识目标

（1）了解世界著名蒸馏酒的起源与发展。

（2）掌握世界著名蒸馏酒的酿造过程。

（3）掌握威士忌主要产区对威士忌酿造的管控规则。

（4）掌握干邑的子产区特点、法定葡萄品种名称。

▲ 技能目标

（1）能够通过视觉、嗅觉、味觉识别不同类型的世界著名蒸馏酒。

（2）能够独立进行各种类型的世界著名蒸馏酒的侍酒服务。

（3）能够识别市场知名品牌的世界著名蒸馏酒。

关键性术语

白兰地　威士忌　朗姆酒　金酒　伏特加　特基拉

章首阅读

美国伏尔斯泰得法案

1920年1月17日，禁酒法案在美国生效。根据这项法案，凡是制造、售卖乃至运输酒精含量超过0.5%的饮料皆属违法。自己在家里喝酒不算违法，但与朋友共饮或举行酒宴则属违法，最高可被罚款1000美元及监禁半年。21岁以上的人才能买到酒，并需要出示年龄证明，而且只能到限定的地方购买。所以，直到现在仍然有人揶揄美国1920年的禁酒法案是一个不禁止喝酒的禁酒法案。

禁酒法案实行后，却没能如预期一样，实现美国人道德情操的净化。市场上合法的酒类流通受限了，秘密酒馆取代了合法酒馆，酒的走私活动由于获益甚丰，日渐猖獗。美国政府可能自己也无法预知，它的禁酒法案使美国的黑帮借此牟取利益。禁酒法案颁布前，美国黑帮主要从事的还是一些抢劫、诈骗、盗窃、绑架、勒索等暴力犯罪，不仅危险而且收益不稳定。但禁酒法案让美国的黑帮因贩卖私酒获得了暴利，而且很多政客也喜欢，这让黑帮与政客之间的联系更紧密了。

1933年，禁酒法案废止。禁酒法案覆盖了20世纪20年代，为美国乃至世界都带来了深远的影响。

蒸馏酒，其实是对那些以蒸馏的方式生产出的酒精饮料的称呼。在世界范围内并没有对蒸馏酒应当达到多高的酒度有具体的规定或要求。许多国家特别是发达国家的法律及税收规定，凡酒度达43%vol的酒将加倍收税。所以，许多世界名酒的酒度只在40%vol左右。而中国名酒的酒度多在43%vol~63%vol。

在欧洲，蒸馏技术的发明与神秘的炼金术息息相关。多数学者和业内人士认为，欧洲的蒸馏技术是从10世纪前后的中国、印度或中东地区传到欧洲的，具体出现的时间和地方已经无法考证。古人对炼金的狂热带动了蒸馏技术的发展。古人认为炼金液能使人长生不老，发酵后的水果、谷物蒸馏也被当作炼金液的原料，因此炼金液有了“生命之水”的美称。这种炼金液，除了具有良好的防腐性，还能作为清洗伤口的消毒剂。在黑死病肆虐的14世纪，医生通过提供“生命之水”来缓解病患的痛苦。这可能也是威士忌、伏特加、白兰地在各自的历史中都曾被称作“生命之水”的原因吧。

由于蒸馏酒的原料不同，酿造过程不同，因此世界各地和各个厂商酿造的蒸馏酒就有不同的特点，从而产生了不同的蒸馏酒种类。最著名的蒸馏酒有白兰地、威士忌、朗姆酒、金酒、伏特加、特基拉和中国白酒。世界主要蒸馏酒种类、主要原料、酒度和主要生产国如表5-1所示。

表5-1　　世界主要蒸馏酒种类、主要原料、酒度和主要生产国

世界主要蒸馏酒种类	主要原料	酒度（%vol）	主要生产国
白兰地	葡萄	38~40	法国、西班牙
威士忌	大麦、玉米	40~45	英国、爱尔兰、美国、加拿大、日本
伏特加	大麦、小麦、黑麦	40~50	俄罗斯、波兰、美国
金酒	麦芽、玉米、杜松子	35~55	荷兰、英国、美国
朗姆酒	甘蔗汁、糖蜜	38~50	古巴、牙买加、南美各国

续 表

世界主要蒸馏酒种类	主要原料	酒度（%vol）	主要生产国
特基拉	蓝色龙舌兰	55	墨西哥
中国白酒	高粱、小麦、玉米、大米	38～65	中国

第一节 白兰地

广义上说，任何以水果为原材料进行发酵、蒸馏的酒精饮料都可以叫作白兰地，例如苹果白兰地、樱桃白兰地等。而人们经常提及的白兰地，则是指葡萄发酵后经蒸馏得到的高度酒，再经橡木桶储存而成的酒精饮料。本章的内容主要说的是后者。

一、白兰地的起源与发展

关于白兰地的起源，一直以来有这么一种说法。13 世纪一些到法国沿海运盐的荷兰船只将法国干邑地区盛产的葡萄酒运至北海沿岸国家，这些葡萄酒深受欢迎。至 16 世纪，葡萄酒产量的增加及海运的长时间途耗，使法国葡萄酒变质滞销。这时，聪明的荷兰商人将这些葡萄酒作为原料，加工成葡萄蒸馏酒，这样的蒸馏酒不仅不会因长途运输而变质，并且由于酒精浓度高反而使运输成本大幅度降低。葡萄蒸馏酒销量逐渐增大，荷兰人在夏朗德地区所使用的蒸馏设备也逐步改进。后来法国人开始掌握蒸馏技术，并采用二次蒸馏法，以提高酒精浓度使白兰地形成新的香气，从根本上改变了香气的成分。因此，蒸馏后的葡萄酒味道会与此前的葡萄酒完全不同。这时的葡萄蒸馏酒是无色透明的，也就是现在被称为白兰地的蒸馏酒。

1701 年，法国卷入了西班牙王位继承战争。其间，葡萄蒸馏酒销量大跌，大量存货不得不被存放于橡木桶中。战后，人们发现储存于橡木桶中的葡萄蒸馏酒实在妙不可言，香醇可口，芳香浓郁，色泽更是晶莹剔透，琥珀般的金黄色如此高贵典雅。因此，产生了白兰地酿造过程的雏形——发酵、蒸馏、储存，这为白兰地的发展奠定了基础。

但也有一些人认为，最初人们酿造葡萄蒸馏酒是由于当时的税收是按照葡萄酒的体积来计算的，蒸馏后的葡萄酒体积小，也就可以降低所要缴纳的税额。最初，人们在饮用葡萄蒸馏酒之前，会兑水稀释，以降低酒度。后来人们发现，桶装的葡萄蒸馏酒由于在橡木桶中储存日久，酒色从原来的无色透明变为美丽的琥珀色，而且其香味更加芬芳，口感更加醇和。

二、白兰地的生产原料与酿造过程

（一）白兰地的原料——葡萄

白兰地的香气有三个来源：一是所使用的葡萄品种自带的香气，二是蒸馏产生的香气，三是陈酿产生的香气。所以，葡萄品种对于白兰地来说至关重要。用于酿造白兰地的葡萄一般为白葡萄，白葡萄中单宁酸、挥发酸含量较低，总酸较高，所含杂质较少，因而所酿造出的白兰地更柔软、醇和。具有以下特点的葡萄品种较适宜作为白兰地生产原料。

其一，糖度低。

其二，浆果成熟后酸度高。

其三，葡萄应为弱香型或中性香型，无突出的及特别的香气。

酿造白兰地的葡萄，最好栽培在气候温和、光照充足、石灰质含量高的土壤中。目前，世界范围内主要用于酿造白兰地的葡萄品种有以下 3 种。

1. 白玉霓

白玉霓属欧亚种，原产于法国，是晚熟品种，具有良好的抗病性能。果穗中等大，长 20～25cm，宽 12～15cm，圆锥形，果穗松散。果粒中等偏小，圆形，皮薄汁多，皮为黄绿色，每百粒约 220g，味酸甜，浆果含糖量为 150～180g/L，含酸量为8～10g/L，出汁率为 70%～75%。白玉霓所酿之酒具有一种很幽雅的酒香，回味性好。其所酿葡萄酒具有的特点：一是酸度高；二是酒精含量较低，酒质轻盈。

2. 白福尔

白福尔属欧亚种，原产于法国，果穗小，圆锥形，果粒紧凑。果粒中等偏小，圆形，皮为浅白绿色，每百粒约 200g，味酸甜，汁多，浆果含糖量为 160～180g/L，含酸量为 8～9g/L，出汁率为 70%～75%。所酿之酒有足够的酯类物质，细腻、轻快、酸度较高，有令人愉快的香气。

3. 鸽笼白

鸽笼白属欧亚种，原产于法国。果穗小，圆锥形，果粒紧凑。果粒中等大小，椭圆形，皮为浅黄色，每百粒 190～240g，浆果含糖量为 150～180g/L，含酸量为 7～10g/L，出汁率为 70%～75%。

（二）白兰地的酿造过程

简单来说，白兰地由原料酒酿造、发酵、蒸馏、勾兑调配、陈酿储存五大步骤酿造而成。

第一步，原料酒酿造。白兰地原料酒常采用自流汁发酵，原料酒应含有较高的可滴定酸，以保证发酵能顺利进行，使有益微生物充分繁殖，而有害微生物受到抑制。

第二步，发酵。发酵温度应控制在30℃～32℃，时间为4～5天。当发酵完全停止时，残糖已达到3g/L以下，挥发酸度≤0.05%，在罐内静止澄清，然后将上部酒液与脚酒分开，取出酒液即可进行蒸馏，脚酒单独蒸馏。

第三步，蒸馏。蒸馏得到的原白兰地酒度在60%vol～70%vol的范围内，保持适当量的挥发性物质，以奠定白兰地芳香的物质基础。

第四步，勾兑调配。原白兰地是一种半成品，品质较粗，不能饮用，须经调配，再经橡木桶短时间储存，再经勾兑方可出厂。兑酒师要通过品尝储存在桶内的酒来判断酒的品质和风格，并决定勾兑比例，调出各具特色的白兰地。

第五步，陈酿储存。白兰地都需要在橡木桶里经过多年的自然陈酿，其目的在于改善酒的色、香、味，使其达到更完善的程度。在储存过程中，橡木桶中的单宁酸、色素等物质在酒中分解，使酒的颜色逐渐转变为金黄色。

三、著名白兰地产区

（一）干邑

干邑本是法国西南部夏朗德省的一个小镇的名字，由于此地出产的葡萄蒸馏酒甚是有名，久而久之人们就直接拿干邑作为酒名使用了。“干邑”是Cognac的中文音译，有的地方也翻译为“科涅克”。像“干邑”这样同时具备地理名称与地域特产双重属性的名字在法国类似的还有“香槟”，在中国也有诸如“茅台（酒）”“龙井（茶）”等。

法国干邑地区的葡萄品种，特别是白玉霓，主要特点是产量高、成熟晚，这对酿制酒精含量低、酸度高的用于蒸馏的葡萄酒有很大优势，是形成“干邑”最终品质的两个非常重要的因素。事实上，较高的酸度使葡萄酒在蒸馏前的数月里得以自然保存，而低酒精含量使得葡萄酒中的香气在葡萄蒸馏酒里更加丰富。

1. 干邑的六个子产区

1909年5月1日，法国以国家法令形式严格规定了允许生产干邑的地域范围，其中包括整个滨海夏朗德省以及多尔多涅省与德塞夫勒省的一些市镇。

以上地区又被划分为六个子产区，按照其出产干邑的品质高低来排序依次为：大香槟区、小香槟区、布特妮区、优质林区、良质林区以及普通林区。

（1）大香槟区。大香槟区出产的干邑品质细腻、轻盈，带有花香，需要在橡木桶中储存较长时间才能使酒质完全成熟。

法国法律规定，只有在大香槟区出产的干邑允许以“Cognac Grande Champagne”或者“Cognac Grande Fine Champagne”贴标出售。

（2）小香槟区。小香槟区出产的干邑特点同大香槟区出产的特点很相似，只是酒质的细腻程度略逊一筹。法国法律规定，只有在小香槟区出产的"生命之水"允许以"Cognac Petite Champagne"或者"Cognac Petite Fine Champagne"贴标出售。

值得注意的是，"Fine Champagne"不是一个子产区名，而是指来自大小香槟区的干邑。

（3）布特妮区。布特妮区是六个子产区中最小的。这里的地表土壤主要是由石灰石脱碳后形成的燧石构成的。布特妮区位于整个干邑地区的东北方，它出产的干邑酒质圆润，带有甜味，特别是带有紫罗兰的芳香。法国法律规定，只有在布特妮区出产的干邑允许以"Cognac Borderies"贴标出售。

（4）优质林区。这些种植区的泥土大部分是"脱钙黏土"，是一种类似于香槟区地表的泥砂质土壤，但颜色是红色的，而且石块比较多。优质林区环绕着上文的三个子产区，这里出产的干邑酒质圆润、柔和，储存时间也比较短，还带有葡萄压榨后的清香。法国法律规定，只有在优质林区出产的干邑允许以"Cognac Fins Bois"贴标出售。

（5）良质林区。在良质林区中，靠海的部分、一些谷地特别是南部区域的土壤是含沙的，这些沙子来自中央高原。这里的葡萄园比较分散，中间夹杂着其他作物、用于畜牧的草场，以及松树林和栗树林。法国法律规定，只有在良质林区出产的干邑允许以"Cognac Bons Bois"贴标出售。

（6）普通林区。普通林区的土壤含沙很多，出产的干邑熟成（即酒体达到最佳饮用时机）速度快，而且果香浓郁。

2. 干邑法定葡萄品种

干邑的法定葡萄品种有很多，不过最常见且最重要的只有白玉霓一个，鸽笼白和白福尔次之；而且要想成为优质干邑，这三大品种的混酿比例至少达 90%。另外，福利安、朱朗松、赛美蓉、蒙蒂勒和塞莱克等品种的使用比例不能超过 10%。

白玉霓是高酸低糖的典型代表，正好满足干邑生产的需求，加上它抗病的特点，使其在干邑产区备受重视。值得一提的是，白玉霓和意大利的特雷比奥罗属于同一品种。此外，为了保留足够的酸度，干邑产区的好年份往往气候相对凉爽，这和法国其他葡萄酒产区是截然相反的。

3. 干邑等级

出售的干邑至少要陈酿两年，即从葡萄收获季节的第二年 4 月 1 日起，在橡木桶中储存超过两年。干邑装瓶后经历的时间不再计入酒龄。

1983 年 8 月 23 日，法国颁布了可以用于描述的干邑酒龄。

最常用的有：

VS（Very Special）：至少陈酿两年。

VSOP（Very Superior Old Pale）：至少陈酿四年。

Napoléon 和 Hors d'âge：至少陈酿六年。

XO：至少陈酿十年。

一般来说，酒的生产商会使用比这个最低规定的年份久得多的白酒来调配干邑混合酒。一些非常著名的干邑甚至会是几十年陈酿的。

4. 干邑知名品牌

轩尼诗、人头马、拿破仑和马爹利并称干邑界“四大巨头”，在中国市场也享有很高的知名度。它们在全球主流消费市场中占据了绝大部分的比重，也是人们最为熟知和热爱的干邑品牌。当然干邑也有一些专注本土市场的品牌，如费朗。此外，御鹿和卡慕也是世界知名的干邑品牌。

（二）雅文邑

雅文邑是法国最古老的白兰地，同时是法国顶级白兰地之一。雅文邑作为一种葡萄蒸馏酒，其出现比干邑早200多年，其有文字记载的历史可追溯到1310年，至今已有710多年的历史。

关于雅文邑，有一则小故事。传说，法国国王查理七世出生不久，他的母亲便让他喝了一口雅文邑，希望他能拥有智慧和勇气。后来雅文邑人以人力、物力、财力还有当地的雅文邑，支持自己的军队，最终赢得了1453年著名的对战英国的“百年战争”。

1. 雅文邑子产区

雅文邑共有三大子产区，分别为下雅文邑、上雅文邑和特纳雷泽，葡萄种植主要集中在下雅文邑。

（1）下雅文邑子产区。下雅文邑出产的雅文邑最为精细，拥有馥郁的香气，李子干味、橙皮味、香草味是它们的独特标志。这里以巴柯和白福尔这两种葡萄为原料酿造的雅文邑表现最出色，如果是窖藏25年以上的雅文邑就更让人难忘了。

（2）上雅文邑子产区。这里的雅文邑产量极少，需要精心的蒸馏和精制。近些年来一些酒庄主人正着手让这片几乎被人遗忘的葡萄园重新焕发光彩。

（3）特纳雷泽子产区。这里的雅文邑拥有强烈的紫罗兰味和香料味。这里的雅文邑年轻时刚劲有力、激情澎湃，但陈酿之后能获得醇美的复合口感。不过要想让它的口感温和柔顺下来，至少得陈酿50年。

2. 雅文邑法定葡萄品种

根据相关法律法规规定，雅文邑可以用10种葡萄来酿造，最主要的4种为白玉霓、巴柯、白福尔和鸽笼白。其中，白玉霓约占一半的种植面积，白玉霓酸度较高，抗病性强，非常适合酿造雅文邑。巴柯带有泥土和李子的气息，风味浓郁，用它酿造的雅文邑口感圆润甘甜，具有成熟果香，特别是经多年陈酿之后更为出色。白福尔高酸，常有花瓣、白梨、干果和橘子皮香气。鸽笼白则为雅文邑增添了香料的香气。

3. 雅文邑分级

根据基酒陈酿时间的不同，雅文邑可以分为以下5个等级。

Blanche：未经橡木桶陈酿。

VS（Very Special）：在橡木桶中陈酿至少一年。

VSOP（Very Superior Old Pale）：在橡木桶中陈酿至少4年。

Napoléon：在橡木桶中陈酿至少6年。

XO和Hors d'âge：在橡木桶中陈酿至少10年。

需要注意的是，在雅文邑的酒标中，除了出现上述代表其等级的字母，可能还会出现一些常见的表示酒龄的单词，例如，"Age Indicated：8"表示雅文邑中最年轻酒液的酒龄为8年，"Vintages"则表示所有酒液都来自所标示的单一年份，且至少在橡木桶中陈酿了10年。

（三）其他区域

1. 意大利

意大利的白兰地有着悠久的历史，据说，早在12世纪的时候，意大利就已经出现了蒸馏酒，这样看来，意大利生产白兰地的历史应该比法国还要早。

意大利生产品质很好的白兰地，口味一般来说比较浓重，所以饮用时最好加入冰块或水，这样可以冲淡酒的烈性，更适合饮用。

意大利的葡萄蒸馏酒原来称为"干邑"，1948年改用"白兰地"，并且实行了与法国干邑统一的标准。意大利白兰地的生产主要在其北部的3个地区：艾米利亚－罗马涅、威内托和皮埃蒙特。此外还有西西里岛和坎帕尼亚。

2. 希腊

希腊是生产白兰地历史最悠久的国家之一，希腊白兰地也颇负盛名。希腊的白兰地生产比较普遍，几乎全希腊都有。希腊白兰地所采用的葡萄以白色的沙巴铁阿为主，有时也用红葡萄来生产。希腊白兰地要储存三年以上才可装瓶出售。

Metaxa（梅塔沙）是希腊最有名的白兰地，由S. E. A. Metaxa酒厂制造。该厂建于1888年，以厂名定酒名。在它的标签上还有一个特别之处，那就是用五角星表示陈酿的时间，这在世界其他国家是不多见的。希腊白兰地口味清美而甜润，用焦糖着色，因此酒色较深。

3. 西班牙

单就酒的品质而言，西班牙白兰地仅次于法国白兰地，称得上是世界亚军了。西班牙是欧洲最早出现蒸馏酒的国家之一。中世纪时期，统治西班牙的摩尔人的炼金术士发现了蒸馏酒的酿造方法。不过，现代意义上的白兰地生产则是从近代才开始的。

西班牙白兰地的酿造方法是采用连续式的蒸馏器生产。西班牙人将雪利酒作为原料酒来生产白兰地，将雪利酒蒸馏后，再用曾经盛装过雪利酒的橡木桶储存，酿造出来的白兰地的口味与法国干邑和雅文邑大不相同，具有较显著的甜味和土壤的气息。

4. 日本

由于日本人比较喜欢饮用威士忌，所以对白兰地并不十分重视，但日本出产的白兰地的品质还是很不错的，较著名的品种有大黑天鹅白兰地、三得利 VSOP、三得利 XO 等。

5. 葡萄牙

葡萄牙白兰地也是用雪利酒蒸馏而成的，与西班牙白兰地十分相似。葡萄牙最初生产白兰地是为其甜葡萄酒的生产服务。后来，为使葡萄酒和白兰地的生产者各司其职，葡萄牙政府就制定了一项法令：生产甜葡萄酒的产区不准生产白兰地，白兰地由专门的产区生产，专门生产的白兰地高产质优，深受欢迎。

四、白兰地的品鉴

（一）准备

1. 酒杯的选择

球形杯是经典的干邑品鉴杯，使用的人群与场合非常广泛。它的大杯肚可以使酒液更充分地接触空气，帮助香气散发；杯口的收口设计有利于香气聚拢，较短的杯腿则便于酒杯握在手掌中，用手心慢慢温暖酒液。不过，球形杯不是最佳的干邑品鉴杯。球形杯最大的缺点是酒液与空气的接触面较大，容易令干邑的酒精挥发，特别是握在掌心加热酒的时候，突出了干邑中酒精的刺激感。

因此，郁金香杯被越来越多的专家认可。杯如其名，这种杯子拥有修长而优雅的杯腿，杯肚相对较小，杯口比杯身要窄，有些杯子的杯口边缘还会略向外扩，像极了郁金香的形状。这样的设计，既能聚拢香气、为酒液提供足够的呼吸空间，又能改善球形杯酒精挥发过快的缺点；而较长的杯腿也更利于持杯。因此，许多干邑专家都爱用郁金香杯来品鉴干邑。尤其是在品鉴酒龄较老的干邑时，郁金香杯更能展现其特殊的香气。

除了上述两种酒杯外，酒杯生产商还推出过一些特别的酒杯，比如锥形杯。这种杯子沿用了上窄下阔的外形设计，却没有了支撑杯肚的杯脚，取而代之的是在杯底加上了一个圆锥形的杯座。这样的设计，酒杯自然不可能立于桌上，但能以倾斜的姿态在桌上旋转，从而缓慢地释放香气。球形杯、郁金香杯和锥形杯如图 5 - 1 所示。

2. 醒酒

开瓶后，最好给白兰地一点“呼吸”的时间，令酒液与空气缓慢接触。通常，醒

图5-1 球形杯、郁金香杯和锥形杯

酒一段时间后，口感会比刚开瓶时更圆润。如果是一款品质上乘的干邑，在醒酒的每个阶段，都会有持续变化的不同风味的口感。

另外，如果品尝的是干邑，一些专家的说法也是可以参考的：干邑的陈酿期每多1年，就要多醒酒30秒；换言之，在品尝一款陈酿20年的干邑前，应先静心等候10分钟再进行品尝。

因为高酒度的保驾护航，开瓶后的白兰地（特别是高质量的白兰地），其变化往往是以几天甚至几周为单位来衡量的，这一点和葡萄酒非常不同。

（二）品鉴

本书以干邑为例来说一说品鉴白兰地的具体步骤。

1. 观色

品干邑，首先需要观察它的颜色，包括色泽深浅，是否有杂质，其清澈度、光亮度等。

干邑刚从蒸馏器中流出时是无色的，而最终倒入酒杯时却是有色的，这些色泽变化阐述着它在橡木桶中储存的历程。通常，年轻的干邑呈现稻草或者蜂蜜的颜色，随着储存时间的增加，其颜色过渡为金色、深金色、琥珀色甚至更深的颜色。

不过需要注意的是，干邑迷人的色泽除了来自橡木桶陈酿，往往也源于焦糖调色。所以，判定一款干邑的年份，并不能光靠观色。

除干邑之外，雅文邑、西班牙的赫雷斯白兰地，以及其他经过橡木桶陈酿的优质白兰地，也都可以遵从这种品鉴方法。当然，不是所有的白兰地都像干邑一样带有颜色，像格拉帕、皮斯科这些不经过橡木桶陈酿的酒款，就是无色的。

2. 闻香

与葡萄酒闻香不同，闻干邑时，不要把鼻子伸进酒杯，也别太用力吸气，否则很容易闻到刺鼻的酒精味。正确的做法是将鼻子凑近杯口，轻轻闻香即可。接下来，将酒杯绕圆周转动使干邑充分与空气接触，感受一下香气的变化。可以缓慢而轻柔地晃动酒杯，这样有利于香气的完全释放。

因为产区和陈酿等级的差异，不同的干邑其香气也会有很大区别。一般来说，陈酿时间较短的干邑主要带有新鲜花果味，例如玫瑰、柑橘和梨子的香气；而经历了长时间陈酿的酒，则会逐渐展现出果干、焦糖、坚果和肉桂等甜香料的气息，甚至会演变出泥土和蘑菇的陈年风味。无色的白兰地，则无须考虑陈年香气，这些酒都是以果味为主。

3. 品味

小啜一口干邑，不要急着咽下，让酒液在口腔中流动，用舌头不同区域的味蕾可以捕捉到不同的味道：舌尖可以分辨干邑的甜味，两侧可以分辨酸味，两侧偏后可以分辨咸味，舌根处则用于分辨苦味。同时，留意风味在口中的停留时长，并感受一下干邑的各种风味是否平衡。

优质干邑的口感应该是平衡精致的，不会给人刺激粗糙的感觉。通常而言，年轻的干邑在口中的结构更简单，陈年干邑则更复杂和细腻。

最后，还要感受一下干邑的余味。当咽下口中干邑后，口腔中依然会留有干邑的香气，而品质越高的干邑，口中的余味也会越长。

小贴士

原来不是每瓶 XO 都值钱，我不许你不知道！

提起 XO，浮现脑海的几乎都是轩尼诗、人头马在厚重巴卡拉水晶瓶里金灿灿的酒液。这些干邑品牌的宣传实在太好了，让不少消费者以为，只要瓶子上标了 XO，就一定是高端酒。

虽然市面上优质的白兰地越来越多，但现实很残酷，标着 XO 的劣质酒也开始呈爆发式增长。在某些购物软件上一搜，满眼都是几十甚至十几块一瓶，还能买一赠一、假一赔十的“XO”。遇到这样的酒，可千万要小心。

作为白兰地的常用术语，XO 起源于法国白兰地重镇干邑。1870 年，干邑名厂轩尼诗用多种不同年限的陈年老酒调制了一款代表酒庄最高水平的作品。为了区别于当时市面上已有的其他稍逊一筹的陈年老酒，这款酒被命名为“XO”。

这种酒一经问世就广受好评，风靡全球，越来越多的干邑生产者也开始推出自己的 XO 产品。随着时间的推移，XO 便渐渐成为干邑产区共享的等级标准，随之也确定了相应的法律规范。如今，如果你看到一瓶干邑上标有 XO，则代表这瓶酒中使用到的酒液在橡木桶里陈酿了至少 10 年。2018 年 4 月 1 日起，XO 干邑的最低陈酿年限从原先的 6 年上调为 10 年，这项修改有 1 年缓冲期，2019 年 3 月 31 日之前生产的 XO 还是可以使用旧标准的。

很可惜，XO虽然名号响亮，但并不只有干邑和雅文邑的陈酿好酒才有权利使用这个标识。实际上，在干邑和雅文邑之外生产的白兰地，并不需要遵守这两个地方的相关法律，可以任意使用VS、VSOP、XO标志。于是，对于一款购物软件上常见的廉价“法国XO”，基酒通常只需要在橡木桶中储存几个月即可装瓶，“XO”这两个字母所代表的，也不过只是“带有更多陈酿风格”而已。

如果你在干邑和雅文邑之外的酒瓶上看到XO，却在包装上找不到任何具体的陈酿时间。那么最好保守地认为这里的“XO”只是代表酒厂认为自己的这款酒“带点陈酿风味”而已。不要贪图便宜去购买那些信息不明、“原价3888现价388”的XO白兰地，这种XO白兰地很多时候都远不如同样价位的一瓶普通干邑VSOP好喝。

（资料来源：知味葡萄酒杂志，2019年3月14日）

第二节　威士忌

威士忌是一种以大麦、黑麦、燕麦、小麦、玉米等谷物为原料，经发酵蒸馏后放入橡木桶中陈酿多年，调配成酒度为40%vol以上的烈性蒸馏酒。英国人称之为“生命之水”。目前生产威士忌的主要地区有苏格兰、爱尔兰、美国、加拿大、日本。

威士忌是古代居住在爱尔兰和苏格兰高地的塞尔特人的语言，古爱尔兰人称此酒为Visage-beatha，古苏格兰人称其为Visage Baugh。经过千年的变迁，才逐渐演变成Whiskey。不同国家对威士忌的写法也有差异：爱尔兰和美国写为Whiskey，而苏格兰和加拿大则写成Whisky，尾音有长短之别。

一、威士忌的起源与发展

威士忌的起源已不可考，但是能确定的是，威士忌在苏格兰地区的生产已经超过500年的历史，因此一般也就视苏格兰地区为所有威士忌的起源地。

11世纪，爱尔兰的修道士到苏格兰传教，由此带来了威士忌的蒸馏技术。然而，直到15世纪时，苏格兰威士忌更多是作为驱寒的药水使用。

1700年以后，居住在美国宾夕法尼亚州和马里兰州的爱尔兰和苏格兰移民开始建立起家庭式的酿酒作坊，从事蒸馏威士忌的工作。随着美国人向西迁移，1789年，欧洲移民来到了肯塔基州的波本镇，开始蒸馏威士忌。这种后来被称为“肯塔基波本威士忌”的酒，以其优异的质量和独特的风格成为美国威士忌的代名词。

二、威士忌的分类

（一）单一麦芽威士忌（纯麦芽威士忌）

单一麦芽威士忌常见于苏格兰威士忌酒标上，指的是酒液完全来自同一家蒸馏厂，并以100%的发芽大麦为原料酿造，然后在该厂自有的橡木桶（容量不超过700L）中进行三年以上陈酿的威士忌。纯麦芽威士忌深受苏格兰人喜爱，但由于味道过于浓烈，所以只有10%直接销售，其余90%作为勾兑混合威士忌时的基酒使用。

（二）单纯威士忌

单纯威士忌是和调和威士忌对应的一个概念，通常在美国威士忌中出现。单纯威士忌所用原料为玉米、黑麦、大麦或小麦，酿造过程中不混合其他威士忌或者谷类蒸馏酒，制成后需放入用炭熏过的橡木桶中至少陈酿两年。另外，所谓单纯威士忌，并不像苏格兰纯麦芽威士忌那样，只用一种大麦芽制成，而是以某一种谷物为主（一般不得少于51%），再加入其他原料。

（三）调和威士忌

调和威士忌的基酒一般来自不同蒸馏厂，可以是混合了一种以上的单一麦芽或单纯威士忌基酒调和而来的威士忌。调和威士忌有时也叫兑和威士忌或混合威士忌。调和是一项技术性很强的工作，威士忌的勾兑掺和是由调和师掌握的。调和时，不仅要考虑到纯麦芽威士忌和单纯威士忌酒液的比例，还要考虑到各种勾兑酒液的陈酿时间、产地、口味等其他特性。调和工作的第一步是勾兑。勾兑时，调和师只用鼻子嗅，从不用口尝。把酒液抹一点在手背上，再仔细闻香鉴定。第二步是掺和，其配方是保密的。按照配方把不同的品种注入混合器（或者通过高压喷雾）调匀，然后加入染色剂（多用饴糖），最后入桶陈酿储存。调和后的威士忌烟熏味被冲淡了，气味更加诱人，融合了强烈的麦芽及细致的谷物香味，受到广大消费者的欢迎，畅销世界各地。根据纯麦芽威士忌和单纯威士忌比例的多少，调和后的威士忌分为普通和高级两种类型。一般来说，纯麦芽威士忌用量在50%～80%者，为高级调和威士忌酒；如果单纯威士忌用量比重大，即为普通威士忌。苏格兰调和威士忌的常见包装容量在700～750mL，酒精含量在40%左右。

（四）单一桶威士忌

单一桶威士忌多见于苏格兰威士忌和波本威士忌中，一般是酒厂的得意之作，通常，指瓶内威士忌完全来自同一陈酿酒桶，以强调其稀少性和原汁原味。

（五）保税威士忌

保税威士忌在美国很常见，它类似于单一麦芽威士忌，不过要求更严格。通常，这种威士忌必须由同一家蒸馏厂在同一个年份内酿造完成，然后在政府监管的保税仓库中进行至少4年的陈酿，再在政府的监督下进行装瓶，其酒精含量一般为50%。

三、威士忌的酿造过程

威士忌的酿造过程大致可以分为制作麦芽、发酵、蒸馏、陈酿这些步骤，如果是调和威士忌，还会增加勾兑这一工序。下面以制作纯麦芽威士忌为例说明威士忌的酿造过程。

（一）制作麦芽

将大麦浸泡在温水中，浸泡的时间为2~3天；然后将大麦转移到麦芽培养间或是麦芽培养机中，这个过程需要持续1~2周的时间。待其发芽后，酒厂会将麦芽转移到干燥炉将其烘干，有些酒厂会使用泥煤来熏干麦芽，这也就是大部分纯麦芽威士忌都带有泥煤风味的重要原因。等麦芽冷却后，存放约1个月再使用，这个过程的目的是提高原料中的糖分含量，保证发酵过程顺利进行。苏格兰地区所酿造的威士忌是唯一使用泥煤熏干麦类或谷类的威士忌，因而具有独特风味。

通过加热淀粉到某一特定温度使其糊化以及添加酵素（生物酶）都可以将淀粉转化为糖类。酵素可以通过发芽产生，也可以通过人工添加。苏格兰规定，用麦芽酿造威士忌，所用酵素必须由大麦发芽而来。发芽的目的是实现淀粉分解为酵素，为了达到这个目的，必须控制最佳的含水量、适当的通风以及提供氧气，并移除发芽时产生的二氧化碳、热量和其他代谢物质，同时避免根芽纠结。当胚芽穿过外部的麦壳时就代表着发芽开始了，此时胚乳将释放出能够调节大麦生长和发育的植物激素赤霉素。当赤霉素渗透到糊粉层，将刺激糊粉层合成酵素。酵素将胚乳的细胞壁和蛋白质框架打破后（蛋白质含量高的六棱/四棱大麦不适合酿酒），逐渐侵入胚乳，并将促进胚乳中的淀粉转化为糖。这个过程被称为“修饰”。

（二）发酵

发酵之前需要将烘干的麦芽研磨。酒厂会将烘干的麦芽捣碎，经过粉碎机粉碎之后倒入圆形的木质糖化桶，并用大约65℃的温水浸泡，这个过程被称为“浸出法糖化”。这种方法能够促使大麦发芽时所产生的淀粉酶、糖化酶将淀粉转化为麦芽糖，进而快速得到麦芽汁。当然酒厂不同，所采用的方法也会有所差异。

紧接着酒厂会将麦芽汁从糖化桶转移到发酵桶中，并向发酵桶中加入各种不同类型的酵母组合，开始发酵过程，发酵持续的时间为 2 ~4 天，初始酿得的酒液被称为原酒，酒精含量为7% ~10%，这个过程同啤酒的生产过程几乎相同，所以从某种意义上讲啤酒可以说是威士忌的“先辈”。

此时，纯麦芽威士忌已经可以准备实施蒸馏步骤了。

（三）蒸馏

一般情况下，蒸馏会分成两次。第一次是在大型的壶式蒸馏锅中进行，原酒经预热后导入加热炉中加热至沸腾，因为酒精的沸点比水低，所以酒精会首先变成蒸气蒸发出来，在加热炉顶部的天鹅颈内重新凝结成酒精液体，冷凝后即得到低度酒，酒精含量在 10% ~20%。第二次蒸馏是在一个较小型的壶式蒸馏锅中进行，这种蒸馏锅又被称为烈酒蒸馏锅，这次蒸馏所得的酒液就成为纯麦芽威士忌的雏形，酒精含量在70%左右。

在第二次蒸馏过程中，最先蒸发出来的酒液为“酒头”，“酒头”里面含有很多有毒物质（如甲醇）。“酒头”过后即为中馏部分为“酒心”，“酒心”中含有最高浓度的乙醇，而且杂质最少。那些最后蒸馏出来的为“酒尾”。“酒心”可以被直接利用，转移到橡木桶中陈酿，而“酒头”和“酒尾”会再次回到蒸馏锅中进行再次蒸馏，以便充分利用其中的乙醇。

为了提升所蒸馏出来的酒液的纯净度，有的酒厂会进行第三次蒸馏，也有的酒厂会在蒸馏锅上加装净化设备来滤除酒液中的杂质，但是无论如何，采用壶式蒸馏锅进行蒸馏所得到的威士忌，其纯度往往都很难得到保证。不过很多专家指出，正是壶式蒸馏锅的这种“缺陷”赋予了纯麦芽威士忌与众不同的个性。塔式蒸馏锅虽然蒸馏效率非常高，酒液的纯净度也很高，但是这牺牲的往往是纯麦芽威士忌的个性特点，可能这也是苏格兰法律规定必须使用壶式蒸馏锅的原因所在。

（四）陈酿

蒸馏过后的酒液是可以直接饮用的，但是并不能被称为威士忌，在风格上也要比威士忌差很多。当然，威士忌的风格是受众多因素影响的，包括所采用的原料、蒸馏厂的水质、蒸馏锅的形状和大小、酒窖的气温和湿度以及所采用的橡木桶等。同中高端的葡萄酒不一样，威士忌在装瓶之后一般是不会继续陈酿的。

橡木桶在威士忌的酿造过程中扮演着极其重要的角色，当然也只有特定的橡木品种所制成的橡木桶才能够用来陈酿威士忌。像法国干邑只采用利穆赞橡木一样，纯麦芽威士忌一般也都只用美国橡木和欧洲橡木制成的橡木桶。过去，酒厂用全新的橡木桶来陈酿威士忌，但是后来发现，新橡木桶会赋予威士忌太过浓郁的气味，从而掩盖了威士忌本身的精妙风味，因而大部分酒厂开始放弃使用新橡木桶，转而采用使用过的橡木桶来陈酿威士忌，其中最常用的两种橡木桶就是波本橡木桶和雪利橡木桶。

四、威士忌主要产区对威士忌酿造的管控规则

（一）爱尔兰威士忌

目前实施的规则规定，爱尔兰威士忌必须是在爱尔兰（含北爱尔兰）酿造，是使用发芽谷物以及其他谷物的谷物糊进行蒸馏所得到的烈酒。爱尔兰威士忌从酿造到包装有如下规则：

（1）以麦芽所含的酵素进行糖化，可含可不含其他天然酵素。

（2）以酵母菌进行发酵。

（3）新酒酒度必须小于94.8%vol，以保留原料的香气和口感。

（4）在橡木桶中至少陈酿3年，橡木桶容量不得大于700L。

（5）蒸馏烈酒只能添加水及焦糖着色剂。

（6）装瓶的最低酒度为40%vol，可以以中型桶运出爱尔兰威士忌装瓶。

（7）酒标、包装、宣传、广告等均不能标示蒸馏年份，除非同时标示装瓶年份、陈酿时间和酒龄。

（8）若标示酒龄，则必须标示酒瓶中所调和的威士忌中陈酿时间最短的酒的酒龄。

（9）“单一”只能用于壶式蒸馏爱尔兰威士忌、麦芽爱尔兰威士忌以及谷物爱尔兰威士忌3种品项，且上述品项都必须来自同一酒厂。

（10）所有爱尔兰威士忌都必须清晰标示“Irish Whiskey”“Irish Whisky”或“Uisce Beatha Eireannach”。

（二）苏格兰威士忌

苏格兰威士忌的相关法规对苏格兰威士忌的酿造过程、酒标、包装、营销广告都做了具体规定。

（1）必须在苏格兰蒸馏厂酿造，以水及发芽大麦或其他全谷物为原料，在蒸馏厂内制作成谷物糊，以天然酵素糖化谷物糊，而后只能添加酵母菌进行发酵。

（2）蒸馏新酒的酒度应小于94.8%vol，以保留原料的香气和口感。

（3）只能在苏格兰保税仓库或核准认可的仓库内熟成，且必须在容量不超过700L的橡木桶中熟成3年以上。

（4）必须保留原料、酿造以及熟成的颜色、香气和口感，除了水和焦糖着色剂，不允许添加其他物质。

（5）装瓶的最低酒度为40%vol。

（6）苏格兰威士忌分为以下5类。

①单一麦芽苏格兰威士忌：在单一酒厂内，以水及发芽大麦为原料，以壶式蒸馏器蒸馏一次或多次所得到的威士忌。

②单一谷物苏格兰威士忌：在单一酒厂内，以水、发芽大麦或全谷物和其他发芽谷物及未发芽谷物蒸馏而成的威士忌。

③调和苏格兰威士忌：调和一种或多种单一麦芽苏格兰威士忌以及一种或多种单一谷物苏格兰威士忌所得到的威士忌。

④调和麦芽苏格兰威士忌：调和两种或两种以上来自不同蒸馏厂的单一麦芽苏格兰威士忌所得到的威士忌。

⑤调和谷物苏格兰威士忌：调和两种或两种以上来自不同蒸馏厂的单一谷物苏格兰威士忌所得到的威士忌。

（7）酒标正面必须标注“单一麦芽苏格兰威士忌”或“单一谷物苏格兰威士忌”或“调和苏格兰威士忌”或“调和麦芽苏格兰威士忌”或“调和谷物苏格兰威士忌”，唯一可添加的文字为蒸馏地点或区域。

（8）禁止使用“纯麦”（Pure Malt）一词。

（9）若标示酒龄，则必须标示酒瓶中所调和的威士忌中陈酿时间最短的酒的酒龄。

（10）若标示年份，则必须仅能标示某一年，且所有威士忌都在该年蒸馏；必须同时标示装瓶年份或酒龄；上述蒸馏或装瓶年份或酒龄必须标注在明显可见的位置。

（11）2012 年 12 月 23 日后，单一麦芽威士忌必须在苏格兰装瓶，不得以其他方式运出装瓶。

（三）美国威士忌

根据相关规范，美国威士忌有以下分类。

（1）普通威士忌：以谷物进行发酵，而后蒸馏到 190proof（95% vol）酒度以下，储存在橡木桶（新旧橡木桶皆可）内，并以不低于 80proof（40% vol）的酒度装瓶的酒。

（2）波本、裸麦、小麦、大麦麦芽及裸麦麦芽威士忌：以超过酿酒谷物总量 51% 的玉米、裸麦、小麦、大麦麦芽或裸麦麦芽，加上其他谷物发酵后，进行蒸馏，以 125proof 以下的酒度储存在全新的烧烤橡木桶内。

（3）玉米威士忌：酿造威士忌所用谷物中，玉米占比不低于 80%，蒸馏到 160proof 的酒度，无须使用橡木桶储存，但如果要用橡木桶储存，则必须以 125proof 以下的酒度储存在使用过的橡木桶或未经烧烤的全新橡木桶中。

（4）轻威士忌：在 1968 年 1 月 26 日之后蒸馏，以超过 160proof 的酒度储存在使用过的橡木桶或未经烧烤的全新橡木桶中。

（5）纯威士忌：符合上述（1）项和（2）项规定，储存在橡木桶内至少两年，可以在酒标中添加“Straight”的字眼。

（6）调和威士忌：调入至少20%的纯威士忌。

（7）调和式×××威士忌：调入超过51%的某种纯威士忌，例如小麦威士忌，则可以叫作调和式小麦威士忌。

（8）烈酒威士忌：以中性酒精调入酒精含量大于5%但小于20%的纯威士忌。

五、威士忌的品鉴

（一）酒杯的选择

品鉴威士忌所用酒杯，无外乎古典杯（见图5－2）、郁金香杯、格兰凯恩杯（见图5－3）以及ISO杯（见图5－4）。

如果喝加冰威士忌，放入较大的打磨成球形的冰块，就直接选择古典杯。古典杯杯口大，是放冰块的首选。古典杯在美国和日本多被称为“冰饮酒杯”，容量为180～300mL。

图5－2　古典杯

图5－3　格兰凯恩杯

图 5-4　ISO 杯

格兰凯恩杯是专门针对威士忌首席调酒师及品酒师开发的闻香杯，造型像极了威士忌的壶式蒸馏器。略微宽大的杯腹，可以容纳足够分量的威士忌，并在杯腹将香气凝聚，再从杯口释放出来。格兰凯恩杯的杯口直径比 ISO 杯略小，杯缘没有外翻或内缩的设计，适用于各种威士忌或烈酒。由于杯身厚重耐用，又没有杯脚，便于携带。

（二）品鉴

1. 观色

酒的颜色会给品酒者一些关于酒款风格的提示，虽然并非是绝对正确的标准，但通常说来，明亮的黄色和金色通常意味着更为清爽、更多花蜜和谷物类香气，深色则一般代表更多沉郁或是烘焙风味，比如焦糖、太妃糖、辛香料、烟熏或者核桃香气。

2. 闻香

威士忌的香气种类丰富，比起葡萄酒毫不逊色，比如由原材料带来的谷物香、玉米香，酵母发酵带来的饼干味，泥煤的气味甚至消毒水味，陈酿过程中获得的花香、草药香、核果类香气、柑橘类香气，橡木桶提供的焦糖、香草、烟熏类香气等，不同的原材料、工艺和风格酿造出的威士忌，香气千差万别。和闻其他烈酒一样，闻威士忌要注意换气，以免酒精麻痹嗅觉细胞。

3. 品味

因为酒精会刺激和麻痹味蕾，在一些专业培训中，教师会要求在威士忌里兑入50%的蒸馏水稀释酒液，把酒精的影响降到最小再分析每一种风味。当然，这同样冲淡了很多迷人的滋味，让品味的乐趣大打折扣。

悉心品味威士忌时，先小啜一口，让酒液完全滑过舌头而不至于浸没味蕾，让酒香在口腔中散发开来。用舌头让酒在口腔中来回流动 3～5 秒，感受威士忌的口感。当咽下这口威士忌后，品鉴还没有结束，需要慢慢感受威士忌的余味。优质的威士忌拥有悠长且多样的余味。

六、著名威士忌品牌

（一）尊美醇

保乐力加集团旗下的尊美醇，是一个让全世界人们关注到爱尔兰威士忌的著名品牌。尊美醇威士忌口感柔和，带有椰子、坚果、香草和杏脯的味道，以甘草味收尾。尊美醇威士忌如图 5－5 所示。

（二）布什米尔斯

布什米尔斯威士忌属于单一麦芽威士忌，含植物和熏烤香气，入口清爽微辣，中等酒体，略有干谷物及干果味，是随意小酌时的优选。

（三）麦卡伦

麦卡伦酒厂创立于 1824 年，是苏格兰第一代具有合法牌照的酿酒厂之一，至今保持家族式的经营方式。优质的橡木桶是威士忌品质的保证，麦卡伦所酿造的威士忌全部采用雪利橡木桶陈酿，大部分的橡木来自西班牙南部的加的斯。这些优质的橡木桶都是陈酿过雪利酒之后的橡木桶，为麦卡伦威士忌带来更加精妙丰富的风味。麦卡伦威士忌如图 5－6 所示。

（四）尊尼获加

尊尼获加是全球最为畅销的苏格兰威士忌品牌，尊尼获加酒厂创立于 1820 年，是全球最大的苏格兰威士忌生产商。尊尼获加酒厂历史悠久，以卓越酒质享誉全球。对于尊尼获加而言，色彩浓烈的个性标签就是其梦想的阶梯，红、黑、绿、金、蓝共同构成了尊尼获加五彩斑斓的梦想阶梯，也形成了尊尼获加缤纷多姿的威士忌品牌。尊尼获加威士忌如图 5－7 所示。

图 5－5 尊美醇威士忌

图 5－6 麦卡伦威士忌

图 5－7　尊尼获加威士忌

（五）格兰威特

格兰威特酒厂创立于 1824 年，位于斯贝塞产区的莫雷，是苏格兰第一代具有合法牌照的酿酒厂之一。格兰威特威士忌（见图 5－8）口感平衡，醇美柔和，浑然天成。在 20 世纪初，格兰威特威士忌是第一批在全世界广泛销售的苏格兰威士忌之一。格兰威特酒厂于 2010 年扩建完成，这为其品牌建设奠定了坚实的基础。

自 2005 年以来，格兰威特威士忌在各大国际烈酒大赛上屡屡获奖，继 2008 年在斯贝塞威士忌大赛中获“13 至 20 年陈酿”类别的最高奖项之后，2009 年又再次获此殊荣。另外在 2009 年和 2010 年的旧金山烈酒大赛中，格兰威特威士忌连续 2 年获奖。

图 5－8　格兰威特威士忌

（六）金宾波本

金宾（Jim Beam）家族自1795年便开始酿酒，不过直到1933年，金宾家族才申请到酿酒牌照，并在克莱蒙特市建造了一座新蒸馏厂，并以Jim Beam（James Beam的昵称）为名重启波本威士忌的酿造之路。

除了保持稳定品质外，金宾有着许多创新之举，比如1988年推出一系列非商业化的小产量品牌，于四年之后又推出的小批量系列，令波本威士忌成功进军高端市场。金宾波本威士忌如图5－9所示。

图5－9　金宾波本威士忌

（七）杰克·丹尼

波本威士忌中有一种非常独特的类别，被称为田纳西威士忌。从法律上来说，这种威士忌必须是产自田纳西州，但这里的酒在蒸馏后需要经过糖枫木炭过滤，从而更为柔滑甜美。

杰克·丹尼蒸馏厂是这里唯一的大厂，始创于1866年，酒厂在陈酿时使用的每一个橡木桶均由酒厂自制，如今被视为美国威士忌的代表品牌之一。

杰克·丹尼以家族系列最为驰名，包括经典的老7号黑标、绅士杰克、蜂蜜威士忌和单桶威士忌。杰克·丹尼威士忌如图5－10所示。

图5－10　杰克·丹尼威士忌

（八）山崎

山崎是三得利于1924年开设的首家威士忌蒸馏厂，以制作单一麦芽威士忌为主。山崎标志中的“奇”与“寿”相似，暗含三得利的前身“寿屋”代代相传的理念。1984年，酒厂第一瓶单一麦芽威士忌诞生。

山崎的一大特点是使用各式各样的蒸馏器，日本的酒厂之间通常不会像苏格兰一样通过交换原酒来塑造想要的风格，因此需要通过不同造型的蒸馏器制作出更加多元的原酒。通过不同原酒的选择，山崎成功做到了令不同年份的酒款拥有鲜明的风格。山崎威士忌如图5－11所示。

图5－11　山崎威士忌

趣　谈

威士忌鄙视链

如今，鄙视链已经不算新词了，话题热度却依旧不减，甚至已经渗透到了各个领域，简直可以说是哪里有人，哪里就有鄙视链。在威士忌圈，这种锱铢必较、相互看不顺眼的情况也屡见不鲜。今天，我们就来为大家揭露威士忌世界里的鄙视链。

按产区喝优于按国家喝

这条鄙视链，通常隐藏在苏格兰威士忌买家中，一般只会有人问你喜欢苏格兰哪个产区的威士忌，而很少有人问你是否知道北海道蒸馏厂和京都蒸馏厂的不同——那八成是在挑刺儿而已。

从整体上讲，不同的产区都有各具代表性的蒸馏厂和鲜明的风格，比方说斯贝塞是大牌云集的产区，而艾雷岛则以泥煤味风格著称，威士忌迷各有所爱。因此会出现认产区的饮者瞧不上只报国家名的饮者的情况。

麦芽威士忌优于谷物威士忌

乍听起来，这种鄙视好像也无可厚非。谷物比大麦便宜得多，而且论讲究程度，使用连续式蒸馏器进行单次蒸馏的谷物威士忌，也不如进行了二次蒸馏的麦芽威士忌。再加上产量巨大，大量的谷物威士忌被酿造出来并不只是为了单独出售，而是为了用在调和威士忌中。

其实，这种鄙视链也是出于消费者对谷物威士忌的误解。首先需要清楚的是，谷物威士忌不光用作调和，大部分美国波本威士忌及加拿大威士忌是谷物威士忌，包括近年来被疯狂追捧的波本威士忌 Pappy Van Winkle，还有被 2016 年版《威士忌圣经》评为全球最佳威士忌的 Crown Royal Northern Harvest Rye，也是谷物威士忌。

老年份优于新年份优于无年份

威士忌的酒标上经常能看到 12 年、25 年甚至 50 年这样显眼的年份标记，这代表了其原酒的最短陈酿时间。爱好者们经常认为酒陈酿时间越长越好喝，风味越精细复杂；年份数字越小，越淡薄单调；至于无年份的，简直不能入他们的法眼。

老年份威士忌所呈现的风味，的确不是年轻酒款延长桶陈时间便可达到的，而其稀有程度和价格也都高出一截。但现今的老年份酒，不是用于收藏就是用于投资，人们很难把老年份酒当作日常酒款。喝 10 年、12 年的威士忌，是更现实的选择。

用闻香杯喝优于用古典杯加冰球喝优于用古典杯加冰块喝

不像葡萄酒饮者只要一个足够好的高脚杯就能通吃各种场合，对大多数威士忌爱好者来说，威士忌用于专心品鉴和私下享用时需要使用两种不同的杯子，专心品鉴的话使用闻香杯，而私下享用则使用古典杯更为适合。鄙视链便因此而产生了。

用闻香杯喝威士忌的人，会觉得自己更加专业，拥有一种顺理成章的“内行看门道”的优越感，纯饮、室温、不加冰，以及视情况决定要不要滴几滴水以便释放香气，品鉴威士忌就像欣赏艺术品一样充满仪式感。在他们看来，那些用古典杯装冰球喝酒的人，全部都是看热闹的外行而已。

而用古典杯加冰球喝威士忌的人，又会觉得用古典杯随便加冰块的人实在不像话，而且冰块越小越碎就越遭鄙视。

（资料来源：知味葡萄酒杂志，作者：Daniela，2018 年 8 月 9 日）

第三节 朗姆酒

大文豪海明威说过，“朗姆酒能刺激我的肉体和灵魂”。朗姆酒深得诸多名士豪客的喜爱，在涉及航海冒险和海上战争题材的文学作品和影视作品之中，基本上都会出现朗姆酒的身影。大航海时代冒险家的故事和横行的加勒比海盗们不羁的传说、美谈，都为朗姆酒增添了许多传奇色彩和独特魅力。

朗姆酒是以甘蔗压榨出来的甘蔗汁或制糖工业的副产品糖蜜为原料，经发酵、蒸馏、陈酿、调配而成的一种蒸馏酒，因为其原料与糖密切相关，所以也称为“糖酒”。朗姆酒的酒度一般为 38% vol ~ 50% vol，酒液根据酿造工艺的不同呈无色、琥珀色和棕色不等。朗姆酒是古巴的特产，更是加勒比海地区的骄傲。虽然菲律宾、澳大利亚、南非、印度，以及南美洲和太平洋群岛等地区也生产朗姆酒，但是最负盛名和最受追捧的，还要数古巴朗姆酒。

一、朗姆酒的起源与发展

朗姆酒的根深植于加勒比海地区的种植园，据说是园中的奴隶们最先发现糖蜜可以用来酿酒。许多历史学家认为朗姆酒最早出现在巴巴多斯，因为那里的一份历史文件中提到了一种“辛辣、令人畏惧的烈酒”。

从1655年开始，英国皇家海军将士兵的每日酒类配给从法国白兰地改为朗姆酒，一直持续了一个世纪。1740年，为了防止酗酒，英国政府在朗姆酒里添加了柠檬汁。这一举措也是为了防止维生素C缺乏病。英国皇家海军朗姆酒配给在1970年终结。

18世纪，欧洲的朗姆酒需求量不断增加，非洲、欧洲和美洲之间形成了三角贸易。然而，1764年颁布的《食糖法》打断了朗姆酒这一伴随着奴隶和糖蜜交易的贸易流程。从而使得欧洲和加那利群岛以及西印度群岛殖民地之间的朗姆酒贸易减少。1791年，由于海地革命，制糖厂遭到破坏，于是古巴垄断了对欧洲食糖的出口。

19世纪中叶，随着蒸汽机的引进，甘蔗种植园和朗姆酒厂在古巴增多了，1837年古巴铺设铁路并引进一系列的先进技术，其中有与酿酒有关的技术，西班牙殖民者决定大力发展古巴制糖业，让古巴出口食糖。

20世纪伊始，朗姆酒便引领了现代鸡尾酒文化的发展，一款名为自由古巴的鸡尾酒问世了。关于它的起源众说纷纭，百加得公司的版本是在美西战争期间，进入古巴的美军士兵带来了可口可乐，一天，休息的士兵发现军官把朗姆酒和可乐混合，并加上一片柠檬饮用，于是竞相效仿，并用这种饮料为古巴解放干杯。

二、朗姆酒的原料与酿造过程

（一）原料

朗姆酒中的糖必须由甘蔗而不是甜菜制成。大多数朗姆酒的原料是制糖工业的副产品糖蜜，糖蜜大部分来自巴西。但是也有酒厂使用甘蔗汁作为原料。由甘蔗汁蒸馏而来的被称为农业朗姆酒的烈酒，明显具有更多青草的特点，其生产地包括法属的马提尼克岛和瓜德罗普岛，以及巴西。

（二）朗姆酒的酿造过程

1. 发酵

糖蜜是深色的黏性物质，在发酵之前需要用水稀释，而甘蔗汁能够直接进行发酵。影响朗姆酒风味最重要的因素是发酵过程的长短。长时间的发酵能产生更多的酯类芳香物质，使得最终的朗姆酒不论是什么颜色，味道都会更刺激、更浓郁。

2. 蒸馏

大部分的朗姆酒生产商采用柱式蒸馏器进行大批量的蒸馏，也有部分生产商采用壶式蒸馏器。采用柱式蒸馏器蒸馏的朗姆酒口感较为清淡，且精馏纯度不能高于96%。在加勒比海地区，农业朗姆酒在单一柱式蒸馏器中最多精馏至75%。而采用壶式蒸馏器蒸馏的朗姆酒口感更丰富，有些壶式蒸馏器会设有特别的装置，叫作干馏釜，这种装置能够进一步浓缩朗姆酒，给朗姆酒带来更多的酯类芳香物质。

3. 陈酿

大多数白朗姆酒不经过陈酿，但有些朗姆酒可能在橡木桶中短暂陈酿，以柔化其口感，并且在装瓶前过滤掉颜色。虽然法属的岛屿更倾向陈酿于使用法国橡木桶来陈酿朗姆酒，但大多数生产商使用陈酿过波本威士忌的橡木桶来进行朗姆酒的陈酿。在炎热气候下，朗姆酒陈酿得很快，颜色成为金色或琥珀色，并带有肉桂、香草、热带水果果脯和香料的味道。优级陈酿朗姆酒的流行让生产商越来越注重所使用的橡木桶的质量和年龄。

4. 调配

几乎所有的朗姆酒都是用不同酒龄、由不同国家使用不同的酿造方法得到的烈酒调配而成的。蒸馏厂出产各种类型的烈酒，以此作为调配酒的成分创造出风格稳定的品牌。调配师也能用焦糖对最终的烈酒进行调色。蒸馏厂还能将其不同风格的烈酒卖给那些生产国际品牌或者自有品牌的公司。

三、朗姆酒的种类

法律并没有对朗姆酒风格的定义做出限制。然而，从酿造方法对于风格的影响来看，朗姆酒可以分为以下3大类型。

（一）白朗姆酒

如果白朗姆酒中以柱式蒸馏器蒸馏得到的烈酒比例很高，那么白朗姆酒就不会有太浓郁的芳香，但通常仍会保留一些原料的特点，如青草、甘蔗和肉桂的风味。和以糖蜜为原料的甜型白朗姆酒相比，以甘蔗汁作为原料的朗姆酒具有较浓的芳香和青草味。如果以糖蜜为原料的朗姆酒在调配时使用了更多的用壶式蒸馏器蒸馏得到的烈酒，那么就会具有浓郁的芳香和果味。

（二）金色朗姆酒

作为鸡尾酒的基酒和高质量的单独品饮烈酒，金色朗姆酒越来越受重视。这类朗姆酒可以是复杂的调配酒，这取决于蒸馏时使用的来自壶式和柱式蒸馏器的烈酒的比例、陈酿时间以及用于调色和调味的焦糖，其风格能够通过明显不同的颜色和风味反映出来。这类烈酒有的颜色清淡，具有香草味，有的颜色较深，气味浓郁，而最优质的金色朗姆酒则具有来自橡木的香草味和肉桂味。

（三）深色朗姆酒

深色朗姆酒，例如传统海军朗姆酒，可以是许多不同的蒸馏厂和不同岛屿产区的朗姆酒的调配物，其典型的焦糖味、蜜糖味也反映出其含有大量焦糖。现在许多深色朗姆酒都经过陈酿和添加焦糖，其主要目的是让每瓶酒的颜色一致。这些深色朗姆酒通常是优质的，酒液来自单一蒸馏厂，虽然风格有区别，但是最优质的烈酒均通过壶式蒸馏器蒸馏且经过长时间的陈酿，具有浓郁的芳香。

四、朗姆酒的饮用

首先是纯饮。一般来说，纯饮的通常是颜色深的陈年的朗姆酒。最适宜的酒温不要超过18℃，并且因为其本身浓烈，所以最好使用白兰地高脚杯（郁金香杯）饮用。纯饮朗姆酒更是雪茄、咖啡的好搭档。

其次是"水割"的加冰饮法。冰块要像拳头般大小。这种喝法适合高度数的朗姆酒。要将烈性朗姆酒沿着杯壁缓缓倒入加冰的酒杯，再慢慢品尝。

再次是混饮。可以是可乐饮法，往有冰块的朗姆酒中轻轻倒入可乐，然后缓缓摇动杯子，接着再倒入一点橙汁，就可以制造出酸甜冰凉的新饮料。之所以不将可乐直接浇到冰块上，是避免二氧化碳气体一下子消逝，使口感变硬。

最后是苏打水饮法。这是一种针对清淡型朗姆酒的饮用方法，酒精含量为40%左右的朗姆酒适合这种饮法。将朗姆酒与苏打水按照1∶2的比例混合，再挤入一点鲜柠檬汁（不加也行），朗姆酒的酒体就变得柔软了，有点像陈年的啤酒，口感柔和复杂。

五、著名朗姆酒品牌

（一）百加得朗姆酒

百加得公司创建于1862年，目前它已经成为全球最大的家族经营式烈酒公司，其产品遍布170多个国家。百加得朗姆酒的瓶身上有一个非常引人注目的蝙蝠图案，这个标记在古巴文化中是好运和财富的象征。

百加得旗下有多种风格的朗姆酒，可以满足众多消费者的不同需求，其中包括被称为"全球经典白朗姆酒"的百加得白朗姆酒、被誉为"全球最高档陈年深色朗姆酒"的百加得八年朗姆酒，还有全球最为时尚的加味朗姆酒——百加得柠檬朗姆酒。百加得朗姆酒如图5－12所示。

图5－12　百加得朗姆酒

（二）丹怀朗姆酒

丹怀朗姆酒产自菲律宾，最初由 Ynchaustiy Compania 于 1854 年创建。1988 年，Lucio Tan 收购了“丹怀”这个品牌，并开始大刀阔斧地改革和扩大规模，成功地使丹怀朗姆酒的销量翻了 50 倍。“丹怀”的长期销售目标定位在吕宋岛地区。

（三）麦克道威尔庆祝一号朗姆酒

麦克道威尔庆祝一号朗姆酒是印度知名酒类企业联合酒业（United Spirits）旗下的产品，于 1991 年首次发布，初次发布量并不理想。现在，麦克道威尔庆祝一号已经成了全球发展最迅速的朗姆酒品牌，在全球 13 个国家有销售，是印度最大的朗姆酒品牌，占据了印度约 45% 的市场份额。麦克道威尔庆祝一号朗姆酒之所以取得如此辉煌的成就，无不归功于它一流的品质和口感。

（四）摩根船长朗姆酒

摩根船长朗姆酒是帝亚吉欧旗下产品，该酒得名于 17 世纪著名的加勒比海盗——亨利·摩根。从 2011 年开始，摩根船长朗姆酒推出了一个新的口号：“向美好的生活、美妙的爱情和激越的奋斗致敬!”（“To Life, Love and Loot!”）摩根船长朗姆酒如图 5－13 所示。

图 5－13 摩根船长朗姆酒

（五）哈瓦那俱乐部朗姆酒

哈瓦那俱乐部朗姆酒出产于古巴。从 1994 年开始，哈瓦那俱乐部朗姆酒由保乐力加公司和古巴政府以 50∶50 的合资方式联合经营。

由于保乐力加公司的推动，哈瓦那俱乐部朗姆酒在古巴之外的很多国家都有销售。然而，因为美国对古巴的贸易禁令，这款朗姆酒并没有发展到美国市场。百加得旗下也有一款名为“哈瓦那俱乐部”的朗姆酒，但产于波多黎各，跟古巴的哈瓦那俱乐部朗姆酒完全没有关系。保乐力加公司已经针对这个商标侵权问题提起了诉讼。

（六）伯爵夫人朗姆酒

伯爵夫人朗姆酒是印度的品牌，占印度国防部门烈酒市场 25% 的市场份额。2008 年，在布鲁塞尔世界食品品质评鉴大会上，伯爵夫人朗姆酒因为整体的优良品质而成功夺得奖章。伯爵夫人朗姆酒在印度的包装规格有 750mL、375mL 和 180mL，在国际市场上的包装规格则有750mL、700mL、375mL和180mL。

趣 谈

海明威和莫吉托

与大文豪海明威有关的一切都是古巴人引以为豪的记忆。他的故居，他曾经出海捕鱼的小渔村，他到过的餐厅，他爱喝的酒……体验海明威在古巴曾经的生活点滴，已经成为游客来到哈瓦那必须做的事情，仿佛如果不这样，就不算到过古巴。古巴有炽热的阳光、青蓝色的大海，还有土地上直爽、开朗的人们，更不能少的则是海明威离不开的雪茄与朗姆酒。海明威自己曾经感叹："我热爱这个国家，感觉像在家里一样。一个使人感觉像家一样的地方，除了出生的故乡，就是命运归宿的地方。"

哈瓦那老城里，在大教堂旁边的一个小巷子中，离海明威曾经住过的"两个世界"酒店不远，有一间小小的酒吧被游客挤得水泄不通。La Bodeguita Del Medio（五分钱小酒馆）的招牌在阳光下泛着光，因为人多，音乐嘈杂，仿佛连招牌都要在空中跳起舞来。这里便是海明威曾经醉生梦死的地方，小小的酒馆因大文豪而名扬世界。海明威每天到酒馆闲坐打发时间，据说他最爱的便是午后来到这里，一口气喝上两杯他指定的勾兑了两倍朗姆酒的莫吉托，和酒馆里或者街上遇到的大人和孩子聊聊天，然后才摇晃着被加勒比海的海风和艳阳磨砺出的古铜色魁梧的身躯，光脚穿着巴斯克皮鞋或白色网球鞋，吹着口哨，经过镶嵌着光滑碎石块的老城小巷，回到"两个世界"酒店继续他的写作。

（资料来源：乐途旅游网）

第四节 金酒

金酒（Gin），又被称作杜松子酒、琴酒，是一种色泽清亮、充满杜松子味和植物味的烈酒。关于其起源一直存在着诸多争议，不过公众一致认同的是，杜松子味是金酒的灵魂。

一、金酒的起源与发展

在金酒起源的诸多说法中，公众比较接受的是金酒起源于荷兰。17 世纪初，荷兰生产的一种杜松子口味的烈酒被当作利尿剂使用。人们发现这种利尿剂香气和谐、口味协调、醇和温雅、酒体洁净，具有净、爽的自然风格，很快就被人们作为正式的酒精饮料饮用。

金酒的发展在英国。金酒从荷兰传到英国要归功于英国的军队。1618 年，“三十年战争”爆发，英国和荷兰成了盟友。英国的士兵们目睹了荷兰士兵在作战前用荷兰金酒来鼓舞士气的场景，于是他们也爱上了金酒。17 世纪晚期，一位荷兰人（威廉三世）登上了英国的王座。当时，烈酒在英国并未普及，啤酒是最常见的饮料。于是，喝惯了金酒的威廉三世将荷兰产的金酒带到英国，并且鼓励大家饮用。自此，金酒在英国开始被大量饮用，其品质也逐渐提高，很快便在英国占有一席之地。

1690 年，英国议会通过了“蒸馏法”，降低了蒸馏酒精的门槛，没有执照也可以蒸馏金酒，进口烈酒如法国的白兰地则被征收重税，英国的金酒消费量迅速飙升。一夜之间，伦敦到处都是金酒铺子，因为它价格低廉，所以特别受到穷人的喜爱，这段时期也被人们戏称为“金酒狂潮”。柱式蒸馏器发明后，人们得以蒸馏出无色无味的高度烈酒，19 世纪末，大名鼎鼎的“伦敦干金酒”（London Dry Gin）随之诞生，现在已经风靡全球。

如今，金酒已经成为世界上最受欢迎的烈酒品种之一，在每个消费烈酒的国家，几乎都能看到它的身影。近年来，品饮手工精酿的金酒更加成为一种潮流。

二、金酒的配制原料与酿造过程

（一）金酒的配制原料

金酒在某种程度上，可以被称为配制酒。事实上，很多著名的金酒厂商都是直接购买伏特加或其他中性蒸馏酒来加工金酒的，而对金酒制作的准确配方，厂家一向是保密的。杜松子是金酒风味的主要来源，除此之外，酿酒厂还会添加其他香料，少则三四种，多则几十种。这些香料会给金酒带来各种各样的风味，例如亨利爵士的黄瓜和玫瑰风味、飞行金酒的薰衣草风味，以及孟买蓝宝石金酒的柠檬草和黑胡椒风味等。可以说，香料赋予了金酒各种风味，让金酒大放异彩。有的国家和酒厂还会添加其他香料来酿造金酒，如香菜籽、豆蔻、甘草、石楠、艾草、蓍草等。常见的金酒配制原料如下。

1. 杜松子

杜松子是杜松子树的果实，可提炼出清新、略带辛辣味的木头香气，这也是法律规定金酒必须有的风味。喜欢金酒的酒友常常将杜松子的风味形容为松果、石楠花或是薰衣草的味道。

2. 香菜籽

香菜开花后结出的果实就是香菜籽，大家也常称其为芫荽籽。香菜籽为双圆球形，表面呈淡黄棕色，成熟果实坚硬，气味芳香。这是金酒中仅次于杜松子的重要香料，它能提供胡椒、柠檬、木屑、鼠尾草甚至花朵的混合香味。香菜籽的味道十分浓郁，且辨识度极高，不论喜欢与否都能从多种风味中嗅出来。

3. 陈皮

陈皮，由芸香科植物橘及其栽培变种的成熟果皮干化而成，味清新。厨艺娴熟的人在烹饪鱼羊类食材时，常常加入几片陈皮，用以去除菜肴中的腥膻味。上好的陈皮薄而干脆，散发出醇厚的橘类水果芬芳。不同的金酒品牌会选择使用不同种类的陈皮，有的以清新的橘子、柠檬香气为主，有的则偏带一丝苦味、辛味。

4. 欧当归

欧当归根为圆锥形，根的头部膨大，表面呈灰棕色或灰黄色。其气香而浓郁，算不上清新，味初微甘而后辛辣麻舌，在酒中体现的风味也以浓郁、甘辛为主，有与麝香类似的干木头香气。这类香气能很好地融合金酒中的其他风味，可增加金酒风味的复杂性。

5. 鸢尾根

鸢尾根其实就是鸢尾草的根茎部位，气味清雅芳香，略带辛味。这里的鸢尾一般专门指代德国鸢尾或香根鸢尾。鸢尾根晒干后可散发出令人愉悦的类似紫罗兰花叶、森林泥土的香气，因此被用于很多香水中。

（二）金酒的酿造过程

酿造金酒的蒸馏方式主要有以下 3 种：

（1）壶式蒸馏。早期的金酒多采用壶式蒸馏器酿造。首先将谷物发酵而来的原酒蒸馏到更高的酒度，再加入香料重新蒸馏，从而赋予酒精不同风味。

（2）柱式蒸馏。柱式蒸馏是最常用的金酒酿造方法，在科菲蒸馏器发明之后成为主流。方法是先用柱式蒸馏器蒸馏出高纯度的酒精，再放入壶式蒸馏器（通常会加水稀释），把杜松子等原料放进一个“篮子”里，悬挂在壶式蒸馏器壶腔的上部，开始蒸馏。受热后酒精蒸气升起，经过装满香料的篮子再冷却成液体，就自然带上了风味。伦敦干金酒就是采用柱式蒸馏器制造的。

（3）混合金酒。混合金酒是最便宜的酿造金酒的方法。这种方法将杜松子等原料直接加进基础的高度酒精中，而不进行二次蒸馏。这样的方法制造出的金酒尽管乍一闻气味很浓，但风味却很可能比较生硬，并且余味短暂。

金酒不用陈酿，但有的厂家将原酒放到橡木桶中陈酿，从而使酒液略带金黄色。金酒的酒度一般为 35% vol ~ 55% vol，酒度越高，其质量就越好。

三、金酒的种类

(一)伦敦干金酒

伦敦干金酒又称英国金酒，这个法定名称是英国议会在19世纪80年代规定的。由于很多金酒生产商为了追求经济利润而粗制滥造，因此英国议会颁布了相关法令来规范金酒的生产，于是就出现了伦敦干金酒。伦敦干金酒象征着品质，也是金酒的一大风格，表明酿酒原料全部为天然植物而不是由人工添加剂勾兑而成。

需要说明的是，伦敦干金酒是一种金酒的风格，而非在伦敦地区酿造的金酒。

(二)荷兰金酒

荷兰金酒产于荷兰，主要的产区集中在斯希丹一带，是荷兰人的国酒。荷兰金酒以大麦芽与稞麦等为主要原料，配以杜松子酶为调香原料，经发酵后蒸馏三次获得谷物原酒，然后加入杜松子再蒸馏，最后将精馏而得的酒储存于玻璃槽中待其成熟，包装时再稀释装瓶。荷兰金酒色泽透明清亮，香味突出，香料味浓重，辣中带甜，风格独特。无论是纯饮还是加冰都很爽口，酒度为52% vol左右。因香味过重，荷兰金酒只适于纯饮，不宜做混合酒的基酒，否则会破坏配料的平衡香味。

荷兰金酒在装瓶前不可储存过久，以免杜松子氧化而使味道变苦，而装瓶后则可以长时间保存而不降低质量。

(三)美国金酒

美国金酒主要有蒸馏金酒和混合金酒两大类。通常情况下，美国金酒在瓶底部有“D”字，这是美国金酒的特殊标志。混合金酒是用食用酒精和杜松子简单混合而成的，很少用于单饮，多用于调制鸡尾酒。

(四)果味金酒

果味金酒是在伦敦干金酒中加入了成熟的水果和香料，如柑橘金酒、柠檬金酒、姜汁金酒等。

四、金酒的品饮

纯饮是一种方式，将金酒直接倒入杯中，或者加入冰块后饮用。杯子最好选用冰镇过的杯子，这样可以锁住酒中的香气。一般情况下，人们多用纯饮的方式饮用荷兰金酒。

在东印度群岛，流行在饮用前用苦精(Bitter)洗杯，然后注入荷兰金酒，大口快饮，具有开胃功效，饮后再饮一杯冰水，更是一种享受。

不少人其实无法适应金酒的浓郁香草味道，因此可以采用混饮的方式品饮金酒。例如，在金酒中加入汤力水。汤力水是一种汽水类的软性气泡饮料，使用以奎宁为主的香料调味，带有一种天然的植物性苦味，经常被用来与蒸馏酒类饮料调和。而在金酒中加入汤力水，既稀释了酒的浓度，又丰富了口感。

五、著名的金酒品牌

（一）植物学家金酒

植物学家金酒产自苏格兰，它是先直接蒸馏 9 种植物，将得到的精油加入酒精蒸气中，然后这股蒸气会穿过一个装有 22 种植物香料的篮子，最后得到的酒精溶液就包含了这 31 种植物的气味。植物学家金酒拥有无与伦比的独特芳香，是全球为数不多的采用天然香料、不添加人工香料的金酒之一。

（二）添加利金酒

添加利金酒产自英国，是一种伦敦干金酒。添加利金酒最早于 1830 年在英格兰酿造，第二次世界大战后酒厂搬到了苏格兰。添加利金酒的创始人查理斯·添加利通过多次试验，采用不同的蒸馏方法和植物香料，最终摸索出一种使用 4 种植物作为基础香料的酿酒方法，这种方法得到了保留和传承。

（三）麦哲伦金酒

“麦哲伦”是法国的一个金酒品牌，这个品牌的名字来源于率领船队首次环地球航行的著名航海家斐迪南·麦哲伦。斐迪南·麦哲伦在环球航行的过程中发现了丁香这种植物，而丁香正是麦哲伦金酒所使用的独特香料，这也是麦哲伦金酒的与众不同之处。麦哲伦金酒在酿造过程中经过三重蒸馏，添加了 11 种植物香料；此外，由于加入了鸢尾根，麦哲伦金酒呈现出一种鲜美独特的蓝色。

（四）亨利爵士金酒

亨利爵士金酒产自苏格兰，由两种通过不同蒸馏方法得到的风格迥异的烈酒调配混合而成。这种金酒的独到之处在于它在混合两种酒液的过程中所获得的独特风味，以及黄瓜和玫瑰香精的芬芳。在享用这款金酒的时候，配上黄瓜作为装饰是非常流行的做法。

（五）孟买蓝宝石金酒

孟买蓝宝石金酒来自英国，在酿造过程中经过三重蒸馏，酒精蒸气会通过一个装有10种植物香料的篮子，从而获取植物独特的风味。孟买蓝宝石金酒最引人注目之处在于它的芳香，此外，它还是一款比较温和的蒸馏酒，适合用来调配多种多样的鸡尾酒。孟买蓝宝石金酒如图5－14所示。

（六）哥顿金酒

哥顿金酒的历史比较悠久，它在1769年于英国伦敦首次出品。如今，这种金酒在美国、英国和希腊都非常出名。从诞生开始，它的酿造秘诀就没有改变过，如今它所使用的植物香料和蒸馏工艺与它面世之初一模一样。哥顿金酒通过三重蒸馏而得到，使用了3种植物香料、杜松子及1种神秘香料，据说这种神秘香料在全世界只有12个人知晓。在007系列电影中，主角詹姆斯·邦德最喜欢喝的马天尼鸡尾酒就是用哥顿金酒作为基酒调配而成的。哥顿金酒如图5－15所示。

图5－14　孟买蓝宝石金酒

图5－15　哥顿金酒

（七）必富达金酒

必富达金酒最初是在1820年开始生产的，酿酒厂在英国。这款金酒价格中等，不过质量相当出色，在很多国际烈酒大赛上都获过奖。它口感比较柔顺，经常被用来调制各种鸡尾酒。该酒在酿造过程中，谷物酒精溶液会和其他9种植物香料一起浸泡24小时，然后再进行慢热蒸馏7小时。

趣　谈

金酒，你不知道的事儿

1. 全世界金酒喝得最多的是菲律宾人

金酒每年在全世界的销量大约是6000万箱，几乎有一半的销量在菲律宾。菲律宾人每年能喝掉2400万箱Ginebra San Miguel金酒。金酒销量排名第二的是西班牙，然后是美国、英国。

2. 詹姆斯·邦德改变了马天尼鸡尾酒的流行趋势

传统马天尼鸡尾酒是用金酒配苦艾酒调制的，而007系列电影中詹姆斯·邦德钟爱的马天尼鸡尾酒，是由三份哥顿金酒、一份伏特加、半份里莱布朗（Riley Brown，产自波尔多的一种开胃酒）调制而成的。随着电影的热播，添加了伏特加的马天尼开始大受推崇。

3. 金酒俗称“母亲的毁灭”

在美国，金酒被认为是穷人的饮品，尽管政府通过了一度引起骚乱的金酒税收法案，但金酒的消费量仍然居高不下。这个时候，有一种说法称过度饮用金酒会导致不孕不育，因此金酒也被俗称为“母亲的毁灭”（Mother's Ruin）。

第五节　伏特加

伏特加是斯拉夫民族的传统酒精饮品，是以谷物或马铃薯为原料，经过发酵、蒸馏、稀释、过滤等过程而制成的酒精饮料。因为经过了过滤，伏特加晶莹澄澈，无色且爽口，使人感到不甜、不苦、不涩，只有烈焰般的刺激感，这是伏特加的一大特色。

一、伏特加的起源与发展

伏特加在斯拉夫语中的意思是指少量的水。14世纪末15世纪初，欧洲产的烈性酒在意大利北部城市热那亚经商人之手传入俄罗斯。热那亚是一座著名的海港城市，也是意大利第一大港。热那亚商人将一种名为阿凯维特（Akevitt）的当地产烧酒贩运到了俄罗斯，该酒的酒度为37.5% vol～50% vol。

伏特加最早主要为医用，因为俄罗斯人认为它酒精含量过高不宜饮用，所以在相关文献中，“伏特加”是作为药品被提到的，用来擦洗伤口，内服可以减轻伤痛。

另有记载说，一个名叫丘多夫的修士于1430年发明了伏特加配方，并用酿造葡萄酒的设备制造伏特加，所以，人们后来就将1430年定为俄罗斯伏特加起始年。俄罗斯最早酿造的很多酒精产品都叫伏特加，比如说自酿酒、露酒和稀释了的酒精溶液等，目前人们比较熟悉的伏特加，仅仅是伏特加家族的一个成员而已。俄罗斯伏特加刚问世的时候，不叫“伏特加”，而称“粮食酒”，这大概和造酒的原材料黑麦有关。1751年6月，当时的沙皇叶卡捷琳娜一世颁布谕旨，揭开了伏特加正式成为俄罗斯酒专用称呼的序幕。叶卡捷琳娜一世谕旨还规定，俄罗斯伏特加重新成为国家垄断商品。

二、伏特加的原料与酿造过程

大部分伏特加采用谷物（特别是大麦、小麦和黑麦）酿造而成，但是实际上，伏特加在酿造原料上并没有任何特殊的要求，所有能够进行发酵的原料都可以用来酿造伏特加，当然也包括葡萄和马铃薯。

伏特加首先以马铃薯或玉米、大麦、黑麦为原料，用精馏法蒸馏出酒度高达96% vol（欧洲不得低于96% vol，美国不得低于95% vol）的酒液，再使酒液流经盛有大量木炭的容器，以去掉酒液中的杂质（每10L蒸馏液用1.5kg木炭连续过滤不得少于8小时，40小时后至少要换掉10%的木炭），最后用蒸馏水稀释酒液的酒度为40% vol～50% vol，并除去其中所含毒素和其他异物。

伏特加不用陈酿即可出售、饮用，也有少量的如香型伏特加在稀释后还要经串香程序，使其具有芳香味道。伏特加与金酒一样都是以谷物为原料的高酒精度的烈性酒，并且不需要储存。

三、伏特加的特点与分类

（一）伏特加的特点

伏特加在酿造过程中非常追求酒精的纯净度，需要使用大量的木炭过滤蒸馏酒液，最大限度地去除蒸馏酒液中除乙醇和水之外的其他物质（甘油、杂醇油等）。所以，可以说传统伏特加是最接近酒精的饮品。有些观点认为，是否纯净是评价伏特加品质最重要的标准。所以，对于传统伏特加来说，无色无味、纯净如水就成了伏特加最大的特点。

（二）伏特加的分类

1. 原味伏特加

虽然相较于其他烈酒，伏特加有着极高的蒸馏纯度，通常不经历陈酿，但会在稀释前先用木炭过滤蒸馏酒液。蒸馏和过滤的次数越多、越彻底，所得到的伏特加风味也就越发微妙，最典型的品牌就是斯米诺。装瓶时，伏特加的酒度会控制在40% vol左右（欧洲不得低于37.5% vol，美国不得低于40% vol）。

由于用来酿造伏特加的原料相当多样，即便是原味伏特加，同样可以塑造出丰富多变的风格。比如用大麦酿造的伏特加新鲜甘冽；小麦伏特加则口感更加饱满而圆润，并且带有一丝茴芹风味；黑麦伏特加常带有甜味，口感也更偏强劲，伴有淡淡的香料味道；葡萄伏特加散发着水果香气；而马铃薯伏特加带有特别的奶油般的质感。

2. 调味伏特加

制作调味伏特加最初的原因是早期蒸馏技术不够成熟，得到的伏特加风味和质地都不够理想，为了弥补这种不足，酿酒师便在酒液中加入水果、香料或药草来增加香气和味道，并且加入蜂蜜使酒款口感变得甜美圆润。

如今，调味伏特加不再是为了掩盖味道的不足，风味的添加完全是出于人们的喜好，因为这样更能迎合潮流和大众口味。市面上调味伏特加越来越多，加味的原料为药草、干果仁、浆果香料和水果等。

波兰的调味伏特加一直非常有名，最受欢迎的调味伏特加当属野牛草伏特加，其利用野牛草来调味。

四、伏特加的特色与品饮

品饮伏特加一般使用古典杯，柯林杯也是不错的选择。

冷冻纯饮是享用伏特加的一个好方法。先将伏特加进行降温处理，一般是冷冻。乙醇的冰点很低，不用担心把伏特加冻坏了。冷冻后的伏特加略显黏稠，风味突出，入口后酒液蔓延，口感醇厚，入腹则顿觉热流遍布全身。冷冻纯饮是不能细斟慢饮的，必须快饮，就是要一个“一口闷”的快感。

当然，也可以效仿俄罗斯人。首先准备一盘俄罗斯凉菜，诸如腌菜、鲱鱼、鱼子酱、沙丁鱼等，口味一般以酸、咸为主，这样可以中和、掩盖伏特加高浓度的酒精。在拿起杯子前，先深呼吸一次，然后一饮而尽。一杯伏特加下肚之后，先屏住呼吸，吃一口凉菜后再进行正常的呼吸。

除此之外，伏特加作为一款中性的酒精饮品，可以和任何饮料搭配混饮。

五、著名伏特加品牌

（一）斯米诺伏特加

斯米诺伏特加是俄罗斯历史最悠久的伏特加品牌之一，其历史可以追溯到19世纪。它旗下的伏特加品种非常丰富（超过60种），口感各不相同，迎合了众多消费者的需求。斯米诺伏特加如图5－16所示。

图5－16 斯米诺伏特加

（二）绝对伏特加

绝对伏特加来自人口稀少的瑞典南部小镇Ahus。多年来，绝对伏特加不断采取富有创意而又高雅及幽默的方式诠释该品牌的核心价值：纯净、简单、完美。2018年12月，世界品牌实验室独家编制的2018年度（第十五届）世界品牌500强排行榜在美国纽约揭晓，绝对伏特加排名第192位。如今，绝对伏特加家族拥有了同样优质的一系列产品，陆续增加了辣椒、柠檬、香草、红柚等口味。绝对伏特加如图 5－17 所示。

图 5－17 绝对伏特加

（三）斯托利伏特加

斯托利伏特加是由黑麦和小麦酿造而成的，其中的斯托利精英伏特加在全球各地都受到了热烈的追捧。这款伏特加最初的品牌设计到现在一直没变过，红色与金色的字体印在白色的背景上，背景中的房子是经典地标莫斯科饭店。斯托利伏特加曾在苏联时代红极一时，各个加盟共和国都有生产它的酒厂。所以，目前世界上有两个版本的斯托利伏特加，一个是 SPI 集团继承的苏联版本，另一个是 2000 年以后俄罗斯仿造的内部流通版本。现在市面上大多数的斯托利伏特加都是 SPI 集团生产的。

（四）灰雁伏特加

灰雁伏特加于 1996 年诞生，是法国最优质的伏特加之一。它由小麦酿造而成，口感非常柔顺，适合用来调配鸡尾酒。

第六节 特基拉

一、龙舌兰酒

龙舌兰酒被称为墨西哥的国酒，是墨西哥的特产。酿造龙舌兰酒时使用的是一种非常特殊的糖分——蕴含在龙舌兰草芯（虽然叫草芯，其实是植物的鳞茎部位）里面的糖分。龙舌兰是墨西哥的一种特殊的原生植物。它经常被认为是一种仙人掌，但实际上它与百合的渊源更为接近。通常一株龙舌兰草芯的质量重达 135kg，其外表非常像一颗巨大的凤梨，内部多汁富含糖分，因此非常适合用来酿酒。龙舌兰、龙舌兰草芯分别如图 5－18、图 5－19 所示。

图 5－18　龙舌兰

图 5－19　龙舌兰草芯

在国内，很多人都认为特基拉就是龙舌兰酒。其实龙舌兰酒的种类很多，特基拉只是龙舌兰酒的一种，并不是所有龙舌兰酒都能称作特基拉。龙舌兰酒一般分为 3 类。

首先是布尔盖。这是一种以龙舌兰草芯为原料，经过发酵而酿造出的发酵酒类，最早由古代的印第安文明发现，布尔盖在宗教上有不小的用途，也是所有龙舌兰酒的基础原型。

其次是梅斯卡尔。这是一种由龙舌兰草芯酿造的蒸馏酒。根据墨西哥 1994 年通过的新法律，只有萨卡特卡斯、西马洛阿、圣路易斯波托西、考阿会拉、奥阿克萨卡、努耶沃里昂这 6 个行政区生产的龙舌兰酒可以被称为梅斯卡尔。梅斯卡尔的酒度为 38% vol ~ 40% vol，其以墨西哥内销市场为主。

最后是特基拉。依照墨西哥的法律规定，必须用哈利斯科州、米却肯州、瓜纳华托州、纳亚里特州和塔毛利帕斯州种植的一种称为蓝色龙舌兰的植物作为原料，并在这 5 个州内酿造，同时所有发酵糖中至少有 51% 来自蓝色龙舌兰，依此要求酿造出来的龙舌兰酒才有资格冠上特基拉之名在市场上销售。

二、特基拉的起源发展与酿造过程

公元3世纪时，居住于中美洲地区的印第安人早已发现了发酵酿酒的技术，他们利用从龙舌兰中得到的糖分来造酒。这种微酸的混浊酒精就成了布尔盖的雏形。1521年，西班牙驻扎墨西哥时，带去了大量的白兰地。白兰地喝光后，西班牙人便使用蒸馏技术将布尔盖变成蒸馏酒，这就有了梅斯卡尔的雏形。特基拉这个名字来源于哈利斯科州瓜达拉哈拉附近的一个小镇。这个小镇因为其火山土质而盛产珍贵的蓝色龙舌兰。龙舌兰大概有130余种分支，而蓝色龙舌兰是最优秀的酿酒品种。蓝色龙舌兰一个生长周期只开一次花，只结一次果。蓝色龙舌兰的整个生长周期长为8～12年，待到生长成熟时，会进行人工采收，将成熟的蓝色龙舌兰除去叶子和根部，留下外表像凤梨、淀粉含量充沛的草芯来酿造特基拉。

（一）蒸煮

蓝色龙舌兰会被剖成四瓣方便进一步的蒸煮处理。蒸煮前会去除草芯外部的蜡质或残留的叶根，因为这些物质在蒸煮的过程中会变成苦味的来源，使用现代设备的酒厂则是以高温喷射蒸气来达到相同的效果。

传统上，蒸馏厂会用蒸汽室或是西班牙文里面称为“Horno”的石造或砖造烤炉，慢慢地将切开的龙舌兰草芯煮软，时长为50～72小时。在60℃～85℃的慢火烘烤之下，其植物纤维会慢慢软化，释放出天然汁液，但又不会因为火力太强、太快而煮焦，也不会让汁液变苦或不必要地消耗掉宝贵的可发酵糖分。另外，使用烤炉烘烤龙舌兰的另外一个好处是，比较容易保持植物原有的风味。传统做法的蒸馏厂会在龙舌兰草芯煮好后让它冷却24～36小时，再磨碎除浆。当龙舌兰草芯彻底软化且冷却后，工人会拿大榔头将它们打碎，并且移到一种传统上使用驴子或牛推动、称为Tahona的巨磨内磨碎。至于取出的龙舌兰汁（称为Aquamiel，意指糖水）则在掺调一些纯水之后，放入大桶中等待发酵。

（二）发酵

蒸煮完成后，工人会在龙舌兰汁中放入酵母进行发酵，用来发酵龙舌兰汁的容器可能是木制的或现代不锈钢酒槽，如果保持天然的发酵过程，其耗时往往需要7～12天之久。为了加速发酵过程，许多现代化的酒厂通过添加特定化学物质的方式加速酵母的增产，把时间缩短到两三日内。

（三）蒸馏

当龙舌兰汁经过发酵过程后，得到酒度在5% vol～7% vol、类似啤酒的发酵酒。传统酒厂会以铜制的壶式蒸馏器进行两次蒸馏，现代酒厂则使用不锈钢制的连续蒸馏器，初次的蒸馏耗时 1.5 ~2 个小时，制造出来的酒酒度在 20% vol 左右。第二次的蒸馏耗时3 ~4 个小时，制造出的酒酒度约为 55% vol。从开始的龙舌兰采收到酿造出成品，大约每 7kg 的龙舌兰草芯，酿造出 1L 的酒。

（四）陈酿

刚蒸馏完成的龙舌兰新酒是透明无色的，市面上看到有颜色的龙舌兰都是因为放在橡木桶中陈酿过，或是添加酒用焦糖的缘故。

对于特基拉来说，陈酿时间的标准确实很短：特基拉新酒蒸馏后两个月内装瓶；而微陈级特基拉则是在橡木桶中熟成 2 ~12 个月；陈年级特基拉为在小橡木桶中熟成 1 ~3 年；陈酿 3 年以上的则可以称为超陈级特基拉。

三、特基拉的品饮

品饮特基拉，一般采用古典杯。通常的品饮方法有如下几种：净饮，加冰饮用，佐以盐和柠檬饮用。

净饮不添加任何辅料，在酒吧服务中，特基拉净饮的量一般在 30 ~ 50mL。“加冰饮用”用英文表述为“on rock”，这样品饮可以使口感冰凉，融化的冰也稀释了酒精的浓度。

而特基拉最经典的品饮方法是佐盐。品饮时使用的盐应该是墨西哥土盐。墨西哥土盐的盐盒一般是墨西哥帽子的形状，盐是片状的，而不是颗粒状。加盐品饮主要是为了使烈酒的口感更特别，更富有刺激性，同时土盐若完全溶化在特基拉之中会加快酒精在人体内发作的速度，就是能让人晕得更快。佐盐品饮的方法主要有两种：第一种是将土盐涂在手的虎口上，然后吃一片青柠，吃掉青柠之后立即舔光虎口处的盐，然后迅速喝干杯中的特基拉；第二种就是直接将适量的土盐和一片青柠放在酒中，等待土盐完全溶解后，慢慢品饮。

四、特基拉著名品牌

（一）唐·胡里奥

唐·胡里奥是以其创始人之名命名的特基拉品牌，1942 年，唐·胡里奥只有 17 岁时就开始蒸馏特基拉。在认识到垂直统一管理的优势后，他创立了自己的酿酒厂，并在之后的 40 年里，努力改进酿造工艺。1985 年，为了庆祝他 60 岁生日，他的儿子们以他的名字命名了一款特基拉酒。1987 年，唐·胡里奥特基拉正式进入市场，并被公认为世界上第一款奢侈型特基拉（在此之前，人们认为特基拉是平价饮料）。2005 年，国际酒业巨头帝亚吉欧收购了唐·胡里奥。目前，唐·胡里奥是墨西哥最知名的高级特基拉品牌，共有5种品级的特基拉：Blanco（见图5－20）、Reposado（见图5－21）、Anejo、1942和Real。

图5－20　唐·胡里奥（Blanco）

图5－21　唐·胡里奥（Reposado）

（二）卡勒23号

卡勒23号是来自墨西哥哈利斯科州的一个特基拉品牌，不过其创始人是来自法国的微生物学家索菲·德珂贝可。去墨西哥之前，她曾在南非学习过特基拉的蒸馏，加上对微生物学的多年研究，成功打造了一个非常畅销的特基拉品牌。卡勒23号一般采用两种特殊酵母发酵，以保证其风味的独特性。

（三）奥乔

奥乔和其他品牌的不同之处在于它的稀少性。奥乔采用最传统的方式酿造，这使得每个年份的奥乔都非常稀少，也极具收藏价值。奥乔首次发行产品是在2008年，第一个年份的特基拉不到6个月便销售一空。目前，奥乔还生产Plata、Reposado、Anejo和Single Barrel等产品。奥乔田园8号如图5－22所示。

（四）塔巴蒂奥

塔巴蒂奥的原意指的是来自哈利斯科州的男人，塔巴蒂奥特基拉产自阿尔特纳蒸馏厂，而该酒厂正位于墨西哥哈利斯科州，这个地区以出产蓝色特基拉而出名。塔巴蒂奥采用的是一种历史悠久的纯手工工艺，是墨西哥最经典的老牌特基拉，曾被誉为“调酒师最爱的特基拉品牌”。

（五）帕特仑

图5－22 奥乔田园8号

从1989年开始，墨西哥帕特仑一直致力于生产优质纯特基拉。帕特仑最为人称道的地方除了酒质外，还有独特的瓶型设计。帕特仑生产的小批量人工精酿银樽（Silver）的酒瓶包装就由专业玻璃工匠单独制作而成；此外，帕特仑波尔多陈酿特基拉的水晶瓶子看起来十分优雅，还有一个软绒铺垫的胡桃木盒，其外观华丽、精美。据说这款酒的名字来源于酿造时所使用的波尔多橡木桶，它在酿造过程中经历了3次蒸馏，并在橡木桶中陈酿了至少12个月。正是这种由内到外地追求完美，使得帕特仑成为全球畅销特基拉品牌中的一员。

（六）卡贝萨

卡贝萨是一家来自墨西哥阿兰达斯（Arandas）的特基拉品牌，为纽约86公司（86 Company）所有。卡贝萨是86公司推出的高端特基拉品牌，主要由100%的当地蓝色龙舌兰酿造。这些龙舌兰一般由维万科家族（Vivanco Family）种植，目前该家族已历经5代，因此在种植方面非常有经验。数百年来，该家族从不采用农药来除虫。通常，当龙舌兰生长7～9年后，该家族就会组织工人进行手工采摘，且只在冬天进行发酵，这样可以延长碾磨、除浆的时间，同时给特基拉带来更多的果味。随后，卡贝萨特基拉会在铜制壶式蒸馏器中蒸馏。由于特基拉的植物风味很容易在陈酿过程中被其他风味替代，因此卡贝萨特基拉在蒸馏后60天就开始发售。

（七）豪帅快活

豪帅快活是世界上最古老的特基拉畅销品牌，它的酿造历史可追溯至1758年，由于发展受到限制，豪帅快活直到1795年才正式创建；1889年，因其特基拉品质卓越，豪帅快活还被墨西哥总统授予第一块金牌。豪帅快活现占据全球特基拉市场35.1%的份额。豪帅快活为家族式经营，为墨西哥的贝克曼家族所有。自2013年7月开始，贝克曼家族管理的普罗西莫烈酒公司就接替帝亚吉欧掌管豪帅快活至今。豪帅快活除了酿造纯正的特基拉，也生产混合特基拉（Mixto Tequila）。

趣　谈

特基拉的正确打开方式

在墨西哥，人们往往把特基拉或者其他龙舌兰酒特意桶装然后挂在小毛驴的背上，要享用美酒时，要先摸一摸小毛驴的耳朵。相传，春雨冲毁了一个村子里唯一的一条交通要道，人们足足有两周失去了龙舌兰酒的供应，这简直是史上最难熬、最黑暗的十几天。

挣扎在绝望之中的人们，突然看见阳光下山间闪烁着光芒，且徐徐逶迤而下，向镇上广场走来。等待奇迹的人们欢呼了起来，原来是一只小毛驴——驼着满是龙舌兰酒的闪亮木桶！

从此，小毛驴成为希望和力量的象征，而这份传奇则变成了沿用至今的传统。摸完小毛驴可爱的毛茸茸耳朵，你就可以拧转开关，纯饮桶中的美酒啦！

（资料来源：知味葡萄酒杂志）

思考题

一、选择题

1. （多选）干邑产区酿造白兰地的法定葡萄品种包括（　　）。

A. 白玉霓　　B. 白福尔　　C. 鸽笼白　　D. 白诗南

2. 单一麦芽威士忌必须在容量不超过 700L 的橡木桶中陈酿（　　）以上。

A. 1 年　　B. 2 年　　C. 3 年　　D. 4 年

3. 朗姆酒的制作原料是（　　）。

A. 糖蜜　　B. 葡萄　　C. 小麦　　D. 任何谷物

4. 伦敦干金酒产自（　　）。

A. 伦敦　　B. 南非　　C. 美国　　D. 以上都不对

二、问答题

1. 请简单描述威士忌的分类。
2. 酿造金酒的蒸馏方式有哪些？
3. 请写出 5 种以上朗姆酒、威士忌的品牌。

【经验性训练】

观察、品尝世界著名蒸馏酒，并进行对比。

【实践考核项目】

世界著名蒸馏酒盲品

（1）本项目考核的目的：考核同学们对世界著名蒸馏酒的辨识能力。

（2）所需理论和设备器材知识：不同蒸馏酒的品饮方法。

（3）所需仪器设备和消耗性器材：世界著名蒸馏酒（消耗品）、ISO 杯。

（4）实训考核内容和要求：在 3 分钟内，通过味觉和嗅觉辨识出不同的蒸馏酒。

第六章　中国蒸馏酒

本章概要

本章主要讲述了中国蒸馏酒（也称白酒）的起源与发展、酿造基本原理和分类等知识，并对中国著名蒸馏酒品牌和饮用服务知识进行了介绍。

学习目标

▲ 知识目标

（1）了解中国蒸馏酒的起源与发展，了解中国蒸馏酒酿造的基本原理。

（2）掌握中国蒸馏酒的分类与特点。

（3）熟悉中国著名蒸馏酒品牌与产地。

▲ 技能目标

（1）熟悉中国蒸馏酒的品评和饮用服务知识。

（2）能够识别不同类型、不同品牌的中国蒸馏酒。

关键性术语

蒸馏酒　起源　分类　品牌

章首阅读

酒的中西文化差异

西方人喝酒会根据酒品的不同采用不同的杯子。比如，众多苏格兰威士忌发烧友最爱的格兰凯恩杯适用于专业闻香和品鉴单一麦芽威士忌；郁金香杯特别适合酒体强劲的威士忌；而古典杯则用于加冰威士忌。中国人就没有此类习惯。中国人历来就是“大口吃肉，大碗喝酒”，一个碗足矣。古代人们使用青铜酒樽、爵，后来大多使用瓷制品或陶制品。当然，现在中国人饮酒也用上了水晶杯或玻璃杯，但是各种酒杯的用法没有太大的区别。

西方人的酒文化重在“品”，体现悠闲的绅士风度。中国人的酒文化重在“一饮而尽”“感情深，一口闷”。一饮而尽后的一声叹气，也大有文章：不是因为烈酒辛辣刺喉，而是为了将酒中的香气吐出来。

西方人可以以金酒、伏特加、朗姆酒等作为基酒，加上单一麦芽威士忌和各种水果汁，调成千奇百怪、绚丽多彩、风味无限的鸡尾酒，不但获得味蕾享受，而且满足感官的需求。虽然现在也有采用中国蒸馏酒作为基酒调制的鸡尾酒，但是在日常生活中，中国人是极少把不同的中国蒸馏酒掺和在一起喝的。一来没有这个习惯，二来更为重要的是，这样喝很容易醉。

中国蒸馏酒背后的每一道工序、每一项技艺，都凝结了无数酿酒大师的心血。原料、温度、地理位置、配比等，一个微小的改动，结果也许就天差地别。接下来就来了解一下中国蒸馏酒千百年来的酿造工艺与相关知识吧。

中国蒸馏酒也常被称为白酒、烧酒，与白兰地、威士忌、伏特加、金酒、朗姆酒并称为世界六大蒸馏酒。中国古代对酿造曲类的发明和使用，不仅有利于保存和利用微生物资源，而且对世界特别是对东亚酿酒业的发展做出了杰出贡献，中国蒸馏酒也因此成为东亚各国粮谷类蒸馏酒的典型代表。

第一节　中国蒸馏酒的起源与发展及其酿造

中国蒸馏酒在酿造过程中多了一道蒸馏工序，因此蒸馏器是关键设备，蒸馏器的发明是蒸馏酒起源的前提。有关中国蒸馏酒起源的依据多为古代史籍和诗赋中关于酒的描述和造酒方法的介绍，由于对这些材料的理解和解释不同，结论也不尽相同。

一、中国蒸馏酒的起源与发展

关于中国蒸馏酒的起源可借鉴《本草纲目》中“烧酒非古法也，自元时始创其法。”的观点。考古发现，中国人早在汉朝就可能已经发明了蒸馏器。唐宋时期的文献记载中，“烧酒”一词出现颇为频繁，而且比较符合蒸馏酒的特征。总的来说，目前大多数学者倾向于认为中国是世界上最早研制蒸馏器的国家，中国的蒸馏酒可能始于宋朝，在元朝已比较普遍，在某些时期和地区，也可能从国外引进过蒸馏酒酿造技术。

千百年来，中国酿酒业历经沧桑，形成了今天的兴旺发达之势。中国蒸馏酒无论在数量、质量，还是品种、配制技术等方面都已进入世界先进国家行列。在距今约

4000 多年的龙山文化遗址出土的文物中发现的酿酒、饮酒的多种器具表明，那时酒的酿造已完全进入人工制作时期。由 1000 年到 1840 年，历时 840 年，是中国传统酿酒业的提高时期，其间，西方的酿酒技术和器材开始传入中国。此时，人们对于酒的喜爱已经非常普遍，各种酒器迅速普及，各类名酒共同发展、相互促进。这期间白酒、黄酒、果酒、药酒竞相发展，其中白酒成为人们普遍接受的饮料。

中华人民共和国成立后，酒业生产得到迅速恢复和发展。产量、品质、制作工艺、科学研究等方面都有了空前的提高。在酿酒原料方面，改变了过去主要以粮食为原料的历史传统。目前，在白酒酿造中所利用的非粮食原料已达数百种。在酿酒设备方面，变手工操作为机械操作，进入了半自动化和自动化生产时期；在酿酒工艺、技术方面大胆地进行了改革和创新；汲取国外先进经验，培养专业的酿酒技术人员，设立了有关酿酒发酵的研究所，把研究成果运用到生产中，取得了显著的效果。这些措施对整个酿酒产业的发展产生了很大的推动作用，使我国酒的产量不断增加，品质精益求精。根据市场的需求，近年国家调整酒类生产规划，提倡大力发展啤酒、黄酒和果酒，扩大名牌优质白酒生产，逐步增加低度白酒的比例。现代酿酒车间局部如图 6－1 所示。

图 6－1 现代酿酒车间局部

资料来源：搜狐网。

小贴士

管仲弃酒

齐桓公宴请大臣。管仲迟到了，齐桓公要罚他喝酒。管仲端起酒杯没有往嘴边送，而是先倒掉一半。齐桓公有些不自在了，略带责备的口气说：“你有约迟到，罚酒又倒了一半，这从礼节上说不过去吧。”管仲答道：“我听说酒喝多了就会乱说话，乱说话就会说错话，说错话可能会招来杀身之祸。我想啊，与其招来杀身之祸，还不如现在倒掉一些酒。”如此推理，齐桓公笑了，没再深究。

酒能联络感情，也能招致祸患。看来，酒也是一把双刃剑啊。

（资料来源：佳酿网）

二、中国蒸馏酒的原料

中国蒸馏酒，与白兰地、威士忌、伏特加、金酒、朗姆酒在原料选择与酿造工艺上均有所不同。传统白酒是以固态发酵、固态蒸馏而成的，其他5类蒸馏酒则是以液态发酵、液态蒸馏而成的。不仅如此，威士忌是以酵母为发酵剂酿造而成，而白酒是以曲类为糖化发酵剂酿造而成。

凡含有淀粉或糖分的植物均可作为白酒酿造发酵的原料。传统的白酒原料以高粱为主，或搭配适量的玉米、小麦、大米、糯米、荞麦等。此外，因产地不同，红薯干同样是酿造白酒的重要原料。

固态法大曲白酒都以高粱等谷类为主要原料；普通低档白酒，可以将薯类作为原料，也可以使用甘蔗糖蜜或甜菜糖蜜。

1. 谷类原料

酿造白酒，传统上多用谷类植物的籽实作为原料，包括高粱、玉米、大米、小麦、豆类等。

（1）高粱。高粱又称蜀黍，依穗的颜色分为红高粱、黄高粱、白高粱。按淀粉分子结构有粳高粱和糯高粱之分。糯高粱具有吸水性强、容易糊化的特点，因此出酒率高。高粱籽实的单宁酸含量比较高，所以高粱一般不用作制曲的原料。

（2）玉米。酿酒用的玉米籽实，以颜色分，有黄色和白色。玉米籽实蒸煮后疏松适度，不黏糊，有利于发酵。

（3）大米。按淀粉的性质，大米可分为粳米和糯米两种。小曲以大米为主要原料制造。以糯米为原料酿造的白酒，其质量比用粳米酿造的好。

（4）小麦。小麦的籽实是固态法大曲白酒用于制曲的主要原料。小麦籽实除含淀粉外，还含有少量蔗糖、葡萄糖、果糖等。

（5）豆类。白酒制曲如果不以小麦为原料，而改用大麦、荞麦时，一般都需要添加20%~40%的豆类。常用的是豌豆，以提高蛋白质含量并增强曲块的黏结性，有助于曲块保持水分，适宜微生物生长繁殖。

2. 薯类原料

（1）甘薯。甘薯的淀粉含量高，与高粱、玉米、大米、小麦相比较，其蛋白质和脂肪的含量较低，酿酒发酵过程中生酸较慢，糖化酶受到的损害较小；而且甘薯块根结构疏松，容易蒸煮糊化，因此糖化较完全。

（2）木薯。木薯富含淀粉，结构疏松，容易蒸煮糊化，如果用作酿酒原料，出酒率高。

3. 糖质原料

用糖质原料生产白酒，最常见的是将制糖工业的副产物废糖蜜作为原料，采用液态发酵的方法，经多塔式蒸馏得到酒精，然后再降低酒度、勾兑，制作成成品酒。

（1）甘蔗糖蜜。甘蔗糖蜜是以甘蔗为制糖原料的废蜜。由于产地的土质、气候、原料品种、收获季节和制糖方法、工艺条件不同，不同的甘蔗糖蜜中的化学成分相差较大。

（2）甜菜糖蜜。甜菜糖蜜是以甜菜为制糖原料的废蜜。甜菜糖蜜的成分与甘蔗糖蜜的类似，但在糖分含量上与甘蔗糖蜜相差较大，特别是还原糖的含量相差更大。

4. 辅料及填充料

以固态发酵法酿造白酒时要使用一定量的填充剂，即辅料和填充料，常用的主要是稻壳。辅料和填充料经蒸熟后使用，能够调节入池酒醅的淀粉浓度和酸度以及酒精含量，并对酒醅起疏松作用。

填充剂的质量优劣和用量多少，关系到白酒的质量及出酒率，在白酒生产中受到极大重视，填充剂要有疏松性、吸水性好、含杂质少、无霉变等特点。

（1）麸皮。麸皮是小麦加工成面粉过程中产生的副产品，其成分因加工设备、小麦品种及产地不同而异。

（2）高粱糠。高粱糠是加工高粱米的副产品。高粱糠不仅被用作辅料，还可以作为酿酒的原料，但需要在酿造工艺上做必要的调整。

（3）其他填充剂。在白酒酿造过程中，其他填充剂包括稻壳、花生壳、高粱壳、玉米芯、麦秆、甘薯蔓等。

白酒的几种填充剂中，以稻壳为最佳。

白酒主要以高粱等谷物为原料，经过曲类糖化、固态发酵和一次蒸馏而成。高粱经过长期的栽培优化，已经形成了用于酿酒的中国高粱种群，加上中国酒酿造中窖池微生物的作用，形成了中国高粱酒特有的浓郁香味风格。

5. 水的选取

任何酒类的酿造都需要加入大量的水，因而人们常讲“水为酒之血”。酿酒用水也是非常讲究的，并非任何水源都可应用。若想酿造出品质优良的酒，更需要选取优质的水。酿酒用水需要采用含有多种矿物质的自然水，这些矿物质与酿造过程中酶的活性、耐热性、pH 值、微生物繁殖情况都有很大关系。

三、中国蒸馏酒酿造的基本原理

酿酒的原理其实很简单，就是利用微生物发酵产生含一定浓度酒精的饮料的过程。

当然，实际操作的时候远远不是那么简单。大致来讲，一瓶白酒的诞生，一般要经过如下步骤：选料与处理、制曲、糖化与发酵、蒸馏、陈酿及勾兑。

（一）选料与处理

为了使淀粉糖化和酒精发酵取得良好的效果，就必须对酿酒原料进行一系列处理。不同酿酒原料的处理方法不同，常见的方法有选料、洗料、浸料、碎料、配料、拌料、蒸料、煮料等。有些酒的原料处理过程相当复杂，酒的质地优劣首先取决于原料处理的好坏。

（二）制曲

大曲主要用小麦、大麦、豌豆等原料制成；小曲又叫药曲，主要用大米、小麦、米糠、药材等原料制成；麸曲又称皮曲，主要用麸皮等原料制成。制曲是中国白酒重要的酿造工艺之一，曲的质量对酒的品质和风格有极大的影响。

（三）糖化与发酵

在白酒酿造中，液态法是先糖化、后发酵，而固态或半固态发酵的白酒，均是糖化和发酵同时进行的。酒精是白酒中的重要成分，因而酒精发酵也是白酒发酵过程中的主要生化反应过程。在发酵过程中还生成白酒的风味物质，这些物质虽然量少，但对于白酒的风味来说必不可少。固态发酵白酒酿造车间如图 6－2所示。

图 6－2　固态发酵白酒酿造车间

资料来源：大众网。

（四）蒸馏

在加热的过程中，随着温度的变化，水分和其他物质混合的情况也会变化，从而形成不同质量的酒液。白酒蒸馏车间如图 6－3 所示。

图 6-3 白酒蒸馏车间

资料来源：食品中国。

（五）陈酿

陈酿也叫老熟，人们说的“酒是陈的香”，就是指经过陈酿过程的酒的香气更加浓郁。经过蒸馏的高度酒只能算半成品，辛辣，不醇和，只有在特定环境中储存一段时间使其自然老熟，才能使酒体绵软适口、醇厚香浓。储酒容器最好是陶坛，更大的储存容器可用不锈钢等材质，尽量不采用铝质容器。储酒时应让其自然老熟，禁止用催化剂等化学方法催陈。

（六）勾兑

在蒸馏白酒中，主要成分是乙醇和水，还有一些微量成分，这些微量成分虽然很少，却能决定白酒的风格和质量。相同酒厂的不同车间、相同车间在不同生产时间生产出来的白酒，所含的主要微量成分的量或者量比关系不完全一致，所以口感就会参差不齐。要使出厂产品质量统一、符合品牌的传统风格，勾兑便必不可少。

四、中国蒸馏酒酿造的工艺特点

（一）大曲酒的工艺特点

根据中国现行的《饮料酒分类》（GB/T 17204—2008）的规定，大曲酒是以大曲为糖化发酵剂酿制而成的白酒。大曲酒的香型较多，其基本香型包括酱香型、浓香型、清香型 3 大类型。

1. 酱香型大曲酒的工艺特点

酱香型大曲酒的风味质量要求酱香突出，优雅细腻，酒体醇厚，空杯留香持久，如贵州省及四川省出产的众多中国名酒都属于此类。

酱香型大曲酒以高粱为主要酿酒原料，纯小麦为制曲原料。高温培养大曲，高温堆积糖化发酵，以石壁泥底的条石窑作为发酵容器，酿造工艺极为复杂。其特点是多轮次（每次一个月，一年共8次）高温发酵。按酱香、醇甜香、窖底香三种典型香体分别长期储存、勾兑而成。

2. 浓香型大曲酒的工艺特点

浓香型大曲酒以泥窖固态发酵，采用续糟配料、混箂混烧工艺。在生产操作过程中，十分重视“匀、透、适、稳、准、细、净、低”八字口诀。

匀：搅拌糟醅、物料上甑、打量水、摊晾下曲、入窖温度等要做到均匀一致。

透：在润料过程中，原料高粱要充分吸水润透，高粱在蒸煮糊化过程中要熟透。

适：糠壳用量、水分、酸度、淀粉浓度、大曲加量等入窖条件要适宜与酿酒有关的各种微生物正常繁殖生长，有利于糖化、发酵。

稳：入窖、转排配料要稳当，切忌大起大落。

准：挖糟、配料、打量水、看温度、加大曲等在计量上要准确。

细：凡各种酿酒操作及设备使用等，一定要细致。

净：酿酒生产场地、器具、设备、糟醅、原料、辅料、大曲、生产用水等都要清洁干净。

低：入窖糟醅中填充辅料、量水尽量以下限量加入，尽量做到适温入窖，缓慢发酵。

3. 清香型大曲酒的工艺特点

清香型大曲酒的典型工艺特点就是清蒸清楂、地缸发酵、清蒸二次清楂。生产中所用的高粱和辅料都要先经过清蒸处理，将蒸煮后的高粱拌曲放入陶瓷缸，埋于土中发酵，取出蒸馏，收获大楂酒。蒸馏后的醅不再配入新料，仅加曲。第二次发酵，糟不打回而直接作为丢糟，蒸的酒被称为二楂酒。二次蒸馏的酒经勾兑而成为清香型大曲酒。因为采用了清香型发酵，设备用陶瓷缸，封口用石板，摊晾用砖或水泥地，而且清洗得很干净，从而保证了清香型大曲酒具有清香、纯净的鲜明特点。

（二）小曲酒的工艺特点

小曲酒的制曲原料中多数包含中草药，中草药构成了小曲酒特有的风味。

1. 原料来源广

小曲酒的原料品种多、范围广，如大米、高粱、玉米、稻谷、小麦、荞麦等都可以作为小曲酒生产的原料，并大多以整粒原料用于酿酒，有利于当地粮食资源的深度加工以及农副产品加工、非粮食淀粉质原料等的综合利用。

2. 发酵用曲量少

采用以根霉为主的小曲作为糖化发酵剂，用曲量少，酒化力强，发酵期不长，出酒率高，规模因地制宜，可大可小。目前已形成专业分工，分散生产，集中储存、勾兑、销售的完整流程的集团化酿酒企业。

3. 工艺控制严格

小曲酒的酿造工艺采取"匀、透、适"的泡、闷蒸粮法，"低温、定温、定时"的内箱培菌法，"紧桶、快装、定时、定温"的发酵法。

（三）麸曲酒的工艺特点

麸曲酒按照原料及白酒香型的不同，可分为混烧和清蒸两种，酿造工艺采用老五甑法。老五甑法的工艺特点是每排生产续加部分新料，酒醅出窖后与新原料混合入甑蒸馏、糊化。

（四）液态法白酒的工艺特点

液态法发酵工艺，俗称"一步法"。该工艺吸取了白酒的传统操作特点，完全摆脱了固态发酵法的生产工艺。为改善生产的成品酒的品质，提高档次，还需要串香、调香等后续工艺进行加工。

小贴士

为什么说白酒要"掐头去尾"

在白酒酿造的蒸馏阶段，大多采用甑桶蒸馏，即通过酒醅蒸馏，逐渐进行冷热交换，气液交换，从而使酒气得到浓缩，蒸馏出酒液的酒度由高到低。最早流出来的酒液被称为"酒头"，酒度非常高，为70% vol～80% vol，这些酒口感非常辣，伤身体的醛类物质非常多，酿酒师一般会舍去。中间段流出来的酒液称为"酒身"，酒度在50% vol～60% vol，酒精分子与水分子融合程度最好，而且这个部分有害物质最少，是整锅酒中质量最优的部分。最末流出来的酒液被称为"酒尾"，酒度在50% vol以下，酒体混浊、口感酸涩刺激，常被酒厂倒掉。"酒尾"虽属于低度酒，但是有很多地方的人喝不惯，所以摘酒时要"掐头去尾"。

（资料来源：创头条《白酒核心蒸馏技术：白酒如何掐头去尾》）

第二节　中国蒸馏酒的分类和特点

根据中国《饮料酒分类》（GB/T 17204—2008）的规定，蒸馏酒是以粮谷、薯类、水果、乳类为主要原料，经发酵、蒸馏、勾兑而成的饮料酒，包括白酒的全部类别（如大曲酒、小曲酒、麸曲酒、混合曲酒）、洋酒（如白兰地、威士忌、伏特加、朗姆酒、金酒）以及奶酒（蒸馏型）和其他蒸馏酒。

一、白酒的分类和特点

（一）按酿造工艺分类

1. 固态法白酒

用固态法酿造白酒是中国大多数名优白酒的传统酿造工艺，即固态、糖化、发酵、蒸馏，经陈酿、勾兑而成的白酒。其酒醅含60%左右的水分，大曲白酒和部分小曲白酒采用此法酿造。不同的发酵条件和操作流程，产生不同的香味成分，因而固态法白酒的种类最多，产品风格各异。

2. 半固态法白酒

用半固态法酿造白酒是小曲白酒的传统生产工艺之一，包括先培菌糖化后发酵工艺和边糖化边发酵工艺两种。

3. 液态法白酒

用液态法酿造白酒采用与酒精生产相似的方式，即液态糖化发酵、蒸馏。但液态法白酒的口味欠佳，必须与固态法白酒酿造工艺有机结合起来，才能形成白酒应有的风味与质量，根据其结合方法的不同可形成以下 3 种白酒。

（1）固液结合发酵法白酒（也称串香白酒）。这是一种以液态法白酒或食用酒精为基酒，与固态法白酒的香醅串蒸而制成的白酒。

（2）固液勾兑白酒。固液勾兑白酒以液态法白酒或食用酒精为基酒，与部分优质白酒及固态法白酒的酒头或酒尾勾兑而成的白酒。

（3）调香白酒。调香白酒是以优质食用酒精为基酒，加特制白酒调味液和少量食用香精等调配而成的白酒。

上述 3 种白酒，既具有酒精生产出酒率高的优点，又不失中国白酒所应具有的风格特征，因而被称为新工艺白酒或新型白酒。

（二）按糖化发酵剂分类

1. 大曲酒

在大曲酒酿造中，大曲既是糖化剂，又是发酵剂。同时在制曲过程中，微生物的代谢产物和原料的分解产物，直接或间接地构成了酒的风味物质，使大曲酒具有各种不同的独特风味，因此，大曲还是生香剂。一般情况下，大曲酒的风味物质含量高、香味好，但发酵周期长、原料出酒率低、生产成本高。

2. 小曲酒

小曲酒是以小曲为糖化发酵剂所酿造的白酒。小曲的糖化发酵力强于大曲，与大曲酒的发酵过程相比，小曲酒的酿造用曲量少、发酵周期短、出酒率高、酒质醇和，但香味物质相对较少，酒体不如大曲酒丰满。

3. 麸曲酒

麸曲酒的酿造工艺与大曲酒的不同，由于采用纯种微生物作为糖化发酵剂，因而麸曲酒的生产周期较短，出酒率较高，但酒质一般不如大曲酒。

（三）按白酒香型分类

1. 浓香型白酒

浓香型白酒以泸州老窖为代表，其他代表性产品有五粮液、洋河大曲酒、剑南春酒、古井贡酒、全兴大曲酒等。浓香型白酒以浓香甘爽为特点，发酵原料有多种，以高粱为主，发酵采用混蒸续糟工艺，采用陈年老窖，也有人工培养的“老窖”。在名优酒中，浓香型白酒的产量最大。

2. 酱香型白酒

酱香型白酒以茅台酒为代表，其他代表性产品有郎酒、武陵酒等。它具有类似于豆类发酵时的酱香味，故称酱香型白酒。酱香型白酒采用高温制曲、高温堆积、高温多轮次发酵等工艺，其酒质特点是酱香突出、幽雅细腻、酒体醇厚、回味悠长、空杯留香持久。

3. 清香型白酒

清香型白酒以汾酒、宝丰酒为代表，其酒质特点是清香纯正，采用清蒸发酵工艺，采用地缸发酵。

4. 米香型白酒

米香型白酒以桂林三花酒、全州湘山酒、广东长乐烧酒等为代表，是以大米为原料生产的小曲白酒，其特点是米香纯正、清雅，入口绵甜，落口爽净，回味怡畅。

5. 凤香型白酒

凤香型白酒的主要代表是西凤酒，以高粱为原料。其酒质特点是清澈透明，醇香秀雅，诸味谐调。

6. 董香型白酒

董香型白酒以贵州董酒为代表，其酒质特点是清澈透明、香气典雅、浓郁甘美、略带药香、谐调、醇甜爽口、回味悠长。

7. 兼香型白酒

兼香型白酒以安徽淮北市的口子窖为代表，其酒质特点是酱浓谐调、幽雅馥郁、细腻丰满、回甜爽净、余味悠长。

8. 芝麻香型白酒

芝麻香型白酒以山东景芝白乾酒、江苏梅兰春酒为代表，风格特征是清澈透明、酒香幽雅，入口丰满醇厚、纯净回甘，余香悠长。

9. 特香型白酒

特香型白酒以江西四特酒为代表，其风格特征是无色、清澈、透明，无悬浮物、无沉淀，香气幽雅、诸香谐调，入口柔绵醇和，香味悠长。

10. 豉香型白酒

豉香型白酒以广东玉冰烧为代表，其风格特征是玉洁冰清，豉香纯正，醇厚甘润，后味爽净。

11. 老白干香型白酒

老白干香型白酒以河北衡水老白干酒为代表，其风味特征是清亮透明，酒体谐调，醇厚甘冽，回味悠长，具有复合香气。

12. 馥郁香型白酒

馥郁香型白酒以湖南酒鬼酒为代表，其风格特征是色清透明，入口绵甜、醇厚丰满，香味谐调、回味悠长。

（四）其他分类方法

按酒质可分为高档白酒、中档白酒和低档普通白酒；按酒度可分为高度白酒（酒度50% vol以上）、降度白酒（酒度 40% vol ~ 50% vol）和低度白酒（酒度 40% vol 以下）；按发酵时使用原料的不同可分为高粱白酒、玉米白酒、大米白酒等。

二、中国少数民族蒸馏酒的分类和特点

（一）马奶酒

马奶酒的酿造盛行于广大牧区，是蒙古族的传统美酒。每年牛肥马壮的七八月份是酿造马奶酒的时节。马奶酒“经六蒸六酿工艺流程者方为上品”，多一次蒸酿，酒力则增强一些。经过多次蒸馏精制的马奶酒味道甘香，如饮醇醪，使人不觉自醉。

（二）青稞酒

生活在青藏高原的多个少数民族都擅长酿造青稞酒，酿造青稞酒的原料青稞是藏族的传统特色美食。青稞酒经储藏后酒色如黄蜜，浓如糖稀，醇香扑鼻，入口绵滑，小酌数杯即可使人心旷神怡，多饮则令人沉醉难醒。

（三）烧酒

少数民族烧酒的酿造具有以下三个共同特点：第一，发酵酒曲一般是自行配制

的土酒曲，烧酒风味与品质的不同在很大程度上是土酒曲的差异造成的。第二，在烧酒酿造过程中，浸泡原粮、蒸烤酒饭所用的水有相当严格的要求，只有好水才能酿造出好酒是各民族的共识。第三，蒸烤酒饭的器具基本相同，酿造的程序大体相似。

少数民族烧酒主要有彝族小锅酒、阿昌族米烧酒、哈尼族焖锅酒、怒族蒸酒、苗族苞谷烧、拉祜族米酒等。

第三节 中国著名蒸馏酒产地及品牌

一、第一届至第三届全国评酒会选出的名优白酒

（一）第一届全国评酒会评选出的名优白酒

第一届全国评酒会是1952年在北京举行的，从103种酒样中，推选出在国内外颇负盛名的8种名酒，其中白酒占了4种。它们是茅台酒、泸州大曲酒、汾酒和西凤酒。

（二）第二届全国评酒会评选出的名优白酒

第二届全国评酒会由轻工业部主持，于1963年10月在北京召开。将全国各省、自治区、直辖市推荐的196种酒样，分为白酒、啤酒、果酒、黄酒4个组，经过推荐、评比，最终公布的国家名酒为18种，国家级优质酒为27种。18种国家名酒中白酒为8种（称为8大白酒），它们是五粮液、古井贡酒、泸州老窖特曲、全兴大曲酒、茅台酒、西凤酒、汾酒、董酒。27种国家级优质酒中白酒占9种，它们是双沟大曲酒、龙滨酒、德山大曲酒、全州湘山酒、桂林三花酒、凌川白酒、哈尔滨高粱糠白酒、合肥薯干白酒和沧州薯干白酒。

（三）第三届全国评酒会评选出的名优白酒

第三届全国评酒会是1979年在大连召开的，由轻工业部主持，各省、自治区、直辖市推荐酒样313种，品评推荐出18种国家名酒、47种国家级优质酒。18种国家名酒中白酒占8种，它们是茅台酒、汾酒、五粮液、剑南春、古井贡酒、洋河大曲酒、董酒、泸州老窖特曲酒。47种国家级优质酒中，白酒占18种，它们是西凤酒、宝丰酒、古蔺郎酒、常德武陵酒、双沟大曲酒、淮北口子酒、邯郸丛台酒、白云边酒、全州湘山酒、桂林三花酒、五华长乐烧酒、廊坊迎春酒、祁县六曲香、哈尔滨高粱糠白酒、三河燕潮酩酒、金州曲酒、双沟低度大曲酒、坊子白酒。

二、常见中国著名蒸馏酒

1. 茅台酒

茅台酒，贵州省仁怀市茅台镇特产，中国国家地理标志产品，也是大曲酱香型白酒的鼻祖，已有800多年的历史。贵州茅台酒酒度在52% vol ~ 54% vol，被尊为国酒，是世界三大名酒（另外两种是英国苏格兰威士忌、法国科涅克白兰地）之一。茅台酒具有酱香突出、幽雅细腻、酒体醇厚、回味悠长、空杯留香持久的独特风格。

茅台酒以优质高粱为主要原料，用优质小麦制曲，在每年重阳之际投料，巧妙地利用了茅台镇特有的气候、优良的水质、适宜的土壤，采用了一系列与一般白酒截然不同的高温制曲、高温堆积、高温多轮次发酵、轻水分入池等工艺条件，经过二次投料、九次蒸煮、八次摊晾加曲、七次取酒、分型入库、长期陈酿、精心勾兑而成。茅台酒如图6－4所示。

2. 郎酒

郎酒产于四川省古蔺县，酒度一般为53% vol。郎酒呈微黄色，清澈透明，酱香突出，空杯留香长，以酱香浓郁、醇厚净爽、优雅细腻、回甜味长的独特风格著称。郎酒香型素有“一树三花”之称，指的是酱香型、浓香型、兼香型。

郎酒以当地优质红高粱为主要原料，以优质小麦制得的高温大曲为糖化发酵剂，采用茅台酒酿造工艺，一个出酒大周期为9个月。然后入山洞封存3年才分装上市。酿造用水采用高山深谷中喷流而出的“郎泉”，其水质清澈如玉、甘甜如露，富含多种微量矿物质。郎酒如图6－5所示。

图6－4　茅台酒

图6－5　郎酒

3. 五粮液

五粮液产于四川省宜宾市，是浓香型大曲酒的典型代表。它以高粱、糯米、大米、小麦和玉米等为酿造原料，通过按比例精选原辅料，经过“跑窖循环”“续糟发酵”“沸点量水”“分层起糟”“混蒸混烧”等多道极其复杂的工序酿造而成。五粮液具有香气悠长、味醇厚、入口甘美、入喉净爽、各味谐调、恰到好处的独特风格，是当今酒类产品中出类拔萃的产品。五粮液四次蝉联“国家名酒”称号，1995 年荣获第十三届巴拿马国际贸易博览会金奖。五粮液如图 6 –6 所示。

图 6 –6 五粮液

4. 泸州老窖

泸州老窖产于四川省泸州市，口感醇香浓郁，饮后尤香，清洌甘爽，回味无穷。泸州是中国酿酒历史最为悠久的地区之一，是浓香（泸）型大曲酒的发源地，在浩如烟海的史籍中，有不少关于泸州酒文化的记载。

泸州老窖以高粱为主要原料，总结探索了从窖藏储酒到“配糟入窖、固态发酵、泥窖生香、续糟配料”的一整套大曲酒工艺技术。泸州老窖如图 6 –7 所示。

图 6 –7 泸州老窖

5. 剑南春

剑南春产于四川省绵竹市，是我国有悠久历史的名酒之一。唐代以“春”命名酒，绵竹是当年剑南道上的一个县，由此得名。相传唐代李白曾在绵竹“解貂赎酒”，有“士解金貂，价重洛阳”的佳话。剑南春以高粱、大米、糯米、玉米、小麦等谷物为原料，经精心酿造而成，属浓香型。

剑南春酒厂生产的剑南春是传统工艺与现代技术相结合配制而成的。剑南春芳香浓郁，纯正典雅，醇厚绵柔，清洌净爽，余香悠长，香味谐调，酒体丰满，风格独特。多次获“国家名酒”称号，享誉海内外。剑南春如图6 – 8 所示。

图 6 –8 剑南春

6. 洋河大曲

洋河大曲现产于江苏省宿迁市。洋河大曲酒液澄澈透明，酒香浓郁清雅，入口鲜爽甘甜，回味细腻悠长，是浓香型大曲酒，有“绵、柔、甜、净、香”的独特风格。洋河大曲以优质黏高粱为原料，再以小麦、大麦、豌豆培养的高温大曲为糖化发酵剂，以美人泉之水酿造而成。洋河大曲在清初已闻名于世，民国长期流传着“酒气冲天，飞鸟闻香化凤；糟糠落地，游鱼得味成龙”的楹联。洋河大曲如图 6-9 所示。

图 6-9　洋河大曲

7. 汾酒

汾酒产于山西省汾阳市杏花村，汾酒有着 4000 年左右的悠久历史。汾酒酿造工艺精湛，源远流长，为中国清香型白酒的典范。

汾酒的原料为产于汾阳一带晋中平原的“一把抓”高粱、甘露如醇的“古井佳泉水”，以入口绵、落口甜、饮后余香、回味悠长而著称。汾酒酿造有一套独特的工艺，即“人必得其精，水必得其甘，曲必得其时，高粱必得其真实，陶具必得其洁，缸必得其湿，火必得其缓”。汾酒如图 6-10 所示。

图 6-10　汾酒

8. 西凤酒

西凤酒产于陕西省宝鸡市凤翔县，是中国最古老的历史名酒之一，是中国凤香型白酒的典型代表。西凤酒无色，清亮透明，醇香芬芳，清而不淡，浓而不艳，集清香、浓香之优点于一体，以“醇香典雅、诸味谐调、尾净悠长”和“不上头、不干喉、回味愉快”的独特风格闻名。

至今，西凤酒已多次荣获“国家名酒”称号，多次夺得国际金奖，现已形成高、中、低酒度和高、中、低档次的品牌系列。西凤酒如图 6-11 所示。

图 6-11　西凤酒

9. 桂林三花酒

桂林三花酒产于广西壮族自治区桂林市，是“桂林三宝”之一。现在常见的桂林三花酒主要有象山水月桂林三花酒、青花梅瓶桂林三花酒、象山洞藏桂林三花酒、美陶瓶特酿、桂林三花百年酒、水晶瓶特酿桂林三花酒、普通桂林三花酒。

1957 年全国小曲酒评酒会上，桂林三花酒被评为第一；1963 年第二届全国评酒会上，被评为国家级优质酒，并获银质奖章；1979 年第三届全国评酒会上，再次被评为国家级优质酒，并被作为米香型白酒的代表，获得了“酒质晶莹，蜜香清雅，入口柔绵，落口爽冽，回味怡畅”的高度评价。如今，桂林三花酒在广西、广东、上海、武汉、北京、天津乃至港澳都享有盛誉，被誉为“桂林茅台”。

桂林三花酒如图 6－12 所示。

图 6－12 桂林三花酒

10. 董酒

董酒产于贵州省遵义市。董酒是中国白酒中酿造工艺最为特殊的一种酒品。它采用优质黏高粱为原料，以“水口寺”地下泉水为酿造用水，是同时采用大曲、小曲发酵、双醅串蒸的蒸馏白酒。其风格既有大曲酒的浓郁芳香，又有小曲酒的柔绵、醇和、回甜，还有淡雅舒适的药香和爽口的微酸。

董酒是董香型白酒的代表，其在香气上具有独特的风格，表现为香气高雅、自然，清而不淡，香而不酽，具有舒适的药香，使人身心愉悦，有余香绵绵之感。这是以药香、酯香、丁酸等香气组成的复合香。其典型特征为：酒液清澈透明，香气优雅舒适，入口醇和浓郁，饮后甘爽味长。董酒如图 6－13 所示。

11. 红星二锅头

红星二锅头产于北京。二锅头是京城酒文化的典型代表。它是由烧酒发展而来的，古时京城酿酒技师在蒸酒时将第一锅流出的“酒头”去掉，第三锅流出的“酒尾”也去掉，取第二锅流出的中段酒，即“掐头去尾截取中段”工艺，是中国酿酒史上的一个里程碑，几百年来被继承发扬并流传至今，俗称“二锅头”，而二锅头是中国最早以酿造工艺命名的白酒。

红星二锅头全面继承了北京二锅头传统酿造技艺。红星二锅头醇厚甘冽、清香纯正，受到民众交口称赞，畅销不衰。红星二锅头如图 6－14 所示。

图 6－13　董酒

图 6－14　红星二锅头

小贴士

30 年，中国白酒真正进入了名酒品牌新时代

自最后一届全国评酒会（1989 年）以来，中国白酒行业的市场化进程逐步加快，经历了从“广告为王”到“渠道为王”的时代，步入了“品牌为王”“品质为王”时代。中国白酒依托传统文化精髓，开创了具有“中国图腾”式的品牌模式，凝聚出了代表中国文化自信心、行业自豪感的名酒品牌新时代。

从 2018 年 17 大名酒营收数据来看（数据来源于网络，部分数据尚未公示），20 亿元以上营收规模的有 10 家，分别为：酱香型 2 家，为茅台酒、郎酒；浓香型 5 家，为五粮液、洋河大曲、泸州老窖、剑南春、舍得酒；清香型 1 家，为汾酒；凤香型 1 家，为西凤酒。其中，“酱、浓、清”名酒市场份额约为 2000 亿元，约占中国白酒的半壁江山。

2018 年全国白酒产量排名前十的地区是四川省、江苏省、湖北省、北京市、安徽省、河南省、山东省、贵州省、吉林省、山西省。2018 年四川省白酒产量位居全国第一，约占全国白酒总产量的 41%，三大名酒产区的总销量约占全国白酒销量的 60%。以酱香型白酒为主的贵州省、以浓香型白酒为主的四川省、以清香型白酒为主的山西省均呈现名酒、名产区、名品牌的良好态势，实现了名酒、名产区、名品牌的“三香齐放”。

综上来看，名优产区的名酒品牌都是利好的，良好的行业发展趋势带动了以名酒为首的品牌再升级、再创新，为“品牌为王”的时代奠定了坚实的基础。

（资料来源：中国经济新闻网，2019 年 4 月 22 日）

第四节 中国蒸馏酒的品评与饮用服务

一、中国蒸馏酒的品评

对中国蒸馏酒的品评包括色、香、味、格四个方面。

（一）观色

白酒应是无色的，清亮透明，无悬浮物，无沉淀物的液体（酱香型白酒可有微黄色）。观察色泽时可以用白纸作底来对比，在观察透明度、有无悬浮物及沉淀物时要将酒杯举起来，对着光观察。

（二）闻香

无论何种香型，质量上乘的白酒都应是香气纯正宜人，无邪杂味。闻香时，酒样的容量要一样多，一般在1/2～2/3杯。酒杯与鼻子的距离在2cm左右。对着酒吸气，吸气强度要均匀。先粗闻，然后按香气从弱到强将酒样排队后再闻。如果有气味不正的酒样，要将其放在最后。对香气相近的酒样不好判断时，可把酒样滴到手上，借助体温促进酒液挥发，帮助做出准确判断。

（三）尝味

现在大多数人对白酒的口味要求已经从原来的“够劲”转向“柔和”。入口绵甜、香味协调、余味悠长的白酒更受欢迎。尝酒时，每个酒样的入口量都要保持一致，一般不超过2mL。注意酒液入口时要稳，使酒液先接触舌尖，然后是舌两侧，最后是舌根，让酒液布满舌面并仔细辨别味道。酒液咽下后，要张口吸气，再闭口呼气来品白酒的后味。酒样尝味的顺序与闻香时的排序要一致，先淡后浓，有异常口味的，放到最后再尝。

（四）判断风格

对一般人来说，判断白酒的风格似乎不可思议。就像感受人的风度一样，仁者见仁，智者见智。在白酒的质量标准中关于风格的描述是“具有本品的风格”，那么什么是风格呢?

风格是酒的色、香、味全面品质的综合反映，就是该酒典型的风味特征，是酒既抽象又具体的总体特征的体现。每一个白酒都有其独特的风格，并且应该长期稳定。

同种香型、不同等级的白酒，其口味差别主要表现在是否绵甜、醇厚、丰满、细腻、谐调、爽净、回味等方面。任何香型的白酒，口味纯正、余味爽净是基本要求。

优质白酒不应该有明显的辣、苦、酸涩和邪杂味。

二、中国蒸馏酒酒器

（一）酒器的分类

从酒器的用途来讲，酒器大致可分为盛酒酒器、温酒酒器和饮酒酒器3类。

1. 盛酒酒器

中国古代对盛酒酒器是非常讲究的，其不仅名目繁多，而且样式新颖，堪为历代王朝之珍品，迄今仍有考古的价值。据不完全统计，从名称来讲，经发掘出土文物证实，有尊、觚、彝、罍、瓿、斝、卣、盉、壶等。不仅如此，每一款盛酒酒器的体形，都有其独特的外貌和引人注目的风采，乃至每一款盛酒酒器的表面，都雕有精美的花纹，艺术价值极高。

2. 温酒酒器

在出土文物中尚未多见，一般来讲有两种，即盛酒酒器中的斝、盉。这两种酒器是一身兼二用，既是盛酒酒器，又是温酒酒器。到后来又把过去盛酒酒器中的壶，也发展为温酒酒器了。但是，古代酒壶与当代的酒壶，并不完全相同，当代的酒壶多是瓷制品或锡制品，不仅形状简单，而且使用起来也极为方便。所谓温酒酒器，即今天烫酒的酒壶。

3. 饮酒酒器

对于饮酒酒器，在古代有爵、觯、觚等器皿。饮酒酒器的造型和工艺，与盛酒酒器、温酒酒器大致相同，都有较高的保存价值。到后来，由陶制品到青铜制品、瓷制品，以及各种原材料制作的饮酒酒器，发展到盏、盅、杯等现代形状的饮酒酒器。就文化艺术价值来讲，当代使用之饮酒酒器，不如古代饮酒酒器那样值钱和具有保存价值，但就其使用和普及方面来讲，可远远超过了古代饮酒酒器。

（二）常见酒杯

1. 水晶杯

水晶杯由无残留的高纯度二氧化硅烧制而成，一般而言，水晶杯比较雅致，容量在10mL左右，适宜雅饮。水晶杯如图6-15所示。

图6-15 水晶杯

2. 玻璃杯

这种杯子在大众的饭店餐厅最为常见，容量有大有小，有一两杯、二两杯，甚至还有啤酒杯，一般而言大杯在北方比较常见，用得比较多的是厚底玻璃杯，有的底座厚度超过3cm。此种杯适宜豪饮。玻璃杯如图6-16所示。

图 6－16　玻璃杯

3. 陶瓷杯

此种酒杯杯身色泽饱满，细腻晶莹，是杯中佳品。可根据饮酒人的性格选择使用此款酒杯，文饮、豪饮皆宜。陶瓷杯如图 6－17 所示。

4. 土陶杯

这种杯子的颜色没有陶瓷杯白，往往是灰褐色居多，充满时代特色，在川渝的一些乡镇和特色菜馆还能觅得其踪迹。此种酒杯追求的是土饮，要的就是回归自然的味道和感觉。土陶杯如图 6－18 所示。

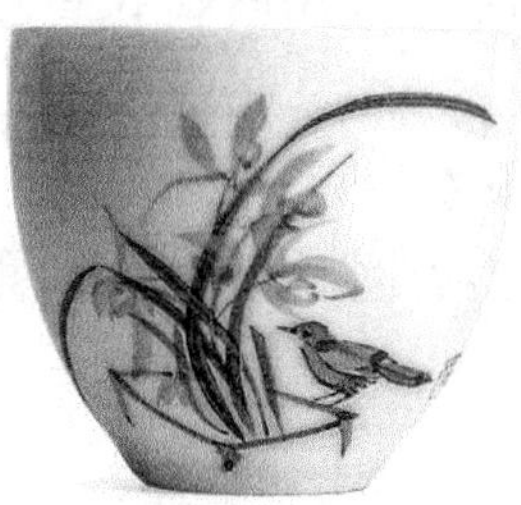

图 6－17　陶瓷杯

图 6－18　土陶杯

三、中国蒸馏酒的饮用服务

在服务过程中，中国蒸馏酒一般是单独饮用，但目前也有一些酒店提供以白酒为基酒勾兑的鸡尾酒，收到了不错的效果。

（一）示瓶

准备干净餐巾一块，将餐巾折叠成小长方形。示瓶时，服务员站在点酒宾客右侧，服务员上身向前微倾15度，左手托住酒盒底部，右手扶住酒盒上部，酒标朝向宾客，使酒标与宾客的视线基本持平，请宾客确认。

（二）开瓶

打开外包装，保持酒盒的完整性，内有小礼品时，应立刻递送给宾客。开启时，左手握紧瓶身，右手逆时针轻轻旋转瓶盖，将瓶盖放于工作台留存，如果有外包装，将外包装保存好。不同白酒瓶口密封方式也略有不同，很多白酒都附带开瓶小工具，应选择恰当的开启工具和方法。

（三）斟酒

徒手斟酒时，服务员侧身站在宾客的右后侧，从主宾位置开始，以顺时针方向进行斟倒。右脚伸入两椅之间，上身微微前倾，重心置于右脚上，左脚跟略微抬起。

斟倒时，身体不要贴靠宾客；左手持一块洁净的餐巾，右手五指张开，握住瓶身下半部1/2处，食指伸直，按住瓶壁，指尖指向瓶口，将右手臂伸出，右手腕下压进行斟倒；注意酒标要朝向宾客。瓶口不要触碰杯口，瓶口距离杯口1.5cm为宜；当酒液倒至八分满后，瓶口向上方微微转动45度，收回手臂，用餐巾轻拭瓶口，以免酒液洒到桌面上。

（四）使用分酒器斟倒的注意事项

（1）使用分酒器斟倒的时候，首先要询问宾客，经过宾客同意方可使用分酒器。

（2）使用分酒器斟倒时，在酒没有倒入分酒器前，先用酒瓶给主宾倒上一杯后，方可将酒倒入分酒器。

（3）斟倒顺序和斟倒量按照徒手斟酒方式进行服务。

（4）在宾客不能确定将整瓶酒喝完的情况下，要按照宾客要求将酒倒入分酒器。

（五）斟酒的顺序与要求

（1）正确的斟倒顺序是：先宾后主，先女士后男士。

（2）在不明主次的情况下，可从主位开始，顺时针服务，并随时按照宾客的提醒决定服务顺序。

（3）若宾客使用标准白酒杯，应斟倒八分满；若宾客对斟倒量有其他要求，则按照宾客要求进行服务。

（4）服务时应使用敬语。在给宾客示瓶时，应礼貌地说："您好，这是您点的某某酒，某某度数，现在是否为您打开？"

小贴士

饮酒御寒是不科学的

天寒时，人们常常喝上几杯酒来暖身子，认为饮酒可以御寒。一般来说，饮酒可使呼吸加快、血管扩张，血液循环的速度随之加快，热量消耗增加，让人感到身上热乎乎的；同时，酒里含有酒精，饮酒后导致神经出现短时的兴奋，口腔和咽喉黏膜也出现轻轻颤动，这样，全身就有一种温暖和舒适的感觉。实际上，这是调节体温的中枢神经发生紊乱的前兆。特别是饮酒过量时，可引起体温调节功能失调、热量丧失增多，这时胃受酒精的麻醉，功能也明显下降，人体产热功能减弱。大量饮酒引起的急性酒精中毒会导致醉酒者昏迷。醉酒者神志不清，如严寒时醉倒在室外，还会有冻死冻伤的危险。科学御寒一是要进食有营养的食物，增加热量；二是加强保暖。若是单纯靠饮酒御寒，反倒不耐寒。所以，不宜用饮酒来御寒。

饮酒可活血、有利关节的说法更是不科学的。因为酒能产生的热量很有限，对治疗关节没有意义。

此外，长期过量饮酒会加速骨骼中钙的流失，导致脚软无力，腰背疼痛。经常过量饮酒会促进内源性胆固醇的合成，使血浆胆固醇及甘油三酯浓度升高，造成动脉粥样硬化。酒精对消化道的不断刺激，会加重肝病、胃和十二指肠溃疡病、食管炎、胃炎等患者的病情。长期过量饮酒还会造成营养不良或肝硬化，甚至引起肝硬化并发肝衰竭导致死亡。

思考题

一、选择题

1. 中国蒸馏酒也常被称为（　　）、烧酒，与白兰地、威士忌、伏特加、金酒、朗姆酒并称为世界著名六大蒸馏酒。

A. 黄酒　　B. 茅台　　C. 白酒　　D. 五粮液

2. 白酒按照糖化发酵剂分为（　　）酒、小曲酒、麸曲酒。

A. 大曲　　B. 红曲　　C. 特曲　　D. 老曲

3. 泸州老窖是（　　）香型白酒的代表。

A. 酱　　B. 浓　　C. 米　　D. 复

4. 贵州茅台酒是（　　）香型白酒的代表。

A. 酱　　B. 浓　　C. 米　　D. 复

5. 桂林三花酒是（　　）香型白酒的代表。

A. 酱　　B. 浓　　C. 米　　D. 复

二、问答题

1. 简述中国蒸馏酒酿造的基本原理。
2. 第三届全国评酒会中评选出的国家名酒中，白酒有哪些？
3. 简述中国蒸馏酒品评的四个方面。

【经验性训练】

通过对不同产地、品牌、香型的白酒的比较认识以及感官体验，使学生区分常见名优白酒。

【实践考核项目】

酒水的识别

（一）本项目的考核目的

认识酒标，掌握中国蒸馏酒（白酒）的分类与特点：能识别各类白酒的特点、产地及代表性品牌；掌握主要白酒香型的区分方法。

（二）所需理论知识

掌握白酒的分类方法，不同香型白酒的特点、品牌、产地等知识。

（三）所需仪器设备和消耗性器材

准备常见酱香型、浓香型、清香型、米香型及其他香型的白酒。

（四）实训考核内容和要求

（1）能按照行业规范熟练进行白酒分类，并掌握各种香型白酒的特点、产地及品牌。

（2）能较熟练地对各类白酒进行区分。

（3）实训考核标准：

酒水识别考核评分表

班级__________ 姓名__________ 学号__________ 操作时间__________ 分数__________

项目	酱香型	浓香型	清香型	米香型	其他香型
分数	20 分	20 分	20 分	20 分	20 分
得分					
合计					

考核说明：考生对以上酒种进行盲评，在6分钟内说出各个酒杯中酒水的香型名称、特点，答对一杯得20分，不对不得分。每超时30秒扣5分，扣完为止。

考核时间：　　年　　月　　日　　　　考评教师签名：__________

第七章　配制酒的基本知识

本章概要

本章主要阐述了国内外配制酒的分类、著名品牌、饮用与服务等知识，介绍了配制酒的相关酒文化知识。

学习目标

▲ 知识目标

（1）掌握配制酒的分类与特点。

（2）掌握配制酒的著名品牌。

▲ 技能目标

（1）熟悉开胃酒、甜食酒、利口酒的饮用与服务知识。

（2）能够识别开胃酒、甜食酒、利口酒的不同品牌。

关键性术语

开胃酒　甜食酒　利口酒　中国配制酒

章首阅读

配制酒小常识

配制酒又称调制酒，是利用酿造酒或蒸馏酒作为基酒，添加诸如植物、动物等物质或提取物，经特殊工艺酿造而成，由于其特殊的酿造工艺和独特的味道而快速发展。配制酒的著名产区主要集中在欧洲，以法国、意大利、荷兰最为有名。配制酒的酿造工艺主要有三种，分别是浸泡法、精炼法、蒸馏法。配制酒因添加材料的不同形成风格迥异的种类，国外配制酒大致分为开胃酒（Aperitifs）、甜食酒（Dessert Wine）和利口酒（Liqueur）三个大类。

据传，希腊名匠希波克拉底是第一个将芳香植物浸渍在葡萄酒中的人。在中世纪医疗条件并不发达的时代背景下，配制酒作为药酒治好了很多当时的疑难病症。同时，修士们考虑到药材所散发的特殊气味使配制酒的口感很不好，于是在其中添加了玫瑰油等各种香料来改善配制酒的口感，使配制酒的品质大大提高，一经推出后受到广泛欢迎并迅速传播到各地。在其后的文艺复兴时期，配制酒的酿造工艺传播到了法国。这当然要归功于建立托斯卡纳大公国的美第奇家族中的凯瑟琳·德·美第奇与亨利二世的跨国婚姻，在随行的仆人中就有很多香料师、厨师，他们精于配制酒酿造（这也是今天颇受女性欢迎的著名香水品牌多产于法国与意大利的原始原因之一）。进入皇室的配制酒逐渐失去其药用价值，发展成为王公贵族的保健品，随后出现了很多色彩绚丽、口味丰富的品种。

（资料来源：《配制酒生产技术指南》）

第一节　开胃酒

开胃酒又称餐前酒，顾名思义就是使人胃口大开的酒。开胃酒通常情况下是在葡萄酒、蒸馏酒中加入药材、香料等原材料配制而成的。开胃酒最主要有味美思、比特酒、茴香酒三种类型。

一、味美思

味美思有着悠久的历史。公元前4世纪在有关希波克拉底的传说中最早提到味美思的“祖先”Vinum Absinthiatum。含有药草、松脂的有色葡萄酒在古代比较受人欢迎。后来，威尼斯的商人从世界各地带回意大利很多种调料，如豆蔻、甘菊、丁香、生姜和其他香料。

这些香料为完善当时用于医学目的的葡萄酒的香型注入了新的风格。17世纪，味美思开始真正发展起来，意大利皮埃蒙特大区的都灵市成为味美思的发展中心。这里盛产干白葡萄酒和甜白葡萄酒以及可以采到富含香味的植物。

（一）味美思的特点

味美思通常以白葡萄酒为基酒，主要香料有艾草（味美思因其得名，起源于德语）、奎宁皮、桂皮、龙胆、生姜、当归、甘菊、丁香、橙皮、香草等，香草数量有40多种。酒度为18%vol，根据酒的含糖量分为特干、干型、甜型。味美思中的红色味美思一般按照一定比例用胭脂红和焦糖色进行调色，味美思制作过程中有时需要进行陈化、过滤、杀菌。味美思具有增香的作用，能够提升酒体的醇厚度，因此味美思是调制鸡尾酒必不可少的酒种。

（二）味美思的类型

1. 意大利味美思

意大利味美思的主要产区是都灵，口味为甜味，其中最常见的种类包括以下三种。

（1）干味美思，每升酒含糖量不超过40mL，酒度为18%vol左右。

（2）白味美思，每升酒含糖量为100~150mL，酒度为18%vol，色泽金黄，香气柔美。

（3）红味美思，一般为琥珀色，每升酒含糖量为150mL。著名品牌有马天尼（见图7-1）、仙山露（见图7-2）、卡帕诺（见图7-3）等。

图7-1　马天尼

图7-2　仙山露

图7-3　卡帕诺

2. 法国味美思

法国味美思是以固定种类的干白葡萄酒为基酒进行酿造的。酒一般为金黄色，口味甘醇。著名生产厂商有诺利（Noilly）、里丽（Liller）等。

（三）味美思名品

1. 马天尼

马天尼、罗西两人于1863年创立了著名的品牌——马天尼。其生产的味美思在全球有名，尤其是马天尼味美思，占有世界味美思市场大约70%的份额。意大利法律规定味美思须以80%以上的干白葡萄酒为原料，并且要求原酒不应带有明显的芳香。意大利味美思所用的芳香植物有三四十种，以苦艾为主，故成品酒具有特殊的芳香，略呈苦味，故又名苦艾酒。

2. 仙山露

仙山露产自意大利都灵市，有葡萄酒气，味道略酸。

3. 卡帕诺

卡帕诺产自意大利米兰，以甜型味美思为代表。

二、比特酒

比特酒也称苦酒，是按照精确的秘方，将根、苦味植物（特别是龙胆皮等植物）、渣壳、草药等50多种香料浸泡在纯酒精中，经过加糖、上色配制而成。比特酒具有药用和滋补的效用。比特酒种类繁多，有清香型，也有浓香型；有淡色，也有深色。但不管是哪种比特酒，苦味和药味是它们的共同特征。最早，人们认为比特酒可以预防各种流行病，甚至可以预防当时在欧洲肆虐的霍乱。比特酒主要产自意大利、法国、荷兰、英国、德国、美国、匈牙利等国。著名的比特酒品牌如下。

1. 金巴利

金巴利（见图7-4），19世纪60年代由米兰的Gaspare Campari发明。它以植物香料、橘皮、糖、酒精和经过净化的水为原料。它颜色鲜亮，可以很好地搭配橙汁、奎宁水、苏打水、金酒、红苦艾酒。酒度约为25% vol。

2. 希纳尔

希纳尔，产于意大利、瑞士，是以莱蓟和其他草药为原料的苦酒，酒度约为16.5% vol。

3. 冯奈特·布兰卡

冯奈特·布兰卡（见图7-5），是意大利最有名的比特酒之一，以植物、根、草为原料加工而成，号称苦酒之王，具有健胃消食的功效，酒度约为42% vol。

图7-4 金巴利

图7-5 冯奈特·布兰卡

4. 亚玛·匹康

亚玛·匹康，产于法国，配制原料主要有奎宁、橘皮和其他多种草药。酒液酷似糖浆，以苦著称，饮用时取少许酒液掺和其他饮料共饮，酒度约为 21% vol。

5. 安古斯图拉

安古斯图拉（见图 7－6），1834 年一名军医在委内瑞拉安古斯图拉发明，以龙胆、朗姆酒为原料。酒液呈红褐色，酒度约为 45% vol，药香悦人，口味微苦。在调制鸡尾酒的过程中，仅需要几滴即可。

6. 杜本内

杜本内（见图 7－7），1846 年诞生于法国巴黎，在生产过程中选用法国上等葡萄酒作为原料，在葡萄酒发酵最后阶段加入酒精，混合奎宁皮、果皮等储存三年，苦中带甜，风格独特，适合略微冰冻饮用，酒度约为 16% vol。

图 7－6　安古斯图拉

图 7－7　杜本内

7. 苏士酒

苏士酒原产地为法国，原料是龙胆草的根块。酒液呈橘黄色，口味微苦、甘润，酒度约为 16% vol。可净饮或者加冰、加水饮用。

三、茴香酒

茴香酒是用茴香油和蒸馏酒配制而成的酒。茴香油中含有大量的苦艾素。茴香酒起源于地中海地区，自古人们就知道茴香可以入药，早期的茴香酒酒劲猛烈，人们用其治疗肠胃疾病。由于茴香酒受到广泛的喜爱，茴香酒实现了大范围的酿造。

（一）茴香酒的特点

欧洲的法规规定：茴香酒的独特芳香应出自大茴香或者茴香这些香料。实际上生产中经常使用的就是这些香料。大茴香，又叫八角，主要分布于东南亚和中国南方地区，它能使酒气味强烈，并使酒口味绵长，略带甜味。再添加各种香草和少量甘草，可增加酒的香气。将以上各种植物连根放在酒精中泡软，然后将浸酒蒸馏。最后在馏出物中添加水和少量的糖。这样酿好的茴香酒的酒度为25% vol～51% vol。

（二）茴香酒的类型及名品

茴香酒以法国出产的较为有名。酒液视品种而呈不同色泽，一般都有较好的光泽。其茴香味浓厚，馥郁迷人，口感不同寻常，味重而又刺激，酒度在25% vol左右。有名的茴香酒有帕斯提斯、潘诺（见图7－8）、力加（见图7－9）等。

图7－8　潘诺茴香酒

图7－9　力加茴香酒

1. 帕斯提斯

禁止销售苦艾酒后，帕斯提斯茴香酒上市，并且极受欢迎，所以有人开始仿造这种酒。酿制得比较成功的仿制品或多或少地导致了Pastis这个单词的出现。以古老的马赛配方为基础，用了甘草、普罗旺斯药草，含有大量天然木质甘草萃取液的茴香酒，称作帕斯提斯。甘草萃取液，除了独特的香气外，还使帕斯提斯酒呈现出琥珀色，因而不同于其他黄色的茴香酒。

2. 潘诺

潘诺茴香酒使用各种植物串香。按照传统，应用无冰的冷水稀释饮用（1∶5），也可以和奎宁水一起饮用，或用于各式鸡尾酒。原产地为法国，酒度约为40% vol。

3. 力加

力加茴香酒产生于20世纪30年代的法国。如今，在法国南部的马赛饮用力加茴香酒已经成了“法式生活艺术”的象征，饮用时用水稀释（1∶5），酒度约为45% vol。

小贴士

开胃酒的饮用与服务

在欧洲南部，一直到现在，人们都习惯在正午过后品尝开胃酒。在欧洲北部，如伦敦、阿姆斯特丹、斯德哥尔摩，开胃酒成了时髦俱乐部或餐厅里举行晚会的前奏，随时可以品尝，时间不再是问题。传统饮用开胃酒可以低温饮用，也可以加冰饮用，还可以与饮料、果汁混合饮用。

（一）净饮

用雪利杯或者鸡尾酒杯。将适量冰块加入调酒壶中，倒入 1.5 盎司开胃酒，用吧匙搅拌 30 秒，用滤冰器滤过冰块，将酒滤入酒杯中，加半片柠檬（茴香类除外）即可饮用。

（二）加冰饮用

在古典杯中加入适量冰块（3～5 块），加入 1.5 盎司开胃酒，用吧匙搅拌 10 秒钟，加入一片柠檬（茴香类除外，金巴利最好加入橙片）即可饮用。

（三）兑饮

开胃酒可以直接与碳酸饮料、果汁混合饮用。使用海波杯加入适量冰块，加入碳酸饮料，放入柠檬片（金巴利加橙片），即可饮用。

第二节 甜食酒

甜食酒，又称餐后甜酒，是食用餐后甜点时饮用的佐餐酒。甜食酒一般是以葡萄酒作为基酒，再加入酒精以增强酒体的酒精含量。在葡萄酒的酿造过程中，通过添加酒精终止发酵，保留酒体中的糖分，保证酒体丰富的口感和柔和的酒香。常见的甜食酒有西班牙的雪利酒，葡萄牙的波特酒，马德拉酒、马尔萨拉酒和马拉加酒。

甜食酒属于较普通的葡萄酒，酒精含量偏高，酒度为 17% vol～21% vol，酒体具有良好的稳定性，芳香更加浓郁、口感丰富、酒香柔和。甜食酒区别于利口酒，体现在：甜食酒是属于酒精含量较高的甜型葡萄酒，利口酒由烈酒或者食用酒精添加香味物质酿成。甜食酒主要产于意大利、西班牙、葡萄牙等国。

一、雪利酒

雪利酒是著名的强化型葡萄酒，是西班牙的“国酒”。顶级雪利酒只产于西班牙南部的安达卢西亚赫雷斯地区，采用帕罗米诺葡萄进行酿造，帕罗米诺葡萄占原材料的90%。赫雷斯小镇生产雪利酒最早可以追溯到公元前1100多年。在文艺复兴时期，雪利酒已经被认为是当时世界上最好的葡萄酒。每一款雪利酒都单独按独特的索乐拉法储存。索乐拉法的秘诀在于用陈葡萄酒培育新葡萄酒。

雪利酒的口味从干型到甜型都有，颜色从淡黄色到棕色也多种多样。事实上，多数雪利酒以干型为主，甜型较少。雪利酒的著名类型如下。

1. 菲诺

菲诺（见图7－10）产自赫雷斯或者圣玛利亚港，属于雪利酒中最干的一类。酒体呈现稻草黄色，有显著的杏仁香和核桃味，入口干爽、清新，属于品质优良的雪利酒。但是，该酒不宜陈年储存。酒度为15.5% vol～16% vol。品尝时使用郁金香杯，酒温7℃，最适宜餐前开胃或者作为佐餐酒饮用，宜搭配虾、蟹等带壳的海鲜或者火腿、软奶酪等。

2. 曼萨尼亚

它产自海边的圣路卡港口，风格与菲诺相似，色淡，酒体略轻，酒度约为15% vol，不宜存放，适合与海鲜搭配。

3. 阿蒙提拉多

它以干型和半干型为主，是介于菲诺和奥鲁罗索之间的干烈葡萄酒，呈琥珀色（暗色调说明它被氧化了），带有核桃味。冷却到12℃～15℃饮用，搭配肥肉、干酪和鱼。酒度约为17.5% vol。

4. 奥鲁罗索

奥鲁罗索（见图7－11）在西班牙语中是“芳香”的意思，其属于古典雪利酒类。奥鲁罗索由于长期氧化水分蒸发，酒龄相对较老，呈现暗金色，带有浓重的葡萄味，酒精含量较高，酒度为18% vol～20% vol。此类酒口感浓郁，有明显的核桃味和焦糖味，耐久存，开瓶后仍可存放数周，适合与肉类或奶酪搭配。

5. 帕罗科尔塔

它是稀有的雪利酒，属于浓厚型雪利酒，酒体介于曼萨尼亚和奥鲁罗索之间，口感适中，呈现红褐色，酒度约为18% vol。

6. 阿莫路索

它又叫“爱情酒”，是用奥鲁罗索与甜酒勾兑而成的雪利酒，呈深红色，有的近乎呈棕红色，加有添加剂。阿莫路索的香气和奥鲁罗索接近，但不突出，口感甘甜，受到英国人的喜爱。

图 7－10　菲诺

图 7－11　奥鲁罗索

二、波特酒

波特酒（见图 7－12）是世界最著名的甜型强化葡萄酒之一，是葡萄牙“国酒”。按相关规定只有在葡萄牙杜罗（Douro）山谷限定的种植区内出产的葡萄酿造的强化葡萄酒才可命名为波特酒，其他国家或地区出产的同类酒只能称为强化葡萄酒或天然葡萄酒。

图 7－12　波特酒

（一）波特酒的特点

多数波特酒在饮用前需要适当地冰镇。酒质越高，饮用温度越高；酒质越低，甜度越高，饮用温度越低。陈年珍藏佳酿常温饮用最佳。红波特酒陈酿时间越长颜色越浅，白波特酒恰恰相反。

（二）波特酒的类型

波特酒大体分为两类：一类是白波特酒，另一类是红波特酒。白波特酒有金黄色、草黄色、淡黄色之分，是葡萄牙人和法国人喜爱的甜食酒。红波特酒在世界上享有很高的声誉，有黑红、深红、宝石红、茶红四种。

1. 白波特酒

白波特酒通常用白葡萄酿造，有干型和甜型，干型常在餐前饮用，甜型在餐后当甜酒饮用。此外，白波特酒也可混合饮用。

2. 宝石红波特酒

这是一种陈酿时间较短的波特酒，包括宝石红珍藏和精美宝石红。宝石红波特酒呈宝石红色，新鲜，富有果香。此类酒为波特酒中最常见且较普通的混合年份酒，售价低，口感甜，适合搭配甜点和奶酪饮用。

3. 茶红波特酒

红波特酒经在木桶中长期陈酿，酒液过度氧化，渐渐变成黄褐色或茶红色。无年份茶红波特酒表示在木桶中陈酿 2 年以上，而年份茶红波特酒由多种不同年份的酒液调配而成，有 10 年、20 年、30 年和 40 年等。此类酒有明显的坚果、香料和氧化味，有干和甜之分，适合净饮。

4. 年份波特酒

这是最受欢迎的波特酒，先在桶中陈酿，装瓶后继续陈酿，老熟后色泽深红，酒质细腻，口味甘醇，果香和酒香谐调。后期装瓶的年份波特酒是同类酒中的高级品，简称“LBV”。

（三）波特酒的名品

1. 泰乐

泰乐创建于 1692 年，330 年来始终保持独立的家族式管理，拥有葡萄牙杜罗山谷限定种植区优秀的葡萄园。无论是葡萄收成好的年份还是差的年份，泰乐始终名列前茅。这样持续不变的出色表现源于其醇厚浓郁的酒体与纯粹精良的品质。

2. 芳塞卡

芳塞卡（见图 7 – 13）位于葡萄牙杜罗山谷限定种植区，是该区波特酒顶级生产商。其波特酒醇香、强劲，风格独特而充满异国风情。

3. 格兰姆红宝石

格兰姆红宝石（见图7－14）出自格兰姆酒庄，由罗丽红、国产多瑞加、多瑞加弗兰卡、巴罗卡红四种葡萄混酿而成，酒体饱满，有甜美的黑樱桃味以及均衡感极佳的浓烈余味，酒液颜色为红宝石色。

图7－13　芳塞卡

图7－14　格兰姆红宝石

三、马德拉酒、马尔萨拉酒和马拉加酒

（一）马德拉酒

马德拉岛地处大西洋，马德拉酒（见图7－15）产于此岛，是用当地生产的葡萄酒和白兰地为基本原料勾兑而成的，十分受人喜爱。马德拉酒既是上好的开胃酒，也是世界上屈指可数的优质甜食酒。

马德拉酒分为舍西亚尔、弗德罗、布阿尔、玛尔姆赛四大类。舍西亚尔是干型酒，酒色为金黄色或淡黄色，色泽艳丽，香气优美，人称“香魂”；舍西亚尔口味醇厚、浓正，西方厨师常用来做料酒。弗德罗比舍西亚尔稍甜一点。布阿尔是半干型或半甜型酒。玛尔姆赛是甜型酒，是马德拉酒家族中享誉最高的酒。此酒呈棕黄色或褐黄色，香气悦人，口味极佳，比其他同类酒更醇厚浓重，风格和酒体给人以富贵豪华的感觉。

马德拉酒的名品有鲍尔日、巴贝都王冠、利高克、法兰加等。

（二）马尔萨拉酒

马尔萨拉酒（见图7－16）产于意大利西西里岛西北部的马尔萨拉一带，是用葡萄酒和葡萄蒸馏酒勾兑而成的，它与波特酒、雪利酒齐名。酒液呈金黄带棕色，香气芬芳，口味舒爽、甘润。根据陈酿时间的不同，马尔萨拉酒风格也有所区别。陈酿4个月的酒称为精酿，陈酿2年的酒称为优酿，陈酿5年的酒称为特精酿。较为有名的马尔萨拉酒有厨师长、佛罗里欧、拉罗、佩勒克利诺等。

（三）马拉加酒

马拉加酒（见图7－17）产于西班牙安达卢西亚的马拉加地区，其酿造方法颇似波特酒。此酒具有显著的滋补作用，较适合病人和疗养者饮用。较有名的有佛洛尔·海马诺斯、菲利克斯、黑交斯、约塞、拉丽欧斯等。

图7－15　马德拉酒

图7－16　马尔萨拉酒

图7－17　马拉加酒

小贴士

甜食酒的饮用与服务

甜食酒通常净饮，一般选用红葡萄酒、白葡萄酒酒杯盛装，每一份甜食酒的标准饮用量为50mL。一般情况下，普通甜食酒开瓶后一次性饮用完，避免氧化变质。高质量甜食酒开瓶后不能超过2天，并且要放到冰箱中冷藏。

第三节　利口酒

利口酒又称力娇酒，12世纪，意大利和法国的修士们酿造了第一批利口酒。最初利口酒主要是药用。利口酒的种类众多，口味各异，包含各式水果、草药、种子的口味，甚至是果皮、根茎、花朵的口味。利口酒酿造的方法主要是浸泡和蒸馏或者二者相结合。

要被称作利口酒，必须满足以下三个基本条件：

第一，通过浸泡、蒸馏等方式添加动植物香料。

第二，利口酒的酒度不应小于15% vol。

第三，糖、葡萄糖和蜂蜜都可以作为利口酒的甜味剂。

除上述要求外，每升利口酒的含糖量不能少于100g，含乳量不少于250g。

如今，利口酒口味众多，给鸡尾酒带来了沁人心脾的舒适感。

一、利口酒的特点与分类

（一）水果类利口酒

水果类利口酒主要以水果的果实和果皮作为添加原料进行浸泡、蒸馏而酿造得来。其典型代表有柑曼怡甜酒、南方安逸酒（见图7－18）、蓝橙利口酒、蒂她酒（见图7－19）、桃子利口酒、君度酒、樱桃利口酒、马利宝、黑醋栗利口酒、香蕉利口酒等。

图7－18　南方安逸酒

图7－19　蒂她酒

（二）种子类利口酒

种子类利口酒是以果实的种子为原料制成的。其典型代表有茴香利口酒、杏仁利口酒（见图7－20）、可可利口酒、甘露咖啡利口酒、榛子利口酒（见图7－21）等。

图7-20　杏仁利口酒

图7-21　榛子利口酒

（三）香草类利口酒

香草类利口酒以花、草为原料酿造而成。其典型代表有查特酒、杜林标甜酒、薄荷利口酒等。

（四）乳脂类利口酒

乳脂类利口酒以香料、乳脂为原料调配制成。其典型代表有爱尔兰雾酒、可可乳酒、百利甜酒（见图7-22）、黑加仑乳酒（见图7-23）等。

图7-22　百利甜酒

图7-23　黑加仑乳酒

二、世界著名利口酒品牌

1. 君度橙酒

君度橙酒如图7-24所示，是现今全球调酒师使用最多的利口酒之一。它由爱德华·君度发明创造。这款利口酒酒度很高（40% vol），甜度只有其他利口酒的1/3，装在棕色瓶中晶莹剔透。君度橙酒的酿造对酿造者的技术、经验和知识要求很高。因为君度橙酒的香味会随年代而变化，所以在酿造时需要加入各种不同比例的树皮、果皮、香料，并且比例要恰到好处，以保证君度橙酒特有的品质。

2. 加利安奴

加利安奴的酒瓶又高又细，使人联想起古希腊神庙的柱子。这种酒以意大利将军加利安奴的名字命名。酒呈现出的金黄的颜色，表示对淘金潮时期到达美洲的意大利先驱者的敬意。加利安奴酿造过程中，需要七步浸泡，六步蒸馏，使用30多种草药和香料。加利安奴能够很好地和其他饮料混合，是很多鸡尾酒不可或缺的元素。加利安奴产地为意大利，酒度约为35% vol。

3. 柑曼怡甜酒

柑曼怡甜酒如图7-25所示，由陈年的法国干邑与热带野生柑橘的精华完美调配而成。亮丽的黄褐色中透出一丝金色和琥珀色，酒体圆润饱满、晶莹剔透；精粹香橙的芬芳夹杂着丝丝甜香，糅合了干邑在橡木桶中陈化后焕发出的淡淡木香、香草和牛奶焦糖布丁的味道，温润香醇，浓郁丝滑，余韵悠长。柑曼怡甜酒适用于各种场合，既是经典的餐后酒，又是时尚鸡尾酒的最佳拍档。

图7-24　君度橙酒

图7-25　柑曼怡甜酒

4. 甘露咖啡

墨西哥的利口酒甘露咖啡，如图7-26所示，咖啡香气饱满，口感浓郁，风格细腻。甘露咖啡在20世纪50年代成了很多鸡尾酒的首选基酒后名声大噪。甘露咖啡以甘蔗、咖啡、香子兰和可可为原料，这些成分在其口味中都有强烈表现。除了用于配制鸡尾酒外，饮用甘露咖啡还可以加冰，并可酌情添加少许牛奶。酒度约为26.5% vol。

5. 杜林标甜酒

杜林标甜酒如图 7－27 所示，它的产地是苏格兰，在苏格兰语中，“杜林标”的含义是“喜欢的饮料”。杜林标甜酒已经有 250 多年的历史。原料有苏格兰威士忌、杜鹃花蜜和香料。

图 7－26　甘露咖啡

图 7－27　杜林标甜酒

除以上品牌之外，常见的著名品牌还有金万利酒，如图 7－28 所示；卡悉酒，如图 7－29 所示；修道院酒，如图 7－30 所示；荷兰蛋黄酒，如图 7－31 所示；茴香利口酒，如图 7－32 所示；马利宝，如图 7－33 所示；等等。

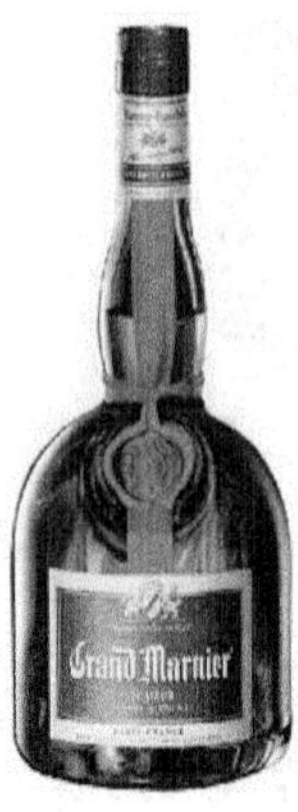

图 7－28　金万利酒

图 7－29　卡悉酒

图 7－30　修道院酒

图 7－31 荷兰蛋黄酒

图 7－32 茴香利口酒

图 7－33 马利宝

三、利口酒的饮用和服务

（一）净饮

利口酒常用特殊的高脚杯盛装，净饮品尝，它的美味和醇厚口感让品饮者久久回味。

（二）加冰饮用

利口酒加冰饮用是当前较为常见的饮用方式之一，在岩石杯中加入适量冰块，根据品饮者的要求加入适量的利口酒，用吧匙搅拌。

（三）兑饮

利口酒的含糖量和黏稠度较高。饮用利口酒更多是采用兑饮的方式，将利口酒与其他碳酸饮料或者果汁、咖啡等混合饮用。利口酒由于含糖量高，不适合做开胃酒。

（四）使用杯具

利口酒净饮可以使用利口酒杯、高脚杯，加冰饮用时可使用岩石杯、葡萄酒杯，兑饮或者调制鸡尾酒饮用时可以使用果汁杯、高脚杯等。

第四节 中国配制酒

人类最初的饮酒行为虽然还不能被称为饮酒养生，但是在过去一段时间内饮酒与养生确实有着密切的关系。经研究考证，中国配制酒最早开始于春秋战国之前，生产过程简单、成本不高。

中国配制酒在传统观念中被当作药酒饮用，并不被大众了解和接受。中国的配制酒是以发酵原酒（黄酒、果酒）、蒸馏酒或食用酒精为基酒，加入香草、香料、果皮、中药等，用浸泡、掺兑、煮沸、复蒸等不同工艺加工配制而成的饮料酒。中国的配制酒主要分为药酒和露酒两大类。两者并无本质上的区别，但药酒以治疗疾病为主，有特定的医疗作用；露酒以滋补养生健体为主，有保健强身作用。

一、药酒

（一）中国药酒概述

酒与医素有不解之缘，繁体“医（醫）”字从“酉”，酉者，酒也。这大概是因为先祖们无意中食用了发酵后的瓜果汁，发现了它可以治疗一些虚寒腹痛之类的疾病，从而让酒与原始医疗活动结缘。《黄帝·素问八》有“汤液醪醴论”，专门讨论用药之道。所谓“汤液”，即今之汤煎剂，而“醪醴”者即药酒也。显然在当时对药酒的医疗作用已有了较为深刻的认识。

药酒是以白酒、黄酒或果酒为基酒，加入中药材（如人参、枸杞、五加皮、五味子等），经酿造或泡制而成的具有药用价值的酒。酒度随基酒而定，药用功能各有不同。药酒在中国有悠久的历史。李时珍的《本草纲目》中就收集了大量古时和当时的药酒配方。这些配方具有用药少、简便易行的特点。在古代，人们认为酒有疏通血脉、抵御风寒等作用，能使某些药发挥最佳的药效，既可治疗疾病和预防疾病，又可用于病后的辅助治疗。

（二）药酒的种类

1. 按使用方法分类

根据使用方法，药酒可分为内服药酒、外用药酒和既可内服又可外用的药酒三大类。

2. 按功效分类

根据药酒的功效，药酒可分为药性药酒和补性药酒（滋补酒）两大类。前者以治疗疾病为主，可预防疾病，或用于病后的辅助治疗，如史国公酒等；后者以辅助性治疗为主，可预防疾病，或用于病后的辅助治疗，如蜂王浆补酒、雪蛤大补酒。

（三）常见的药酒品牌

常见的药酒品牌有人参酒、参茸酒、首乌酒、史国公酒、十全大补酒、龟龄酒、蜂王浆补酒、雪蛤大补酒等。

二、露酒

（一）露酒概述

露酒是以蒸馏酒、发酵酒或食用酒精为基酒，加入食用动植物及香料、色素等食品添加剂，按一定生产工艺加工制成的具有水果风味的饮料酒。露酒改变了原基酒的风格，具有营养丰富、品种繁多、风格各异的特点。

（二）著名的露酒品牌

1. 竹叶青酒

竹叶青酒，如图7－34所示，以山西省汾阳杏花村酒厂生产的最为有名。它以汾酒为基酒，用竹叶等十余种香料的浸液和冰糖配制而成。竹叶青酒酒体金黄，微绿透明，有药材形成的独特清香，口味绵甜、微苦、温和，无刺激感。在夏季，可以加冰饮用。

2. 五加皮酒

五加皮酒，如图7－35所示，产自广东省广州市，以五加皮为原料，加入当归、砂仁、豆蔻、丁香等近30种中药材，用经过加工的白酒分别热浸后配制而成，具有多种药材综合的香，入口酒味浓郁，口感醇滑，风味独特。

图7－34　竹叶青酒

图7－35　五加皮酒

3. 莲花白酒

莲花白酒，如图7－36所示，为明朝的宫廷御酒。早在明朝万历年间，王公贵族就开始酿造宫廷酒——莲花白酒。以陈年纯正的高粱酒为基酒，加入黄芪、砂仁、五加皮、广木香、丁香等20余种中药材，入坛密封陈酿而成，其酒液无色透明，药香、酒香和谐，芳香宜人，滋味醇厚，甘甜柔和，回味悠长。

4. 玫瑰露酒

玫瑰露酒，如图7－37所示，酿造历史已有600余年，是以华北特产高粱酿造的优质高粱酒为基酒，配以良种玫瑰花蒸馏而成的，酒液郁香醇厚，回味绵长，而且有良好的养生效果。在国际上享有盛名。

此外，中国有名的露酒还有鹿龟酒、中国劲酒、养生酒、“固本酒”、三鞭酒及杨梅酒。

图7－36　莲花白酒

图7－37　玫瑰露酒

小贴士

中国配制酒的饮用与服务

1. 杯具

宜使用利口酒杯、古典杯。

2. 标准饮用量

中国配制酒的标准饮用量为30mL，或遵医嘱。

3. 露酒的一般饮用

露酒一般适合净饮，可根据需要温热或加冰。也可与软饮料混合饮用，或是调制鸡尾酒。

思考题

一、选择题

1. 据传，（　　）是第一个将芳香植物浸渍在葡萄酒中的人。

A. 苏格拉底　　B. 伯里克利

C. 希波克拉底　　D. 索福克勒斯

2. 配制酒大致可以分为以下几个种类：开胃酒、甜食酒、（　　）三大类别。

A. 清酒　　B. 利口酒　　C. 药酒　　D. 朗姆酒

3. 开胃酒大致可分为三种饮用方法：（　　）、加冰饮用、兑饮。

A. 餐前饮用　　B. 净饮　　C. 餐后饮用　　D. 餐中饮用

4. 马天尼属于（　　）。

A. 味美思　　B. 比特酒　　C. 茴香酒　　D. 波特酒

5. 金巴利，产于意大利，药味浓郁，口感微苦，是著名的（　　）。

A. 味美思　　B. 比特酒　　C. 茴香酒　　D. 波特酒

二、问答题

1. 国外配制酒主要分为哪几类？

2. 利口酒可以分为哪些类别？

3. 中国配制酒饮用的注意要点有哪些？

【经验性训练】

通过对开胃酒、甜食酒、利口酒的比较认识以及感官体验，识别开胃酒、甜食酒、利口酒的不同品牌。

【实践考核项目】

配制酒的识别

（一）本项目的考核目的

1. 能够将开胃酒、甜食酒、利口酒的饮用与服务知识运用到实践中。

2. 能够识别开胃酒、甜食酒、利口酒的不同品牌及其特点。

（二）所需理论知识

1. 开胃酒、甜食酒、利口酒的不同品牌及其特点。

2. 中国配制酒的知识。

（三）所需仪器设备和消耗性器材

1. 准备利口酒杯、古典杯、冰块、盎司杯、吧匙等工具。

2. 准备各类具有代表性品牌的开胃酒、甜食酒、利口酒。

（四）实训考核内容和要求

1. 能够按照配制酒的特点进行开胃酒、甜食酒、利口酒的分类，识别各类配制酒的品牌。

2. 能够按照要求进行开胃酒、甜食酒、利口酒的酒水服务。

第二篇

非酒精饮料

第八章　茶

本章概要

本章主要讲述了茶的起源、茶树与茶的分类、饮茶的功效，并对茶的泡饮与茶事服务、休闲茶饮制作进行了介绍。

学习目标

▲ 知识目标

(1) 了解茶的起源。

(2) 了解茶的分类、品种及特点。

(3) 了解饮茶的功效。

▲ 技能目标

(1) 掌握茶的泡饮法。

(2) 掌握茶事服务技巧。

(3) 掌握常见休闲茶饮制作方法。

关键性术语

茶　六大茶类　饮茶的功效　休闲茶饮

章首阅读

“茶圣”陆羽、《茶经》及其对茶文化的贡献

陆羽，字鸿渐，唐朝复州竟陵（今湖北天门）人。陆羽一生嗜茶，精于茶道，以著世界第一部茶叶专著——《茶经》闻名于世，对中国茶业和世界茶业的发展做出了卓越贡献，被誉为“茶仙”，尊为“茶圣”，祀为“茶神”。唐朝上元初年（760 年），陆羽隐居苕溪（今浙江湖州），撰《茶经》三卷，《茶经》成为世界上第一部茶叶

图 8－1 “茶圣”陆羽画像

专著。

王玲先生在谈到《茶经》一书的文化学内涵时，将《茶经》在茶文化发展史上的重要意义归纳为三个方面：

第一，《茶经》首次把饮茶当作一种艺术过程来看待，创造了烤茶、选水、煮茗、列具、品饮这套中国茶艺。

第二，《茶经》首次把“精神”二字贯穿于茶事之中，强调了茶人的品格和思想情操，把饮茶看作“精行俭德”。

第三，陆羽首次把中国儒、释、道的思想文化与饮茶过程融为一体，首创中国茶道精神。

第一节　茶的基础知识

一、茶的起源与茶的性质

（一）茶的起源

中华民族是最早发现茶树及利用茶叶的民族，茶文化源远流长。在中国史料中，茶的异名同义字有茶、槚等，文人雅士亦赋茶以许多雅号，如晚甘侯、酪奴、清友、不夜侯、瑞草魁、南方嘉木等。最初使用最多的是“茶”字，随着茶文化的发展，到了唐代才出现“茶”字，陆羽撰写《茶经》亦使用“茶”字，此后“茶”成为通用的名称，“茶”的字形、字音、字义一直沿用至今。茶文化成为中华民族特有的文化。

（二）茶的性质

茶一般具有以下三种性质。

（1）吸湿性。干茶的水分一般只有 5%～8%，这使其具有极强的吸湿能力。茶吸收水分若超过 10%，就会影响茶的质量。

（2）陈化性。不发酵的茶与空气接触就会发生氧化作用，会使茶的香气减退，口感变劣，这一过程叫陈化。

（3）吸异味性。茶具有强烈的吸收其他气味的特性。

二、茶的特点

色、香、味、形是茶品质的综合反映。其中，色、香、味是以多种化学物质为基础而形成的，体现茶的内质特征。

（一）色

茶的色泽包括干茶颜色及茶汤颜色两部分。绿茶的绿色主要是叶绿素决定的，红茶的红色来源于鲜叶中的茶多酚。

（二）香

人们已经从茶中发现了300多种构成茶香气的芳香物质。

（三）味

茶中对味觉起作用的物质有茶多酚、氨基酸、咖啡因、原糖等。

（四）形

茶的外形有条形、针形、扁形、球形、片形等。

三、茶树与茶的分类

（一）茶树的分类

目前，中国茶树品种分类是以树型、叶片大小及萌芽期作为依据的。

（1）依树型可分为乔木型、小（半）乔木型和灌木型。

（2）依叶片大小可分为特大叶类（叶长大于14.0cm，叶宽大于5.0cm）、大叶类（叶长为10.1～14.0cm，叶宽为4.1～5.0cm）、中叶类（叶长为7.0～10.0cm，叶宽为3.0～4.0cm）和小叶类（叶长小于7.0cm，叶宽小于3.0cm）。

（3）依萌芽期分为早生种、中生种和晚生种。

（二）茶的分类

1. 依茶的发酵程度分类

一般分为不发酵茶类、部分（半）发酵茶类、全发酵茶类和后发酵茶类。

2. 依制造加工方法（层次）分类

直接利用茶树芽叶加工而成的茶统称为基本茶类，依其不同工序及不同加工技术可分为绿茶、黄茶、白茶、乌龙茶、红茶及黑茶六大类。

（1）基本六大茶类。茶依其制造方法及干茶的色泽或茶汤的颜色，可归纳为属不发酵茶类的绿茶、黄茶，属部分发酵茶类的白茶、乌龙茶，属全发酵茶类的红茶及属后发酵茶类的黑茶等六大茶类。

绿茶类：鲜叶—炒（蒸）青—揉捻—干燥。

黄茶类：鲜叶—炒青—焖黄—干燥。

白茶类：鲜叶—萎凋—烘青—轻揉—干燥。

乌龙茶类：鲜叶—日光萎凋—做青（摇青及静置）—炒青—揉捻—干燥。

红茶类：鲜叶—萎凋—揉捻—发酵—干燥。

黑茶类：鲜叶—炒青—揉捻—渥堆—干燥（黑毛茶）—蒸压—成型。

（2）再加工茶类。再加工茶类可分为花茶类、草果茶类、速溶茶类、茶饮料类、茶酒类、粉茶及抹茶等。

四、六大茶类及历史名茶

（一）六大茶类

- 绿茶
  - 炒青绿茶
    - 长炒青（眉茶）：特珍、珍眉、秀眉、贡熙等
    - 圆炒青：珠茶
    - 扁炒青：老竹大方茶等
    - 细嫩炒青：龙井、碧螺春、雨花茶、松针茶等
  - 烘青绿茶
    - 普通烘青：闽烘青、浙烘青、徽烘青、苏烘青等，通常作为熏制花茶的茶坯
    - 细嫩烘青：黄山毛峰、太平猴魁、华顶云雾等
  - 晒青绿茶：滇青、川青、陕青等，可再加工紧压制成青砖、康砖、沱茶、方茶等
  - 蒸青绿茶：恩施玉露等

- 黄茶
  - 黄芽茶：君山银针、蒙顶黄芽等
  - 黄小茶：北港毛尖、沩山毛尖、温州黄汤等
  - 黄大茶：霍山黄大茶、广东大叶青等

- 白茶
  - 白芽茶：白毫银针
  - 白叶茶：白牡丹、贡眉、寿眉等

- 乌龙茶
  - 闽北乌龙：武夷岩茶等
  - 闽南乌龙：铁观音、黄金桂等
  - 广东乌龙：凤凰单枞、凤凰水仙、岭头单枞等
  - 台湾乌龙：文山包种、冻顶乌龙、高山乌龙、椪风茶等

红茶：
- 小种红茶：正山小种、外山小种等
- 工夫红茶：闽红、滇红、祁红、川红等
- 红碎茶：花碎橙黄白毫、碎橙黄白毫、碎白毫等

黑茶：
- 湖南黑茶：黑砖、花砖、湘尖等
- 湖北老青茶：青砖等
- 四川边茶：南路边茶（康砖、金尖），西路边茶（方包茶）
- 滇桂黑茶：普洱沱茶、七子饼茶、六堡茶等
- 陕西黑茶：泾渭茯茶等

1. 绿茶

绿茶的鲜叶经过高温炒青，其中酶的活性被破坏，多酚类化合物的酶促氧化反应被制止，由此形成“绿叶清汤”的品质特征。

2. 黄茶

在高温炒青黄茶鲜叶以破坏酶活性的基础上，经焖黄促进部分多酚类化合物自动氧化和叶绿素破坏，使之形成“黄叶黄汤”的品质特征。

3. 白茶

白茶的鲜叶在自然条件下，其中的多酚类化合物在长时间内进行轻度缓慢氧化，形成“茶芽满披白毫、叶色灰绿、汤色浅杏黄”的品质特征。

4. 乌龙茶

乌龙茶的鲜叶经过萎凋、做青，多酚类化合物轻度和局部氧化，再经过炒青，停止多酚类化合物继续氧化，形成“绿叶红镶边”、汤色金黄或杏黄、香高味醇的品质特征。

5. 红茶

在对红茶的鲜叶进行萎凋、揉捻的过程中，创造一定条件促进多酚类化合物的酶性氧化，使茶叶形成“红叶红汤”的品质特征。

6. 黑茶

经高温炒青后，对黑茶的鲜叶进行揉捻、渥堆，在水热作用下，黑茶会形成干茶，其外形油黑或呈褐绿色。在黑茶加工中有湿坯渥堆、初干后渥堆和成茶渥堆三小类。

（二）历史名茶

在中国漫长的茶发展历史中，出现了各式各样的名茶，这些名茶具有独特的外形，优异的色、香、味品质，是茶中珍品。在近代及当代，“十大名茶”有多种说法。不同时期的“十大名茶”如表 8－1 所示。

表 8－1　不同时期的“十大名茶”

时期	评选机构	“十大名茶”名单
1915 年	巴拿马万国博览会	碧螺春、信阳毛尖、西湖龙井、君山银针、黄山毛峰、武夷岩茶、祁门红茶、都匀毛尖、安溪铁观音、六安瓜片
1959 年	中国“十大名茶”评比会	洞庭碧螺春、南京雨花茶、黄山毛峰、庐山云雾茶、六安瓜片、君山银针、信阳毛尖、武夷岩茶、安溪铁观音、祁门红茶
1999 年	《解放日报》	江苏碧螺春、西湖龙井、安徽毛峰、六安瓜片、恩施玉露、福建铁观音、福建银针、云南普洱茶、福建云茶、庐山云雾茶
2001 年	美国联合通讯社和《纽约日报》	黄山毛峰、洞庭碧螺春、蒙顶甘露、信阳毛尖、西湖龙井、都匀毛尖、庐山云雾、安徽瓜片、安溪铁观音、苏州茉莉花
2002 年	《香港文汇报》	西湖龙井、江苏碧螺春、安徽毛峰、湖南君山银针、信阳毛尖、安徽祁门红、安徽瓜片、都匀毛尖、武夷岩茶、福建铁观音

五、饮茶的功效

根据国内外学者的研究结果，可将饮茶的功效归纳为下列八项：

（1）提神醒脑、消除疲劳、增强耐力。

（2）利尿。

（3）降低血脂、降低低密度脂蛋白，预防心血管疾病。

（4）预防糖尿病、预防高血压，强化微血管。

（5）预防蛀牙。

（6）抗菌。

（7）抗细胞突变，防癌。

（8）减缓衰老。

第二节　茶的泡饮与茶事服务

一、茶的泡饮法

根据不同的茶的品质特点，可以采用不同的泡饮法。

1. 绿茶的泡饮法

绿茶泡饮一般采用玻璃杯泡饮法、瓷杯泡饮法、茶壶泡饮法。

（1）玻璃杯泡饮法

操作方法有两种：一是上投法，冲泡外形紧结的名茶，如龙井、碧螺春和都匀毛尖等，即洗净茶杯后，先将85℃～90℃开水冲入杯中，然后取茶叶投入，一般不需要加盖，茶叶便会自动徐徐下沉，但有先有后，有的直线下沉，有的则徘徊缓慢下沉，有的上下沉浮后降至杯底；干茶吸收水分，逐渐展开叶片，现出一芽一叶、二叶，单芽、单叶的生叶本色，芽似枪、剑，叶如旗；汤面水气夹着茶香缕缕上升，如云蒸霞蔚，趁热嗅闻茶汤香气，令人心旷神怡；观察茶汤颜色，或黄绿碧清，或乳白微绿，或淡绿微黄，隔杯对着阳光透视，还可见到汤中有细细茸毫沉浮游动；其间茶叶细嫩多毫，汤中散毫就多，此乃嫩茶特色，这个过程称为湿看欣赏。二是中投法，泡饮茶条松展的名茶，如黄山毛峰、六安瓜片和太平猴魁等，即在干茶欣赏以后，取茶入杯，冲入90℃开水至杯容量的1/3时，稍停2分钟，待干茶吸水伸展后再冲水至满，此时茶叶或徘徊飘舞下沉，或游移于沉浮之间，观其茶形、动态，别具茶趣。

（2）瓷杯泡饮法

中高档绿茶用瓷杯冲泡，瓷杯能使茶中的有效成分浸出，从而得到较浓的茶汤。一般先品评茶的色、香、形，然后入杯冲泡。在杯中注入95℃～100℃的热水，最好盖上杯盖，既能防止香气散逸，还能保持水温以利茶叶伸展。

（3）茶壶泡饮法

茶壶泡饮法适用于冲泡中低档绿茶。这类茶多纤维素，耐冲泡，茶味也浓。泡饮时，先洗净茶壶，取茶入壶；用100℃的沸水冲泡至壶满，静置3～5分钟后即可斟入杯中品饮。

2. 红茶的泡饮法

红茶色泽黑褐油润，香气浓郁带甜，滋味醇厚鲜甜，汤色红艳透黄，叶底嫩匀红亮。红茶的泡饮法有两种：一是清饮法，二是调饮法。

（1）清饮法

清饮法就是将茶放在茶壶中，加沸水冲泡，然后将茶汤注入茶杯中，以便品饮。

（2）调饮法

调饮法就是先将茶放入茶壶，加沸水冲泡，然后将茶汤倒出，添加糖、牛奶、柠檬汁、蜂蜜、香槟酒等进行调配，调配出的饮品风味各异。

3. 乌龙茶的泡饮法

乌龙茶要求用小杯细品。首先，选用中高档乌龙茶；其次，配一套专门的茶具，茶具要配套、小巧精致，通常被称为“茶室四宝”，即玉书煨（烧开水的壶）、潮汕炉（火炉）、孟臣罐（茶壶）、若琛瓯（茶杯）；最后，选用山泉水，水温以初开为宜。

4. 花茶的泡饮法

花茶适合用玻璃杯冲泡，茶与水的比例以1：50为宜。茶水温度以75℃为宜。冲泡时间为3～5分钟，可以冲泡2～3次。

5. 紧压茶的泡饮法

在冲泡紧压茶时要注意，需要先把茶捣碎，再放在铁锅或者铁壶中烹煮，一边煮，一边搅，以使茶汁充分浸泡出来。

6. 普洱散茶的泡饮法

将10g普洱散茶倒入茶壶或盖碗中，冲入500mL沸水，浸泡5分钟。先将茶汤倒入公道杯中，再将茶汤斟入品茗杯，闻其香，观其色，而后饮用。

7. 白茶的泡饮法

在白茶的冲泡中，要慢慢观赏茶叶在汤水中沉浮、舒张的过程。将2g白茶置于玻璃杯中，冲入70℃的热水少许，浸润白茶10秒左右，再冲开水至满，静置3分钟后，即可饮用。

二、茶事服务及注意事项

冲泡一杯色、香、味俱佳的茶，除了要求茶本身的品质外，还要在水、水温、时间、茶具及茶的用量等方面下功夫。

1. 水的选择

水对茶汤的色泽、口味以及香气均有重要影响。泡茶用天然水最好。

2. 泡茶的水温

泡饮高级绿茶的水温一般以80℃左右为宜，泡饮各种花茶、红茶和普通的绿茶，则要用95℃的水。

3. 茶与水的比例

一般情况下，茶与水的比例是1∶50，即每杯如放3g茶，应用150g水冲泡为宜。

4. 泡茶时间

泡茶时间包含两层意思：一是茶从泡到饮需要的时间；二是指有些茶要冲泡数次，每次需要的时间。

5. 茶具

古人曾说，水为茶之母，壶为茶之父。茶的美和茶具的美，相映成趣，颇具观赏价值和文化艺术气息。

6. 服务时的注意事项

服务时应注意以下几点：

（1）茶具使用前一定要洗净、擦干。

（2）添加茶，切勿用手抓，应用茶匙、不锈钢匙来取，忌用铁匙、羊角匙。

（3）添加茶时，应逐步添加为宜，不要一次放入过多。如果取茶过量，取出的茶不要再倒入茶罐，应丢弃或单独存放。

（4）选用茶类，应根据季节、宾客的爱好而定。

（5）冲泡茶时，水注八分满即可。当杯中茶汤饮用一半或2/3时，应立即添水。

第三节 休闲茶饮制作

一、休闲茶饮

饮茶是一种生活方式，随着社会经济的不断发展，传统饮茶方法和现代休闲理念有机结合，推动着休闲茶饮的出现和发展，并成为人们消费的热点。

（一）休闲茶饮发展的三个阶段

自20世纪90年代以来，中国休闲茶饮的发展主要经历了以下三个阶段。

1. 粉末时代（1990—1995年）

台商将粉末式奶茶引入大陆，掀起了一波“奶茶风”。这类茶饮由各种粉末冲水调制而成，味道通常包括原味、草莓味、香芋味、西瓜味、杧果味等。这类奶茶不含茶也不含奶，是大陆休闲茶饮的初级阶段，业内称之为“粉末时代”。

2. 街头时代（1995—2015年）

这一时期，休闲茶饮的原料经过演变、升级，出现了茶基底，即用茶末制作基底茶，并将其装在茶桶里，每隔数小时进行更换，此时真正的茶叶代替粉末出现在茶饮中，形成全新的形态及口感。

3. 新休闲茶饮时代（2015年至今）

随着人们的消费升级，茶饮更加注重品质，朝着精品茶饮方向迈进。在原料选取上，用上等的茶叶，辅之以不同的萃取方式，代替原有的碎末。茶饮的品类不断丰富，茶饮中加入各类新鲜水果成为水果茶。

在制作工艺上，萃取设备的更新和新休闲茶饮的发展相辅相成、相互促进，萃取工艺上也进行了一定的革新，除了传统的热泡，还引入了冷泡、真空高压萃取等。这些新方法的应用不仅减弱了茶生涩的口感，还可以减少茶单宁酸的释放，有利于对人们肠胃的保护。

（二）休闲茶饮的文化标签

在消费升级背景下，休闲茶饮具备了休闲、社交属性，满足了人们对高品质生活的追求，其消费过程亦是社交与休闲的过程。在茶饮空间，消费者购买的不仅仅是产品本身的饮料功能，还有张弛有度、劳逸结合的社交功能和休闲功能。

同时，休闲茶饮和新媒体的结合强化了休闲茶饮对应的时尚标签属性，目前

“90 后”消费群体成为休闲茶饮的主力消费群体。该消费群体边际消费倾向高，注重高品质生活，强调个性，一些“网红”休闲茶饮的出现获得了该类消费群体的认同。

二、常见休闲茶饮制作

（一）西米奶茶

原料：红茶一包，西米 1/2 杯，牛奶适量。

做法：①先将西米浸透，放入沸水中边搅拌边煮至透明，隔去水分待用；②将牛奶在壶中煮热后，加入红茶浸泡；③将泡好的奶茶倒入茶杯，然后加入煮熟的西米，饮用时搅拌均匀。

（二）坚果奶茶

原料：茶叶 10g，清水 100mL，核桃切片 1 茶匙，牛奶 100mL，奶油少许。

做法：①将茶叶、清水、1 茶匙的核桃切片放进锅中煮，再加入适量牛奶；②加入奶油，也可以加入适量粗砂糖以提升口感。

近来也有人以花生来代替核桃。

（三）暖姜奶茶

原料：茶叶 10g、生姜 2g（磨碎）、生姜片 1 片、牛奶 100mL、清水 100mL。

做法：①将茶叶与磨碎的生姜放入锅中，以清水浸泡，茶叶泡好之后，加入与清水同量的牛奶并加热；②将茶杯用开水预热清洗，注入泡好的姜奶茶，并切厚度为 1 ~ 2 mm 的生姜片用于装饰茶杯，一杯暖姜奶茶便完成了。

（四）玫瑰奶茶

原料：玫瑰果茶茶包 1 包，牛奶 200mL，蜂蜜适量。

做法：①用玫瑰果茶茶包泡茶；②在锅中放入 200mL 牛奶温热，将泡好的玫瑰果茶倒入再加热，在奶茶快沸腾前熄火，可按个人喜好酌量加入蜂蜜。

（五）珍珠奶茶

原料：糖少许，奶精 2 勺，热红茶适量，奶茶精 1 勺，果粉 1 勺，珍珠少许。

做法：①将奶精用适量热红茶融化；②在杯子中加入奶茶精、果粉和糖；③再将融化了奶精的热红茶倒入杯中搅拌均匀；④将珍珠用小火煮至变大变软（大概煮 40 分钟，中途需要换水）；⑤将珍珠放入杯中即可。

注意：如果做冰奶茶，加冰块搅拌至冷即可。果粉推荐用草莓味或巧克力味的。原味珍珠奶茶不需要加果粉。

思考题

一、选择题

1. 茶具有吸湿性、吸异味性和（　　）三种特性。

A. 酸性　　B. 碱性　　C. 中性　　D. 陈化性

2. 花茶适合用玻璃杯冲泡，茶与水的比例以（　　）为宜。

A. 1：50　　B. 1：15　　C. 1：100　　D. 1：25

二、问答题

茶分为哪六大类？请分别列举其中两类的代表性品种。

【经验性训练】

对茶进行感官体验。

【实践考核项目】

茶的泡饮

（一）本实训的考核目的

掌握茶的分类与特征；能识别不同类别的茶，并能正确使用各类茶具；掌握不同类别的茶的泡饮法。

（二）所需理论知识

掌握各类茶的泡饮法、要求及注意事项。

（三）所需仪器设备和消耗性器材

相关茶具。

（四）实训考核内容、要求及标准

1. 考核内容

绿茶、红茶、乌龙茶的泡饮法。

2. 考核要求

掌握茶的泡饮法，能做到快速、准确地按不同类别的茶的泡饮要求提供茶事服务。

3. 实训考核标准

茶艺考核评分表

班级__________ 姓名__________ 学号__________ 操作时间__________ 分数__________

必会品种：龙井、正山小种。

考核品种：龙井、正山小种、铁观音。

评分内容及要求、分值：每个品种的评分内容及要求、分值、得分见下表。

评分内容及要求	分值	得分
使用正确的茶具	2	
手法熟练、动作连贯	5	
选择茶叶及泡饮法正确	8	
水温适宜，茶叶分量合理	8	
泡茶时间合理	5	
操作符合卫生要求	2	
仪容仪表	10	
合计	40	

考核时间：　　年　　月　　日　　　　　　考评教师签名：____________

第九章　咖　啡

本章概要

本章主要讲述了咖啡树种、单品咖啡、花式咖啡、咖啡豆知识与咖啡饮用礼仪等相关知识。

学习目标

▲ 知识目标

(1) 掌握咖啡树种。

(2) 掌握单品咖啡、花式咖啡的相关知识。

▲ 技能目标

(1) 能够独立完成咖啡豆的选购工作。

(2) 掌握咖啡饮用礼仪。

(3) 掌握意式浓缩咖啡的制作步骤。

关键性术语

咖啡树种　单品咖啡　花式咖啡　咖啡豆　咖啡饮用礼仪

章首阅读

瑞幸之后，中国的咖啡故事怎么讲?

2020 年对整个咖啡行业来说是无比艰难的。

首先是瑞幸事件的影响，再次是疫情对线下零售的打击。这样的“戴维斯双杀”对整个行业进行了一波无差别的清洗。

9 月 3 日，连咖啡在公众号发文《消失 100 多天后，我回来了》，阅读量很快达到 10 万 +。除了高调宣布回归，还拿到了资本的新一轮融资。

资本对咖啡这个行业来说，还是看得比较透彻的。

零售行业更讲究消费习惯。咖啡市场经过多年的培养，已开始从尝鲜向日常消费过渡，当人们的购买行为发生改变后，市场空间将会出现一波很大的增长。

前瞻产业研究院数据显示，中国咖啡消费年均增速达15%，远高于世界平均水平，预计2025年市场规模达到2171亿元。极光调研发布的另一份报告则指出，过去四年中国现磨咖啡市场的增速分别为28.5%、23.5%、37.3%和25.4%，比咖啡市场的总体增速高出2%~9%。

资本市场和消费者双重买账证明咖啡的故事在中国讲得通。

但问题是，这个故事该怎么讲：在未来5~10年，中国咖啡市场的焦点不在于瑞幸大战星巴克，而是新咖啡品牌如何不断推出新品类去让更多年轻人买账。

如果说传统咖啡企业还要遵循“场景店来拔高品牌调性，强化品牌认知；快速复制档口店，以获得消费者更多的认同；再通过线上店延展消费场景，提高复购率”的原则，在现在这个新品牌可以拔地而起的时代，开一个品牌店则变得不再重要。

当今的商业世界有个词很火，叫“无边界”，这在一定程度上能说明未来的趋势。2019年1月，奈雪的茶推出新的咖啡饮品，同年3月，喜茶也上线喜茶咖啡，价格集中在15~30元。连罗森、全家等便利店也纷纷加入战场。北京同仁堂“知嘛健康”、Tims等纷纷借势而起。

大家都想在产品和渠道方面形成新的特色，期望在新场景、新产品和新人群下，对咖啡市场秩序进行重构。这也透露出了一个很重要的信息，咖啡零售市场的边界正变得越来越模糊，对手也变成了跨界巨头。但在未来几年，咖啡的胜利故事还是属于那些专注做好咖啡，不再去追逐资本利益，真正拥有渠道和能力的品牌。一家千亿市值的公司必定能诞生，每个参与者都有机会，中国的咖啡市场也有更多新故事可讲。

（资料来源：《品途商业评论》，作者杨真心、颜宇，2020年10月24日）

第一节　咖啡树种

咖啡是世界三大饮料之一，是用经过烘焙的咖啡豆制作出来的饮料，与可可、茶同为流行于世界的主要饮品。“咖啡”一词源自希腊语“Kaweh”，意思是力量与热情。在世界各地，人们越来越爱喝咖啡。随之而来的“咖啡文化”出现在生活中的不同时刻。咖啡逐渐与时尚、现代生活联系在一起。

咖啡树是一种茜草科植物，这些植物会结出樱桃般的果实，而果实里面的种子，就是咖啡豆。一直以来，咖啡被认为具有某些功效，如健胃、醒脑、止血、散热、强身等。研究发现，咖啡属植物有100多种，具有经济价值的咖啡树种有阿拉比卡和罗布斯塔两种。这两个咖啡树种与利比里亚成了人们所说的咖啡“三大原生树种”。

（一）阿拉比卡

阿拉比卡咖啡树种的原产地是埃塞俄比亚的阿比西尼亚高原（现在的埃塞俄比亚高原）。阿拉比卡咖啡树种所产咖啡即阿拉比卡咖啡初期主要作为药物食用，13 世纪被烘焙后用于制作饰品，16 世纪经阿拉伯地区进入欧洲，进而成为全世界人们共同喜爱的饮品。阿拉比卡咖啡的主要产地为南美洲、中美洲、非洲（东非诸国）、亚洲（包括也门、印度的部分地区）。单就成分来看，阿拉比卡咖啡的咖啡因含量较低，比例在 0.9% ~1.2%，脂肪和糖的含量相当丰富，因此阿拉比卡咖啡气味柔和、不刺激，口感清新微甜，有时会带一些清爽怡人的酸味，受到绝大多数咖啡爱好者的喜爱。阿拉比卡咖啡抗虫能力弱，种植海拔高，果实成熟晚，因此，阿拉比卡咖啡多用于新鲜咖啡的制作，当然其价格也是“三大原生树种”咖啡中最高的。

（二）罗布斯塔

罗布斯塔咖啡树种是在刚果发现的耐叶锈病树种，罗布斯塔咖啡树种所产咖啡即罗布斯塔咖啡比阿拉比卡咖啡有更强的抗病力。罗布斯塔咖啡适合生长于海拔 500 米以下的低地，环境适应能力强，能抵抗虫害。罗布斯塔咖啡的野外生长能力强，极易种植，但口感稍逊于阿拉比卡咖啡。罗布斯塔咖啡的咖啡因含量高且成本相对低，故在速溶咖啡里使用较多。罗布斯塔咖啡的味道很苦，风味浓郁，咖啡因含量为 2% ~4.5%，含油量为 8% ~9%，含糖量为 5%。

（三）利比里亚

利比里亚咖啡树种的原产地是利比里亚。利比里亚咖啡树种所产咖啡即利比里亚咖啡有很强的适应能力，在高温或低温、潮湿或干燥等各种环境中，都能生存下来，唯独不耐叶锈病。利比里亚咖啡的栽培史相较于其他两个咖啡品种都要短，其口味极苦，且产量太低，因此几乎不用其拼配咖啡，而是被原产地消耗。

第二节 单品咖啡和花式咖啡

一、单品咖啡

单品咖啡，就是用原产地出产的单一咖啡豆磨制而成，饮用时一般不加奶或糖的纯正咖啡。单品咖啡有强烈的特性，口感特别，或清新柔和，或香醇顺滑，成本较高，因此价格也比较高。下面向同学们介绍几款著名的单品咖啡。

（一）蓝山咖啡

蓝山咖啡，是指用产自牙买加蓝山地区的咖啡豆制成的咖啡。依档次又分为牙买加蓝山咖啡和牙买加高山咖啡等。1948 年牙买加咖啡工业局（Coffee Industry Board，简称 CIB）成立，《牙买加蓝山咖啡产业管理法例》出台，对蓝山咖啡的定义做了严格规定：①赋予包括沃伦弗德（Wallenford）庄园在内的四家法定咖啡庄园集中加工蓝山咖啡豆的权利，以保证蓝山咖啡的质量；②生长在海拔 500 米以上的蓝山区域；③蓝山咖啡出口分等级，即 No. 1、No. 2、No. 3、圆豆。

蓝山位于牙买加岛东部，该山在加勒比海的环绕下，每逢天气晴朗的日子，太阳直射在蔚蓝的海面上，山峰上反射出海水璀璨的蓝色光芒，故而得名。蓝山拥有肥沃的土壤，空气清新，气候湿润。这样的自然环境造就了享誉世界的牙买加蓝山咖啡。蓝山咖啡口味浓郁香醇，甘、酸、苦三味搭配完美，所以品饮时几乎感受不到苦味，仅有适度的酸味。

（二）曼特宁咖啡

曼特宁咖啡产于印度尼西亚的苏门答腊，别称“苏门答腊咖啡”。曼特宁咖啡豆经过烘焙之后豆粒甚大，生豆呈褐色或深绿色，有焦糖般特殊香味，风味浓郁，香、苦、醇厚，带有少许的酸味。咖啡爱好者大都饮用单品咖啡，但曼特宁咖啡也是调配花式咖啡不可或缺的品种。由于曼特宁咖啡本身只有少许酸味，所以一般使用特别冲调方式的咖啡，都以曼特宁咖啡为基础，在长时间的保温后或调制冰咖啡时，皆没有令人生厌的酸涩口感出现。

（三）摩卡咖啡

摩卡咖啡的名称源自也门的摩卡港。摩卡港在 15 世纪时是红海附近的主要商业港口，当时咖啡先集中到摩卡港再向外输出。也门与埃塞俄比亚一样，都是具有悠久咖啡生产历史的国家，在很多故事中都把也门的摩卡港作为咖啡的起源地，通常把也门生产的咖啡叫作摩卡咖啡。这里不要把它和一种叫作摩卡的花式咖啡混淆。地道的摩卡咖啡带有一种类似红酒的复杂香味和巧克力风味，但也带有辛辣、刺激等不太让人愉悦的味道。同时，由于摩卡咖啡中通常混有大量的瑕疵豆，所以，摩卡咖啡虽然出名，但难成精品。

（四）哥伦比亚咖啡

目前，哥伦比亚是全球知名的优质阿拉比卡水洗咖啡生产国。哥伦比亚咖啡豆具有粒大、肉厚、质地坚硬、酸味强、苦味重等特点，这些特性提高了哥伦比亚咖啡的烘焙难度，浅一分则酸味过重，深一分则苦味过重。但烘焙合适的哥伦比亚咖啡香味一流，加之其瑕疵豆混入比例极低，让哥伦比亚咖啡在世界范围内有较高的评价。

（五）猫屎咖啡

猫屎咖啡又名麝香猫咖啡，原产于印度尼西亚，麝香猫吃下咖啡果实后，咖啡豆被留在它们的胃里进行发酵，发酵过程中产生的短肽和自由氨基酸减弱了咖啡的苦涩味。因为无法在麝香猫的肠道内消化，咖啡豆经过发酵后被麝香猫直接排出体外，经过清洗和加工，被制作成了猫屎咖啡。

由于数量稀少且味道香醇可口，加之商家的营销炒作，猫屎咖啡一度成为世界上最贵的咖啡，优质的猫屎咖啡每磅价格甚至高达数百美元。巨大的商业价值让国际投资者和本地商贩趋之若鹜，他们开始人工圈养麝香猫。为了提高猫屎咖啡产量，饲养者不惜采用“填鸭式”的喂养方式，强迫这些麝香猫吃下大量的未经挑选的咖啡果实。这种方式生产出来的猫屎咖啡质量大打折扣，很多麝香猫也因为只能吃咖啡果实而产生了一系列严重的健康问题。

二、常见花式咖啡

所谓“花式咖啡”，是指在浓缩咖啡的基础上按照不同比例加入各种调味品，如牛奶、奶油、巧克力、冰激凌、洋酒、果汁等的咖啡。常见的花式咖啡包括卡布奇诺、拿铁、摩卡等。浓缩咖啡是一种口感强烈的咖啡，制作方法是以92℃的热水，借由9 bar高压冲研磨成很细的咖啡粉末冲出咖啡。它的发明及发展源于意大利，始于20世纪初。

（一）卡布奇诺

卡布奇诺的名字源自圣芳济教会（Capuchin）。这个教会的修士们都穿着褐色道袍，头戴一顶尖尖的帽子。圣芳济教会传到意大利时，当地人觉得修士服饰很特殊，就给他们取了Cappuccino的名字，后来，人们发现把浓缩咖啡、牛奶和奶泡混合后，颜色就像是修士所穿的深褐色道袍，于是人们就给这种饮料取名为卡布奇诺（Cappuccino）。英文最早使用“卡布奇诺”一词约在1948年，当时旧金山一篇报道率先介绍卡布奇诺，一直到1990年以后，卡布奇诺才成为世人耳熟能详的咖啡饮料。传统的卡布奇诺是1/3浓缩咖啡、1/3蒸气牛奶和1/3泡沫牛奶，并在上面撒上小颗粒的肉桂粉末。

（二）拿铁

拿铁是花式咖啡的一种，由咖啡与牛奶混合而成。意式拿铁为纯牛奶加咖啡，美式拿铁则将部分牛奶替换成奶泡。

（三）玛奇朵

在意大利浓缩咖啡中，不加鲜奶油、牛奶，只加上两大勺绵密细软的奶泡就是一杯玛奇朵。玛奇朵在意大利文中是“印记、烙印”的意思。玛奇朵由于只加奶泡而不加热牛奶，所以味道比较浓重。因打奶泡时，表面的奶泡与空气混合较剧烈，所以表面的奶泡较粗糙，可以将奶泡表面较粗糙的部分刮去，如此便可以喝到最细腻的部分。

（四）康宝蓝

康宝蓝咖啡是用鲜奶油、浓缩咖啡等制作而成的饮品。因为只加鲜奶油，所以康宝蓝有时亦被称为“单头马车”。

（五）摩卡

摩卡通常是由1/3的意式浓缩咖啡和2/3的奶泡配成，再加入少许巧克力（通常会以巧克力糖浆的形式加入）。摩卡的味道稍甜。

第三节　咖啡豆知识与咖啡饮用礼仪

一、选购咖啡豆

首先，挑选用单向排气阀包装袋包装的咖啡豆。咖啡豆包装袋上面的小孔看似不起眼，却是保持咖啡豆新鲜的关键。它有一个专业的名称，叫作“单向排气阀”（见图9-1），就是包装袋内的气体只能“单向排出”，无法从外界进入氧气，以保证咖啡豆的品质。有单向排气阀的咖啡豆包装袋，减少了大量氧气进入包装袋内，袋内咖啡豆整体保存品质远超普通的袋子。

其次，选择阿拉比卡咖啡豆。一般来说，阿拉比卡咖啡香气比较丰富，其咖啡豆的生长及产出风味也容易受不同的海拔、土壤、气候条件等因素影响，因而造就了不同产区的特殊味道。

再次，购买的咖啡豆能追溯到原产区。简单来说，就是购买可以看出是哪个产地、哪个产区的咖啡豆，而不要购买只标示国名甚至连国名也没标示的咖啡豆。例如在大商场常常可以看到一包写着“哥伦比亚咖啡豆”的咖啡豆，而所有在哥伦比亚出产的咖啡豆，都叫作哥伦比亚咖啡豆。所以可以想象，这包咖啡豆可能是不同地区的咖啡豆的大杂烩。这样的咖啡豆，通常商家都会直接进行深烘焙，让所有的咖啡豆通通变

图9-1 包装袋上的单向排气阀

成焦炭味，消费者就喝不出来差异了。

产地标示得越详细的咖啡豆其品质越有保证。如果能追溯到特定产区，特定的处理场、合作社或生产者，甚至是特定的海拔，这样的咖啡豆一致性较高，能喝出产区特殊的风味。

最后是烘焙日期。购买咖啡豆前，一定要记得检查包装上是否注明烘焙日期。知道咖啡豆的烘焙日期是很重要的，如果咖啡豆不新鲜，不仅其风味会大大减损，还可能产生有害身体的毒素。知道烘焙日期，也可以帮助消费者计算养豆时间，以便在赏味期内品尝咖啡。

二、咖啡饮用礼仪

在商务活动或其他社交活动中去咖啡厅饮用咖啡，冲好的咖啡多是用袖珍型的小杯盛着。一般杯底放一只小托盘，托盘上放一把小勺（咖啡匙）。需要说明的是，托盘上的这把小勺并不是用来舀咖啡的，而是用来搅拌咖啡的。

正确的持杯方法是伸出右手，大拇指和食指握住杯耳后，轻轻地端起杯子。

给咖啡加糖或冰块是一种常见的饮用咖啡的习惯。加入糖或冰块后应用小勺沿杯周边将其搅匀，再将小勺放于托盘左边。将小勺放在杯内喝咖啡是不雅的举动，而用小勺搅拌时碰撞杯子发出很大声响也是失礼的。

饮用咖啡时切忌吸得吱吱作响。需要取食甜点时，要先将咖啡杯放下，而在饮用咖啡时，也不要同时拿着甜点品尝。

在饮用咖啡时，应适时地与交流对象进行交谈，但不要乱开玩笑或大声喧哗。不要在他人饮用咖啡时向其提出问题；自己饮用咖啡后讲话前，应先用纸巾擦拭嘴角，防止嘴角弄脏。

饮用咖啡时应注意以下三点：

第一，饮用要适量。在正式场合饮用咖啡，与其说咖啡是一种饮料，不如说咖啡是一种休闲或交际的陪衬。一般情况下，饮用咖啡一杯就可以了，不要超过三杯。另外饮用咖啡时，一般一杯要饮用十分钟左右，并且要分成十口左右饮用，这样才显得自己的举止较为文雅。

第二，关于咖啡配料。配料的添加因个人的饮用习惯各不相同，所以最好自主添加。当然，如果别人为自己添加，也要表示感谢。

第三，关于咖啡冷却。刚刚煮好的咖啡太热，可以用咖啡匙在杯中轻轻搅拌使之冷却，或者等待其自然冷却后再饮用。试图用嘴去把咖啡吹凉，是很不文雅的动作。

第四节　意式浓缩咖啡和手冲咖啡

一、意式浓缩咖啡

（一）什么是意式浓缩咖啡

意式浓缩咖啡是一种口感强烈的咖啡，制作方法是以92℃的热水，借由9bar高压冲研磨成很细的咖啡粉末冲出咖啡。

浓缩咖啡有着较滴滤式咖啡浓稠的质感，每单位体积内含有较滴滤式咖啡更多的溶解物质；供应量通常以“份”来计算。浓缩咖啡的化学成分较复杂且性质不稳定，其中许多成分会因氧化或者温度降低而分解。冲制恰当的浓缩咖啡其表面会漂浮着咖啡油脂，这是一种红棕色的泡沫，由植物油、蛋白质以及糖类所构成。咖啡油脂是乳剂与泡沫胶体两种元素的结合。

短时间且高压冲煮，使一杯咖啡的风味，较使用其他冲煮器材获得的风味更强烈。不过，冲煮时间短使得咖啡因成分较少。浓缩咖啡常作为掺杂其他成分（如牛奶或可可粉）的咖啡饮料的基础，例如拿铁咖啡、卡布奇诺、玛奇朵以及摩卡咖啡。

（二）意式浓缩咖啡的特点与制作参数

1. 意式浓缩咖啡的特点

（1）高压萃取：意式浓缩咖啡的萃取，是在使用机器制造的9bar的高压环境下进行的。

（2）迅速萃取：一份意式浓缩咖啡的制作，一般从第一滴热水接触咖啡粉到萃取完成，只需要约30秒的短暂时间。

（3）即时萃取：意式浓缩咖啡的香气和咖啡油脂都会在空气中迅速消散，因此一定要现场制作，立即饮用。

2. 意式浓缩咖啡的制作参数

本书引用世界咖啡师大赛采用的意式浓缩咖啡萃取参数数据。

咖啡粉量：7～9g（单份）/14～18g（双份）。

萃取液量：25～35mL（每份）。

萃取时间：20～30 秒。

机器水温：90.5℃～96.0℃。

机器水压：8.5～9.5 bar。

（三）半自动咖啡机和咖啡豆研磨机

全自动咖啡机、半自动咖啡机以及全手动咖啡机都能制作意式浓缩咖啡。当下，半自动咖啡机是制作意式浓缩咖啡的主流。

半自动咖啡机如图 9－2 所示。

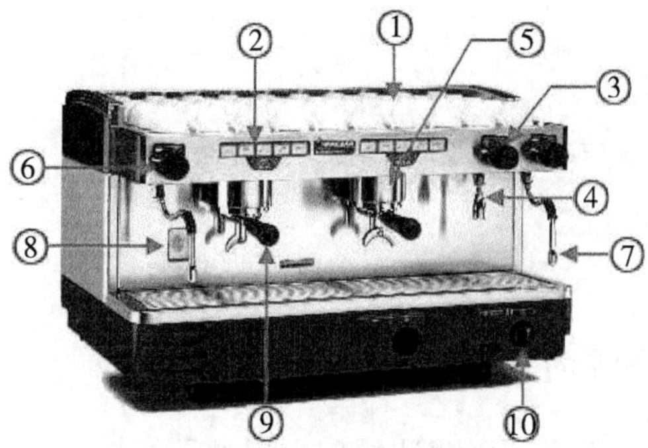

图 9－2 半自动咖啡机

①温杯平台。

②萃取开关。

③热水开关。

④热水口。

⑤冲煮头（内有分水网和垫圈）。

⑥蒸汽开关。

⑦蒸汽棒。

⑧压力表。

⑨萃取手柄（头部装有粉碗）。

⑩电源开关。

分量研磨机如图 9－3 所示。

①豆仓（下方有豆仓阀门）。

图9－3　分量研磨机

②研磨度调节盘。

③粉仓。

④分量拨片。

⑤机身（内有刀盘与马达）。

⑥电源开关。

⑦手柄支架。

（四）意式浓缩咖啡的制作步骤

（1）分离手柄，擦干水。使用清洁粉碗专用的干燥抹布，以及专用于高食品安全等级部位清洁的毛刷对手柄上的粉碗进行清洁，确保粉碗干燥无残粉。

（2）研磨和接粉。使用适合的研磨度，尽可能准确地接取规定重量的咖啡粉，以保证每次制作的咖啡味道、口感一致。

（3）布粉。尽可能迅速、平整地布粉，使咖啡粉在粉碗中均匀分布，让萃取时的热水能均匀地通过粉层，从而均衡萃取咖啡，避免水通道的产生。

（4）夯压。每次使用一致的力度，保证每次制作的咖啡口感、味道一致；垂直压粉以保证粉层密度一致。

（5）萃取前放水。对冲煮头进行清洁和消毒，并放出长时间烹煮的热水，使用新鲜的水来制作咖啡。

（6）装置手柄。保证手柄头部的两只“耳朵”同时进入卡槽，然后略用力转动手柄使手柄与冲煮头连接紧密，避免漏水。

（7）萃取。在手柄放置好后应立即萃取咖啡，防止冲煮头的高温造成咖啡粉香气过多散失；在按下萃取键后，咖啡在3～5秒（带预浸泡的机器时间会更长）时流出，所以只要事先准备好，就有充足的时间放置咖啡杯。

（8）清洁机器并安装手柄。萃取完成后，把粉碗中的咖啡残渣尽快敲打到渣盒中；清洁粉碗；放置之前检查冲煮头，如果有残留的咖啡粉可以放水冲洗辅以弯头刷清洁。安装手柄时，不必过于用力，保证不会脱落即可，从而延长密封圈的寿命。

二、手冲咖啡

手冲咖啡是滴滤式咖啡中的一种。其制作方式是让热水接触咖啡粉，通过水的重力将咖啡中的芳香物质和可溶性物质滴滤出来。手冲咖啡能够更多地保留咖啡的原始芳香和风味，且仪式感较强，所以一直被从业者和咖啡爱好者推崇。

（一）手冲咖啡器具介绍

1. 滤杯

滤杯分类的标准有很多种，常用的一个分类标准是按材质分，可以将滤杯分为陶瓷、铜制和塑料。另一个分类标准是按孔洞数量分，可以将滤杯分为单孔、双孔、三孔和多孔。

（1）按照材质分类

陶瓷滤杯如图 9 – 4 所示，陶瓷滤杯需要预热，因为水碰到陶瓷表面，温度会降低，但陶瓷的优点是保温性佳，加热一次后，温度能维持很久，适合冬季使用。

铜制滤杯如图 9 – 5 所示，铜制滤杯无论导热性还是保温性都是非常出色的，但它的缺点也是非常明显的，价格高而且保管不易，如果没有擦干水就容易生锈，所以每次使用完毕就要擦干，然后存放在干燥、阴凉的地方。

铜制滤杯从外观上看很有质感，有相当一部分人乐于收藏铜制滤杯，但如果不好好养护，残留的水滴会让铜器氧化出一个个黑色斑点。

图 9 – 4 陶瓷滤杯

图 9 – 5 铜制滤杯

塑料滤杯就简单实用多了，塑料滤杯的优点是便宜、坚固；缺点是手感差，容易脏，如果清洁不及时，肋骨部分会有咖啡痕迹残留。塑料材质在保温和导热表现上中规中矩，也是我们日常接触得最多的滤杯材质。

（2）按照孔洞数量分类

滤杯的孔洞数量有一个要注意的原则，即孔数越多，越不容易堵塞，流速越快，但是孔数越多意味着所需技术就要越高。

单孔滤杯主要用于中深度烘焙的咖啡。

双孔滤杯的功能性介于单孔滤杯与三孔滤杯之间，主要适合浅度和中度烘焙的咖啡。

三孔滤杯不易堵塞，适用于各种烘焙程度的咖啡。陶瓷制三孔滤杯如图9－6所示。

2. 滤纸

如今，咖啡爱好者喜欢用不同方法搭配漂白或无漂白的滤纸（见图9－7）来冲咖啡。

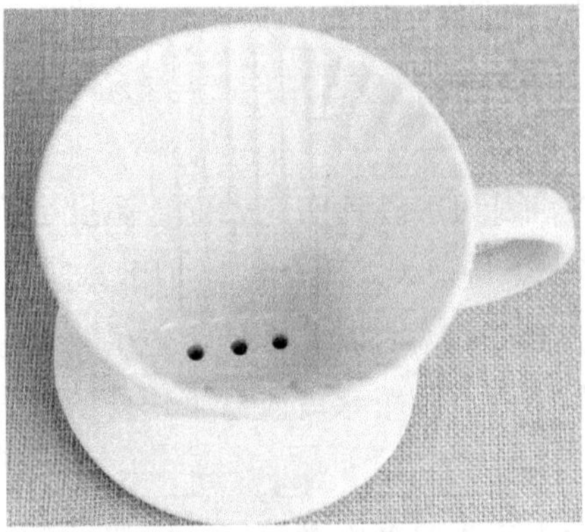

图9－6　陶瓷制三孔滤杯

图9－7　滤杯和滤纸

3. 分享壶

分享壶如图9－8所示。分享壶材质众多，以玻璃材质和陶瓷材质最为常见。萃取完成后的咖啡液都会滴入分享壶中。

4. 手冲壶

如图9－9所示，手冲壶的最大特点就是有一个细长的出水口，这是为了更好地控制萃取咖啡时的水流速度。随着单品咖啡越来越受市场欢迎，冲泡单品咖啡的器具也变得琳琅满目，手冲壶更是层出不穷。不同的材质、壶嘴、把手、重量、保温性等，对于冲煮都会有或轻或重的影响，不同的使用者也有不同的选择。

（二）手冲咖啡的制作步骤

（1）称量15g的咖啡豆，倒入研磨机，中度研磨，研磨完的颗粒比食盐稍大。

图9-8 滤杯和分享壶

图9-9 手冲壶

（2）将滤纸折叠置入滤杯。

（3）使用手冲壶中的热水以顺时针画圈浇注滤纸，目的有三：

①让滤纸与滤杯更紧密地贴合，防止产生通道效应。

②去除滤纸味。

③热水会流入分享壶，起到加热壶身的作用。

（4）将分享壶中的水倒掉，顺便温杯。

（5）将15g研磨好的咖啡粉倒入滤纸中间，水平晃动滤杯，让滤纸中的咖啡粉铺平。

（6）将铺好咖啡粉的滤杯放到分享壶上，然后使用手冲壶中的热水以滤杯中间为圆心顺时针画圆。在冲泡时开始计时，用时15秒将咖啡冲泡至30g，然后停止注水，焖蒸25~35秒，观察粉层，如果没有气泡冒出，就开始第二次注水。

第二次注水与前面一样，以滤杯中间为圆心顺时针画圆，水流不要冲到咖啡粉与滤纸相连的地方，以免产生通道效应，咖啡粉冲到最外圈留出一圈即可。然后再一圈一圈往中间冲泡。

（7）当咖啡萃取液达250g时（也可以是咖啡粉重量的15~20倍），萃取完成。

思考题

一、选择题

1. 阿拉比卡种咖啡原产地是（　　）。

A. 法国　　B. 美国　　C. 埃塞俄比亚　　D. 利比里亚

2. 下列咖啡树原生树种中，（　　）咖啡的咖啡因含量较低。

A. 阿拉比卡　　B. 利比里亚　　C. 罗布斯塔　　D. 以上皆不对

3. 下列花式咖啡中，（　　）含有奶油。

A. 卡布奇诺　　B. 拿铁　　C. 康宝蓝　　D. 摩卡

4. 蓝山咖啡产自（　　）。

A. 古巴　　B. 日本　　C. 美国　　D. 牙买加

二、问答题

1. 请简述阿拉比卡咖啡和罗布斯塔咖啡的主要区别。

2. 请简述咖啡饮用礼仪。

【经验性训练】

到商店或咖啡店选购一款自己喜欢的咖啡豆。

【实践考核项目】

咖啡饮用礼仪

（1）本项目考核的目的：考核同学们在正式场合饮用咖啡的礼仪。

（2）所需理论知识：咖啡饮用礼仪相关知识。

（3）所需仪器设备和消耗性器材：咖啡豆（消耗品）、咖啡杯（套）。

（4）实训考核内容和要求：模拟正式商务场合，按照相应礼仪规范饮用咖啡。

第十章　可　可

本章概要

本章主要讲述了可可的起源和主要品种及可可粉的品质鉴定。

学习目标

▲ 知识目标

(1) 了解可可的起源。

(2) 掌握可可的主要品种。

▲ 技能目标

能够通过外观、气味、细度及含脂量对可可粉的品质进行初步鉴定。

关键性术语

可可　品种　品质鉴定

章首阅读

巧克力背后的悲惨故事——科特迪瓦上演21世纪“芦柴棒”

当人们捧回一大盒巧克力蛋糕，当人们吃着浓香的巧克力蛋卷冰激凌，没有人会想到巧克力背后的故事——成千上万未成年奴隶的故事。

巧克力的主要原料是可可豆，而全世界43%的可可豆产于西非的一个贫穷国家——科特迪瓦。科特迪瓦的可可豆以高质高产举世闻名，这里遍布种植可可豆的农场。每年仅第一季度，科特迪瓦向美国出口的可可豆就高达4.73万吨。

然而，在一些农场里，烈日炎炎下辛苦劳作的全是未成年男孩，有的甚至只有9岁。他们都是被买来或者骗来的奴隶。

目前，科特迪瓦究竟有多少种植可可豆的农场，究竟有多少未成年奴隶，谁也不清楚。但是，美国的一份资料显示，近年来，仅在科特迪瓦北部，就约有1.5万名9～

12 岁的儿童被买卖，他们被迫从事棉花、咖啡和可可豆的种植和加工劳动。为美国巧克力制造商提供原料的贸易组织——巧克力制造协会也确认了这一事实。

12 岁的男孩阿莱·迪阿贝特说，当初奴隶贩子向他许诺说将来会有一辆自行车，每年会赚 150 美元。然而，他现在一无所有，如果监工不拿自行车链或者可可树枝条抽打他，他就觉得是无上的恩惠了。

据阿莱讲，男孩们每天早上 6 点天一亮就开工，一直要干到晚上 6 点半太阳下山了才收工，这时才得以吃上一顿烤煳了的香蕉充饥。然后，20 个男孩挤在一间屋里休息，睡在光秃秃的木板上，没有褥子，屋子只有一个篮球筐大小的洞，可以进来一点点新鲜空气。每天晚上男孩们一旦进了这间屋，就不准随便进出，只有等到天亮才能出屋。

男孩们种植、收获、加工可可豆，至于可可豆最终会变成什么东西，他们谁也没见过。他们根本想象不出那些可可豆会被运往遥远的美国和欧洲，在那里，每 400 颗可可豆加入糖和牛奶，可以制成 1 磅巧克力——一种科特迪瓦奴隶从未见过的东西。

最近，陆续有一些男孩因为忍受不了非人的折磨从农场里逃走，他们讲述的事实令人震惊，不禁使人想起大半个世纪前夏衍笔下旧中国的“芦柴棒”。令人气愤的是，至今科特迪瓦的农场主们对此一概不予承认，他们还想用那张“可以把一根稻草说成金条”的嘴瞒过世人。

（资料来源：央视网 http://www.cctv.com/news/world/20010702/118.html）

可可树是原产于热带美洲的梧桐科乔木，其结出的果实叫可可果（可可树上的可可果如图 10－1 所示），而可可果内的种子，就是用处最大的可可豆（可可果与可可豆如图 10－2 所示）。可可豆经发酵及烘焙后可制成可可粉及巧克力。早在哥伦布发现美洲之前，热带中美洲居民，尤其是玛雅人及阿兹特克人，就已经知道可可豆的用途了。他们不但将可可豆做成饮料，更将它作为交易媒介使用。16 世纪，可可豆传入欧洲，人们把可可豆精制成可可粉和巧克力，还提炼出可可脂。可可果被采收后，将可可豆取出，发酵若干天，再经过干燥、除尘、烘焙等一系列加工，研磨后成为浆状，称为巧克力浆。再将

图 10－1　可可树上的可可果

巧克力浆压榨，可制成可可脂和可可粉，或另加可可脂及其他配料，制成各种巧克力。

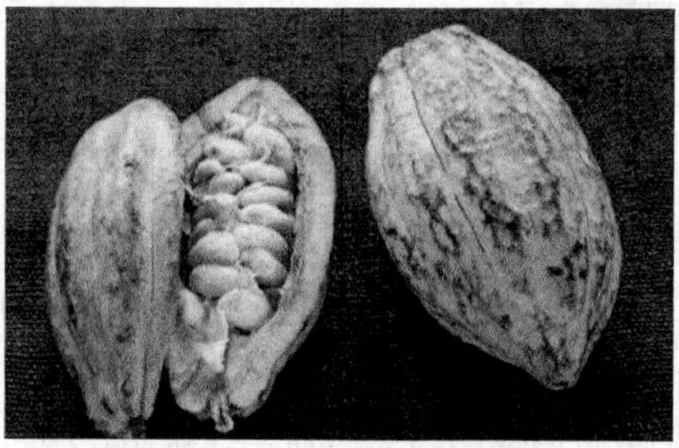

图 10－2 可可果与可可豆

第一节 可可的起源和主要品种

一、可可的起源

最新的考古调查表明，可可的起源要追溯到5300—5400多年前的厄瓜多尔的马由－钦奇佩文化。由于马由－钦奇佩文化与太平洋沿岸的其他族群有往来，所以可可豆有可能是通过他们之间的交易而来到位于北方的中美洲的。

大量的史料记载和考古发现表明，可可豆在玛雅和阿兹特克等中美洲古文明中具有非常重要的地位。对玛雅人来说，可可有很多用途。玛雅人把可可作为贡品在祭祀中使用，在生活中也作为药品使用。可可本身以及用于制备和供应可可的器皿和器具都被用作重要的礼物和贡品。玛雅人还把可可豆当作货币使用。

可可豆也被用于玛雅人之间的订婚和结婚仪式，特别是在上层阶级。新娘给新郎一个涂上颜色的小凳子，并给他五粒可可豆，以此表明她接受了新郎作为她的丈夫。而新郎也必须还给新娘一些新的裙子和另外五粒可可豆，以此表示接受新娘为自己的妻子。

约15世纪，阿兹特克帝国占据了中美洲的一大部分。所有被阿兹特克人征服了的生长可可的地区都被命令以纳税的形式向阿兹特克帝国进贡可可。

直到16世纪，可可树还完全不为欧洲人所知。哥伦布于1502年第四次出访美洲时发现了可可豆，当时他和他的船员查获了一只大型原生独木舟，据说这只独木舟还装载了可可豆。哥伦布发现当地人非常看重这些豆子，当时哥伦布还称其为杏仁。后来哥伦布带着可可豆回到西班牙，而西班牙修士则将巧克力引入西班牙宫廷。

今天，可可生长在全世界45个国家，主要分布在西部非洲的科特迪瓦，哥伦比亚、厄瓜多尔、巴西、墨西哥、危地马拉、秘鲁等中美洲及南美洲地区，以及印度尼西亚、马来西亚等东南亚国家，全球的年产量平均在300万吨左右。

二、可可的主要品种

可可从起源中心大体向两个方向传播，因而形成了薄皮种和厚皮种两个主要的栽培种群。目前世界上生产的可可有95%以上来源于厚皮种，主要产自西非国家和巴西。

（1）克里奥罗。克里奥罗是非常稀有的原生种，产量稀少，大约只占世界可可总产量的5%；质量非常好，其味香醇，以生产精致的巧克力著称。

（2）佛拉斯特罗。佛拉斯特罗是强韧多产的品种，大约占世界可可总产量的80%，是可可的代表品种。这种可可制成的巧克力通常口味比较淡，但也可能有显著花香或果香的风味。

（3）特立尼达。由克里奥罗与佛拉斯特罗杂交产生的新品种，原产地在加勒比海的特立尼达岛。由特立尼达可可制成的巧克力带有非常浓郁且能长留唇齿的芳香气味。

第二节　可可粉的品质鉴定

可可粉是食品原料，中国对它的生产做出了严格的规定。在没有检测仪器的情况下，可以通过其外观、气味、细度和含脂量几个方面来辨别它的质量。

（一）外观辨别

天然可可粉的颜色应该是浅棕色，棕色或深棕色的可可粉里面可能加了可可皮或其他的食用色素。碱化可可粉的颜色应该是棕红色，如果是深棕色或棕黑色，那一定是碱化过重、灰分过高所致。可可黑粉的颜色应该是深棕色到棕黑色，如果可可粉的颜色是纯黑色或深黑色就说明可可粉里加入了食用色素。

（二）气味辨别

天然可可粉的气味是淡淡的清香，浓香或是焦味的可可粉则为品质较差的粉。碱化可可粉的气味应该是正常的可可香味，其香气比天然可可粉的要浓一些，但没有焦味。如果碱化可可粉的香气太浓或是有焦味则为品质较差的粉。可可黑粉的气味和碱化可可粉差不多，没有焦味的为上品，有焦味的则较差。

（三）细度辨别

可可粉的细度对于生产巧克力来说非常重要，细度不达标的可可粉生产出来的巧克力口感很差，会有粗糙感。对于细度的辨别一般是取少量可可粉放于白纸上，轻轻折叠并用手擦拭。细度在99 以上的可可粉会很均匀地分布在纸上，而细度小于99 的可可粉会有落差感，分布不均匀。还有一种方法可以更好地辨别可可粉的细度，就是取一些可可粉用开水冲兑，等水凉了就会有部分可可粉沉淀到杯子底部。这时把上面的水倒掉，取出下面的沉淀物放到纸上，用手轻轻擦拭。等水干了，细度在99以上的可可粉不会结块，分布均匀，而细度小于99的可可粉会呈颗粒状，分布也不太均匀。

（四）含脂量辨别

取少量的可可粉置于手掌心，两手对搓，含脂量高的可可粉会有明显的油腻感，而含脂量较低的可可粉则不会。含脂量在10%以上的可可粉用这个方法测试会很有效。含脂量在8%以下的可可粉基本上感觉不到有什么油腻感。

小贴士

巧克力的诞生

（1）培植。可可树是娇贵的树种，其生长环境的湿度要不低于80%，温度要求在25℃以上，但不能让阳光直射。

（2）采收。因为可可树很脆弱，工人不能爬到树上去采摘可可果，只能通过钩杆、弯刀等来采收可可果，这么做才能确保可可树得以重复开花结果，且能始终收获高品质的可可豆。可可豆一年有两个收获期，主要收获期是当年10月到来年3月，全球有3/4以上的产量皆是于此时间收获；次要收获期为5月到8月间，不过巴西在此段时间内的可可豆产量却大于主要收获期。全球可可的产地多，因此形成终年连续生产的情况，降低了季节性因素的影响。

（3）脱荚。每棵树需要3～4年才能结出可可果，而只有6年的成熟期后结出的可可果才能被使用，每棵树每年能够产出80个左右的豆荚，整棵树产出可可豆荚只有40年左右。因此，每棵可可树在一生中能产出1000kg左右的可可豆。每个可可果，有15～20cm长，可用刀或棍棒剖开或敲开可可果，通常一个可可果里含有20～40个可可豆，还有黏黏的糖胶。

（4）发酵。一旦可可果被打开后，可可豆就与其中的糖胶分离了，可可豆要在盒子或篮子中放置几天进行发酵。经过发酵，可可豆会变成深黑色，同时产生一种特别的芳香，既有一点酸性又富有香味，这味道在巧克力风味的形成上扮演着关键性作用。成吨的可可豆被装在巨大的麻袋中运进作坊，倒入大发酵盒或发酵罐中进行发酵。发酵时间在一周左右，这样才能祛除可可的苦味。

（5）晒干。把经过发酵后的可可豆放在太阳下晾晒，水分会从70%下降到7%左右。为了保证可可豆的质量，必须将可可豆置于室外阳光下曝晒。可可豆被铺在平板或草席上，曝晒过程中可随时翻动。经晒干后的可可豆，具有特殊的色泽及芳香味，是制作巧克力的最主要原料。

（6）包装运输。通过人工分拣后，装袋的可可豆被运送到巧克力工厂。

（7）品控。开始制作前，巧克力工厂的品控专家团队会对不同批次的可可豆进行测试，从外观、气味、触感、干度、水分和新鲜度各方面严格把关。

（8）清洁。可可豆经过严格的清洁，确保没有杂质才会进入下一步。

（9）烘烤。烘烤是使可可豆释放香味的重要一步。烘烤不仅能够让可可豆更干燥，也便于可可豆的外壳与可可豆分离。

（10）分离。将可可豆的外壳剥离，以保留不同品种的可可豆独一无二的特性，让可可豆的原味得到淋漓尽致的发挥。

（11）混合。混合是获得不同风味巧克力的关键。既有单一产地巧克力的纯粹风味和精致口感，也可在可可研磨器的漏斗中混合不同产地的可可豆，创造出复合风味。

（12）研磨。可可脂经过研磨之后融化，使得可可膏变成液态。在这个步骤加入其他食材，可让可可膏的质感变得匀称，味道融合也更加均匀。

（13）升温。液态巧克力制作的最后一个步骤是调整温度，通过摩擦加热，不仅使得巧克力的风味得到升华，而且能够降低挥发性酸，将湿度降至1%以下。

（14）调温。通过加热、冷却、再加热等步骤，令可可脂结晶，以确保巧克力的状态稳定，赋予巧克力恰到好处的光泽、折断度和融化度，并防止巧克力变色或出现油斑。

（15）制模。将液态巧克力倒入模具中冷却硬化。

思考题

一、选择题

1. 可可树原产于（　　）。

A. 东南亚　　B. 大洋洲　　C. 非洲　　D. 热带美洲

2. 目前世界范围内产量最大的可可品种是（　　）。

A. 克里奥罗　　B. 佛拉斯特罗　　C. 特立尼塔里欧　　D. 以上皆不对

3. （　　）是可可进入欧洲的第一站。

A. 葡萄牙　　B. 英国　　C. 荷兰　　D. 西班牙

二、问答题

1. 可可的主要品种有哪些？各有什么特点？

2. 如何通过可可粉的细度辨别其质量优劣？

【经验性训练】

购买不同价位的可可粉并进行对比。

【实践考核项目】

可可粉的品质鉴定

（1）本项目的考核目的：考核学生对可可粉品质的鉴定能力。

（2）所需理论知识：可可粉的品质鉴定方法。

（3）所需仪器设备和消耗性器材：可可粉。

（4）实训考核内容和要求：综合运用外观辨别、气味辨别、细度辨别、含脂量辨别方法对 3 ~4 种可可粉的品质进行鉴定。

第十一章　软饮料

本章概要

本章主要讲述了常见软饮料包括碳酸饮料、果汁饮料、矿泉水、花粉饮料、运动饮料、乳酸饮料、植物蛋白饮料、蔬菜汁饮料、功能饮料的相关知识，介绍了矿泉水的分类、世界著名矿泉水、矿泉水的饮用、酒吧时尚软饮料饮品制作等知识。

学习目标

▲ 知识目标

（1）了解软饮料的概念。

（2）了解花粉饮料、乳酸饮料的概念，了解运动饮料的特点，了解植物蛋白饮料、功能饮料的分类。

（3）掌握碳酸饮料、矿泉水、蔬菜汁饮料的分类。

（4）掌握酒吧时尚软饮料饮品的制作方法。

▲ 技能目标

（1）熟悉矿泉水的饮用。

（2）能够识别世界著名矿泉水。

（3）能够制作出酒吧时尚软饮料饮品。

关键性术语

软饮料　分类　调制

章首阅读

中国软饮料市场的发展是从20世纪80年代开始的，仅用了20多年的时间就几乎走完了欧美国家80多年的软饮料发展全过程。时至今日，中国软饮料市场已经成长为一个庞大、成熟的市场。近年来，随着经济的快速增长、城乡消费者收入水平和消费能力的持续提高，中国软饮料市场消费需求始终处于较快增长的阶段，中国饮料行业拥有了巨大的市场基础和依托，成长空间极大。

第一节 软饮料的概念与分类

一、软饮料的概念

软饮料（Soft drink）指酒精含量低于0.5%（质量比）的天然的或人工配制的饮料，又称清凉饮料、无醇饮料。

软饮料的主要原料是饮用水或矿泉水，其他饮用果汁、运动饮料、蔬菜汁或植物的根、茎、叶、花和果实的提取液，有的含甜味剂、酸味剂、香精、香料、食用色素、乳化剂、起泡剂、稳定剂和防腐剂等食品添加剂。软饮料的基本化学成分是水分、碳水化合物和风味物质，有些软饮料还含维生素和矿物质。

二、软饮料的分类

软饮料按原料和加工工艺分为碳酸饮料、果汁饮料、矿泉水、其他饮用水、花粉饮料、运动饮料、乳酸饮料、植物蛋白饮料、蔬菜汁饮料、功能饮料。

（一）碳酸饮料

碳酸饮料是指在一定条件下充入二氧化碳气体的饮料，俗称“汽水”，不包括由发酵法自身产生二氧化碳气体的饮料。成品中二氧化碳气体的含量（20℃时体积倍数）不低于2.0倍。碳酸饮料可分为果味型、果汁型、可乐型、其他型四种。

1. 果味型碳酸饮料

果味型碳酸饮料是以果香型食用香精为主要赋香剂，原果汁含量低于2.5%的碳酸饮料，如柠檬味汽水、橘子味汽水、雪碧、芬达等。这类碳酸饮料价格便宜，品种繁多，产量最大。人们可以用不同的香精和着色剂，模仿水果的香型和色泽，生产多种果味汽水。

2. 果汁型碳酸饮料

该类碳酸饮料原果汁含量不低于2.5%，如橘汁汽水、橙汁汽水、菠萝汁汽水或混合果汁汽水等。除具有相应水果所特有的色、香、味之外，果汁型碳酸饮料还有较多的营养成分。

3. 可乐型碳酸饮料

可乐型碳酸饮料指含有可乐香精或类似可乐果香型的香精为主的碳酸饮料。由于含有咖啡因，该类饮料同时具有提神作用，如可口可乐、百事可乐等。

4. 其他型碳酸饮料

其他型碳酸饮料是指上述三种类型以外的碳酸饮料，如盐汽水、姜汁汽水、沙士汽水、运动汽水、苏打水等。

随着人们健康意识的逐渐提高，出现了以甜味剂全部或部分替代糖类的碳酸饮料，如健怡可口可乐、轻怡百事可乐等。

（二）果汁饮料

以新鲜或冷藏水果为原料，经过清洗、挑选后，采用物理的方法，如压榨、浸提、离心等方法得到水果汁液，以水果汁液为基料，通过加糖、酸、香精、色素等调制的饮料，被称为果汁饮料。

1. 果汁

果汁是由原料水果用机械方法（如榨汁工艺）加工所得的，没有发酵过的，具有该种水果原有特征的制品。

2. 果浆

果浆是采用打浆工艺将水果或水果的可食部分加工制成未发酵但能发酵的浆液，具有水果原有特征的制品。

3. 浓缩果汁

浓缩果汁是采用物理方法从果汁中除去一定比例的天然水分制成具有果汁应有特征的制品。

4. 浓缩果浆

浓缩果浆是果浆经浓缩除去水分制成的饮品。

5. 果肉饮料

果肉饮料是在果浆或浓缩果浆中加水、糖、酸、香精等调制而成的制品，成品中果浆含量≥30%。混合果肉饮料是含两种或两种以上果浆的果肉饮料。

6. 果粒果汁饮料

果粒果汁饮料是在果汁或浓缩果汁中加入水、柑橘类的囊胞或其他水果的果肉、糖、酸等调配而成的饮品。要求果粒含量≥5%，果汁含量≥10%。

7. 水果饮料浓浆

水果饮料浓浆是在果汁或浓缩果汁中加水、糖、酸等调配而成的，含糖量较高，稀释后方可饮用的制品，稀释后要求果汁含量≥5%。

8. 水果饮料

水果饮料是在果汁或浓缩果汁中加水、糖、酸、香精等调配而成的浑汁或清汁制品，成品中果汁含量≥5%。混合水果饮料是含两种或两种以上果汁的水果饮料。

（三）矿泉水

矿泉水是从地下深处自然涌出的或经人工开采的、未受污染的水；矿泉水含有一定量的矿物盐、微量元素或二氧化碳气体；在通常情况下，其化学成分、流量、水温等在天然波动范围内相对稳定，含有国家标准规定的矿物质及限定指标。

1. 矿泉水的分类

（1）按矿泉水特征分类，达到国家标准的主要类型分为偏硅酸矿泉水、锶矿泉水、锌矿泉水、锂矿泉水、硒矿泉水、溴矿泉水、碘矿泉水、碳酸矿泉水、盐类矿泉水九大类。

（2）按矿化度分类，矿泉水可分为淡矿泉水和盐类矿泉水。矿化度是单位体积中所含离子、分子及化合物的总量。矿化度小于500 mg/L为低矿化度，500～1500 mg/L为中矿化度，大于1500 mg/L为高矿化度。矿化度小于1000 mg/L的矿泉水为淡矿泉水，矿化度大于1000 mg/L的矿泉水为盐类矿泉水。

（3）按矿泉水的酸碱性分类。氢离子浓度指数称pH值，水中的pH值是表示水中氢离子浓度的负对数值，是酸碱性的一种代表值。矿泉水按照pH值分类如表11－1所示。

表11－1　矿泉水按照pH值分类

pH值	<6.5	6.5～7.2	>8.0
类型	酸性水	中性水	碱性水

（4）按阴阳离子含量分类。以阴离子为主分类，以阳离子划分亚类，矿泉水中的阴阳离子毫克当量大于25%才参与命名，包括：氯化物矿泉水，有氯化钠矿泉水、氯化镁矿泉水等；重碳酸盐矿泉水，有重碳酸钙矿泉水、重碳酸钙镁矿泉水、重碳酸钙钠矿泉水、重碳酸钠矿泉水等；硫酸盐矿泉水，有硫酸镁矿泉水、硫酸钠矿泉水等。

（5）根据二氧化碳含量分成四类：含气天然矿泉水、充气天然矿泉水、无气天然矿泉水、脱气天然矿泉水。

2. 世界著名矿泉水

（1）依云（evian）。依云的名字，源自凯尔特语“evua”，即“水”的意思。依云天然矿泉水的水源地是法国依云小镇，背靠阿尔卑斯山，面临莱芒湖，漫长的自然过滤过程为依云天然矿泉水注入天然、均衡、纯净的矿物质成分，适合人体需求，安全健康。依云天然矿泉水在水源地直接装瓶，无人体接触，无化学处理。

（2）芙丝（VOSS）。挪威芙丝天然矿泉水产于挪威南部的原生态地区的冰岩含水层，没有任何污染，含微量矿物元素，天然纯净，口感清醇。标志性瓶身设计源自两位挪威青年的创意，并由 Calvin Klein 前创意总监 Neil Kraft 亲自设计，瓶身圆润流畅，典雅纯洁。

（3）夏特丹（Chateldon）。路易十四在位期间，定期派遣侍卫到法国中南部地区的夏特丹采水，再送到凡尔赛宫供王室享用，此后夏特丹便成为第一个受法国政府保护的矿泉水品牌。80 多个火山口坐落在法国中南部地区，因此此地区地下矿物质含量特别丰富，此地区的地下水比一般天然矿泉水含有更高的钙、镁等矿物质，细腻的天然气泡给味蕾带来独特的体验。

（4）薇恩（VEEN）。薇恩矿泉水的源头位于芬兰北部的科尼萨娇泉区，泉水经过自然过滤，流出泉口的温度为 3℃ ~4℃。因其矿物质含量低，水质晶莹洁净，口感圆润甘洌，可以直接在泉口装瓶。其瓶身设计已被奉为经典，在墨西哥举行的世界瓶装水大会中被誉为“年度最佳玻璃瓶身”。

（5）湾蓝（WAIWERA）。新西兰的湾蓝是一个拥有浑然天成的优美风光的小镇。湾蓝的地下水是全球公认的“世界上最好的水”。同时，别致的瓶装设计也使其在 2006 年米兰久负盛名的“瓶装水国际设计大赛”上获得“最佳包装奖”，如今，湾蓝已成为新西兰的一个标志性品牌。

（6）布岭（bling h_2o）。布岭矿泉水来自美国田纳西州丹德里奇，独一无二的地理位置和无污染的自然环境确保了它的高端品质和完美的口感。它奢华的包装是真正引以为傲的——由软木塞封口的磨砂瓶上手工镶嵌了由施华洛世奇打造的“bling h_2o”字样，炫目亮丽。设计者更是细致地在瓶身上注明了水的 pH 值、固体溶解含量和每种水的历史。

（7）菲丽（Fillico）。菲丽是来自日本神户地区的低硬度天然矿泉水，之所以被认为是全世界最奢侈的矿泉水，是因为盛装矿泉水的瓶子上的霜花装饰图案是由施华洛世奇水晶和贵金属涂层完美结合而成的，精美高贵的皇冠形瓶盖和灵动轻盈的天使翅膀与瓶身相搭配，仿佛一件做工精致的艺术品。

（8）5100 西藏冰川矿泉水。5100 西藏冰川矿泉水来自西藏念青唐古拉山脉海拔 5100 米的原始冰川水源地，含有丰富的矿物质和微量元素。5100 西藏冰川矿泉水纯净清澈，口味纯正，是优质复合型矿泉水。2013 年 11 月，5100 西藏冰川矿泉水荣获 2013 年度全球瓶装水行业最佳矿泉水奖。其瓶身设计简洁大方，蔚蓝色的包装带有浓郁的西藏特色。

（9）1 Litre。1 Litre 加拿大无气天然矿泉水不断寻找全世界最好的水源制作成不同的天然水系列，深得顶级厨师与水鉴赏家的喜爱。当然，1 Litre 最出名的应该是它的包装设计——将杯子与瓶身结合为一体，既巧妙又优雅，曾在伯克利斯普林斯国际品水大赛中荣获包装设计的金奖。

（10）OGO Oxygen Water。在荷兰有一汪神奇的天然泉水，该泉水含氧量大大高出其他泉水，经过加工之后，就变成了奇妙的 OGO Oxygen Water。据说，饮用后可以放松心情，缓解疲劳。每升 OGO Oxygen Water 里浓缩了 200mL 氧气，是普通水的 35 倍。它的广告词也颇具创意：在每一个清晨，让新鲜的氧气亲吻你身体的每一个角落。

3. 矿泉水的饮用

（1）矿泉水不宜煮沸饮用。饮用矿泉水时应以不加热、冷饮或稍加温为宜，不能煮沸饮用。矿泉水一般含钙、镁较多，有一定硬度，常温下钙、镁呈离子状态，极易被人体吸收。若将矿泉水煮沸，水中的钙、镁易与碳酸根生成水垢析出，这样既影响了口感，也丢失了人体所需要的钙、镁等有用物质，所以饮用的矿泉水不宜烧开，而最佳饮用方法是在常温下饮用。

（2）宜冷藏，不宜冷冻。由于矿泉水在冰冻过程中会出现钙、镁过饱和，并随着碳酸盐的分解而产生白色的沉淀，尤其是对于钙、镁含量高，矿化度大于400 mg/L的矿泉水，冷冻后更会出现白色片状或微粒状沉淀。饮用时不可加冰块，可以加入柠檬片或青柠汁增味。

（3）选择合适的载杯。饮用矿泉水常用的载杯有柯林杯、水杯、高杯。

（四）其他饮用水

饮用水的分类主要有天然水、纯净水。

天然水是选用未受污染的河水、湖水、井水、泉水净化处理成的瓶（桶）装饮料（自来水厂生产的自来水也属于天然水）。

纯净水包括蒸馏水、离子水、太空水等。纯净水大都采用天然水（多数采用自来水）作为原料，采用反渗透法，通过薄膜渗滤或采用蒸馏法处理后制成。纯净水经过处理，不仅滤掉了水中的有害物质，也滤掉了有益于人体的各种常量元素和微量元素。

（五）花粉饮料

花粉饮料是以花粉、党参和黄芪为主要原料，按照科学配方精制而成的，该饮料不仅有花粉丰富的营养成分，而且保留了黄芪和党参的药理和滋补效果。

（六）运动饮料

1. 运动饮料的定义

运动饮料是市场成长速度最快的一类饮料。运动饮料是根据运动时生理消耗的特点而配制的，可以有针对性地补充运动时丢失的营养，起到保持、提高运动能力，提高消除运动后疲劳的作用。

2. 运动饮料的特点

（1）含有一定的糖分。运动引起肌糖原的大量消耗，而肌肉又加大对血糖的摄取，因此引起血糖下降，若不能及时补充，工作肌肉会因此而乏力。同时，因大脑90%以上的供能来自血糖，血糖的下降将会使大脑对运动的调节能力减弱，并产生疲劳感。因此，运动饮料都会含有一定的糖分。

（2）含有适量的维生素。由于运动会消耗大量的体能和维生素，所以运动饮料中含有的丰富维生素是对运动后体能的有力补充，尤其是维生素 B_{12}。蔬菜的维生素含量很少，维生素 B_{12} 主要存在于动物性食物中。它因为含有钴而呈红色，所以又被称为红色维生素，其很难直接被人体吸收，其与钙结合，才能有利于人体的机能活动。

（3）含有适量的电解质。运动引起出汗，导致钾、钠等电解质大量丢失，从而引起身体乏力，甚至抽筋，导致运动能力下降。而运动饮料中的钠、钾不仅用于补充汗液中流失的钠、钾，而且有助于水在血管中的停留，使机体得到更充足的水分。如果运动饮料中的电解质含量太低，则起不到补充的作用；若太高，则会增加运动饮料的渗透压，引起胃肠不适，并使运动饮料中的水分不能尽快被机体吸收。

（七）乳酸饮料

乳酸饮料可分为发酵型乳酸饮料和调配型乳酸饮料两种。乳酸菌饮料是牛奶经过乳酸菌发酵后制成的，属于发酵型乳酸饮料，而除此以外的乳酸饮料则属于调配型乳酸饮料，是用牛奶、水、白糖、柠檬酸或乳酸配制而成的，不经过发酵，产品中没有乳酸菌及乳酸菌的代谢物。

（八）植物蛋白饮料

1. 植物蛋白饮料的定义

植物蛋白饮料是指以蛋白质含量较高的植物果实、种子、核果类或坚果类的果仁等为原料，与水按一定比例磨砂、去渣后，加入配料制得的乳浊状液体制品，其成品蛋白质含量不低于0.5%。

2. 植物蛋白饮料的营养效用

植物蛋白饮料的主要原料为核果类及油料植物的种子。其中含有的大量脂肪、蛋白质、维生素、矿物质等，是人体所需的营养物质；植物蛋白及其制品内含有大量亚油酸和亚麻酸，不含胆固醇；植物种子中含有较多的维生素E。

3. 植物蛋白饮料的分类

根据原料的不同可分为豆乳类饮料、椰子乳饮料、杏仁乳（露）饮料、其他植物蛋白饮料。

（九）蔬菜汁饮料

1. 蔬菜汁饮料的定义

蔬菜汁饮料类一般为均匀混浊的汁液，允许有少量微小悬浮肉质，静置后允许轻度分层，浓淡适中，汁液黏稠适度，应具备该新鲜蔬菜原料的色泽、滋味。常用作加工蔬菜汁的原料有番茄、胡萝卜、芹菜、荷兰芹、菠菜、冬瓜、莴笋、卷心菜、洋葱、大蒜等。蔬菜汁除单汁产品外往往还有混合蔬菜汁或果蔬混合汁，蔬菜汁营养丰富，可作为日常保健之用。

2. 蔬菜汁饮料的分类

（1）蔬菜汁。蔬菜汁是用机械的方法将蔬菜加工制得汁液，再加入水、食盐、糖液等调制而成的制品，如番茄汁。

（2）混合蔬菜汁。混合蔬菜汁是两种或两种以上的新鲜蔬菜汁（或冷蔬菜汁）经食盐、糖液等调制而成的制品。混合蔬菜汁以低盐低糖来调配口味，突出一种或两种蔬菜的香型，由于其 pH 值都在 4. 5 以上，多采用高温瞬时杀菌或高压杀菌。

（3）发酵蔬菜汁。发酵蔬菜汁是蔬菜汁经乳酸发酵后所得汁液，再加入食盐或糖等配料调制而成的制品。该产品发酵时产生各种有机酸，因此香气怡人，喝起来也很适口。

（4）酸化蔬菜汁。酸化蔬菜汁采用柠檬酸、苹果酸、醋酸、乳酸或磷酸使蔬菜汁酸度提高，并配料加热杀菌而成。它可以用多种蔬菜汁制成，并可用柑橘、苹果等水果汁酸化，风味浓郁，营养价值高。

（十）功能饮料

功能饮料是指通过调整饮料中营养素的成分和含量比例，在一定程度上调节人体功能的饮料。常见的功能饮料有以下几种。

1. 多糖类饮料

多糖类饮料大多指含有膳食纤维的饮料，可以调节肠胃。一般在饭前或饭后喝，能帮助消化，排除体内毒素。

2. 维生素饮料

维生素饮料能够补充人体所需的维生素，一般维生素饮料都是含糖量较高的饮料，不建议患有糖尿病的人士饮用，比如“红牛”是罐装功能饮料的代表，能补充维生素和提神，但因含咖啡因，所以不适合未成年人饮用。

3. 矿物质饮料

矿物质饮料用于补充人体所需的铁、锌、钙等各种矿物质元素，有效抗疲劳，适合容易疲劳的成人，儿童不宜。

4. 益生菌饮料

益生菌饮料能促进人体肠胃中有益菌生长，改善肠道功能，帮助消化，尤其适合老人和消化不良的人。

5. 免疫类饮料

免疫类饮料，添加了虫草多糖、香菇多糖、氨基酸和多肽类等。多数虫草多糖由甘露糖、半乳糖、葡萄糖等组成。免疫类饮料具有一定的免疫调节功能。

6. 低能量饮料

低能量饮料所含热量、脂肪、糖分都低于其他功能饮料，尤其低于补充体能的饮料，适合比较肥胖的人群饮用。

第二节　酒吧时尚软饮料饮品制作实例

一、饮品名称：柚见青涩（咖啡类）

	原料名称	原料用量
原料和用量	红西柚果浆	30mL
	红石榴糖浆	15mL
	意式浓缩咖啡	60mL
	苏打水	7 分满
	冰块	适量
	纯净水	100mL
制作方法	取意式浓缩咖啡 60mL，加入纯净水 100mL 稀释备用，在雪克壶中加入红西柚果浆、红石榴糖浆、冰块摇晃，倒入出品杯，出品杯加入苏打水约 7 分满，再加入稀释后的咖啡出品	

二、饮品名称：梦幻迷迭香（茶饮类）

	原料名称	原料用量
原料和用量	莓果水果茶	5g
	热水	250mL
	草莓果浆	10mL
	水蜜桃果浆	15mL
	冰块	适量

续　表

制作方法	取量杯加入莓果水果茶、热水，浸泡 5 分钟之后，用冰块过凉，放入雪克壶，再加入草莓果浆、水蜜桃果浆摇晃，装饰出品即可

三、饮品名称：热浪（茶饮类）

<table>
<tr><td rowspan="7">原料和用量</td><td>原料名称</td><td>原料用量</td><td rowspan="7"></td></tr>
<tr><td>热带水果茶</td><td>5g</td></tr>
<tr><td>热水</td><td>250mL</td></tr>
<tr><td>柳橙果浆</td><td>20mL</td></tr>
<tr><td>红西柚糖浆</td><td>15mL</td></tr>
<tr><td>冰块</td><td>适量</td></tr>
<tr><td colspan="2"></td></tr>
<tr><td>制作方法</td><td colspan="3">取量杯加入热带水果茶、热水，浸泡 5 分钟之后用冰块冷却，倒入雪克壶，再加入柳橙果浆、红西柚糖浆，摇晃，装饰出品即可</td></tr>
</table>

四、饮品名称：凤香柠檬（茶饮类）

<table>
<tr><td rowspan="6">原料和用量</td><td>原料名称</td><td>原料用量</td><td rowspan="6"></td></tr>
<tr><td>柠檬水果茶</td><td>5g</td></tr>
<tr><td>热水</td><td>250mL</td></tr>
<tr><td>凤梨果浆</td><td>15mL</td></tr>
<tr><td>果糖</td><td>10mL</td></tr>
<tr><td>冰块</td><td>适量</td></tr>
<tr><td>制作方法</td><td colspan="3">取量杯加入柠檬水果茶、热水，浸泡 5 分钟之后用冰块过凉，倒入雪克壶，再加入凤梨果浆、果糖，摇晃，出品</td></tr>
</table>

五、饮品名称：春色古巴（气泡类）

<table>
<tr><td rowspan="6">原料和用量</td><td>原料名称</td><td>原料用量</td><td rowspan="6"></td></tr>
<tr><td>小麦草</td><td>15mL</td></tr>
<tr><td>莫吉托</td><td>30mL</td></tr>
<tr><td>柠檬糖浆</td><td>15mL</td></tr>
<tr><td>冰块</td><td>适量</td></tr>
<tr><td>苏打水</td><td>满杯</td></tr>
<tr><td>制作方法</td><td colspan="3">在雪克壶中加入小麦草 15mL、莫吉托 30mL、柠檬糖浆 15mL、适量冰块摇晃，倒入出品杯，出品杯中加入适量的冰块，倒入苏打水装饰出品即可</td></tr>
</table>

六、饮品名称：冬阴功（气泡类）

<table>
<tr><td rowspan="10">原料和用量</td><td>原料名称</td><td>原料用量</td><td rowspan="10"></td></tr>
<tr><td>金橘柠檬果浆</td><td>25mL</td></tr>
<tr><td>果糖</td><td>20mL</td></tr>
<tr><td>冰块</td><td>适量</td></tr>
<tr><td>气泡水</td><td>220mL</td></tr>
<tr><td>香茅</td><td>两根</td></tr>
<tr><td>柠檬叶</td><td>5 片</td></tr>
<tr><td>南姜</td><td>5 片</td></tr>
<tr><td>香水柠檬</td><td>5 片</td></tr>
<tr><td>小米椒</td><td>1 个（切分叉）</td></tr>
<tr><td>制作方法</td><td colspan="3">取香茅两根切段、拍打，取柠檬叶 5 片切丝，取南姜 5 片、香水柠檬 5 片、小米椒 1 个（切分叉），以上原料均放入雪克壶，用捣汁器捣压；捣压后加入金橘柠檬果浆 25mL、果糖 20mL、冰块适量干摇；干摇后倒入杯中，倒入气泡水 220mL 后装饰出品即可</td></tr>
</table>

七、饮品名称：爆柠茶（气泡类）

	原料名称	原料用量
原料和用量	金橘柠檬果浆	25mL
	青金橘果浆	10mL
	果糖	20mL
	冰块	适量
	锡兰红茶汤	250mL
	青柠檬	5 片
	黄柠檬	3 片
	青金橘	2 颗（1 开 2）
制作方法	取雪克壶，加入青柠檬 5 片、黄柠檬 3 片，用捣汁器捣压，捣压后加入金橘柠檬果浆 25mL、青金橘果浆 10mL、果糖 20mL、适量冰块，再加入锡兰红茶汤 250mL、青金橘 2 颗（1 开 2）摇晃，摇晃后倒入杯中装饰出品即可	

八、饮品名称：黑金柠檬茶（气泡类）

	原料名称	原料用量
原料和用量	金橘柠檬果浆	25mL
	果糖	20mL
	普洱茶汤	250mL
	冰块	适量
	香水柠檬	5 片
	黄柠檬	2 片
	青柠檬	2 片
制作方法	取雪克壶，加入香水柠檬 5 片、黄柠檬 2 片、青柠檬 2 片，用捣汁器捣压；捣压后加入金橘柠檬果浆 25mL、果糖 20mL、普洱茶汤 250mL、适量冰块，摇晃后倒入杯中装饰出品即可	

九、饮品名称：琥珀（气泡类）

	原料名称	原料用量
原料和用量	茉莉桂花浆	20mL
	青金橘果浆	15mL
	果糖	15mL
	冰块	适量
	四季春茶汤	250mL
	香水柠檬	3 片
	青柠檬	2 片
	青金橘	2 颗（1 开 2）
	新鲜青提	8 颗
制作方法	取杯加入新鲜青提 8 颗，用捣汁器捣压（备用），取雪克壶加入香水柠檬 3 片、青柠檬 2 片、青金橘 2 颗（1 开 2），再依次倒入茉莉桂花浆 20mL、青金橘果浆 15mL、果糖 15mL、四季春茶汤 250mL、适量冰块，摇晃后倒入盛有新鲜青提汁的杯中装饰出品即可	

十、饮品名称：梨花带雨（气泡类）

	原料名称	原料用量
原料和用量	凤梨果浆	15mL
	柳橙果浆	15mL
	果糖	15mL
	冰块	适量
	四季春茶汤	250mL
	新鲜凤梨果肉	适量
	青柠檬	3 片
	柳橙	2 片
	迷迭香	1 根
制作方法	取雪克壶，加入新鲜凤梨果肉适量（捣汁器捣压），再加入适量冰块；再依次加入凤梨果浆 15mL、柳橙果浆 15mL、果糖 15mL，再加入青柠檬 3 片、四季春茶汤 250mL，摇晃后倒入杯中，加入柳橙 2 片后放入迷迭香 1 根装饰出品即可	

十一、饮品名称：杧杧冰雪（沙冰类）

<table>
<tr><td rowspan="7">原料和用量</td><td>原料名称</td><td>原料用量</td><td rowspan="7"></td></tr>
<tr><td>牛奶</td><td>100mL</td></tr>
<tr><td>杧果果浆</td><td>适量</td></tr>
<tr><td>白巧克力</td><td>15mL</td></tr>
<tr><td>冰块</td><td>200g</td></tr>
<tr><td>奶油</td><td>适量</td></tr>
<tr></tr>
<tr><td>制作方法</td><td colspan="3">取冰沙杯，加入牛奶 100mL、白巧克力 15mL、冰块 200g，搅打后倒入出品杯，用适量奶油装饰，顶层淋适量杧果果浆出品</td></tr>
</table>

十二、饮品名称：茫茫冰雪一抹春色（沙冰类）

<table>
<tr><td rowspan="7">原料和用量</td><td>原料名称</td><td>原料用量</td><td rowspan="7"></td></tr>
<tr><td>牛奶</td><td>100mL</td></tr>
<tr><td>抹茶粉</td><td>少许</td></tr>
<tr><td>果糖</td><td>25mL</td></tr>
<tr><td>冰块</td><td>200g</td></tr>
<tr><td>奶油</td><td>适量</td></tr>
<tr></tr>
<tr><td>制作方法</td><td colspan="3">将牛奶 100mL、果糖 25mL、冰块 200g 倒入冰沙杯，搅打后倒入出品杯，用适量奶油装饰，顶层撒上少许抹茶粉出品</td></tr>
</table>

思考题

一、选择题

1. 碳酸饮料是指在一定条件下充入（　　）气体的饮料，俗称“汽水”。

A. 一氧化碳　　B. 二氧化碳　　C. 氧气　　D. 氢气

2. （多选）常见的果汁饮料有（　　）。

A. 果浆　　B. 果粒果汁饮料　　C. 水果饮料　　D. 果汁

3. （多选）矿泉水按酸碱性分类，可以分为（　　）。

A. 酸性水　　B. 中性水　　C. 碱性水　　D. 酸碱性水

4. 5100 西藏冰川矿泉水的产地在（　　）。

A. 中国　　B. 瑞士　　C. 加拿大　　D. 美国

5. 关于矿泉水的饮用说法，错误的有（　　）。

A. 矿泉水不宜煮沸饮用　　B. 矿泉水适合常温饮用

C. 矿泉水宜冷藏、宜冷冻　　D. 常用的载杯有柯林杯、水杯、高杯

二、问答题

1. 简述软饮料按原料和加工工艺的分类。
2. 简述碳酸饮料的分类。
3. 简述矿泉水的分类。
4. 简述蔬菜汁饮料的分类。

【实践考核项目】

酒吧时尚软饮料饮品制作

（一）本项目的考核目的

能复述出咖啡类、茶饮类、气泡类、沙冰类软饮料饮品的制作方法，能制作出四类软饮料饮品，提升软饮料饮品的服务技能及服务意识。

（二）所需理论知识

原料的名称及原料用量、各类软饮料饮品的制作方法。

（三）所需仪器设备和消耗性器材

制冰机、苏打机、咖啡机、冰沙机、电子秤、水果刀、雪克壶、吧匙、量杯、捣汁器、各种原料。

（四）实训考核内容和要求

（1）实训考核内容：咖啡类、茶饮类、气泡类、沙冰类软饮料饮品制作。

（2）实训考核要求如下。

酒吧时尚软饮料饮品制作评分表

饮品名称		学生姓名	
项目	要求	分值	得分
服务礼仪	操作过程中举止大方、注意礼仪、保持微笑	5	
	仪容仪态、着装等符合行业规范和要求	5	
操作流程	准备工作规范，用具干净、卫生	10	
	原料、杯具等用具选配正确、合理	20	
	操作程序正确、动作规范	20	
	饮品颜色协调、口感舒适、味道纯正	20	
	装饰物制作合理、搭配有致	10	
	物品使用完毕复归原位	10	
总分			
自我评价			
教师评价			

第三篇

酒水服务与管理

第十二章　鸡尾酒知识与调酒技艺

本章概要

本章主要介绍鸡尾酒自身特点及其结构和类型，介绍鸡尾酒的命名法，色彩和口味的调配，鸡尾酒调制过程中使用的调酒用具、载杯、标准计量单位、调制方法等；介绍目前流行的花式调酒（美式调酒）的训练方法及练习要点，并对中外时尚鸡尾酒配方选例进行了讲解。

学习目标

▲ 知识目标

（1）明确鸡尾酒的类型、命名法以及口味和色彩的调配技巧。

（2）明确鸡尾酒调酒用具的名称和使用方法并灵活使用。

（3）明确鸡尾酒载杯的名称及用法。

（4）掌握花式调酒的训练方法及练习要点。

▲ 技能目标

（1）掌握鸡尾酒英式调酒的四大方法并能够熟练操作。

（2）掌握鸡尾酒装饰物的分类、制作方法。

（3）参考中外时尚鸡尾酒配方选例进行鸡尾酒创新。

关键性术语

鸡尾酒　调酒用具　载杯　兑和法　调和法　摇和法　搅和法　装饰物　花式调酒　切酒

章首阅读

鸡尾酒的由来

在国际国内的社交活动中，人们常以鸡尾酒来欢迎宾客。关于鸡尾酒的由来有着不同的说法。一种说法是：美国独立战争时，纽约州一个小酒店的女招待叫贝特西·弗拉纳根，有一次她接待许多军官喝酒，发现各种酒都不多了。她急中生智，把剩下的几种酒倒在一起，并拔了一根鸡尾毛来搅拌。军官们喝后连声叫好，问这是什么酒，她顺口答道："鸡尾酒。"从此这种酒就在世界上流行开了。

另一种说法是：18世纪，一家美国农村旅馆老板的女儿，因遗失一只心爱的公鸡而得了病。老板焦急万分，向村民宣布：若有人找到公鸡，便可与他女儿成婚。后来，一个小伙子找到了公鸡。在他们结婚那天，老板的女儿把珍藏的各种好酒混在一起，请大家畅饮。从此人们便将几种混合在一起的酒称为鸡尾酒。

（资料来源：老百晓在线网站）

第一节　鸡尾酒概述

一、鸡尾酒的概念和特点

鸡尾酒是含有酒精并添加诸如果汁、牛奶、碳酸饮料、糖及其他配料所制成的一种混合饮料。

鸡尾酒本身具有自己独特的特点：其一，它由烈性酒添加辅料、配料等制得；其二，鸡尾酒具有与其他酒水所明显不同的各种专用载杯与装饰物；其三，因其添加了多种配料而呈现出各种颜色。

二、鸡尾酒的结构与类型

一般认为，鸡尾酒的基本结构为基酒、辅料（辅酒、调缓饮料）、配料（香料、糖、奶等调味用品或添香剂等调香、调色配料）、装饰物四个部分。

鸡尾酒构成的公式是：

鸡尾酒＝基酒（烈性酒）＋调色调香溶液（利口酒、开胃酒、饮料等）＋载杯＋装饰物

（一）基酒

鸡尾酒的基酒以烈性酒为主，有金酒、威士忌、白兰地、朗姆酒、伏特加和特基拉，这六种酒被称为鸡尾酒的六大基酒。另外，有些鸡尾酒用开胃酒、葡萄酒、餐后甜酒或香槟酒等作基酒，但数量相对比较少。个别特殊的鸡尾酒不含酒精，只用软饮料配制而成，也就无所谓基酒了。随着鸡尾酒在中国的发展，也逐渐出现了一些以中国白酒、米酒为基酒的鸡尾酒。

按照鸡尾酒所使用的基酒，鸡尾酒可以分为白兰地型、威士忌型、金酒型、朗姆酒型、伏特加型、特基拉型、香槟型、利口酒型、葡萄酒型、啤酒型、无酒精型、中

国白酒型。

按照饮用时间和地点，鸡尾酒可以分为餐前鸡尾酒、餐后鸡尾酒、晚餐鸡尾酒、寝前鸡尾酒、派对鸡尾酒等。

按照调制方法及酒水载杯容量，鸡尾酒可以分为长饮鸡尾酒和短饮鸡尾酒。

此外，鸡尾酒还有热饮与冷饮之分。

（二）辅料

辅料指的是各种搭配酒水，根据是否含有酒精可分成两种：一种是加色加味的辅酒，用量较少；另一种是稀释酒精的调缓饮料，用量比较大，一般是基酒的3～5倍。

（三）配料

鸡尾酒常用的配料有：糖浆、蜂蜜、淡奶油、可可粉、鲜牛奶、忌廉、咖啡、鸡蛋、辣椒汁、比特酒、李派林喼汁、白糖、盐、玉桂枝、玉桂粉、豆蔻粉、胡椒粉、冰块等。

（四）装饰物

点缀鸡尾酒的装饰物有两个作用：一是芳香作用，可以使鸡尾酒的香味更加和谐；二是装饰物的鲜艳色彩可以烘托鸡尾酒。标准的鸡尾酒配方中均有规定的装饰物。如果装饰物不同，鸡尾酒名也会不同。常见的装饰物材料有车厘子、橄榄、鸡尾小洋葱、丁香花、草莓、柠檬、橙、梨、香蕉、荔枝、鲜薄荷叶、鸡尾酒签、调酒棒、杯垫等。

三、鸡尾酒的命名法

鸡尾酒的命名法没有一定的规则或限制，从植物名、动物名、人名到地名，从形容词到动词，从视觉到味觉等，都可以成为给鸡尾酒命名的因素。

（一）直接命名法

这是鸡尾酒最简单的命名方法，将鸡尾酒最为典型的特征进行叠加，作为鸡尾酒的名称。

1. 以鸡尾酒所使用的主要酒水原料名称命名

这些鸡尾酒通常都是由较少的酒水调配而成的，制作方法比较简单，从酒的名称就可以看出其所包含的原料，如金汤力、B&B等。

2. 以鸡尾酒中主要酒水原料的名称加上鸡尾酒种类的名称命名

这是将鸡尾酒的基酒名称加上鸡尾酒种类的名称复合作为鸡尾酒名字的命名法，可以从酒的名称看出基酒的种类，以及此款鸡尾酒的典型风格，如白兰地亚历山大、金费兹等。

3. 以鸡尾酒的种类名称加其口味特色命名

这种命名法可以使人们从酒的名称看出此款鸡尾酒的典型风格以及它的主要口味，如干马天尼、甜曼哈顿等。

（二）颜色命名法

以颜色命名也是鸡尾酒常见的命名法，丰富的颜色是鸡尾酒的重要特点之一，如红粉佳人、青草蜢、蓝色珊瑚礁等。

（三）以地点、人物、生产商命名

以地点、人物、生产商命名鸡尾酒等混合饮料是一种传统的命名法，它一般都会隐含着一些经典鸡尾酒产生的渊源，如以人物命名的血腥玛丽、以地点命名的曼哈顿、以生产商命名的马天尼等。

除了以上三种命名法，还有以鸡尾酒的造型命名、以行为名称命名、以事件命名、以景观命名、以时间命名等命名法。

四、鸡尾酒色彩和口味的调配

一名合格的调酒师，必须掌握关于色彩搭配等学科的知识，要把握好其中的规律和特性才能调制出色彩绚丽、口味香醇的鸡尾酒。

鸡尾酒口味的调配需要把握好一个原则，就是以宾客的喜好为宗旨。一般情况下，鸡尾酒中的利口酒成分居多，尽量要保持其中一种口味的明显程度。如“蜜瓜球”含有柠檬汁、蜜瓜利口酒、橙汁等，在这里调酒师就要突出蜜瓜口味，而相应的橙汁、柠檬汁含量就不能超过蜜瓜利口酒的含量。再比如“亚历山大”的配料有鲜奶油，如果有人不喜欢牛奶的味道，调酒师就会添加一点点豆蔻粉遮盖牛奶的味道。

五、鸡尾酒创新

鸡尾酒创新是调酒师的必修功课之一。要先掌握一定数量的鸡尾酒配方，特别是著名鸡尾酒配方，以积累经验。鸡尾酒创新同样要以宾客的喜好为宗旨，还要在实时动态和饮酒的趣味性上多动脑筋，这样才能制作出尽可能完美的鸡尾酒。

在鸡尾酒创新上可以把握以下几个方法：

（1）在基酒的变换使用上，如“马天尼”就有金酒型和伏特加型的。

（2）在利口酒的变换使用上，如“戴克瑞”就分为“香蕉戴克瑞”“蜜瓜戴克瑞”等。

（3）在装饰物的变换使用上，如“咸味鸡尾酒”就分为有盐边装饰的和无盐边装饰的。

（4）在饮用方法的变换使用上，如“B－52 鸡尾酒”就有单杯饮用的与使用子弹杯架多杯饮用的区别。

另外，时下流行的花式调酒也是鸡尾酒创新的一个例证，它是在调制方法和表现形式上的创新。

第二节 鸡尾酒调酒用具、载杯及标准计量单位

一、鸡尾酒调酒用具

酒吧常用的设备虽然不直接参与调酒过程，但是在调制鸡尾酒的过程中是不可或缺的。

（一）常用的吧台设备

制冰机主要用来制作冰块，是酒吧必不可少的设备。可以选择制冰量大的型号，并且尽量选择方形冰块。

扎啤机是新鲜扎啤出品使用的机器，由安装在吧台上的喷头和连接在吧台下面的啤酒罐和二氧化碳罐组成。扎啤机操作简单，只要压一下开关就会有啤酒流出，需要注意的是要根据存量及时更换啤酒罐及二氧化碳罐。

储藏柜一般用来储藏葡萄酒、香槟、饮料、果汁、蛋、奶等易变质的食品材料。很多储藏柜是多用途的，不仅可以储藏食品，还可以存放载杯、餐巾、吸管等物品。

垃圾箱用来存放调酒产生的垃圾、果皮、空酒瓶等各种废弃物。

刷杯器是一种电动的清洗工具，主要用来刷洗杯具，将杯子反扣到刷头上按动开关就可以完成清洗过程，然后放到消毒槽中消毒，最后放入沥水槽中控干就可以使用了。

果汁机一般用来压榨新鲜果汁。

搅拌机是调制搅和类鸡尾酒常用的工具。

碳酸饮料枪可以制作六种口味的碳酸饮料，按不同的按钮就可以喷出不同的碳酸饮料。

瓶架用来存放常用酒水，一般安装于吧台内侧，便于调酒师取用酒水。

洗漱槽供调酒师洗手或涮洗抹布使用。

（二）常用的调酒用具

盎司杯（见图 12－1）主要用来量取酒料以保证口味的纯正，一般为 1.5oz 与 1oz 组合，还有 0.5oz 与 1oz 组合。使用时应将酒料添加至盎司杯边缘。

调酒杯上面标有刻度，便于量取酒料，是制作调和法饮品常使用的工具。

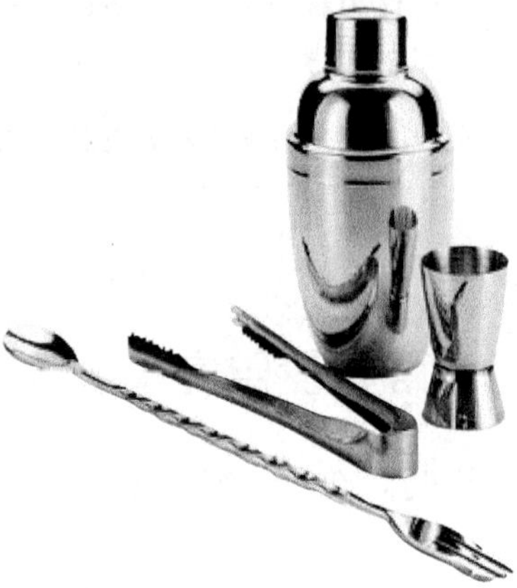

图 12－1　三段式传统摇酒壶、盎司杯、冰夹、吧匙

图 12－2　酒嘴

酒嘴（见图 12－2）是安装在酒瓶口上用来控制酒水流量的工具，一般分为快速阔口型、匀速中口型及慢速窄口型三种，材质分为不锈钢制及塑料制。

图 12－3　波士顿摇酒壶

摇酒壶是调制鸡尾酒的常用工具。常见的摇酒壶有英式调酒使用的三段式传统摇酒壶（见图 12－1）及花式调酒使用的波士顿摇酒壶（见图 12－3）。

滤冰器（见图 12－4）是配合波士顿摇酒壶使用的滤冰工具。很多滤冰器都带有一个或两个卡板，卡板是用来固定位置的。滤网边的弹簧钢圈用来与摇酒壶内壁贴合。

吧匙（见图 12－1）是一种调酒用的不锈钢制品。吧匙的一端为匙状，长柄中间带有螺旋状，另一端为叉子。吧匙用途广泛，可以量取少量酒料，还可以叉取装饰用水果，还是调和法搅拌工具及调制彩虹酒的缓冲工具。

酒吧刀（见图 12－5）通常用来切制水果及鸡尾酒装饰物。一般选用不锈钢制的刀具，不易生锈，并要求刀口锋利。

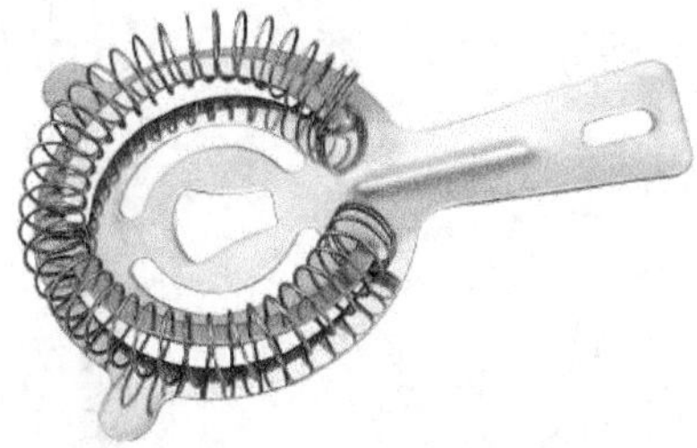

图 12－4　滤冰器

图 12－5　酒吧刀

水果叉（见图 12－6）一般是配合果盘使用的叉取工具。

柠檬削皮刀（见图 12－7）是用来削柠檬皮的，但不会削去柠檬皮的白色部分。

鸡尾酒签（见图 12－8）是鸡尾酒装饰中经常使用的一种塑料制果签。

图 12－6　水果叉

图 12－7　柠檬削皮刀

图 12－8　鸡尾酒签

吸管（见图 12－9）是长饮鸡尾酒服务的必备品。

砧板（见图 12－10）是切制水果和装饰物的案板，一般分为塑料制和木制两种。

冰桶（见图 12－11）用来盛放冰块或冰镇葡萄酒的。

冰夹（见图 12－1）是配合冰桶一起使用的夹取冰块的工具。

冰铲（见图 12－12）是取冰块时使用的工具，一般在制冰机中都会配备。

调酒棒（见图 12－13）是长饮鸡尾酒的装饰品，兼有实用功能，可以供宾客自行搅拌饮品。

打蛋器（见图 12－14）用来把鸡蛋打散。

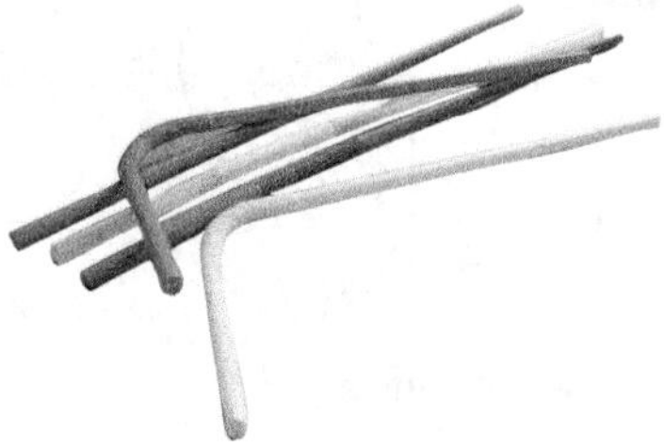

图 12－9　吸管

图 12－10　砧板

图 12－11　冰桶

图 12－12　冰铲

图 12－13　调酒棒

图 12－14　打蛋器

宾治盆（见图 12－15）是制作宾治酒的容器，一般为玻璃制品。

调料瓶（见图 12－16）是用来盛装调料的小瓶子。

图 12－15　宾治盆

图 12－16　调料瓶

托盘（见图 12－17）在进行鸡尾酒服务和服务员传递酒水物品时使用，一般为塑料制品。

碾棒是一种木制工具，圆形的一端用来碾碎冰块，略大，呈平底形的一端用来捣碎柠檬等。

杯垫（见图 12－18）是为了防止酒杯滑动而置于酒杯下面的圆形或其他形状的小垫子。通常，酒水品牌还用它来做广告宣传。

图 12－17　托盘

图 12－18　杯垫

开瓶器（见图 12－19）开启啤酒、红酒等饮料。

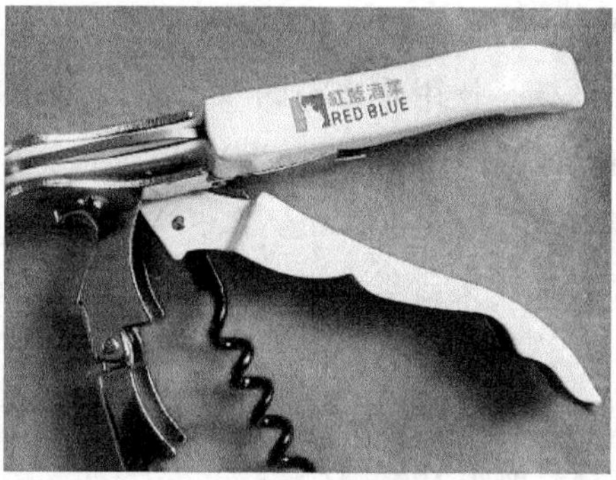

图 12－19 开瓶器

雪糕匙（见图 12－20）是制作冰激凌所使用的挖球工具。

糖（盐）盅（见图 12－21）用来盛装糖粉、盐粉。

牙签筒可以盛装制作或享用水果盘时需使用的牙签或鸡尾酒签。

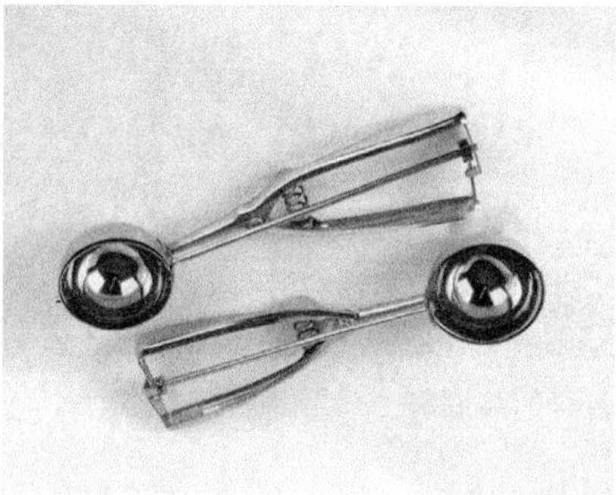

图 12－20 雪糕匙

图 12－21 糖（盐）盅

二、鸡尾酒载杯

鸡尾酒饮用很注重载杯的选择，在容量、形状和材质上都很讲究。一般的载杯材质是玻璃或水晶玻璃，要求光洁明亮，色泽晶莹，无杂色，无刻花、印花等。不同规格的载杯盛装不同的鸡尾酒，载杯应与酒品相互呼应、相得益彰。选择优质载杯要注重以下几点：①透明度，反映载杯材质的优劣；②重量，反映载杯材质的密度；③有无气泡，反映载杯制作工艺的优劣；④容量标准，一般相同型号的载杯容量应该是一样的。

一般酒吧常用的鸡尾酒载杯如下：

（1）古典杯。古典杯又称“老式杯”“石头杯”等。容量一般为 200mL。

（2）鸡尾酒杯。鸡尾酒杯是鸡尾酒专用载杯，是一种呈倒三角形状的杯具，容量一般为 110mL。

（3）柯林杯。柯林杯是长饮鸡尾酒载杯，呈直筒状，容量一般为300mL。

（4）雪利酒杯。雪利酒杯容量一般为60mL。

（5）香槟酒杯。香槟酒杯是饮用香槟酒的专用杯，有时也用来盛装鸡尾酒，分为浅碟形和郁金香形两大类，容量一般为120～250mL。

（6）酸酒杯。酸酒杯容量一般为140mL。

（7）利口酒杯。利口酒杯用来盛装利口酒，有时也用来盛装鸡尾酒，如“天使之吻”，容量一般为45～60mL。

（8）白兰地酒杯。白兰地酒杯是饮用白兰地酒的专用酒杯，又被称为“嗅杯”，有时也用来盛装鸡尾酒，容量一般为170～450mL。

（9）啤酒杯（见图12－22）。啤酒杯用来盛装扎啤。一些趣味鸡尾酒，如“深水炸弹”也用啤酒杯盛装。它的容量一般为1000mL。

图12－22　形状各异的啤酒杯

（10）子弹杯。子弹杯又称“小杯”“舒特杯”，一般在饮用开胃酒时使用，像“B－52鸡尾酒”也用它来盛装，容量一般为45mL。

（11）葡萄酒杯。葡萄酒杯是盛装葡萄酒型鸡尾酒的载杯，容量一般为300～360mL。

（12）高脚杯。这类杯具用途比较广泛，容量一般为120～330mL。

（13）海波杯。海波杯又称“高球杯”，也是一种直筒长饮鸡尾酒载杯，相比柯林杯直径稍大、高度略低，容量一般为200～250mL。

（14）果冻杯。果冻杯一般用来盛装果冻及冰激凌，很多用搅和法制作的沙冰型鸡尾酒也用它来盛装，容量一般为450mL。

（15）费斯酒杯。费斯酒杯是调制费斯类鸡尾酒使用的载杯，容量一般为200mL。

（16）飓风杯。飓风杯是调制热带鸡尾酒使用的载杯，容量一般为450～600mL。

（17）玛格丽特酒杯。玛格丽特酒杯用来盛装鸡尾酒“玛格丽特”或用来盛装冰沙型鸡尾酒，容量一般为150mL。

三、标准计量单位

以下是调酒师专业计量单位与国际通用计量单位的换算关系。

1 oz≈28.4mL

1 茶匙 =1/8 oz≈3.6mL

1 盎司杯≈1.5 oz

1pt =20 oz

1quart =40 oz

1 gal =160 oz

注：这里的盎司指英制单位液体盎司，是容积单位，并非质量单位。

第三节　鸡尾酒调制要求

一、鸡尾酒调制的基本要求

一款调制精美、色彩绚丽、口味香醇、装饰亮丽的鸡尾酒堪称一件完美的艺术佳品，鸡尾酒调制也可称为一门创造艺术。所以，调制鸡尾酒时，载杯、装饰物、基酒、辅料、配料的选配都需与之相得益彰，这样才能更加凸显鸡尾酒的特点。

调制鸡尾酒时添加的果汁及其他辅料都不应该掩盖其酒精的刺激口感，其中的各种配料要和谐共存，混合均匀，口感上保持刺激，又可以从中回味其他风味。

一般绝大多数鸡尾酒以冷饮居多。所以，充分地冰镇和选择高脚载杯显得极其重要。冰镇的目的是提高鸡尾酒入口舒适度，高脚杯装载则是为了防止手持玻璃杯时手温改变鸡尾酒的风味。

二、鸡尾酒调制的标准要求

鸡尾酒需要快速调制，一般要求为 5 分钟完成三款鸡尾酒的调制。

在调酒师仪表上，过去要求男调酒师着白色衬衣，系黑色领结和穿黑色马甲，比较符合英国绅士的形象。现今对调酒师的着装要求有所放松，但也不能过于前卫。因为，着装不仅代表酒吧形象，还可能会影响到宾客的饮酒心情。

对于载杯的选择必须注意，用错杯具是一种失礼的表现。

在调制过程中要遵循严格的操作标准和用料标准，刚入门的调酒师建议使用量杯或酒嘴，以保证酒品的口味纯正。

调制鸡尾酒所使用的基酒及辅料、配料、装饰物应选择物美价廉和容易购得的。

在调制摇和饮品时更需要注意选择质地坚硬的冰块，这样的冰块不容易快速融化从而冲淡酒液。

鸡尾酒调制一般要求现调现喝，不可放置太长时间。

奶油、牛奶、果汁、蛋清、蛋黄等配料要选择新鲜的。鸡尾酒配方中的蛋清、蛋黄指的是生鸡蛋中的蛋清、蛋黄。

调制热饮酒品须把温度控制在78.3℃以下，因为酒精的蒸发点是78.3℃。

调酒师需始终保持双手干净、卫生，因为在许多情况下是需要用手来接触酒料和载杯的，这一点也是宾客关注的要点。

调酒用器具要保持清洁，以便在繁忙时不至于影响连续操作。

调制结束后要养成将酒瓶封好并归于原处的好习惯。

调制鸡尾酒需要遵循先辅料、后主料的基本原则，这样可以保证在出现差错时把损失降到最低。

调制鸡尾酒之前需要把载杯、酒料、装饰物等备好待用。

在室温较高的情况下，为防止玻璃杯因骤冷、骤热而发生炸裂，可以选择“溜杯”和“冰镇”方法使其冷却。溜杯适合容量较小的载杯，操作方法是将1~2块冰块放入杯中，手握杯柄顺时针水平摇晃，待载杯外壁出现霜或水时完成；冰镇则适合容量较大的载杯，操作方法是将5~8块冰块置入载杯中，待其载杯外壁出现霜或水时完成。注意，参与溜杯或冰镇的冰块须弃之不用。

“加满”一词需要灵活使用：一则看载杯容量，二则看配方实际要求。

“追水”是为稀释高酒度的酒水而追加的饮用水。

在用新鲜水果榨汁时可以事先将水果浸泡于水中，这样可以保持水果新鲜。像苹果等容易氧化的果品可以在切好后浸泡于柠檬水中。

配方中的蛋清是为了增加泡沫使用的，因其不容易与其他酒液混合，摇制的时间需要长一些。

制作调酒用糖浆时，糖粉与水的比例为3∶1。

调酒杯中如有剩余酒料应尽快处理。

在制作鸡尾酒装饰物时，选择的水果必须为新鲜的，罐装的需要用清水把糖分黏液淘洗出去，用保鲜膜封好备用，如车厘子、橄榄等。鸡尾酒装饰物需要本着和谐简单的原则，不可使其喧宾夺主。另外尽量避免用手接触装饰物。

碳酸饮料严禁放入摇酒壶中摇和，以免发生意外，应在摇和完其他辅料、配料后再加入。

保证载杯清洁明亮、一尘不染。服务过程或调制过程中，要注意手持杯柄或底部，严禁手指靠近杯口或伸进杯内。

调制鸡尾酒时动作要规范、轻盈，因手忙脚乱而产生的酒瓶碰撞声和掉落声只会使宾客产生失望和不信任的感觉。

一名优秀的调酒师应随身携带螺丝开瓶器、笔、打火机等用品。这些用品被西方从业人员称为“侍者三宝”。

在应对宾客提出的模棱两可的酒水品种要求时，可以让宾客扮演老师的角色，用心请教他们，倾听他们的需求，一方面可以了解新知识，另一方面可以满足宾客的需求，提高酒吧酒水销量和声誉。

在创新和制作酒吧特饮上要把握实用、简单的原则，口味当然要以宾客喜欢为第一标准。

在调制一杯以上的相同鸡尾酒时需要严格按照平均分配的方式注入。具体做法：将酒杯依次直线排开，杯边相接，从左至右，再从右至左注入。这样可保证几杯酒的口味是大致相同的。

尽量避免用手接触酒杯边缘、装饰物、冰块。

酒吧棉织品分为毛巾和镜布两种。前者用作清洁抹台，后者用于擦拭酒杯等玻璃制品，两者千万不可混用。

调制鸡尾酒的动作要规范、敏捷、协调、美观。

三、鸡尾酒的调制原理

在调制鸡尾酒时一般遵循以下原理：

（1）烈性酒一般可以与任何酒水混合搭配调制成鸡尾酒。比如伏特加因为其制作工艺的特点，无色、无香，与任何饮料混合都不会改变其味道。

（2）味道相互融合的酒水可以搭配调制鸡尾酒，比如椰子酒与菠萝汁，其本身的味道都不是很强烈，但是二者清淡的香气可以达到最好的融合。

（3）味道有明显差异的酒水一般不应该混合调制鸡尾酒，这样调制出的鸡尾酒要么味道苦涩，要么入口过于刺激而不利于饮用。像刺激性的开胃酒、药酒与水果酒就不能混合调制鸡尾酒。

（4）碳酸饮料不能在摇酒壶中摇和，一般使用兑和法或调和法。

（5）运用摇和法的基本原则是在将调酒基酒、辅料、配料准备齐全的情况下，首先加入冰块，再添加辅料、配料、基酒进行操作。

（6）添加牛奶、奶油、蛋类等配料的鸡尾酒需要剧烈摇和，调制时间相对久一点。

四、鸡尾酒的调制方法

鸡尾酒的调制方法大致分为兑和法、调和法、摇和法、搅和法四大类。下面将分别详细地介绍各种方法的操作要点及注意事项，并示范标准动作要领。

鸡尾酒调制按照传统继承、创新发展和起源地，可以分为“英式调酒”和“美式调酒”。

（一）英式调酒

1. 兑和法

兑和法操作相对简单，是按照配方中的要求，将所需原料按标准分量逐一倒入杯中，不做搅拌混合或轻微搅拌来调制鸡尾酒的一种方法。兑和法中有一种特殊调制方法是“漂浮法”，需要利用吧匙紧贴杯壁将原料缓缓注入，例如“彩虹酒”的调制。彩虹酒色彩绚丽，极具欣赏价值，是检验调酒师技术是否熟练的一个标尺。调制成功的“彩虹酒”色彩分明，形如刀切状，每层之间要做到无混色。

彩虹酒的操作要领如下：

（1）先明确各种酒料的密度（比重），然后再决定添加顺序。密度大的先加入，密度相对小的后加入，这样就可以使密度小的浮在上面形成分层。

（2）可以运用酒度对比法确定密度。一般酒度高的酒水密度相对较小，酒度低的酒水密度较大。碰到酒度相差无几的酒水时可以采用对比黏稠度的方式决定加入顺序。方法是将装有需要对比的酒水的瓶子倒置，然后再同时使其正立，观察瓶内壁酒液的流速和挂杯度，流速慢、挂杯度高的说明黏稠度也高，可以先加入。

2. 调和法

调和法是运用吧匙与调酒杯来完成鸡尾酒调制的一种方法。

调和法的操作要领如下：

首先在调酒杯中添加适量冰块（一般为 5 ~ 8 块），酒水按先辅料、配料后基酒的顺序添加到调酒杯中，左手拇指和食指捏住调酒杯底部，小指自然弯曲垫于杯底，使调酒杯形成倾斜 30°；右手将吧匙沿虎口于中指、无名指之间穿过，虚握成拳状，依靠手腕的力量紧贴杯壁沿顺时针方向搅拌 8 ~ 10 圈，左手感到冰凉、调酒杯外壁有水或霜析出时用滤冰器滤入载杯即可。这一方法的要点是虚握吧匙。标准的操作动作要领是搅拌过程中吧匙要随着酒液旋转。

3. 摇和法

摇和法也称为“摇荡法”，是运用摇酒壶进行鸡尾酒调制的一种方法。因其对动作要领的要求极其严格，所以采用摇和法调制鸡尾酒的过程具有很强的美感和观赏性。一般使用这种方法调制的鸡尾酒大多都含有牛奶、果汁、蛋清等不易混合的辅料和配料。

摇和法的操作要领如下：

（1）摇和时要快速、剧烈，以防冰块快速融化，从而冲淡酒液。

（2）一般调制的酒量不要太多，要使摇酒壶留有足够的空间。

（3）摇动的是摇酒壶本身而不是身体，所以在调酒过程中要尽量保持肢体动作潇洒、美观。在保证动作优美的前提下，可以单手摇，也可以双手摇。

（4）摇酒壶外壁起霜或手感到冰凉时用滤冰器滤入载杯即可。注意含蛋清、牛奶等配料的鸡尾酒摇和的时间要久一点。

（5）碳酸饮料不能在摇酒壶中摇和。

单手摇和的方法及动作要领如下：

这种方法适用于小号摇酒壶或女性调酒师。首先将冰块置于摇酒壶中，按配方将辅料、配料、基酒添加到摇酒壶中，扣好滤冰器（壶腰）及壶盖。摇和时右手食指按住壶盖，其余四指紧抓滤冰器及壶身，依靠手腕的力量左右摇和，同时大臂带动小臂可以在胸前沿斜上方向做伸展运动。注意手掌切不可紧贴摇酒壶壶身，以免手温传递使冰块快速融化，从而冲淡酒液。等手感到冰凉或摇酒壶起霜后用滤冰器滤入载杯即可。

双手摇和的方法及动作要领如下：

这种方法适用于大号摇酒壶。将冰块置于摇酒壶中，按配方将辅料、配料、基酒添加到摇酒壶中，扣好滤冰器（壶腰）及壶盖。摇和时左手中指扣住摇酒壶壶底，拇指压住滤冰器，其余手指夹住壶身；右手拇指紧按壶盖，其余手指夹住壶身。壶盖向着调酒师，壶底朝外，沿左斜上方或右斜上方有规律地摇动十余次，等手感到冰凉或摇酒壶起霜后用滤冰器滤入载杯即可。同样注意手掌不可紧贴摇酒壶壶身，以免手温传递使冰块快速融化，从而冲淡酒液。

4. 搅和法

搅和法是利用电动搅拌机调制鸡尾酒的方法，适合制作沙冰型鸡尾酒。采用这种方法调制的鸡尾酒其配料中一般含有新鲜水果等，像“香蕉戴克瑞”“热带梦”等。

首先将碎冰及其他酒水、新鲜水果等放入搅拌机中，扣好盖子将搅拌机放置于底座上扣紧，右手压住搅拌机盖子，左手启动搅拌机，搅拌机运转10~20秒后，连冰带酒一同注入载杯即可。

（二）美式调酒

美式调酒又称花式调酒，起源于20世纪的美国“Friday”（星期五餐厅），20世纪80年代开始盛行于欧美各国，现风靡于世界各地。其特点是在传统绅士的英式调酒过程中加入一些音乐、舞蹈、杂技等花样的调酒动作以及互动游戏，起到活跃酒吧气氛、增强娱乐效果的作用，同时拉近了工作人员与宾客的关系，增加酒吧饮品销量。许多娱乐性酒吧如果缺少花式调酒师，也纷纷采取特约、特聘的形式邀请花式调酒师做兼职表演。

花式调酒训练方法及练习要点如下。

1. 体能、乐感、手感的练习

安排体能训练（主要是上臂及手腕部与腿部的体能训练），通过音乐节拍训练步伐的协调程度，达到表演的要求。从简单的持瓶、抛接开始练习，熟悉酒瓶与手部接触的方位及感觉。

2. 分解动作要领及练习

通过基本的切酒（量酒）停瓶、起瓶、接瓶、滚瓶、打瓶等逐渐磨合掌握基本要领，然后就可以进行套路练习，进行强化训练。

3. 套路动作串联及配合

按照一瓶、一瓶一壶、两瓶、两瓶一壶、三瓶、异型瓶（加力安奴瓶）等进行动作强化练习。这一要点主要要求动作流畅及较高的成功率。

4. 音乐配合排练

要求动作能够根据音乐旋律、节拍做出停顿、卡点、亮相等，动作与音乐融合为一个整体。

5. 舞台表演心理素质培养

采取多练习、多表演的方式培养舞台经验和局面掌控能力，可在人员相对集中的广场户外进行练习、排练。

五、鸡尾酒调制的步骤

（一）英式调酒的步骤

英式调酒，在鸡尾酒的调制过程中要特别注意先后顺序。讲究的是调制前就准备好基酒、辅料、配料、载杯、装饰物、调酒器具等，不可在调制过程中再寻找遗忘的物品。

（1）首先将调制鸡尾酒使用的基酒、辅料、配料放置于工作台前。

（2）将鸡尾酒专用载杯、装饰物配齐。

（3）调制鸡尾酒一般在取瓶过程中运用右手拿瓶颈部，左手托瓶底部，将酒标面向宾客成45°示酒。在开瓶量酒时需要注意用左手逆时针方向旋转瓶盖，要求一次开满。利用左手拇指、食指及中指交叉定位夹住盎司杯（量杯），靠近摇酒壶等调酒用具上方大概3~4cm处，同时右手将所用酒水倒入盎司杯中完成量酒过程。把酒水倒入摇酒壶后，顺时针盖紧瓶盖。要求全程酒水不洒、不滴。

（4）根据不同鸡尾酒的调制方法调制鸡尾酒，调制完毕后附杯垫奉给宾客。

（5）将不用的酒水归回原位，清洁台面，冲洗调酒用具，以便下次使用。

（二）美式调酒的步骤

1. 酒水摆台

首先将所需要酒水（酒瓶）按使用的先后顺序摆放到便于取用的位置，杯具、辅料、配料等也应摆放于规定位置。同类型酒水（酒瓶）至少要准备两个，这样不至于失误时影响连续操作。这也是保证整个表演过程连贯、流畅和美观的必要手段。充分的准备工作是保证表演过程成功的先决条件。

2. 背景音乐及助手

一曲好的背景音乐无疑会为整个表演过程增色不少。音乐是心灵相通的桥梁，一场完美的花式调酒秀是需要表演者（调酒师）伴随音乐的旋律完成的一场美妙的舞蹈。所使用的配乐是否能与观众达到心灵共鸣是很关键的。

助手是保证表演顺利进行直至完美结束的幕后工作人员，主要负责拾遗补阙、帮助表演者捡拾酒瓶等工作。另外，整个酒吧的音响师、灯光师等工作人员都可以起到调动气氛的重要作用。

3. 调酒表演及操作

保持良好的心理状态，发挥出平时训练的水平。按照固定套路并有所创新，还有对临场局面的控制，让自己的表演带给大家欢乐，并在过程中享受花式调酒的快乐。

4. 尾声

将调好的鸡尾酒端到宾客面前，清理干净台面。

第四节　鸡尾酒装饰物

一、鸡尾酒装饰物的分类

鸡尾酒装饰物是鸡尾酒一个不可分割的重要组成部分，为鸡尾酒起到锦上添花的作用。然而，需要注意的是装饰物只起点缀鸡尾酒的作用，并不是主体，繁杂的装饰物只能起到喧宾夺主的相反作用。一般鸡尾酒装饰物可以大致分为以下几类。

（一）根据所使用的材料分类

根据所使用的材料，鸡尾酒装饰物分为以下几类：

（1）水果类，如柠檬、车厘子、菠萝、橙子、香蕉、火龙果、苹果、草莓等。

（2）蔬菜类，如鸡尾小洋葱、黄瓜、芹菜秆等。

（3）花果类，如蔷薇、兰花、玫瑰、橄榄等。

（4）饰品工具类，如鸡尾酒签、调酒棒、艺术吸管等。

（5）雪糖杯类，如盐圈、糖圈、可可圈等。

（6）调料类，如豆蔻粉、肉桂粉（棒）等。

（7）载杯类，主要指各种异型酒杯，如雕像杯、头骨杯、螺壳杯等。

（8）果雕类，如将橙子、蜜瓜、香瓜等中间掏空形成空间，再进行雕刻，既作为盛放鸡尾酒的容器，又作为特殊装饰物。

（二）根据装饰物所处位置分类

根据装饰物所处位置，鸡尾酒装饰物分为以下几类：

（1）杯口装饰。杯口装饰一般使用新鲜水果制成，给人活泼、简洁、直观的感受，还可以当作佐酒品。

（2）杯中装饰。杯中装饰通常用罐装水果或新鲜水果制成，兼有调味、装饰双重作用，一般只适合酒液澄清的鸡尾酒。

在鸡尾酒装饰物中，常用的标准装饰物有柠檬角、柠檬皮、青柠角、芹菜秆、鲜薄荷叶、肉桂粉（棒）、橄榄、菠萝角、香蕉片、鸡尾小洋葱等。

二、鸡尾酒的装饰规律

鸡尾酒种类繁多，千差万别，每种鸡尾酒的装饰物也不尽相同。但是，如何进行装饰，这其中还是有规律可循的。

1. 呼应鸡尾酒口味

可以按照鸡尾酒中含有什么口味的果汁或利口酒，就用相同的水果来制作装饰物。如“特基拉日出”因其酒料中含有橙汁，一般都会采用橙片进行装饰。在没有任何果汁等辅料或配料的情况下，可以采用柠檬角或车厘子做“万能装饰物”。

2. 保证原作的统一性

很多享誉世界的著名鸡尾酒，其装饰物是约定俗成的，不能随意更改。像“血腥玛丽”是用芹菜秆作为装饰物的，不能按照个人的意愿随意更改为别的装饰物。

3. 注意色彩搭配及色彩对比

一般色彩比较亮丽的鸡尾酒，像“红粉佳人”，可以选用色彩相近的红色车厘子装饰；像“青草蜢”，可以选用鲜薄荷叶装饰，因为其酒液是淡绿色的。这保证了色彩上的协调和统一。再比如“长岛冰茶”，酒液呈棕褐色，就不能用色彩相近的水果做装饰物，那样会显得很沉闷，通常会选择柠檬片，利用柠檬本身的亮黄色与棕褐色对比，保证了色彩的对比和差异性。

4. 注重作品本身的含义和象征性

每一款著名鸡尾酒都会有一个故事或寓意。所以，其装饰物也应与之呼应成趣。如“天蝎座”，利用“柠檬卷”作为装饰物，会让人联想到蝎子的尾巴。

5. 保证装饰物与载杯的和谐统一

装饰物形状与载杯型号要做到和谐统一，不然会令人有累赘之感。比如，艺术吸管一般都是搭配容量较大的柯林杯使用，如果放入古典杯就显得不伦不类了。

6. 注意雪糖杯装饰物及无装饰物鸡尾酒具有的特殊性，不要画蛇添足

很多鸡尾酒是利用糖、盐等，配合柠檬汁在杯口挂霜，从而形成雪糖杯，既起到装饰作用，还具有调味功能。比如，“玛格丽特”是配合所使用基酒特基拉的饮用习惯添加了盐圈的咸味鸡尾酒。

彩虹酒是无装饰物鸡尾酒。因为彩虹酒本身就已经具有多样、鲜艳的色彩，再添加其他装饰物只能是画蛇添足。

三、装饰物的制作方法

每种鸡尾酒的装饰物都不尽相同，一般情况下，鸡尾酒装饰物是现用现制的。当然也可以预先制得一些装饰物备用（如车厘子与柠檬的组合）。注意不可准备太多，因为装饰物是要求干净、新鲜的，过夜的必须尽快处理掉，不可再用。制作鸡尾酒装饰物应该注意的基本要点有：①保证制作装饰物过程的安全性。制作装饰物常会使用水果刀进行操作。操作时务必保证精神集中，确保砧板放置平稳，以免发生意外。②保证刀具锋利。③制作装饰物时，手指向内弯曲，特别是中指指节作为与刀面的贴合部位要保持水平，其余手指按压水果，由身体内侧向外切水果。

1. 制作柠檬（橙子）切片（角）的方法

（1）先去掉柠檬（橙子）两端，按照相隔 3 mm 的距离依次切片，形成圈形柠檬（橙子）切片。

（2）同样去掉柠檬（橙子）两端，横置由中心一分为二，再依次按照相隔 3 mm 的距离依次切片，形成半月形柠檬（橙子）切片。

（3）圆形柠檬（橙子）片挂杯口操作方法为寻找柠檬（橙子）白色果肉隔膜，由中间切口，挂于杯口即可；半月形柠檬（橙子）片挂杯口操作方法为在半月中间纵切 2 cm左右切口，挂于杯口即可。

（4）将半月形柠檬（橙子）片再进行 1/2 切片就可以得到柠檬（橙子）角。

（5）特殊柠檬（橙子）角是将整个柠檬（橙子）1/4 切开后，再从中间进行一次 1/2 切割所形成的。

2. 制作柠檬（橙子）条、卷的方法

（1）先去掉柠檬（橙子）两端，切割成两半，然后用吧匙把果肉挖掉。

（2）将柠檬（橙子）皮切成条状，每条宽度约 5 mm。

（3）将柠檬（橙子）条，紧紧缠绕在吧匙柄上，约 30 秒后取下自然可以得到弹簧状柠檬（橙子）卷。

（4）特殊柠檬（橙子）卷是利用柠檬削皮器制作的。

3. 制作菠萝块（角）的方法

（1）选择成熟的菠萝，将前端的带刺绿叶去掉，根据需要决定是否去皮，在去皮时应特别注意其凹窝处需清理干净。

（2）将整个菠萝切成4份后，横向切割成菠萝角。也可在分割成4份后将果心去掉，然后再横向切割成弧形菠萝块。

（3）可以用牙签把菠萝和车厘子穿在一起使用。

4. 芹菜秆的制作方法

（1）选择品质优良的西芹，将根部去掉，洗净，根据酒杯高度确定切割长短。

（2）对于粗大的西芹，可采用分层剥离的方法，注意叶子需要保留。

（3）一般制作好的芹菜秆应泡置于冰水中或用保鲜膜封好，以防变黄、变蔫。

5. 鸡尾酒签与水果的组合方法

（1）水果既可以单独使用，也可以组合使用。比如，柠檬（橙子）片（角）与车厘子、柠檬（橙子）条（卷）与车厘子等都可以利用鸡尾酒签或牙签组合创新。

（2）将鸡尾酒签从柠檬片一端穿过，再将车厘子穿过，最后穿过柠檬片另一端，这样的装饰物可以横置于载杯杯口。

（3）首先将柠檬（橙子）片由中间切开一个小口，正反方向分开后用牙签分别穿起车厘子形成横“S”形装饰物。

（4）车厘子可以穿上鸡尾酒签横置于载杯杯口装饰，把穿好的车厘子放入酒液中也可以起到装饰及调味的作用。

（5）以鸡尾酒签穿起两枚鸡尾小洋葱或橄榄放置于酒液中，同样是装饰兼调味的作用。

（6）车厘子挂杯口，用牙签连接柠檬（橙子）卷，也可以形成不错的装饰组合形式。

（7）酒吧中常备的装饰用的小纸伞和小酒旗都可以与水果组合形成独特的装饰物。

（8）有些特殊鸡尾酒的酒液表面有一层喷射上去的奶油，一般这种情况就可以将车厘子置于奶油之上作为装饰。

第五节　中外时尚鸡尾酒配方选例

鸡尾酒种类数以万计，有相当数量的鸡尾酒是经过时间考验的，因此形成了在世界范围内都拥有广大“粉丝”的经典鸡尾酒，如“红粉佳人”“青草蜢”“玛格丽特”等。本书以传承经典、改革创新为原则，选取几款中外时尚鸡尾酒配方进行讲解。为方便大家归纳记忆，所选鸡尾酒配方按照使用的基酒进行分类。

（1）白兰地型鸡尾酒

白兰地型鸡尾酒的相关知识如表12－1所示。

表 12－1　　白兰地型鸡尾酒

名称	配方酒料	方法	载杯	装饰物	鸡尾酒逸闻
斯汀格 (Stinger)	白兰地 1. 5oz 白薄荷酒 1oz	摇和法	鸡尾酒杯	鲜薄荷叶	斯汀格意为动物身上的刺，比喻针刺的感觉。薄荷口味的清凉感觉想必会使你感受到这款酒的魅力。 斯汀格是 20 世纪纽约的一位调酒师发明的
奥林匹克 (Olympic)	白兰地 1oz 君度酒 0. 5oz 橙汁 1. 5oz	摇和法	浅碟形香槟酒杯	橙片	这款鸡尾酒起源于 1900 年的法国，为祝贺巴黎奥运会所创，历史悠久。表达了人们对这一世界性运动盛会的期盼和对取得优异成绩的运动员的衷心祝福
克里斯 (Chris)	白兰地 1. 5oz 马天尼酒 1/3oz 杏仁酒 1/3oz 柠檬汁 1/3oz 糖浆 1/3oz 汤力水适量	兑和法	柯林杯	柠檬片 车厘子	克里斯有圣诞老人之意，在皑皑白雪的圣诞冬日饮用这样一款鸡尾酒，无疑会使圣诞夜更加浪漫
马颈 (Horse's Neck)	白兰地 1. 5oz 姜汁啤酒适量	兑和法	海波杯	柠檬皮（卷）	美国前总统罗斯福有骑马的爱好，并非常喜欢抚摸爱马的脖子，同时他又是赛马爱好者。其后很多赛马迷为了获得好运气便让这款鸡尾酒迅速传播开来
边车 (Side Car)	白兰地 1. 5oz 白柑桂酒 0. 5oz 青柠汁 0. 5oz	摇和法	鸡尾酒杯	车厘子	边车其实就是“三轮摩托”，北京的摩托车发烧友都称这种摩托车为“挎子”
白兰地亚历山大 (Brandy Alexander)	白兰地 2/3oz 黑可可利口酒 2/3oz 淡奶油 2/3oz	摇和法	鸡尾酒杯	豆蔻粉	亚历山大大帝是古罗马帝国的统治者，是一位建树伟大的君主，但是其穷兵黩武也注定了帝国的衰落

（2）金酒型鸡尾酒

金酒型鸡尾酒的相关知识如表 12－2 所示。

表 12－2　金酒型鸡尾酒

名称	配方酒料	方法	载杯	装饰物	鸡尾酒逸闻
红粉佳人（Pink Lady）	金酒 1oz 石榴糖浆 1/2oz 蛋清 1/2 个	摇和法	鸡尾酒杯	车厘子	这款鸡尾酒得名于美国百老汇著名的同名歌剧《红粉佳人》，剧中的女主角登台时手中的鸡尾酒即是这杯享誉世界的“红粉佳人”。这款酒色彩艳丽，口味酸甜可口，受到广大女士的喜爱
金汤力（Gin Tonic）	金酒 1.5oz 汤力水适量	兑和法	柯林杯	青柠角	汤力水也称为“奎宁水”，是一种利尿的饮料，起初是为了治疗男性的尿道疾病而产生的，这与金酒的功效是一致的
金菲斯（Gin Fizz）	金酒 1oz 甜酸柠檬汁 3oz 苏打水适量	兑和法	柯林杯	车厘子 柠檬片 组合	金菲斯是“菲斯类”鸡尾酒的典型代表。这一类别是鸡尾酒的原始形态。可以说正是在这种形式的发展下，才有了今天更加丰富的鸡尾酒类别
蓝色朱丽娜（Juliana Blue）	金酒 1oz 君度酒 0.5oz 蓝橙酒 1oz 菠萝汁 2oz 椰子乳 1oz	搅和法	玛格丽特酒杯	菠萝角 车厘子	在炎炎夏季饮用这种沙冰状饮品是一件非常享受的事情。这款鸡尾酒是一位古巴的酒吧调酒师所创造的
蓝宝石马天尼（Sapphire Martini）	金酒 2oz 蓝橙酒 1oz	摇和法	鸡尾酒杯	车厘子	马天尼在鸡尾酒世界里是一个庞大的家族，据不完全统计有2000 余种之多，像“伏特加马天尼”“超干马天尼”等。这一款则适合女性饮用
卢吉（Luigi）	金酒 1oz 橙汁 1.5oz 马天尼酒 0.5oz 君度酒 0.5oz 石榴糖浆 1/3oz	摇和法	鸡尾酒杯	橙子角	注意这款鸡尾酒配方中的石榴糖浆是最后注入的。因其比重较大会沉于杯底，呈现出颜色渐变的美感

续　表

名称	配方酒料	方法	载杯	装饰物	鸡尾酒逸闻
蓝色珊瑚礁（The Blue Lagoon）	金酒 1.5oz 绿薄荷酒 1oz 柠檬汁 1/3oz	摇和法	鸡尾酒杯	车厘子	这款鸡尾酒是 1950 年在名古屋举办的饮品大赛中的获奖作品，后经过改革又焕发出新的光彩。要特别注意，车厘子是投入杯中的

（3）威士忌型鸡尾酒

威士忌型鸡尾酒的相关知识如表 12－3 所示。

表 12－3　　威士忌型鸡尾酒

名称	配方酒料	方法	载杯	装饰物	鸡尾酒逸闻
爱尔兰玫瑰（Irish Rose）	爱尔兰威士忌 1.5oz 石榴糖浆 1/3oz 柠檬汁 1/2oz	摇和法	鸡尾酒杯	柠檬片	因同名电影《爱尔兰玫瑰》得名。故事讲述的是一位爱尔兰姑娘的励志和曲折的爱情故事
生锈钉（Lusty Nail）	威士忌 1oz 杜林标酒 1oz	调和法	古典杯	车厘子	这款鸡尾酒的创意来自慢慢老去的人生历程，同时寓意了做事的专一精神和持之以恒的人生态度
教父（God Father）	威士忌 1.5oz 杏仁酒 1oz	调和法	古典杯	—	因好莱坞同名电影《教父》中的男主角的饮酒习惯和电影的广泛关注度而闻名
甜曼哈顿（Manhattan）	威士忌 1.5oz 甜味美思 1/2oz 苦精 1 滴	调和法	鸡尾酒杯	红色车厘子	—
威士忌酸酒（Whisky Sour）	威士忌 1.5oz 柠檬汁 1/2oz 糖水 1/3oz	摇和法	酸酒杯	车厘子	酸酒类中的翘楚，也是鸡尾酒原始类型的代表作品之一，具有强烈的酸味，有助于缓解酒精刺激，喝上几杯威士忌酸酒，很难有头晕等醉酒的感觉

（4）伏特加型鸡尾酒

伏特加型鸡尾酒的相关知识如表 12－4 所示。

表 12 - 4　　伏特加型鸡尾酒

名称	配方酒料	方法	载杯	装饰物	鸡尾酒逸闻
蜜瓜球 (Melon Ball)	伏特加 1oz 蜜瓜酒 2oz 橙汁 1.5oz	摇和法	白兰地酒杯	吸管 车厘子	—
神风敢死队 (Kamikaze)	伏特加 1.5oz 白柑桂酒 0.5oz 青柠汁 0.5oz	摇和法	子弹杯	—	—
金手指 (Golden Finger)	伏特加 1.5oz 加力安奴酒 0.5oz 菠萝汁 1oz 牛奶 1oz	搅和法	鸡尾酒杯	菠萝条 车厘子	由著名的同名 007 系列电影《007 之金手指》而来
蜘蛛侠 (Spider)	伏特加 1.5oz 白薄荷酒 1/2oz 柠檬汁 1/2oz	摇和法	鸡尾酒杯	车厘子	酒名并不是来自好莱坞电影《蜘蛛侠》，而是来自在摩天大楼做幕墙清洁的工作人员。澄清的酒液代表的就是他们劳动的成果和对城市美观做出的贡献
螺丝刀 (Screw driver)	伏特加 1.5oz 橙汁适量	兑和法	柯林杯	橙片	最初由一名在伊朗工作的美籍石油工人所发明，起初他是用朗姆酒勾兑橙汁解暑止渴的，后来发现用伏特加味道更棒，随手的工具包中的螺丝刀变成了他的搅拌棒，故因此得名。伏特加纯净得犹如“钻石”，它还无色无味，与其他液体混合后不会改变其原有味道
琪琪 (Chichi)	伏特加 1oz 马利宝椰子酒 2oz 菠萝汁 3oz	搅和法	香槟酒杯	菠萝条 车厘子	Chichi 是美国俚语，意为“漂亮的小姐”，是一些小青年看到美女后打招呼引起对方注意的口哨的发音

续 表

名称	配方酒料	方法	载杯	装饰物	鸡尾酒逸闻
环游世界 (Around the World)	伏特加 1/2oz 朗姆酒 1/2oz 威士忌 1/2oz 金酒 1/2oz 白兰地 1/2oz 特基拉 1/2oz 绿薄荷酒 1oz 糖水 1/3oz 菠萝汁 3oz	摇和法	柯林杯	菠萝条 车厘子	这是为了配合在法国举行的一次非机械化环球飞行航展所创作的一款鸡尾酒。这是最原始的一款配方。现在调酒师使用的都是以伏特加 1oz、绿薄荷酒 1oz、菠萝汁 1.5oz 用摇和法调制，最后用鸡尾酒杯盛装的简单版本

（5）朗姆酒型鸡尾酒

朗姆酒型鸡尾酒的相关知识如表 12－5 所示。

表 12－5　朗姆酒型鸡尾酒

名称	配方酒料	方法	载杯	装饰物	鸡尾酒逸闻
绿眼睛 (Green Eye)	朗姆酒 1oz 蜜瓜酒 1oz 菠萝汁 1.5oz 橙汁 0.5oz 椰子汁 0.5oz	摇和法	香槟酒杯	柠檬片	名称来自波斯猫的彩色眼睛。生动地表现了动物本身器官的特点
至尊 (X. Y. Z)	朗姆酒 1.5oz 白柑桂酒 0.5oz 青柠汁 0.5oz	摇和法	鸡尾酒杯	青柠片	X、Y、Z 是英语 26 个字母中的最后三个，代表了无限大、极致。所以说这款鸡尾酒也是达到了极致。日本著名漫画家北条司的作品《城市猎人》中的男主角“寒羽良”与客户们接头时使用的就是这三个字母
上海 (Shanghai)	朗姆酒（黑）1oz 柠檬汁 1/2oz 茴香酒 1/3oz 石榴糖浆 1/3oz	摇和法	鸡尾酒杯	柠檬片 车厘子	这是一位日本调酒师在游历过上海这个曾经在 20 世纪二三十年代与法国巴黎齐名的国际大都市后所创作的
热带梦 (Tropical Dream)	朗姆酒 1oz 蜜瓜酒 1oz 椰子乳 1/3oz 橙汁 1/3oz 菠萝汁 1/3oz 香蕉酒 1/2oz	搅和法	飓风杯	香蕉块	作品描绘了古巴哈瓦那美丽的海滩和那里盛产的朗姆酒和雪茄。浪漫的哈瓦那是一个美丽的旅游胜地

续 表

名称	配方酒料	方法	载杯	装饰物	鸡尾酒逸闻
百家地（Bacardi）	朗姆酒 1oz 柠檬汁 1/2oz 石榴糖浆 1/3oz	摇和法	鸡尾酒杯	车厘子	这是一款以朗姆酒品牌命名的鸡尾酒。百家地牌朗姆酒是历史最为古老的朗姆酒之一，品牌系列产品被广泛运用在鸡尾酒调制、西式糕点制作中
得其利（Daiquiri）	朗姆酒 1oz 糖水 1oz 柠檬汁 1oz	摇和法	鸡尾酒杯	青柠片	得其利又译为“戴克瑞”，是一款既古老又现代的鸡尾酒，说它古老是因为它是原始鸡尾酒调制中的一款酒品，说它现代是因为以它的调制原理派生了很多“××得其利”，诸如香蕉得其利、草莓得其利、蜜瓜得其利等

（6）特基拉型鸡尾酒

特基拉型鸡尾酒的相关知识如表 12－6 所示。

表 12－6　　特基拉型鸡尾酒

名称	配方酒料	方法	载杯	装饰物	鸡尾酒逸闻
凯迪拉克（Cadillac）	特基拉 1. 5oz 君度酒 0. 5oz 青柠汁 1. 5oz 橙汁 1/2oz	摇和法	玛格丽特酒杯	盐圈	—
仿声鸟（Mocking Bird）	特基拉 1. 5oz 绿薄荷酒 1oz 青柠汁 0. 5oz	摇和法	鸡尾酒杯	螺旋柠檬卷	仿声鸟是一种生活在美洲大陆的鸟类，善于鸣叫故而得名，据说这类鸟可以根据不同的环境模仿出一些特定的叫声
得克萨斯茶（Texas Tea）	特基拉 1oz 朗姆酒 1/2oz 君度酒 0. 5oz 糖水 1/3oz 柠檬汁 1/2oz 橙汁 1oz 红茶 4oz	摇和法	柯林杯	柠檬片	美国的得克萨斯州是牛仔们的天下，牛仔们豪放不羁。得克萨斯州至今还保留着原始风貌的地质公园，风景粗犷优美
特基拉日出（Tequila Sunrise）	特基拉 1. 5oz 橙汁 4oz 石榴糖浆 1/2oz	兑和法	香槟酒杯	橙片 小花伞	展现了龙舌兰种植者辛勤劳作的场景

续 表

名称	配方酒料	方法	载杯	装饰物	鸡尾酒逸闻
玛格丽特 (Margarita)	特基拉 1oz 君度酒 0.5oz 青柠汁 0.5oz	摇和法	玛格丽特酒杯	盐圈	这款酒来自一个凄美的爱情故事。女主人公名叫玛格丽特，她在一次狩猎中不幸被流弹击中，躺在男友怀中去世。男友悲伤欲绝，整日浑浑噩噩，在其后的几年时间中都是如此。一日，他忽然梦到了玛格丽特。后来，他在参加一次饮料调制比赛中，根据玛格丽特生前的饮用习惯创作出一款鸡尾酒。原来玛格丽特不管喝什么饮料都喜欢加上一点点盐，所以这款鸡尾酒是用盐圈装饰的，并且他还用女友的名字“玛格丽特”命名。这款鸡尾酒不只酒品优秀，更因为这感人的故事得到了评委们的青睐，也成就了经久不衰的著名酒品。男主人公也从此走出了失去挚爱的阴影
蓝色玛格丽特 (Blue Margarita)	特基拉 1.5oz 蓝橙酒 1oz 青柠汁 0.5oz 西柚汁 1/2oz	摇和法	玛格丽特酒杯	盐圈 螺旋柠檬卷	—
特基拉碰 (Tequila Pop)	特基拉 1.5oz 雪碧适量	兑和法	古典杯	杯垫	这款酒又称为“墨西哥炸弹”，是一款饮用趣味性很强的酒品。饮用时将杯垫扣在杯口稍微用力向下拍下，这个过程中雪碧中的二氧化碳被激发出来，会产生“嘭嘭”的响声，犹如炸弹爆炸一样。该款酒入口极为和顺。其实这款酒酒精含量并不高，是可以多饮几杯的

续 表

名称	配方酒料	方法	载杯	装饰物	鸡尾酒逸闻
斗牛士 (Matador)	特基拉 1.5oz 橙汁 2oz 菠萝汁 3oz 菠萝 1 块 糖水 1/3oz	搅和法	柯林杯	菠萝条	—

(7) 中国白酒型鸡尾酒

中国白酒型鸡尾酒的相关知识如表 12 -7 所示。

表 12 -7　　中国白酒型鸡尾酒

名称	配方酒料	方法	载杯	装饰物	鸡尾酒逸闻
曹州牡丹	中国白酒 1oz 橙汁 1/2oz 石榴糖浆 1/2oz	摇和法	鸡尾酒杯	牡丹花瓣	山东菏泽，古称曹州，是驰名中外的牡丹之乡。菏泽因有国花牡丹而名扬四海，是现今世界最大的牡丹种植地之一。自古牡丹就是中国富贵、吉祥的象征。很多家庭中的中国绘画作品也都是以牡丹为题材创作的，表达了人们对美好幸福生活的向往
七夕	中国白酒 1/2oz 苹果汁 3oz 蓝橙酒 1.5oz	摇和法	香槟酒杯	柠檬片 车厘子	这款酒得名于中国的七夕节。每年农历七月初七这一天是中国的传统节日——七夕节。因为此日活动的主要参与者是少女，而节日活动的内容又是以乞巧为主，故而人们也称这天为“乞巧节”“少女节”“女儿节”。七夕节是中国传统节日中最具浪漫色彩的一个节日，也是古代年轻姑娘们最为重视的日子。相传，每逢七月初七，人间的喜鹊就要飞上天去，在银河为牛郎织女搭鹊桥让他们相会。此外，七夕夜深人静之时，人们还能在葡萄架或其他的瓜果架下听到牛郎织女在天上的脉脉情话

续 表

名称	配方酒料	方法	载杯	装饰物	鸡尾酒逸闻
粉黛荷尖	中国白酒 1oz 石榴糖浆 1/2oz 淡奶油 1/2oz	摇和法	鸡尾酒杯	青柠片	宋朝诗人杨万里的诗作“小荷才露尖尖角，早有蜻蜓立上头”。人们都欣赏荷花“出淤泥而不染，濯清涟而不妖”那种清丽脱俗感觉，该诗句常用来形容某人的独特气质
变色龙	中国白酒 1oz 蓝橙酒 1oz 石榴糖浆 1/2oz	兑和法	鸡尾酒杯	车厘子	变色龙，学名避役，是爬行纲的一种动物，主要分布于非洲地区。变色龙的肤色会随着背景、温度和情绪的变化而变化，也因为这一特点，常用变色龙来比喻反复无常的人。在调制该款酒时首先将基酒与蓝橙酒混合注入杯中，然后再滴入石榴糖浆，宾客略搅拌就可变成紫色，很有趣

（8）利口酒型鸡尾酒

利口酒型鸡尾酒的相关知识如表 12－8 所示。

表 12－8　　利口酒型鸡尾酒

名称	配方酒料	方法	载杯	装饰物	鸡尾酒逸闻
B-57	石榴糖浆 1/3oz 咖啡蜜酒 1/3oz 百利甜酒 1/3oz 君度酒 1/3oz	兑和法	子弹杯	—	该款鸡尾酒是 B-52 鸡尾酒的升级版，同样是饮用刺激、趣味性强的一款鸡尾酒
天使之吻 （Angel's Kiss）	咖啡蜜酒 1oz 淡奶油 1/2oz	兑和法	利口酒杯	车厘子	天使之吻的创作者本身不是专业调酒人士，其只想用咖啡蜜酒兑点牛奶来饮用，偶然想加上一点装饰物。因为不小心把车厘子掉进了杯中，身边的朋友认为车厘子非常像一个“唇印”，因其在偶然间诞生，像得到了天使的帮助，故而得名

续 表

名称	配方酒料	方法	载杯	装饰物	鸡尾酒逸闻
鳄鱼的眼泪（Crocodile Tears）	蜜瓜甜酒 1oz 柠檬利口酒 1oz 蓝色夏威夷酒 1oz 菠萝利口酒 1oz 酸甜汁 1oz 雪碧 1oz	摇和法	柯林杯	—	看上去似鳄鱼一般颜色的鸡尾酒，其实味道很好
深水炸弹（Depth Charge）	香蕉酒 1/2oz 咖啡蜜酒 1/2oz 绿薄荷酒 1/2oz 蓝橙酒 1/2oz 蜜瓜酒 1/2oz 加力安奴酒 1/2oz 石榴糖浆 1/2oz 汤力水适量	兑和法	子弹杯和柯林杯	—	—
青草蜢（Grasshopper）	绿薄荷酒 3/4oz 白可可酒 3/4oz 淡奶油 3/4oz	摇和法	鸡尾酒杯	车厘子	草蜢就是人们说的“蚂蚱”，是一种绿油油的昆虫，这款鸡尾酒的颜色与草蜢相似，故得名“青草蜢”

（9）葡萄酒型鸡尾酒及无酒精型鸡尾酒

葡萄酒型鸡尾酒及无酒精型鸡尾酒的相关知识如表 12－9 所示。

表 12－9　葡萄酒型鸡尾酒及无酒精型鸡尾酒

名称	配方酒料	方法	载杯	装饰物	鸡尾酒逸闻
灰姑娘（Cinderella）	橙汁 1/3oz 柠檬汁 1/3oz 菠萝汁 1/3oz	摇和法	鸡尾酒杯	车厘子	灰姑娘的命运是由坎坷变甜蜜的，正如这款鸡尾酒初品时酸涩，慢慢体会会发现终究甜蜜在等着你
小猫之脚（Push Cat）	橙汁 1oz 菠萝汁 2/3oz 西柚汁 1/2oz 石榴糖浆 1/3oz	摇和法	鸡尾酒杯	菠萝角	淡淡的酸楚，里边渗透着莫名的清香和甜蜜，石榴糖浆和西柚汁仿佛在橙汁和菠萝汁的夜色中潜行，犹如一只小猫悄悄地溜进你的味觉

续 表

名称	配方酒料	方法	载杯	装饰物	鸡尾酒逸闻
扭秧歌	葡萄酒 1oz 石榴糖浆 1/3oz 橙汁 3oz	兑和法	香槟酒杯	车厘子 小花伞	石榴糖浆与葡萄酒因为比重大会沉于载杯底部，当我们轻轻晃动酒杯时底部液体就会翩翩起舞，样子十分可人

思考题

一、选择题

1. 鸡尾酒构成的公式是：鸡尾酒 = 基酒 + （　　） + 载杯 + 装饰物。

A. 调色调香溶液　B. 利口酒　C. 开胃酒　D. 饮料

2. 干马天尼采用的是（　　）命名法。

A. 人名　B. 直接　C. 地名　D. 事件

3. 古典杯的容量一般是（　　）。

A. 100mL　B. 150mL　C. 200mL　D. 250mL

4. 红粉佳人属于（　　）鸡尾酒。

A. 白兰地型　B. 金酒型　C. 威士忌型　D. 朗姆酒型

二、问答题

鸡尾酒都有哪些调制方法？请解释其中摇和法的操作要领。

【实践考核项目】

（1）实训项目：鸡尾酒调制。

（2）实训目的：能识别常用的调酒用具、会合理选用载杯、掌握鸡尾酒的调制方法，能熟记中外时尚鸡尾酒的调制方法与配方酒料。

（3）所需理论知识：掌握鸡尾酒调制的方法，掌握鸡尾酒的装饰规律。

（4）所需用品：制冰机、榨汁机、摇酒壶、调酒杯、冰桶、冰夹、酒、辅料、装饰物等。

（5）实训考核内容与要求：

调制常见的鸡尾酒，必会品种 2 款，自创品种 1 款。

要求学生掌握鸡尾酒的调制方法、步骤、装饰物的搭配，能做到快速、准确地按原配方调制好鸡尾酒，颜色、味道达到原鸡尾酒的要求。调酒手法优美、到位，力度适中，并且记住酒吧经营所提供的鸡尾酒的配方。

（6）实训考核标准如下：

调酒考核评分表

班级__________ 姓名__________ 学号__________ 操作时间__________ 分数__________

必会品种（2 款）

第一款：

名称：

评分内容和分值：

操作内容及要求	分值	得分
基酒、辅料、配料等使用、搭配合理	5	
手法熟练、动作连贯	4	
容量符合要求，不洒酒，不外溢	3	
载杯选用合理	2	
合理选用装饰物	2	
操作符合卫生要求	2	
整体美观大方	2	
合计	20	

第二款：

名称：

评分内容和分值：

操作内容及要求	分值	得分
基酒、辅料、配料等使用、搭配合理	5	
手法熟练、动作连贯	4	
容量符合要求，不洒酒，不外溢	3	
载杯选用合理	2	
合理选用装饰物	2	
操作符合卫生要求	2	
整体美观大方	2	
合计	20	

自创品种（1 款）：

名称：

评分内容和分值：

操作内容及要求	分值	得分
配方酒料选配新颖、独特，基酒、辅料、配料、装饰物搭配使用合理，与主题创意相符	8	
调酒操作姿态优美，手法熟练，动作连贯	6	
容量符合要求，不洒酒，不外溢	4	
载杯选用合理	2	
合理选用装饰物	2	
主题创意新颖、独特，具有一定的时代感，名称合理、贴切、独特、有创意	12	
整体美观大方，调制好的鸡尾酒具有一定的观赏性，整体风格与主题创意相符	2	
操作符合卫生要求，酒水使用完毕，旋紧瓶盖，复归原位	2	
主题创意说明口头表述准确，语言清晰、流畅，介绍清楚，突出酒品特点	2	
合计	40	

考核时间：　　年　　月　　日　　　　　　　　　　　　考评教师签名：________

第十三章　酒吧经营与管理

本章概要

本章主要讲述了酒吧经营与管理的相关知识，使学生对酒吧的经营方式和管理流程有一定的了解和掌握。

学习目标

▲ 知识目标

(1) 了解酒吧的起源、发展过程及分类、组织结构。

(2) 掌握酒会的类型、筹划与核算。

(3) 了解酒吧营销的目的和营销活动。

(4) 了解酒吧日常管理的内容。

(5) 掌握酒水销售方式及相应的成本控制。

▲ 技能目标

(1) 熟悉酒吧的分类及组织结构。

(2) 熟悉鸡尾酒会的工作程序。

(3) 能够掌握并运用酒吧日常管理的相关知识开展工作。

(4) 能够进行简单鸡尾酒会的设计。

关键性术语

酒吧　管理　营销　成本控制

章首阅读

轻礼仪・邂逅英国小酒吧

英国酒吧至今已有上千年的历史。英国人喜爱喝酒，每一个小镇、每一个村庄上都有小酒吧。

在英国的酒吧，你要买酒的话请注意以下“四不要”：

（1）不要大喊大叫。

（2）不要在酒吧台面上敲击硬币。

（3）不要绷着脸。

（4）不要摇晃挂在吧台后面的铃，因为那是酒吧老板用来表示到了关门时间的。

如果你有需要，想让服务员看到你，你可以这样做：

（1）举起空杯子或钱，但不要摇晃。

（2）你脸上可以流露出等待、期望甚至略带焦急的神情。因为如果你显示出非常心满意足的神态，服务员会认为他们已经为你提供服务了。

在酒吧里，人们常常把“请”字挂在嘴边，并尽量不做一些令酒吧服务员讨厌的事，比如：

（1）当你拿不定主意要点什么酒的时候，就先不要让服务员站在一旁服务你，你的犹豫不决会让他们无所适从。

（2）在别的顾客买酒的时候，不要占着吧台的位置发呆或闲聊，以免影响服务员工作。

（3）不要等到最后才突然说要短时间内很难调制的酒。

（资料来源：《轻礼仪·邂逅英国小酒吧》）

第一节 酒吧简介

一、酒吧的起源与发展

“酒吧”是酒馆的代名词。最初，美国西部的牛仔十分喜欢聚在小酒馆里喝酒。因为他们都是骑马来的，所以酒馆老板便在门前设一根像栅栏一样的横木，供他们拴马。后来，汽车取代了马，骑马的人逐渐减少，这些老旧的横木也多被拆除了。有一位酒馆老板不愿意扔掉这根已成为酒馆象征的横木，便把它拆下来放在柜台下面，没想到却成了顾客垫脚的好东西，受到顾客好评。19 世纪中叶，随着旅游业、饭店业的兴起和发展，酒吧作为一种特殊的服务场所越来越显示出其重要性。

从现代酒吧企业经营的角度来看，酒吧的概念应为：直接或间接为宾客提供酒水，以营利为目的，有计划经营的餐饮场所和经济实体。

在中国，近几年酒吧已被更多的人认识和接受。它已经不再那么神秘了，并且酒吧的硬件也正朝着功能齐全、样式多变的方向健康发展。

如今酒吧的设备更加先进，功能更加齐全，装修更加个性化，服务人员的服务也更加专业化，更多的服务人员对各种烈酒、软饮料等各种饮品的制作、饮用、储藏都有较深的认识，对鸡尾酒的调制方法、品鉴等同样具备了较多的知识。调酒师在个人素质、业务水平、服务意识等方面都有了很大的提高。

二、酒吧的分类与组织结构

（一）酒吧的分类

1. 按服务方式分类

（1）主酒吧。主酒吧也叫英式酒吧和鸡尾酒吧，在国外也叫 English Pub 或 Cash Bar。这类酒吧的特点是宾客喜欢坐在酒吧的吧椅或吧凳上直接面对调酒师，当面欣赏调酒师的操作，调酒师从准备材料到酒水的调制和服务全过程都在宾客面前完成。有时宾客坐在吧椅上放松、聊天、饮酒。主酒吧不但要装饰高雅、美观、格调别致，而且要在酒水摆设和酒杯摆设中营造气氛，吸引宾客，并使宾客觉得置身其中是一种享受。

（2）酒廊。酒廊通常有咖啡厅的形式特征，其风格、装修、布局也与咖啡厅很相似。这类酒吧只供应饮料和小食，不供应主食，吧台前面也有一些座位，但宾客一般不喜欢坐上去。这类酒吧有两种形式：一是大堂酒吧，这种酒吧一般都设在饭店的大堂，主要为饭店的宾客服务，让宾客可以暂时休息、等人、等车等；二是音乐厅酒吧，其中包括歌舞厅和卡拉 OK，在饭店多数是综合音乐厅，里面有小乐队演奏，有小舞池供宾客跳舞。

（3）服务酒吧。服务酒吧在所有的中、西餐厅都有设置。中餐厅的服务酒吧一般比较简单，主要是为宾客提供各种饮料服务。调酒师不需要直接与宾客打交道，只需要按照酒单提供各种服务，酒吧摆设一般也以中国酒为主。西餐厅中的服务酒吧要求比较高，有各种餐酒（葡萄酒）、烈酒、啤酒及软饮料，而且红、白葡萄酒的存放温度和方法不同，需配备藏酒库和立式冷柜。在国外的饭店中，西餐厅的藏酒库显得特别重要，因为西餐酒水配餐的格调水准都在这里体现出来，调酒师不仅需要掌握调酒的知识和技能，而且需要对餐饮搭配知识有更多的了解。

（4）宴会酒吧。宴会酒吧又被称为临时酒吧，是根据宴会形式和人数而布置的酒吧，通常是按鸡尾酒会、贵宾厅房、婚宴等不同的形式而进行相应的布置，但只是临时性的，变化很多。

（5）外卖酒吧。外卖酒吧是宴会酒吧中的一种特殊形式，在外卖情况下设置。例如，有的公司将酒会场地设在本公司内，这时酒吧工作人员需将酒水和各种应用器具准备好，送到公司指定的场地内布置酒吧，提供酒水服务。

2. 按服务内容分类

（1）纯饮品酒吧。这种酒吧又称水吧，相对于提供食品的酒吧而言，此类酒吧主要提供各类饮品，但也有一些佐酒食品。

（2）餐厅酒吧。这类酒吧与服务酒吧有很多相似之处，这种附属于餐厅的酒吧大部分只是餐厅中食品经营的辅助品，仅作为吸引宾客的一种手段，所以，其酒水销售的利润相对于单纯的酒吧要低，所提供酒水的品种也较少。

（3）娱乐型酒吧。这种酒吧的环境布置及服务主要是为满足寻求刺激、发泄情绪的宾客的需要，所以这种酒吧往往设有乐队、舞池、卡拉OK、时装表演、游艺设施等，有时甚至是以娱乐为主。此类酒吧气氛热烈、活泼，而闪亮的灯光和火爆的音乐会使人觉得兴奋，在这样的氛围中，人的心情会彻底放松，大多数青年人都较喜欢这种刺激豪放类的酒吧。

（4）休闲酒吧。此类酒吧通常也可称为茶座，是宾客在行程紧张的旅行之后或公务之余放松精神、怡情养性的场所。这种酒吧座位舒适，音响的音量较小，环境温馨优雅，供应的饮料品种以软饮料为主。

（5）俱乐部、沙龙酒吧。这是一种由具有相同兴趣、爱好、职业背景、社会背景等的人群组成的松散型社会团体，在某一特定日期聚会，谈论共同感兴趣的话题、交换意见及看法，同时有饮品供应的酒吧，如在城市中可看到的“企业家俱乐部”“股票沙龙”“艺术家俱乐部”“单身俱乐部”等。

3. 根据经营形式分类

（1）附属经营酒吧。

①娱乐中心酒吧。附属于大型娱乐中心，宾客在娱乐之余，往往要到酒吧饮酒，以增强其兴致。此类酒吧往往供应酒精含量低的及不含酒精的饮品，属增兴服务，使宾客在运动之余、兴奋之余，获得另一种状态的休息放松。

②购物中心酒吧。大型购物中心或商场常设酒吧，此类酒吧往往为人们购物之后休息而设，主要提供不含酒精的饮料。

③饭店酒吧。为旅游住店的宾客特设，也接纳当地宾客。我们知道，酒吧首先是在饭店的初级形式——客栈中出现的，虽然现在已有许多酒吧独立于饭店而存在，但饭店中的酒吧仍随饭店的发展而发展，而且饭店中的酒吧往往就是某一区域或城市中最好的酒吧。饭店酒吧的设施、商品、服务项目也较全，有主酒吧，客房中可能有迷你小酒吧，大厅有大堂酒吧，同时可设歌舞厅及酒廊。各种酒吧根据饭店本身的特点及不同宾客的喜好开展各种服务。

④飞机、火车、轮船酒吧。为了让旅客在旅途中消磨时光、增加兴致，飞机、火车、轮船上也常设有酒吧，但仅提供无酒精及低酒度饮品。

（2）独立经营酒吧。相对前面介绍的几类而言，此类酒吧与其他经营单位无明显的附属关系，单独设立。此类酒吧往往经营品种较全，服务设施较完善，间或有其他娱乐项目，所处地段交通方便，常吸引大量宾客。

（二）酒吧的组织结构

酒吧是饭店餐饮部一个重要的分支部门，在一些中小型饭店，酒吧直接隶属于餐饮部领导，在一些大型饭店，则专门设立酒水部，负责酒水的供给和服务工作。作为一个服务的整体，酒吧的工作人员可以分为两部分：一部分是负责酒水供应及调制的调酒师，另一部分是专门对客服务的酒吧服务员。

酒吧实行三级组织结构体系。无论酒吧是隶属于餐饮部领导还是独立成为一个部门，制定合理的组织结构是很重要的，它可以使每个岗位的工作人员都明确自己的岗位职责，并顺利开展工作。

中小型饭店酒吧的组织结构有两种，一种是将调酒和服务两部门分开，但由酒吧主管领导；另一种是将吧台内外服务融合在一起，这样的好处是便于管理。中小型饭店酒吧的组织结构Ⅰ和Ⅱ分别如图 13－1 和图 13－2 所示。

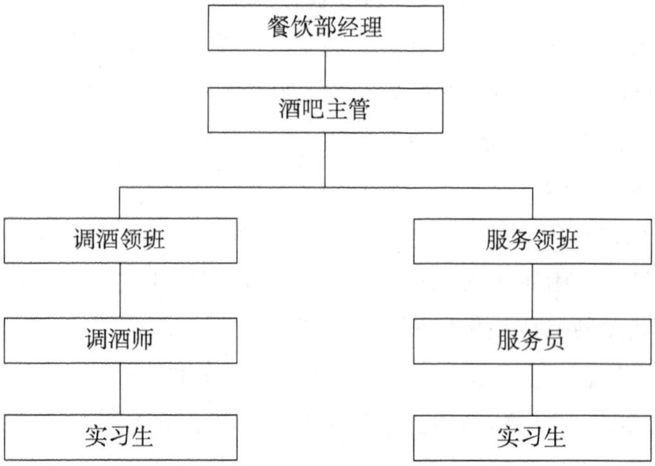

图 13－1　中小型饭店酒吧的组织结构Ⅰ

较大型饭店酒吧的组织结构一般在酒吧主管下面设置后勤，其主要协助主管处理日常账面工作，如统计酒吧每天的饮料消耗情况、酒吧人员安排以及酒吧物资进出、设备维修申请等。较大型饭店酒吧的组织结构如图 13－3 所示。

（三）酒吧的人员构成及岗位职责

酒吧的人员构成通常由饭店中酒吧的数量决定，在一般情况下，每个服务酒吧配备调酒师、服务员和实习生，主酒吧配备领班、调酒师、服务员和实习生。酒廊可根据座位数来配备人员，通常 10～15 个座位配 1 人。

例如，中小型饭店酒吧人员配备如表 13－1 所示。

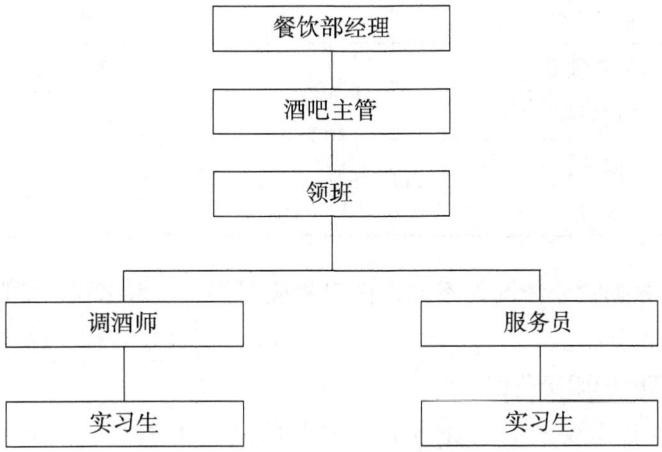

图 13－2　中小型饭店酒吧的组织结构Ⅱ

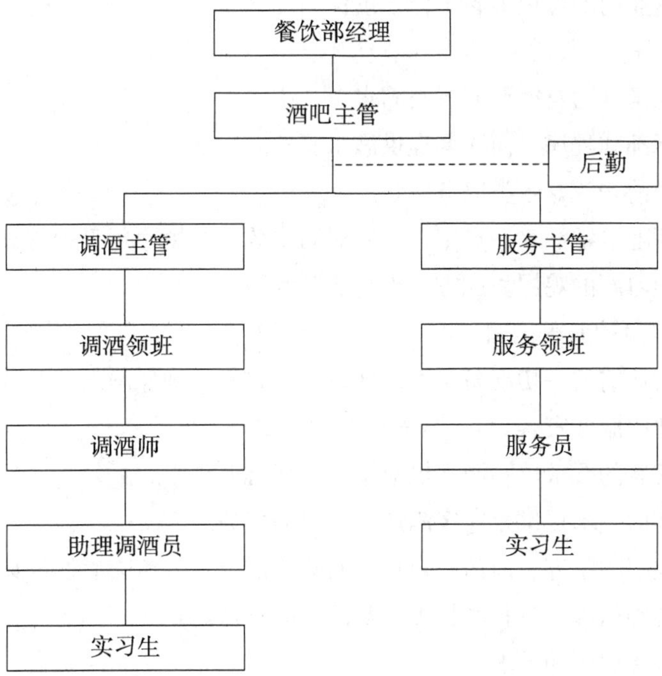

图 13－3　较大型饭店酒吧的组织结构

表 13－1　　中小型饭店酒吧人员配备

岗位名称	人数
酒吧经理（主管）	1 人
酒吧副经理（副主管）	1 人

续 表

岗位名称	人数
酒吧领班	2～3 人
调酒师	5～8 人
服务员	10～15 人
实习生	4 人

人员配备可根据营业情况的不同而做出相应调整。一般来说，酒吧调酒师和酒吧服务员的职责范围如下。

1. 酒吧调酒师的职责范围

（1）根据经营需要及时补充各类酒水及物品（如酒杯、银器、棉织品、水果等物品）。

（2）负责酒吧内的清洁工作，保持良好的工作环境。

（3）做好营业前的各项准备工作，确保酒吧正常营业（如摆好各类酒水及所需的饮品、装饰水果等）。

（4）及时准确地为宾客调制各类酒水。

（5）按照标准和程序，向宾客提供酒水服务。

（6）在宴会前摆放好各类服务设备。

（7）负责酒吧日常酒水盘点工作，核对酒水数量并填写每日销售盘点表。

（8）不断学习新的鸡尾酒配方，提高业务水平。

2. 酒吧服务员的职责范围

（1）做好营业前的一切准备工作，准备杯、碟等，确保酒吧正常营业。

（2）在酒吧内服务宾客。

（3）根据宾客的要求填写酒水供应单，到吧台取酒水。

（4）按宾客的要求提供令宾客满意、恰当的服务。

（5）保持酒吧的整齐、清洁，包括开始营业前及宾客离去后摆好桌椅等。

（6）熟悉各类酒水、各种酒杯类型及酒水的价格。

（7）熟悉服务程序和要求。

（8）能用英语与宾客交流。

（9）营业繁忙时，协助调酒师制作各种饮品。

（10）协助调酒师进行销售盘点工作，做好销售记录。

（11）负责酒吧内各类服务物品的领取和管理。

调酒师、服务员和实习生的直属上级都是酒吧领班。

第二节　酒会的类型、筹划与核算

酒会是一种经济、简便且轻松活泼的招待形式。酒会起源于欧美，沿用至今，在人们的社交活动方式中占重要地位，常为社会团体或个人举行纪念活动、庆祝生日或联络、增进感情而举办。酒会以酒水为主，略备小吃，不设座椅，仅设置小桌或茶几以便宾客随意走动。举行酒会的时间较灵活，中午、下午、晚上均可，宾客在酒会上可以来去自如，不受拘束。

一、酒会的类型、酒会酒吧设置及酒吧的结构

（一）酒会的类型

1. 根据酒会主题来分

酒会一般都有较明确的主题，如婚礼酒会、开张酒会、招待酒会、庆祝庆典酒会、产品介绍酒会、签字仪式酒会、乔迁酒会、祝寿酒会等。这种分类对组织者来说很有意义，对于服务部门来说，应针对各种不同的主题，配以不同的装饰、酒水和食物品种。

2. 根据组织形式来分

根据组织形式来划分，酒会有两大类，一类是专门酒会，另一类是正规宴会前的酒会。专门酒会单独举行，包括签到，组织者和来宾致辞，歌舞表演、时装表演等。专门酒会可分为自助餐酒会和小食酒会。自助餐酒会一般在午餐或晚餐时举行，而小食酒会则多在下午茶的时候举行。正规宴会前的酒会提供的酒水比较简单，这类酒会的功能是在宴会前召集宾客，不使等候的宾客受冷落；也有人把这种酒会作为宴会组织者致辞的机会；还有人是为了向宾客提供一个自由交流、联络感情的场所。

3. 根据收费方式来分

从服务行业来看，比较重要的是以收费方式来分类，涉及酒会的安排、组织和费用的计算。根据收费方式，酒会可分为定时消费酒会、计量消费酒会、定额消费酒会、现付消费酒会。

（1）定时消费酒会又称包时酒会，其特点是时间通常有 1 小时、1.5 小时、2 小时等几种。酒会的时间确定后，宾客只能在固定的时间内参加酒会并享用酒水，时间一到，将不再供应酒水。例如，有一个定时酒会的时间是 17:00 ~ 18:00，人数为 250 人，酒吧提供一小时饮用的酒水，即在 17:00 前不供应酒水，17:00 开始供应，任何人随意饮用，但 18:00 之后就不再供应任何酒水了。

（2）计量消费酒会是根据酒会中宾客所饮用的酒水数量进行结算的酒会。这种酒会的形式既不受时间的限制，也不限定酒水品种，只根据宾客需求而定。这种酒会一般有普通型和豪华型两种。普通型计量消费酒会是由宾客提出要求，通常酒水品种只限于流行的品牌；而豪华型计量消费酒会有比较有名的酒水供宾客选择饮用。在酒会中，酒水实际用量多少就计算多少，酒会结束后按酒水消耗量结算，所以称为计量消费。

（3）定额消费酒会是指宾客的消费额已固定，酒吧按照宾客的人数和消费额来安排酒水的品种和数量，这种形式的酒会经常与自助餐联系在一起。酒吧按照事先确认好的消费额合理地安排酒水和食物的品种、品牌和数量，食物由厨师长负责，酒水部分由酒吧主管负责。这种酒会需经过周密的计算，因为消费金额已确定，既要满足宾客对品牌和数量的需求，又要控制好酒水成本。

（4）现付消费酒会多应用于表演晚会中，组织者只负责宾客的入场券和表演节目。宾客喜欢什么饮料，则由其自己决定，而且由宾客自己结账。对于这种酒会，酒吧只预备一般品牌的酒水，因为宾客光临的主要目的是观看演出，而不是饮用酒水。这种酒会在许多大饭店中经常举行，如时装表演、演唱会等。

除此之外，还有外卖式酒会。由于有的宾客希望在自己公司或者家里举行酒会，以显示自己的身份和排场，酒吧就要按照收费的标准准备酒水、器皿和酒吧工具，运到宾客指定的地方。

（二）酒会酒吧设置

举行酒会的细节确定后，通常由宴会部经理出一份宴会编排表，编排表中详细地列出宾客所定酒会的日期、时间、人数和其他要求，其中还分列各个部门的职责、厨房、酒吧器材、安保、餐厅服务、美术、工程等具体安排。

酒吧则根据宾客的要求来设置各种形式不同的酒会酒吧。酒会酒吧的设置形式分为软饮料酒吧、国产酒水酒吧、标准酒吧和豪华酒吧。

（1）软饮料酒吧。软饮料酒吧通常提供不含酒精的饮料，但有时也会提供啤酒。这种酒吧多用在欢迎酒会签约仪式、产品介绍会和招待会上。

（2）国产酒水酒吧。在国产酒水酒吧设置中，除了软饮料之外还提供几种国产酒，一般情况下用5~6种，可用国产名酒茅台、五粮液、汾酒、剑南春、竹叶青等。这种酒吧设置多适用于中餐的小型宴会中。

（3）标准酒吧。标准酒吧是酒会中使用最广泛、最多的一种。由于各饭店、宾馆的实际情况不同，所提供的酒水品种也会有所不同。相关学者在实际工作中已经参考了许多国内外酒店的做法，在标准酒吧设置中除了软饮料、啤酒外，较适宜提供几种烈性酒和开胃酒，如金酒、威士忌、白兰地、朗姆酒、伏特加、甜味美思、干味美思、金巴利酒和杜本纳酒。大多数酒会都设置标准酒吧，所以在饭店、宾馆，标准酒吧提供的酒水品种应以一套“标准菜单”的形式确定下来。在标准酒吧中，一般只供应简单的饮料，不供应鸡尾酒，特别是复杂的鸡尾酒。

（4）豪华酒吧。豪华酒吧是酒会中提供的酒水品种、名牌酒水较多的一种酒吧。豪华酒吧使用的酒水没有固定的形式，只要是宾客需要的都得办到，尽最大努力满足宾客的要求。

以上四种酒会酒吧设置形式在饭店、宾馆中经常采用。但由于每个酒会的人数、消费需求的不同，酒吧设置的数量、供应的酒水品种也有差别。一般情况下，酒吧设置的数量是由参加酒会的人数来定的，大约每150位宾客设一个酒吧，酒水品种则根据饭店的酒水价格和宾客的消费要求，同宾客商量决定。

（三）酒吧的结构

1. 吧台

吧台是指酒吧向宾客提供酒水及其他服务的工作区域，是酒吧的核心部分。吧台通常由吧台（前吧）、吧柜（后吧）以及操作台（中心吧）组成。吧台大小以及组成形状，也因具体条件的不同而有所不同。

2. 音控室

音控室是酒吧灯光音响的控制中心。它不仅为酒吧座位区或包厢的宾客提供音乐服务，而且对酒吧进行音量调节和灯光控制，以满足宾客听觉上的需要，并通过控制灯光来营造酒吧气氛。音控室一般设置在舞台，也有根据酒吧空间条件设在吧台内外的。

3. 舞台

舞台是一般酒吧不可缺少的空间，是为宾客提供演出服务的区域。根据酒吧功能的不同，舞台的面积也不相等。舞台旁一般还设有小舞池，供宾客直接使用。

4. 座位区

座位区是宾客的休息区，也是宾客聊天、交谈的主要场所。因酒吧的不同，座位区布置也各有不同。

5. 卫生间

卫生间是酒吧不可缺少的，卫生间设施档次的高低及卫生洁净程度在一定的程度上反映了酒吧的档次。卫生间要求设施及通风状况要符合卫生防疫部门的要求。

6. 娱乐活动区

娱乐活动区的娱乐项目是酒吧吸引客源的主要因素之一，所以选择何种娱乐项目、规格多大、档次高低都要符合经营目标。酒吧娱乐活动区的娱乐项目主要有飞镖、棋盘等。

二、鸡尾酒会的工作程序

（一）鸡尾酒会简介

鸡尾酒会是酒会的一种，是由西方上流社会社交活动中的聚会演变而来的。鸡尾酒会形式简单实用，气氛热烈轻松，适用于不同的场合。鸡尾酒会举行的时间较为灵活，中午、下午、晚上均可。如果是午餐时间的酒会，时间最好是12:00～13:45。业务上的餐前鸡尾酒会开始的时间较早，一般是11:30～12:30或13:00。如果是晚上举行的话，通常是18:00或18:30～19:30或20:00。宾客可以有迟到30分钟的限度，再迟些便有对主人不敬之嫌了。一场鸡尾酒会可邀请数十人以至数百人。

（二）酒会前的准备工作

（1）人员安排。根据酒会形式、规模和人数，安排适当人手，根据酒会时间确定工作人员上班工作时间。

（2）准备酒水。酒会前一天按照酒会宾客数量、消费额来准备酒水的品种和数量。可按照每人每小时3.5杯饮料计算。

（3）准备载杯。载杯数量要准备充足，多用高脚杯、柯林杯、啤酒杯，其他载杯用量少，只准备少量即可。载杯要在酒会前1小时全部洗干净，放入杯筛中，运到酒会现场。可按照酒会人数的3.5倍准备各种载杯。

（4）酒吧设置。按照宴会编排表的布置平面图设置酒吧，酒吧设置的方式也有很多种，主要是要注重美观和方便工作。酒吧要在酒会开始前30分钟设置完毕，并反复仔细检查。酒吧设置时应使用宴会酒水销售表，要在表上将酒会中所使用的酒水品种、数量一一列出，调酒师可对照销售表选取酒水，检查设置好的吧台。

（5）调果汁和水果宾治。一般可按每人2杯计算调制数量，酒会开始前半小时根据人数调好，拿到酒会场地。

（6）提前将饮料入杯。大型酒会提前20分钟，中型酒会提前10分钟。

（7）提前就位。各岗位人员在酒会开始前20分钟各就各位，必须穿好制服，站在各自工作岗位上，尤其是大、中型酒会，由于酒吧设置多，如果调酒师不按照编排位置到达岗位，将很难控制场面。

（三）酒会中的工作程序

（1）酒会开始时的操作。所有酒会在开始前10分钟是最拥挤的。第一轮的饮料供应要按照参与酒会的人数在10分钟内全部完成，并及时将饮料送到宾客手中。在大、中型酒会中，调酒师要在酒吧里将酒水不断地传递给宾客和服务员。负责酒会指挥工作的酒吧经理、领班等还要巡视各酒吧设置，看看是否有酒吧超负荷操作。特别是靠近门口的右边，宾客比较习惯从右边取东西。如有超负荷操作的情况，应立即抽调人员支援。

（2）酒会开始高峰过后放置第二轮载杯。

（3）倒第二轮酒水，载杯放置完毕即可斟上酒水。

（4）到清洗间取杯。两轮酒水斟完后，酒吧主管就要分派实习生根据酒会需要不断地到洗杯处将洗干净的载杯拿到酒吧补充，既要注意载杯的清洁，又要使载杯得到源源不断的供应。

（5）补充酒水。在酒会进行过程中，调酒师要经常观察和留意酒水的消耗量，在有的酒水即将用完的时候要分派人员到酒吧调制水果宾治和其他饮料，以保证供应。

（6）及时处理特殊事件。

（7）酒会高潮。酒会高潮是指饮用酒水比较多的时刻，也就是酒吧供应最繁忙的时间。通常是酒会开始后10分钟和酒会结束前10分钟，还有在宣读完祝酒词的时候。如果是自助餐酒会，在用餐前和用餐完毕时也是高潮，在这些时间点时要求调酒师动作要快、出品要多，尽可能在短时间内将酒水送到宾客手中。

（8）清点酒水。在酒会结束前10分钟，要对照宴会酒水销售表清点酒水，确认酒水的实际用量，做到在酒会结束时能立即统计出结果，交给收款员开单结账。

（四）酒会的结束工作

（1）酒会结束时，服务人员应热情礼貌地欢送宾客，并欢迎宾客再次光临，清洗用具，清扫场地。

（2）如有宾客自带酒水，应马上清点，并请宾客过目。

（3）填写酒水销售表。酒会一结束，所有酒吧设置的酒水用量应立即清点清楚，并由调酒师开好消耗单，交到收款员处结账。

（4）收吧工作。宾客结账后，调酒师要清理酒吧，将所有剩下的饮料运回仓库。剩余的果汁和水果宾治要立即放入冰箱存放或调拨到其他酒吧使用。载杯要全部送到洗杯处清洗，洗完后再装箱，清点数量。记录载杯消耗数量，其他完好的载杯装箱后退回管事部。

（5）完成酒会销售表。酒会结束后，调酒师需做一份（一式两联）酒会销售表，将酒会名称、时间、参加人数、酒水用量、调酒员签名等填写好。第一联送交成本会计计算成本，第二联交酒吧经理保存。

三、酒会的筹划与核算

（一）酒会的筹划

酒会的筹划总的来说，需要准备的主要有酒会形式、场地选择、现场布置、酒会亮点准备、物品准备、人员邀请，还要提前安排酒会工作人员，准备酒水、器具。

1. 酒会形式

要确定酒会的形式，一般而言，酒会的形式可以有自助餐、酒会及舞会、精彩演出、抽奖活动等。自助餐提供各种酒类、饮料、食品，还有必要联系当地知名餐馆提供特色小吃及美食，在自助餐开始前送到酒会现场。酒水应包括鸡尾酒、啤酒、葡萄酒、香槟酒、白兰地酒、威士忌酒、白酒等。

酒会还可以搭配舞会，供宾客交际需要，一般情况下，酒会及舞会控制在 60 分钟左右。

2. 场地选择

举办一场成功的酒会场地选择是关键，既然是酒会当然要区别于传统的宴会，目前大部分的宴会与酒会通常选择在各大会议厅举办，个别选择在户外举办。考虑到天气原因，建议选择以室内多功能厅为主、兼有户外场地处举办。户外场地不仅可欣赏风景，还会给部分宾客一个相对开放的交际环境。场地的大小取决于邀请宾客的多少，应根据实际情况或邀请对象选择一个大小合适的场地。

3. 现场布置

鸡尾酒会现场布置要与主办单位要求、酒会等级规格相适应，厅堂酒台、餐台、主宾席区或主台摆放整齐，整体布局协调。大型酒会根据主办单位要求配备签到台、演说台、麦克风、摄影机，设备的摆放位置要合理。整个厅堂环境气氛轻松活泼，体现酒会的特色与等级规格。

4. 酒会亮点准备

酒会除了备有丰富的美食和酒水，还可以准备精彩演出、幸运抽奖活动、大型户外烟花表演等。

5. 物品准备

根据酒会需要，准备鲜花、彩带、舞台背景、签到用品、宾客纪念品、奖品、迎宾提示牌等。此外还要设计请柬。

6. 人员邀请

发出邀请函，邀请对象除被邀请人外，还应包括其伴侣。邀请函要做到设计精美，同时文字内容应详细介绍酒会的内容与特色。

邀请函寄出后，由专人电话联系邀请对象确认其是否收到、是否能参加，以确定最后的人数，便于安排。建议按每位职员联络并接待 10 对邀请对象，每位职员需确认邀请对象是自行前往还是到指定地点由接待人员安排接送，负责接待的职员需了解酒会的全部情况以便回答邀请对象的咨询。

7. 酒会工作人员的安排

酒会工作人员的安排要根据整个酒会的规模、出席酒会的人数来确定。酒会工作人员安排如表 13－2 所示。

表 13－2　　酒会工作人员安排

酒会人数（人）	酒吧设置数（个）	调酒师人数（人）	提前准备时间（小时）
50～100	1	2	2
100～150	1～2	3	2
150～250	2	4	2
250～300	2	5	2
300～400	3	6	3
400～500	3	7	3
500～1000	4～5	8～12	4

在酒会准备工作阶段，调酒师尽量每两个人在一个酒吧配合工作，其中一人负责出品，另一人负责补充酒水。

8. 酒水、器具准备

根据宴请通知单的具体要求摆放吧台、桌椅，准备所需各种设备，如立式麦克风、横幅等。

（二）酒会的核算

1. 酒水成本的确定

（1）酒水成本的确定应考虑的因素应包括以下几个方面：

①租用场地大小。

②使用设施和器材数量，包括灯光、音响、电视、录像等。

③参加人数。

④酒会时间，即酒会时间长短和是否在营业繁忙时间内。

（2）酒水成本确定原则：酒会酒吧每月每月累积成本一定要低于普通酒吧和餐厅酒水每月累积成本的 5%。

2. 酒会的预算

酒会预算内容要从以下几个方面考虑。

（1）食物与酒水的分配比例。

①自助餐形式酒会：食品占 60%，酒水占 40%。

②非用餐形式酒会：小食占 20%，酒水占 80%。

（2）食物成本和种类。

①非用餐形式酒会可据其消费额的不同准备 6～10 种小食、水果。

②自助餐形式酒会则要预先定出各种消费形式的菜单以供宾客在预订酒会时选择。

（3）其他服务项目的费用，主要是指消耗费用，如用电、空调等（器材使用按租用时间算）。

3. 酒会完毕结算

（1）对宾客结账。食物和器材使用都按预算时的价格结算（损坏器材另收费）。酒水则按酒会形式进行结算，若是定时或定额消费酒会就按预算价格结算，如果是计量消费酒会便按实际用量进行结算。

（2）结算实际成本。具体的操作规程如下：

①回收各项表格交送成本会计处。

②成本会计按实际消耗量来结算成本。

③算出并纳入当次酒会的结算成本。

第三节　酒吧营销

酒吧是提供产品（酒精饮料）和服务（在适当的环境下对这种饮料进行服务）的场所。潜在消费者就存在于酒吧经营地区的某个地方。既然酒吧不能够把产品和服务送到某个地区，送到消费者面前，那么酒吧经营者就应想办法吸引消费者前来购买并重复购买酒吧的产品和服务。为了实现这一目标，酒吧经营者必须确保酒吧所经营的地区内存在着充足的客源，这样才能获得利润；同时，酒吧必须能够根据消费者的需求提供产品和服务。因此，在开业前，酒吧经营者必须清楚自己的经营目标。

一、酒吧营销的目的

酒吧要在市场中树立自己的形象，使目标市场的消费者了解酒吧的经营理念、服务思想、服务特色、服务品种，就必须通过一定的营销手段向消费者展示自己的产品和服务，吸引消费者，提高酒吧的知名度，使消费者认可酒吧。

（一）树立酒吧形象

实际上酒吧的营销是为了提升酒吧的知名度和吸引力，使其在市场上树立起良好的形象，使消费者信赖和喜欢。

（1）使消费者知晓酒吧。成功的酒吧必须在当地市场上有一定的知名度，这就要求酒吧工作人员通过各种形式的营销手段，让大众了解酒吧的名称、位置、提供的服务内容和服务特色。

（2）使消费者喜爱酒吧。酒吧通过提供高质量的产品和一流的服务来满足消费者的需求，让消费者从心理和行为上喜爱酒吧的产品和服务，从而喜爱酒吧。

（3）使消费者认可酒吧。酒吧通过提供的产品、服务以及各种宣传，让消费者明确酒吧的价值观念、质量标准、服务特点等，使消费者认可酒吧的经营思想和服务理念。

（4）使消费者信赖酒吧。消费者对酒吧服务、价值观的信赖是其再次光临的基础，而且会对酒吧起到口头宣传作用。

（二）吸引消费者

1. 吸引消费者的注意力

（1）提供信息。为了使更多的消费者了解酒吧产品的特点，如产品质量、价格等，酒吧需要通过各种营销活动及时向消费者提供产品信息，以引起他们的注意。

（2）突出特点。在酒吧竞争激烈的今天，酒吧产品和服务越来越趋于同质化，这时酒吧就应该通过营销活动宣传自己的产品区别于竞争者的独特之处，突出自己的产品给消费者带来的特殊体验，加深他们对酒吧产品的了解，并使他们愿意接受酒吧的产品。

2. 激起消费者的购买欲望

酒吧是人们精神享受的场所，消费者的购买欲望在特定的环境下受其情感的左右。如果营销能够使消费者确信其能从酒吧产品中得到最大限度的享受，就能够激起消费者的购买欲望。

3. 促成消费者的消费行为

酒吧通过营销活动使消费者完全了解酒吧的产品，并对此有较高的购买欲望，达到促成消费者消费的目的。

4. 稳定销售

在激烈的市场竞争中，酒吧产品的销售量起伏较大，这是由消费者不稳定的消费引起的，酒吧要通过营销活动使更多的消费者对本酒吧的产品和服务产生偏好，达到稳定销售的目的。

二、确定目标消费者、设计酒吧的产品与服务及分析市场环境

任何营销计划的第一步都是选择市场，确定目标消费者；第二步是确定目标消费者需要购买的产品和服务。如果这两个基本要素得到确认，那么酒吧在吸引消费者和销售产品方面的问题也就迎刃而解了。无论是策划建造新酒吧还是改造失去生命力的老酒吧，情况都是如此。

（一）确定目标消费者

人们来酒吧消费是有不同目的的。通常情况下，喝饮料并不是最原始的动机，因

为人们可以在商店购买饮料，然后在家里饮用。酒吧营销者可以根据消费者来到酒吧的不同目的将目标消费者分成不同的类型：①在提供酒水的餐馆里就餐的消费者；②过路的消费者；③休闲娱乐的消费者；④常光顾酒吧或餐馆的消费者。

（二）设计酒吧的产品与服务

酒吧在选择销售的产品与服务时，首先要考虑的就是满足消费者的需求。它通常包括外在需求和潜在需求两种。如果消费者根本不需要酒吧的产品与服务，那么酒吧无论做什么也不能说服消费者购买产品与服务。

由于不同类型的消费者光顾酒吧的原因各不相同，所以酒吧的任务应着重于为目标消费者提供合适的产品和服务，尽量满足目标消费者的合理需要。此外，酒吧还应搞清楚自己的竞争对手如何为消费者服务。

在竞争的环境中，酒吧的产品和服务与竞争对手相比应具有明显的差异性和优越性，否则就无法吸引消费者。简单模仿、抄袭别人经营模式的酒吧是很少能够成功的。

保持酒吧的差异性和优越性，一是密切注意周围的环境变化，敏锐地观察其他酒吧的情况及其消费者的想法。二是酒吧经营者还要准确应对消费者口味的变化，积极地调整自己的产品与服务。

（三）分析市场环境

1. 选址

做最终计划之前，酒吧经营者应着手了解目标消费者所在地、目标消费者规模以及目标消费者对于现有酒吧所提供服务的意见等。选址时要注意选择与目标消费者邻近的地点，同时，要注意所选地点潜在消费者的数量及是否存在竞争等问题。如果酒吧经营者是从零开始，那么首先要考虑酒吧的选址问题。

一旦酒吧经营者对于选址问题有了一个整体构架，就应着手了解所选地点是否存在有足够多的潜在消费者。酒吧经营者要了解选址地附近居民的职业、收入水平、受教育程度、消费习惯等，同时要尽量获取选址地附近地段情况、城市规划、交通要道数量等统计资料，可以向商业协会咨询商业发展策略、旅游会展市场以及房地产发展的信息。另外，为餐馆和酒吧经营者提供贷款的银行对于酒吧所在社区也会有很多了解，它们能够帮助酒吧经营者选择正确的营业地点。如果酒吧能够负担较多的支出，可以选择雇用一个咨询顾问对指定地区及此地存在的竞争对手进行系统的研究，进而可以得知此地是否存在着酒吧原来所构想的目标消费者。

2. 分析市场竞争环境

要正确地选址并调查市场潜力，酒吧经营者还要对市场竞争环境进行分析，看看所选地址附近的消费者的需求被满足的程度。调查此地的其他酒吧，研究它们的产品和服务，估计一下它们的销售量，并把这些酒吧与即将开设的酒吧进行对比，考察即将开设的酒吧面临的竞争和存在的市场潜力，看看此地是否还有发展空间。

当酒吧选址锁定在一个地区之后，酒吧经营者还应从消费者的角度来评估一下这个地区，看看此地交通是否便利、是否有足够的停车位、可进入性怎么样等，还要密切关注单行路、计划要建的建筑物以及交通堵塞等问题。此外，要警惕环境的变化，多与周围的零售商沟通。如果酒吧经营者想接手现有的设施，还要了解以前的承租人离开的原因。

3. 分析财务计划的可行性

最后，对酒吧所选地区及目标消费者进行财务计划可行性分析，估算全部资金需求，包括土地和建筑物费用、家具设施费用、开业费用以及开业之初的经营亏损储备金。另外，要做一个详细的经营计划（包括酒品目录、员工、工时等）和经营预算。在计算销售额时要保守一些，而在估算费用时则应留有较大的浮动额。如果根据期望利润率得出入不敷出的结果，则该财务计划不可行。

三、酒吧的营销活动

（一）环境形象营销

一个高品位的酒吧应该营造高品位的环境气氛。酒吧是供人们休闲娱乐的场所，应该营造出温馨、浪漫的情调，使消费者缓解疲劳，放松精神，在消费的过程中获得美好的感受。

要注意酒吧的环境卫生。酒吧卫生在消费者眼中比餐厅卫生更重要。因为酒吧供应的酒水绝大部分都是不经加热直接饮用的，所以消费者对吧台卫生、桌椅卫生、器皿洁净程度、调酒师及服务人员的个人卫生习惯等非常重视。

（二）员工形象营销

员工形象营销包括员工仪表、着装、神态、语言等。酒吧员工良好的精神面貌可以给消费者留下深刻的印象，有利于树立酒吧的良好形象。

（三）店面形象营销

酒吧的店面形象营销通过名称、招牌及宣传广告使大众了解酒吧，从而达到销售的目的。

1. 酒吧名称

酒吧名称必须适合其目标消费者层次，适合酒吧的经营宗旨和情调，只有这样才能树立酒吧的形象。

2. 酒吧招牌

酒吧的招牌是十分重要的宣传工具，一般要求招牌设计美观且适合酒吧风格，能引起消费者的注意，加深印象，酒吧招牌中一般带有“Bar”“Club”等字样。

（四）酒吧广告宣传

酒吧为了扩大影响、促进销售，常需要印一些广告宣传品放在桌上、柜台上或贴在酒吧内的墙上。精美的广告制品往往让人爱不释手，从而对酒吧难以忘怀。这些广告通常有以下特点：①对饮品的介绍让消费者一目了然，尤其要突出特色饮品和主要饮品。②显示价格优惠和适中，当酒吧提供折扣价、优惠券或各种赠品时，应向消费者详细传达这方面的信息，以吸引消费者。

第四节　酒吧日常管理与酒水成本控制

酒吧是酒水饮料的销售场所，在餐饮业越来越受到重视的今天，酒吧管理也越发显得重要。其中，由于酒水销售的成本较低，利润较高，所以酒水成本控制和酒吧管理工作有一定的难度。从酒水的采购到验收、储藏，再到配制、销售，每个环节都可能出现漏洞，使其成本增加，从而不能很好地保证其应有的经济效益。所以，加强酒吧的日常管理非常重要。

一、酒吧的计划管理

（一）计划的制订与调整

酒吧计划分为员工人数计划、营业额计划、培训计划、日常工作计划、购货计划。制订计划时要列出表格和详细内容。员工人数按年度做计划，营业额按月度做计划，培训、日常工作按月度做计划。购货计划较复杂，要视酒吧酒水用量、库存和购货时间长短而定。

每项计划制订后要上交管理人员批准，管理人员签字批准后，各项计划才可以实行，但是在执行过程中经常会遇到一些意想不到的问题。例如，人员招聘受阻或员工流动性大、营业状况差、临时增加特别工作项目等。这时要立即对计划进行临时调整，调整后的计划也要呈报管理人员批准。各项计划是酒吧营业运行的依据，不能与实际偏差太大。所以，制订计划时要联系实际，调整计划时也要根据现实状况进行。

计划获批后要通知所有有关部门和人员，通知方式最好使用文件形式，调整更改时也使用同样的方法。

（二）酒吧常用表格的设置

酒吧的表格是根据酒店的规模和各部门间的相互联系而设置的，主要是为各项工作制定程序。常用的表格有酒水领料单、酒吧调拨单、饮食损耗报告单、营业用具盘点表、物品销售报告、员工考勤表、宴会领（退）料登记表、营业成本分析表。

（三）酒吧与餐厅、厨房及其他部门的协调

1. 酒吧与餐厅的协调

酒吧是出品部门，与餐厅服务人员的协调非常重要。如果相互之间关系协调不好，将会直接影响酒水销售。

（1）所有酒水都必须按有效出品单调制，要求餐厅主管向服务人员讲解清楚出品酒水的程序并严格执行。

（2）错单与损耗的酒水。餐厅服务人员有时会开错出品单或翻倒（打碎酒瓶或酒杯）酒水，这种情况只要餐厅经理签酒水损耗单认可就可以立即补出品给消费者，不能延误时间，影响服务。

（3）营业时间。酒吧必须按照餐厅的营业时间保证出品供应，不允许提前收吧。

（4）短缺的酒水品种。在酒水单上印出的品种，如果有的品种仓库无货，要提前通知餐厅主管，请他告诉服务员，当消费者点这种酒水时要耐心地解释。因此，酒水售罄要立即到仓库补充，以免影响消费者的消费体验。

（5）特别推销品种。凡是特别推销的酒水品种，要将推销的日期、酒水名称及内容等详细资料预先通知餐厅主管，再传达给服务员，做好各项准备。

（6）消费者退酒水。有两种情况：一是酒水有质量问题，经检查确定后可以立即更换，损耗由酒吧相关人员填写饮食损耗报告单；二是由于出品时间长，消费者已用餐完毕而不再需要酒水或因为时间问题来不及消费酒水。发生后一种情况时，如果酒水是可以再销售的，直接允许退单；不能再销售的，可由餐厅主管签饮食损耗报告单退单。

不论发生任何情况，都应协商解决，酒吧工作与餐厅工作的目的是相同的，都是使消费者满意和保证服务质量。

2. 酒吧与厨房的协调

酒吧与厨房的协调主要是食物与酒水的调拨及备料问题。厨房会经常因烹调菜肴需要从酒吧调拨一些酒水，酒吧也需要从厨房调拨一些食品，如水果、奶油等。急用时可临时调拨，但最有效的方法是双方主管商定，各出一份月度用量表，厨房列出每月所用的酒水品种及数量，酒吧列出每月所用的食物品种及数量，提前做好采购计划。

在使用器具上也会有这样的情形，例如厨房出品使用的酒杯，酒吧使用少量的碟碗，也需要预先将用量通知对方。

3. 酒吧与其他部门的协调

（1）酒吧与仓库的协调。酒吧每日要领用酒水，领用时间要尽可能选在仓库每日比较空闲的时间（以不影响酒吧营业为前提），并且提前几小时或在前一天晚上将酒水领料单交到仓库的货单收集箱中，让仓库工作人员有充分的时间去集中整理各项酒水品种。酒吧调酒员去检查库存货物时也要预先约定时间，尽量在仓库不繁忙的时间进行。仓库工作过于繁忙时，每两周出一次的酒水存货记录可提前或推迟做。

（2）酒吧与百货仓库的协调。百货仓库负责各类设备、固定资产及文具用品的发放。酒吧主要使用的是各种表格、记录簿、文具用品，可按需要商定每周领取一次。

（3）酒吧与管事部的协调。管事部负责各种酒杯、用具的库存和营业时的清洗工作，酒吧在领用酒杯时要预先开领用单，并约定时间领取。清洗工作也要协商好，因酒杯是透明的，所以对清洁度要求很高。工作人员要将酒杯洗净消毒，做到把洗好的酒杯放在光线下看不到污点。酒吧可以要求管事部清洗时采用一些特别的措施。

（4）酒吧与财务部的协调。财务部中的成本会计负责每日收取出品单，进行每月酒水的盘点，做出成本分析表、酒水用量表，计算各类食物、酒水的成本等，酒吧与成本会计之间所有的相互合作都要预先通知对方，约定时间进行。

（5）酒吧与采购部的协调。酒吧所出的各项采购申请单，填写时一定要字迹清楚端正，要用中英文两种文字书写（因为有的采购员对酒水品种不熟悉），并注明使用日期，方便采购部开展工作。采购部也要经常与酒吧联系，将采购不到的酒水品种提前通知酒吧，以便选取代替的酒水品种。

（6）酒吧与收货部的协调。酒水品种鉴定需要专门的知识，所有酒水品种到货后，应由收货部通知酒吧派出调酒师对各酒水品种的名称、规格和质量进行鉴定，核对采购申请单无误后才能验收。

各部门的工作人员应互相尊重、团结合作，并应以餐厅的各项工作程序为原则，绝不可意气用事。

二、酒吧的流程管理

酒水的成本控制不仅仅是酒吧管理人员的职责，酒水从采购到服务，整个流通过程中所有的工作人员都有责任和义务确保成本的节约。酒水流通过程主要包括酒水的采购、验收、储存、发放、配制和销售等。在这些环节中，每进行一步都必须采取严格的管理措施，杜绝任何不利于成本控制的现象发生。

（一）酒水的采购管理

酒水的成本控制是从采购开始的。作为一名合格的酒水采购人员，必须具有丰富的餐饮业经营经验，掌握各种酒水知识，具有较强的市场采购技巧，了解市场行情，熟悉各种采购规格等。

酒水采购管理的主要目的：保证酒水产品生产所需的各种原料的适当存货，保证各种原料的质量符合使用要求，保证各种原料按合理的价格进货。酒水采购中成本控制的关键是确定标准和程序，诸如确定采购时间、品种、数量、价格和地点等内容。

采购计划的制订十分重要，它不仅关系到酒吧的经营，还影响到酒吧采购资金的使用。

（1）采购流程。一般酒水的采购工作是由仓库保管员根据库房的酒水储存情况开出酒水、饮料采购申请单，由采购部采购员根据采购申请单外出采购。

（2）采购方法。好的采购方法多种多样，并非千篇一律，这主要取决于实际情况，好的采购方法具体为用书面的形式制订出合理的采购方案，经过批准后执行。

（3）采购数量控制。决定采购数量和最大库存数量，对于一个管理人员来说至关重要。如果采购酒水的种类过多，可能就会使货物大量积压，从而降低了资金的流动性，影响其周转。酒类存货是有一定数量限制的，最好库存时间不超过一个月，即库存酒水的资产账目，其价值与一个月使用的酒水价值相等。另外，采购数量的确定还应考虑酒水饮料的保质期和库房的容量，新鲜的果汁饮料宜少进、勤进，库房容量小的酒吧，不宜将某一两个品种的酒水数量购进得太多。

（二）酒水的验收管理

把控好酒水的验收关是酒水管理和成本控制工作中的重要一环。货物运到后，常会出现数量、品种、质量、价格上的出入，为了防止这类情况发生，杜绝采购人员徇私舞弊的行为，管理者应另派人员进行验收控制。验收员的主要任务如下：

（1）核对到货数量是否与采购申请单、发货票上的数量一致。

（2）核对发货票上的价格与采购申请单上的价格是否一致。

（3）检查酒水质量。

验收之后，验收员应在每张发货票上盖上验收章，并签名。然后，立即将酒水送到储藏室。另外，验收员还应根据发货票填写验收日报表，然后送财会部，以便财务人员在进货日记账中入账。验收员在验收日报表上清楚地列明收到的各种酒水，这样酒水会计师和酒水管理员就能很容易地将验收日报表上的信息抄到存货记录表上。要保证控制体系的效率和精确性，验收员必须在每天工作结束之前填写好酒水验收日报表。

在某些小型企业里，每周只进货 1～2 次，这类企业的验收员不必每天填写酒水验收日报表，所有进货成本信息可直接填入验收汇总表，然后在某一控制期（1 周、10 天、1 个月）期末，计算总成本。

（三）酒水的储存管理

由于酒水的来源较少，价值较高，因此酒水的储存管理不能仅仅局限于防止数量的损耗，还应根据各种酒水的特性分别妥善储存，储存得当的话能提高与改善酒水本身的价值。因酒极容易被空气与细菌侵入，所以买进的酒水务必要得到妥善的存放，否则可能变质。有条件的企业可建立酒窖，以达到妥善储存的目的。

1. 建立酒窖

酒窖是储存酒的地方，酒窖的设计和安排应讲究科学性，这是由酒的特殊性质决定的。理想的酒窖应符合下述几个基本要求：

（1）有足够的储存空间和活动空间。

（2）通气性良好。

（3）环境干燥。

（4）隔绝自然光的照射。

（5）防振动和干扰。

（6）有恒温条件。

2. 存货控制

酒水存货记录一般由酒水会计师保管，酒水会计师应在每次进货或发料时做好记录，完整反映存货增减情况。这种记录被称作永续盘存记录，它是酒水存货控制体系中一个不可缺少的部分，企业可使用卡片或用永续盘存表，也可使用装订成册的永续盘存记录簿。

（四）酒水的发放管理

酒水发放管理的目的是及时补充营业酒吧的存货，保证酒吧的正常营业和运转。酒水的发放必须以酒吧填写的酒水领料单为依据，酒水领料单一式三份，由酒吧服务人员填写，经酒吧经理或主管签字后方可生效。

1. 严格执行酒水领发程序

由酒吧服务人员填写酒水领料单，酒吧经理根据酒水领料单核对酒吧空瓶数和牌号，如果两者相符，应在“审批人”一栏上签名，表示同意领料。酒吧服务人员将空瓶和酒水领料单送到储藏室，酒水管理员根据空瓶核对酒水领料单上的数据，发放相应的酒水。

2. 酒瓶标记

在发料之前，酒瓶上应做好标记。对于单一酒吧而言，可在酒存入储藏室时在酒瓶上做好标记，而对于拥有多个酒吧的饭店而言，酒瓶标记可在发料时做，每个酒吧可采用不同的标记。

3. 酒吧标准存货

为了便于了解每天应领用多少材料，每个酒吧应备有一份标准存货表。假设某种品牌的苏格兰威士忌酒的标准存货为 4 瓶，那么，酒吧在开业前就应有 4 瓶这种威士忌酒。规定酒吧标准存货数量，可保证酒吧各种材料存货数量固定不变，便于控制供应量。

有的酒吧主要销售瓶装酒，就应采用其他控制程序。这样的酒吧应保存一定数量的比较受欢迎的酒水，这样酒吧服务员就不必在消费者每次点酒之后去储藏室领酒。也有一些酒吧对瓶装酒销售采取了一些其他成本控制措施，例如，要求酒吧服务员每售出一瓶酒，就在酒水领料单上做好记录，酒水领料单如表 13－3 所示。

表 13－3　　酒水领料单

________酒吧

编号	品种	单位	领用数量	发放数量	单价	金额	备注

填表人________　　领料人________　　部门主管________　　发货人________

三、酒吧的服务管理

酒吧除了配备必要的设施，还要非常注重酒吧的服务。

（一）服务态度

每家酒吧的工作，几乎都是为消费者提供酒水服务。从外观上看似乎是一样的，并没有什么太大的区分。然而，不同的服务态度，却会使消费者对酒吧产生截然不同的感受和评价。真诚地面对每一位消费者，是服务行业从业人员最重要的职业素质。在服务过程中对消费者保持热情的态度，是不应以任何条件为前提的。良好的服务态度会使消费者产生亲切感。具体来讲，就是要将“主动、热情、耐心、细致周到”的服务“十字方针”落实到具体行动中，在整个服务过程中始终以笑脸相迎，以真诚感染，切忌矫揉造作。

（二）服务效率

服务效率是指酒吧从业人员向消费者提供某项服务时消费者需要等待的时间。如消费者落座后，要等待多长时间才能饮用自己所点的酒水；当消费者需要某款鸡尾酒时，调酒师需要多长时间才能将该款鸡尾酒调制完毕等。酒吧的经营者一定要向员工提供一整套酒吧服务程序的时间参数作为提高服务效率的依据，以便及时对员工的服务效率情况进行测评。

（三）服务技能

酒吧服务人员娴熟的服务技能是服务质量水平的最佳体现，服务技能由服务技术和服务技巧两部分组成。酒吧服务技术包括操作技术、制作技术和专业技术三个方面。操作技术是指接待操作的能力和经验以及各种直接服务行为的具体操作，如酒吧迎宾的操作（问候、引领、介绍等）。制作技术是指酒吧内有形产品的制作技术，如酒吧调酒师的操作，如鸡尾酒的调制、水果拼盘的制作等。专业技术是指其他的行业技术，如酒吧调音师的操作等。酒吧的各种服务技术都要有一定的数量标准、质量标准和效率标准，并应设立相对应的操作规范，以便酒吧管理人员管理酒吧。服务技巧是指酒吧从业人员为达到良好的服务效果，针对不同的服务对象而灵活掌握的服务接待能力。

（四）服务过程规范化、业务管理科学化

酒吧服务质量的优劣是酒吧服务管理水平的综合反映，而酒吧服务管理水平又是酒吧服务质量的有效保证。服务过程规范化是指酒吧应制定并有效地执行一整套有关酒吧服务质量的规定和标准。业务管理科学化是指科学地组织和协调酒吧的经营活动和服务工作。坚持规范化的服务和科学化的业务管理，有利于酒吧形成良好的店风和经营理念。

四、酒吧酒水产品的生产管理

在消费之前，消费者对某种酒水的味道通常已有所了解，如果消费者所点的酒水产品不符合原有的期望，消费者通常会不满、投诉，甚至不再来消费。因此，酒吧管理人员必须清楚酒水产品配制过程中各种酒水通常的用量和比例，并确定每杯酒水产品的容量标准，使每杯酒水产品都符合消费者的期望。

制定和执行生产标准是酒水成本控制的一种方法。按配方调配酒水产品，并按事先确定的每杯容量为消费者供应酒水产品，这些酒水产品的成本率也应保持不变。这样，如果酒吧的销售构成没有明显变化，酒水产品成本率应基本稳定。酒吧经理就能够确定酒吧的标准酒水成本率，以便与实际成本率进行比较。总之，酒吧要实行标准化管理。

标准化管理包括配方、用量、品牌、载杯、操作程序和每杯酒水产品成本的标准化及每杯酒水产品售价的标准化。酒吧经理必须制定行之有效的生产标准。

（一）配方的标准化

建立标准配方的目的是使每种酒水产品都有统一的质量，消费者要求酒吧提供的酒水产品在口味、酒精含量和调制方法上有一致性。标准配方应是以多次试验并经消费者与专家品尝评价后以文字方法记录下来的配方表，一旦确定，便不能随意更改。调酒员有一定的权力对配方做一些小的调整以满足不同消费者的需求，但这种调整不应太大。

对于混合酒的配方而言，一种酒水产品可能会有比例不同的多种配方，这就要求管理人员确定所有混合酒的标准配方。最常见的方法是挑选一份配方，供酒吧使用。也有许多酒吧专门编印一本配方指南。无论是哪种做法，标准配方不仅包括酒水的用量，而且包括其他成分的用量、冰的形状和大小，以及调制鸡尾酒的方法和服务方法说明等。

从成本控制的角度说，标准配方是极为有用的。它是成本控制的基础，可以有效地避免浪费。

（二）用量的标准化

要搞好酒水产品生产管理，管理人员首先应确定各种酒水产品中成本最高的酒水的用量标准。酒水用量控制包括确定酒水用量及提供量酒工具两方面。

1. 确定酒水用量

配制大部分酒水产品，需使用一种烈性酒和其他辅料。酒吧经理必须根据酒吧的特点确定烈性酒这一高价酒水的用量标准。每个酒吧的烈性酒用量不同，有的酒吧烈性酒的用量标准只有3/4 oz，而有的却高至2 oz。

2. 提供量酒工具

酒吧经理在确定烈性酒的用量标准之后，应为酒吧服务员提供量酒工具。如量杯、倒酒器和饮料自动分配系统，以使调酒员能精确地测量酒水用量。

（三）品牌的标准化

酒吧使用标准品牌的酒，是控制存货和向消费者提供稳定质量的酒水产品的最好方法之一。假如消费者指定用某一品牌的威士忌制作酒水产品，而酒吧使用了其他品牌的威士忌来代替，也许当时只有这种品牌的威士忌供应，但消费者是不会对这种替代品满意的。标准配方的制定是用来满足消费者的要求和产生利润的重要方法，但若无标准品牌，也就没有标准配方。目前有许多酒水生产商和经销商想进入酒吧销售渠道，这就要求管理层在采购时做出正确的选择，经营者不可能使市场上每一种品牌的酒都出现在自己的酒吧中，所以要根据消费者的需求安排进货，但进货量不宜太大，这样便可以根据市场变化及时调整订购计划。

（四）载杯的标准化

除了控制调配每杯酒水产品所需的烈性酒的用量之外，酒吧经理还需控制每杯酒水产品的容量。在服务时使用标准化载杯可简化容量控制工作，酒吧经理应确定每杯酒水产品的容量，并为酒吧服务员提供合适的载杯。

（五）操作程序的标准化

标准操作程序是系统管理餐饮业的一种手段，实施标准操作程序可以保证企业经营中服务与产品质量的一致性。管理层将员工招进企业后，必须让员工了解企业是如何经营的，为什么要这样经营，然后要根据管理部门建立的标准化操作程序进行培训，这样才能在服务过程中统一企业标准，使所有的消费者在任何时间内都能得到标准统一的服务。

（六）每杯酒水产品成本的标准化

确定标准配方和每杯酒水产品的标准容量之后，就可以计算任何一杯酒水产品的标准成本了。

1. 纯酒的标准成本

每瓶酒实际所斟杯数 = 每瓶酒容量 ÷ 每杯纯酒标准容量 − 允许溢出量

每杯纯酒的成本 = 每瓶酒成本（购进价）÷ 每瓶酒实际所斟杯数

2. 酒水产品的标准成本

酒水产品通常需要使用几种成分的酒水，因此，每杯酒水产品的成本一般高于纯酒。只有了解每杯酒水产品的标准成本之后，酒吧管理者才能确定合理的售价。酒水产品的标准成本是标准配方中每一种成分的标准成本之和。

（七）每杯酒水产品售价的标准化

确定并列出每杯标准容量酒水产品的标准成本之后，管理人员需要列出各种酒水产品的每杯售价，酒水会计师应保存一份完整的价目表。

对酒吧而言，需求不仅受价格影响，而且与酒的质量、服务水平、装饰环境等因素关系密切，要考虑消费者选择酒吧时可以接受的最低价格是多少，多高的价格会造成消费者的流失。酒水是需求价格弹性较大的商品，这就需要酒吧管理者了解竞争形势，做出需求与价格灵敏度的预测。

五、酒吧酒水产品的销售管理

酒水产品的销售管理是很多酒吧管理的薄弱环节，一方面管理人员缺乏应有的专业知识，另一方面酒水产品销售成本相对较低，利润较高，少量的流失或管理的疏漏并没有引起管理人员足够的重视。因此，加强酒水产品的销售管理，一是管理人员要更新观念，牢固树立成本控制的意识；二是管理人员要不断钻研业务，了解酒水产品销售过程和特点，有针对性地采取相应的措施，从而达到酒水产品销售管理和成本控制的目的。

一般财务部对酒水产品销售的成本控制有以下 3 种方法：标准成本控制法、标准营业收入控制法、酒水还原控制法。

在酒吧日常运营过程中，对酒水产品销售的成本控制一般采用酒水还原控制法。酒吧经营中常见的酒水产品销售形式有 3 种，即零杯销售、整瓶销售和混合销售，这 3 种销售形式各有特点，销售管理和成本控制方式也各不相同。

（一）零杯销售

零杯销售，主要指各种烈性酒如白兰地、威士忌等的销售。这类酒用量不大，除宴会外大多数是零杯销售。葡萄酒的销售偶尔也会采用零杯销售的方式，销售时机一般在餐前或餐后，尤其是餐后，消费者用完餐，喝一杯白兰地或餐后甜酒消磨时间，相聚闲聊。零杯销售的成本控制首先必须计算每瓶酒的销售杯数，然后统计出一段时间内的总销售杯数，采用酒水还原控制法进行成本控制。

零杯销售关键在于日常控制，日常控制一般通过酒吧酒水盘存表来完成，如表 13 -4 所示。每个班次的当班调酒员必须按表中的要求对照酒水的实际盘存情况认真填写。

酒吧酒水盘存表的填写方法：调酒员每天上班时按照表中品名逐项盘存，填写存货基数，营业结束前统计当班销售情况，填写售出数，再检查有无内部调拨，若有则填上相应的数字，最后用“基数 + 调进数 + 领进数 - 调出数 - 售出数 = 实际盘存数”计算出实际盘存数填入表中，并将此数据与酒吧存货数进行核对，以确保账面相符。酒水领货按惯例一般每天一次，此项可根据饭店实际情况安排。管理人员必须不定期检查盘存表中的数量是否与实际储存量相符，如有出入应及时检查，及时纠正，减少损失。

表 13－4 酒吧酒水盘存表

酒吧＿＿＿＿＿ 日期＿＿＿＿＿

编号	品名	早班						晚班						备注
		基数	领进数	调进数	调出数	售出数	实际盘存数	基数	领进数	调进数	调出数	售出数	实际盘存数	

填表人＿＿＿＿＿

（二）整瓶销售

整瓶销售是指酒水以瓶为单位对外销售，这种销售形式在一些大饭店、营业状况比较好的酒吧较为多见，而在普通档次的饭店和酒吧则较为少见。一些饭店和酒吧为了鼓励消费者消费，通常采用低于零杯销售 10% ~20% 的价格对外销售整瓶酒水，从而达到提高经济效益的目的。但是，由于差价的关系，往往也会诱使个别调酒员和服务员相互勾结，把零杯销售的酒水收入以整瓶酒的售价入账，从而中饱私囊。为了防止此类行为的发生，减少酒水销售的损失，整瓶销售可以通过整瓶酒水销售日报表，如表 13－5 所示，来进行严格控制，即每天将按整瓶销售的酒水品种和数量填入报表中，由主管签字后附上订单，一联交财务部，一联由酒吧留存。

另外，在饭店各餐厅的酒水销售过程中，国产名酒和葡萄酒的销售量较大，而且以整瓶销售居多，这类酒水的成本控制也可以使用整瓶酒水销售日报表来进行，或者直接使用酒吧酒水盘存表进行成本控制。

表 13－5 整瓶酒水销售日报表

酒吧＿＿＿＿＿ 班次＿＿＿＿＿ 日期＿＿＿＿＿

编号	品种	规格	数量	售价		成本		备注
				单价	金额	单价	金额	

调酒员＿＿＿＿＿ 主管＿＿＿＿＿

（三）混合销售

混合销售通常又被称为配制销售或调制销售，主要针对各种混合饮料和鸡尾酒的销售。鸡尾酒和混合饮料在酒水产品销售中所占比例较大，涉及的酒水品种也较多，成本控制的难度也较大。因此，混合销售的主要成本控制方法是依据标准配方进行还原核算，计算公式为：

某种酒水实际消耗量 = 标准配方中该酒水用量 × 实际销售量

以“干马天尼”为例，其配方为：金酒2 oz，干味美思1/2 oz。假设某一时期总共销售干马天尼150杯，那根据标准配方可算出金酒的实际用量为 $2 \times 150 = 300$ oz。

每瓶金酒为25 oz，所以实际耗用瓶数为：$300 \div 25 = 12$（瓶）。

由此可见，混合销售完全可以将调制的混合饮料和鸡尾酒分解还原成各种酒水的整瓶用量计算。

混合销售成本控制的有效手段是建立标准配方，标准配方的内容一般包括酒名、各种调酒原料及用量、载杯和装饰物等，建立标准配方的目的是使每一种混合饮料和鸡尾酒都有统一的质量，同时确定各种调酒原料的标准用量，以便于成本核算。标准配方是成本控制的基础，不但可以有效地避免浪费，而且可以有效地指导调酒师进行酒水的调制，酒吧管理人员则可以依据标准配方采用酒水还原控制法实施对成本的控制。

在日常管理中，为了准确计算每种酒水的销售数量，混合销售可以采用鸡尾酒销售日报表进行成本控制，如表13－6所示。每天将销售的鸡尾酒或混合饮料登记在鸡尾酒销售日报表中，并将使用的各类酒品数量按照酒水还原控制法记录在酒吧酒水盘存表上，管理人员将两表中酒品的用量相核对，并与实际储存数量进行比较，检查是否有差错。

表13－6　鸡尾酒销售日报表

酒吧________　班次________　日期________

品种	数量	单位	金额	备注

调酒师________　主管________

鸡尾酒销售日报表应一式两份，由当班调酒师、主管签字后，一份送财务部，一份由酒吧留存。

总之，酒水产品的销售管理虽然有一定的难度，但只要管理者认真对待，做好员工的思想工作，建立完善的操作规程和标准，酒水产品的销售管理是可以做好的。

小贴士

酒水推销技巧

某酒店服务员总是问宾客："先生，您喝点什么？"结果在很多时候宾客就点最大众化的饮品——雪碧，有的宾客则干脆说："不要了。"一段时间下来，酒水的销售额平平。后来，经理要求服务员换一种问法："先生，我们餐厅有椰汁、杧果汁、胡萝卜汁等饮品，您要哪一种饮品？"结果很少有宾客再点价格相对较低的雪碧，转而选择价格相对较高的椰汁、杧果汁、胡萝卜汁等饮品中的一种。从这以后，酒水的销售额有了明显的增长。

点评：心理学上有个名词叫"沉锚"效应，即人们在做决策时，思维往往会被得到的第一信息左右，第一信息会像沉入海底的锚一样把人们的思维固定在某处。服务员在推销酒水时，注意不要用"是"与"否"的方式提问，这样提问的答复往往是"要"或"不要"。如果以选择性方式提问，这样宾客的反应往往是从中做出一个选择。本案例的另一个启示是：酒店要提高服务员工作的主动性和积极性，让他们养成良好的工作习惯，变被动服务为主动服务，积极向宾客推荐本店的新品种、好品种。

六、酒吧酒水的损耗管理

在酒水的销售过程中，损耗是不可避免的，它通常是由调酒师未恰当地调制酒水或是服务员操作失误等原因造成的，酒水损耗会削减酒吧的利润。如果实行一系列的标准化管理便可以使损失降到最低。另外，掌握测算损失的方法也是必不可少的成本控制手段，一旦损失导致了利润减少，就要检查出问题并予以解决，通常情况下，酒吧采用3种测算损失的方法来控制损耗，即成本百分比法、盎司法和潜在销售值法。下面介绍一下成本百分比法，成本百分比法是在指定的时期内，比较消耗与消费酒水成本，得出的百分比再与标准的成本百分比比较。这一方法要求酒吧应有营业前后的实际库存数据，以及营业期内的酒水购入量。

①先求出指定时期内可供销售的酒水值 X：

$$X = \text{营业前库存值} + \text{购进值}$$

②求出指定时期内消耗酒水的成本：

$$\text{成本} = X - \text{营业后库存值}$$

③求出指定时期内酒吧成本百分比：

$$\text{酒吧成本百分比} = \text{消耗酒水的成本} \div \text{总销售值} \times 100\%$$

因为啤酒、葡萄酒和烈性酒的成本不同，所以必须分别计算它们的成本百分比，再将它们的成本百分比与计划的或标准的成本百分比相比较，也可以与前期的同类数据相比较。如果高于标准成本百分比0.5%，应找出原因。为了及时查找原因，酒吧管理者应每天或每星期核对库存量，并计算成本百分比。

延伸阅读

某日晚上，饭店的熟客周先生在饭店的酒吧里请几个朋友喝酒。服务员将酒端上来之后，周先生品了一口，大为不满："你们这杯曼哈顿怎么调的？我都喝过这么多次了，每次威士忌的口味都不够正，去问问你们的调酒师是怎么调的！"周先生显得很激动，话说得很重。服务员答应去问，出去后便悄悄告诉了经理。

酒吧经理马上面带微笑向这桌客人走来，他故意提高音量说："周先生您不愧是行家呀，今天的威士忌，调酒师的确是放少了点，这是我们调酒师的过错，您看是给您换一杯还是退单呢？要是退单的话，损失我们来付，您不用支付分文。"

周先生面色稍缓，说道："我也不是在乎那么点钱，这次就算了，你们敷衍别人还行，敷衍我可就混不过去了。你们得好好叮嘱调酒师，调酒时多用点心思，再有什么问题，我以后可就再也不来你们酒吧了。"

"您放心，我一定会让他做事多用心的。有您这种行家给我们指出问题，也是我们酒吧的一大幸事，您以后还要多来我们酒吧才好啊。"

周先生听后，脸上露出了笑容，酒吧经理还赠送周先生和他的朋友们一份小食品，以表示歉意。

案例思考：

1. 在此案例中，酒吧经理是如何判断周先生的心理需求的？
2. 本案例中酒吧经理的做法好在哪里？
3. 如果你是酒吧服务人员，你还能想到别的处理方法吗？

思考题

一、选择题

1. 酒吧起源于（　　）。

A. 英国　　B. 美国

C. 法国　　D. 意大利

2. 下列不属于按服务方式分类的酒吧类型是（　　）。

A. 主酒吧　　B. 酒廊

C. 服务酒吧　　D. 纯饮品酒吧

3. 鸡尾酒会的举行时间比较灵活，中午、下午、晚上均可，如果在晚间举行，通常时间为（　　）。

A. 18:00~21:00　　B. 18:30~19:30

C. 18:00~20:30　　D. 18:30~20:30

4. 酒会前的准备工作流程中，酒吧要在酒会开始前（　　）设置完毕，并且要仔细检查。

A. 20 分钟　　B. 30 分钟

C. 40 分钟　　D. 1 小时

二、问答题

1. 酒吧的组织结构有哪几种?

2. 酒会根据收费方式可分为哪几类？请说明其各自的特点。

3. 鸡尾酒会中的工作程序有哪些？请简要说明。

4. 酒吧的营销活动有哪些?

【经验性训练】

通过对鸡尾酒会的策划、实施及感受体验，提高团队合作能力以及对专业知识的实践运用能力。

【实践考核项目】

鸡尾酒会策划

（一）本项目的考核目的

熟练掌握鸡尾酒会会前准备、酒会中服务、酒会结束工作的人员配备、工作流程及岗位职责。

（二）所需理论知识

鸡尾酒会人员、原料、载杯、调酒用具的确定。

（三）所需用品和原料

制冰机、搅拌机、各种原料。

（四）实训考核内容和要求

（1）实训考核内容：以班级小组为单位策划 20 人的小型定额消费鸡尾酒会，要求在节约成本的基础上酒水产品尽可能多种多样，主题为鸡尾酒会暨毕业教学成果展示分享会。由每组学生制订相应的策划方案，采取竞标的形式，选取最合理的策划方案并实施。

（2）实训考核要求：每 8 人为一个小组，按要求做鸡尾酒会策划。小组对每个组员的表现进行组内分析讨论、组间对比互评、教师点评，加深对鸡尾酒会策划的理解，最终选取最合理的策划并实施。

鸡尾酒会策划

小组名称________ 成员名单________

项目	要求	分值	得分
策划流程	岗位设置合理	15	
	策划流程规范、细致、全面	20	
	原料、载杯等物资设备准备充分、合理	15	
	方案新颖、有创意	10	
人员分工	人员分工合理、规范	10	
	有明确、细致的岗位职责	20	
礼仪规范要求	有规范的岗位礼仪要求	10	
总分			
自我评价			
小组评价			
教师评价			

第十四章　茶艺与茶馆文化

本章概要

本章主要讲述了茶艺的含义、内容与类型，并介绍了茶馆文化。

学习目标

▲ **知识目标**

了解茶艺的含义、内容与类型。

▲ **技能目标**

为客人提供茶艺服务。

关键性术语

茶艺　茶馆文化

章首阅读

茶圣陆羽经过多年的研究，写出了世界第一部茶学巨著《茶经》，从茶的起源、产地、采制、品饮，总结了茶的自然属性和社会功能。与此同时，他又与诗僧释皎然、女诗人李冶、大书法家颜真卿等成为至交。他们在陆羽《茶经》思想影响下，亦颇有所得。释皎然曾在《饮茶歌诮崔石使君》中抒发饮茶之感想，首次提出饮茶得“道”的认识：

“……

一饮涤昏寐，情思爽朗满天地。

再饮清我神，忽如飞雨洒轻尘。

三饮便得道，何须苦心破烦恼。

……

孰知茶道全尔真，唯有丹丘得如此。”

饮茶除了使人获得生理的满足，还可以使人得到精神上的极大慰藉，因而“茶道”之说首先得到达官贵人、文人墨客和高僧大德们的青睐。

陆羽是中国茶文化的奠基者，也是中华茶艺、茶道的创始人。

第一节　茶艺

一、茶艺的含义

目前对茶艺的理解主要有广义和狭义两种。广义的界定是将“茶艺”理解为有关茶叶的产、制、运、销、用等一系列的过程，主张茶艺包括茶山之旅、茶树种植、茶叶加工、选购茶叶、茶的品饮等技艺；狭义的界定是将“茶艺”理解为“饮茶之艺”，即将茶艺限定在选茗、鉴水、备器、煮水、取火、候汤、奉茶、品茗的范围内。这里笔者取后者进行讨论。

（1）茶艺是“茶”和“艺”的有机结合。茶艺是茶人把人们日常饮茶的习惯，根据茶道规则，通过艺术加工，向饮茶人和宾客展现茶的冲、泡、饮的技巧，茶艺把日常的饮茶引向艺术化，提升了品饮的境界，赋予茶以更强的灵性和美感。

（2）茶艺是一种生活艺术。茶艺多姿多彩，充满生活情趣，是一种丰富人们生活、提高人们生活品位的方式。

（3）茶艺是一种舞台艺术。要展现茶艺的魅力，需要借助人物、道具、舞台、灯光、音响、字画、花草等的密切配合及合理编排，给饮茶人以美好的享受，给茶艺表演带来活力。

（4）茶艺是一种人生艺术。人生如茶，在紧张繁忙之中，泡出一壶好茶，细细品味，通过品茶进入内心，感悟苦辣酸甜的人生，使心灵得到净化。

（5）茶艺是一种文化。茶艺在融合中华民族优秀文化的基础上又广泛吸收和借鉴了其他艺术形式，并扩展到艺术等领域，形成了具有浓厚民族特色的中国茶文化。

二、茶艺的内容

（1）茶叶的基本知识。了解和掌握茶叶的分类、主要名茶的品质特点、制作工艺，以及茶叶的鉴别、储藏、选购等内容，这是学习茶艺的基础。

（2）茶艺的技术。茶艺的技术是指茶艺的技巧和工艺，包括茶艺表演的程序、动作要领、讲解的内容，茶叶色、香、味、形的欣赏，茶具的欣赏与收藏等内容。这是茶艺的核心部分。

（3）茶艺的礼仪。茶艺的礼仪是指茶艺服务过程中的礼貌和礼节，包括茶艺服务过程中的仪容仪表、迎来送往、互相交流与彼此沟通的要求与技巧等内容。

（4）茶艺的规范。茶艺要真正体现出茶人之间平等互敬的精神，因此对宾客都有规范的要求。

（5）悟道。道是指一种修行，一种生活的道路和方向，是人生的哲学，道属于精神的内容。悟道是茶艺的最高境界，是通过泡茶与品茶去感悟生活，感悟人生，探寻生命的意义。

三、茶艺的类型

1. 表演型茶艺

表演型茶艺是指一个或多个茶艺师为众人演示泡茶技巧，其主要功能是聚焦传媒，吸引大众，宣传普及茶文化，推广茶知识。表演型茶艺重在视觉观赏价值，同时注重听觉享受。它要求源于生活，高于生活，可借助舞台表现艺术的一切手段来提升茶艺的艺术感染力，表演型茶艺示意如图 14 – 1 所示。

图 14 – 1　表演型茶艺示意

2. 待客型茶艺

待客型茶艺是指由一名主泡茶艺师与宾客围桌而坐，一同赏茶鉴水，闻香品茗。在场的每一个人都是茶艺的参与者，而非旁观者。这种类型的茶艺适用于茶艺馆、机关、企事业单位及普通家庭。修习这类茶艺时，切忌带上表演型茶艺的色彩。讲话和动作都不可矫揉造作，服饰妆容不可浮夸，表情最忌夸张，一定要像主人接待亲朋好友一样亲切自然。

3. 营销型茶艺

营销型茶艺是指通过茶艺来促销茶叶、茶具，推广茶文化。这类茶艺是最受茶厂、茶庄、茶馆欢迎的一种茶艺。演示这类茶艺，一般要选用审评杯或三才杯（盖碗），以便直观地向宾客展示茶性。这种茶艺没有固定的程序和解说词，而是要求茶艺师在充分了解茶性的基础上，因人而异，看人泡茶，看人讲茶。

4. 养生型茶艺

养生型茶艺包括传统养生茶艺和现代养生茶艺。传统养生茶艺是指在深刻理解中国茶道精神的基础上，结合中国传统养生功法，如调身、调心、调息、调食、调睡眠、打坐、入静等功法，使人们在修习这种茶艺时以茶养身，以道养心，修身养性，延年益寿。而现代养生茶艺是指根据现代中医学最新研究的成果，根据不同花、果、香料、草药的性味特点，调制出适合自己身体状况和口味的养生茶。养生型茶艺提倡自泡、自斟、自饮、自得其乐，深受越来越多茶人的欢迎。

第二节 茶馆文化

茶馆，亦称茶室、茶楼、茶肆、茶坊、茶社等，是专门供应茶水并供消费者品茗、聚会、休闲、娱乐的场所。中国是世界茶文化的发源地，也是茶馆业最发达的国家。

茶馆业的兴起，为推动茶馆消费发挥了巨大的作用，有力促进中国茶业经济的繁荣；茶馆也成为弘扬中华茶文化的重要窗口，对中华民族传统文化的伟大复兴做出了重要贡献。

一、茶馆文化的沿革

以茶为饮，将茶上市贩卖在南北朝时已经出现。中唐以后茶饮普及至中原各地，至晚唐，茶楼、茶肆伴随着社会经济的发展、城镇和商业市场的兴起而盛行。宋朝时汴梁与临安的茶馆业已相当发达。明、清时期，许多大城市中的茶馆已成为重要的社交场所。中华人民共和国成立后，人民政府对茶馆进行了整顿、改造，取缔了其中消极的、不健康的活动，使其成为人民大众健康向上的文化活动场所。“文化大革命”期间，茶馆一度成为“四旧”被勒令取消。改革开放后，中国社会面貌发生巨大变化，区域经济突飞猛进，生产力水平迅速提高，国民收入也显著增加，城乡居民生活水平也大幅提高。随着国力的增强，广大人民群众生活质量亦有所改善，国内旅游、休闲产业蓬勃发展，消失的茶馆复苏。不仅老茶馆、茶楼重放光彩，新型茶楼和茶艺馆也如雨后春笋般涌现，在一些高校里面也出现了教学经营型茶室（见图 14－2、图 14－3）。新生后的茶馆无论是经营理念、服务项目，还是文化内涵都发生了很大变化，更符合社会发展需要。

图 14－2　教学经营型茶室（内景）

图 14－3　教学经营型茶室（外景）

二、茶馆功能的演变

中国茶馆在历史上几经兴废却依然“野火烧不尽，春风吹又生”，是因为它根植于中华传统交往礼俗和深厚的文化积淀的土壤之中，几乎反映了中国社会所有生活层面的独特的文化信息。现代茶馆的功能也随着社会的发展变化演绎出一系列全新的社会功能，并推动中国茶馆业的可持续发展。

（一）现代茶馆的幽静环境是生活空间的延伸

从现实生活看，在社会从温饱向小康发展的过程中，大多数居民的住房面积相对还比较小，使人们需要一定的空间作为生活空间的延伸。现代茶馆因环境舒适、设施齐备、服务上乘，可满足人们的这一需求。

茶馆可以将某种志趣与公共空间结合在一起，而这种志趣，就是高雅茶文化的志趣、健康生活的志趣。茶馆从业者应当注意到这一社会变化方向，从而即使在后工业化时代尚未全面到来时，也可以针对茶馆的这一功能有所行动。

（二）现代茶馆是健康娱乐的重要阵地

由于灯光、音响以及座位设置等因素的影响，茶馆在举行戏曲、音乐表演方面，与专业演出场所有着重大差别，一般消费者不会选择茶馆作为观看音乐、舞蹈、戏曲演出的地方。曲艺、说书以及小型室内乐器的表演，不会因场地的限制影响演出的效果，所以成为茶馆中比较适合的表演艺术。因此，不能把文娱表演作为茶馆的主要经营项目。

但随着教育的普及，人们的个人素养普遍提高。在文化娱乐中，很多人已经不满足于只是做观众，而是要积极地参与，比如要参与到书法、绘画、戏曲清唱、古玩鉴赏等活动中。此时，茶馆就能在这些活动中起到一个很好的组织作用。

（三）现代茶馆是体现地方民俗特色的窗口

任何一个城市，其独特的民俗特色和城市建筑会形成一道城市风景。外地游客常光顾的茶馆，也成为他们了解这个城市文化特色的窗口，如北京的老舍茶馆、上海的湖心亭茶楼、成都的老顺兴茶馆都是比较典型的代表。

（四）现代茶馆是观念更新的重要平台

现代茶馆是人们以茶会友、抒怀叙旧的场所，同时还是人们进行是非谈判、沟通联谊、亲友小聚、同好切磋的社会交际场所。茶馆作为各种信息的荟萃中心，四面八方的人们来到这里，无论是多年的知己，还是初次见面的朋友，话匣子一打开，便可畅谈古今中外、天南海北各种话题，并在交往的过程升华为一种精致而有序的民俗文化行为，强化了交往习俗的权威意义——“好酒千杯难成知己，清茶一盏也能醉人”，在品茗中各种观念得到碰撞和更新。

三、特色茶馆

茶馆是社会的一隅，也是整个社会的缩影。即使在21世纪，人类已进入后工业时代的今天，茶馆仍在扮演着重要的社会角色，并常常处于从传统向现代的转换之中。下面向大家介绍几个中国发展较早、也较好的特色茶馆。

（一）成都茶馆多元色彩

四川是中国饮茶文化的起源地，由于历史上“湖广填四川”的移民特色，南北各种文化、风俗聚在这里。无论是“江浙人”的水乡茶肆或广东人的“一盅两件”，还是京津一带流行的“三熏茉莉”抑或是“云南普洱”，在成都的茶馆里都可以找到。

成都茶馆，历史上还是各行业同业的聚会场所和交易市场。成都茶馆也是市民群众文娱活动的重要场所。抗日战争时期，一些著名的民间说唱艺人，都曾分别在各处茶馆登台献艺，成都茶馆如图 14－4 所示。

图 14－4　成都茶馆

（二）北京茶馆京韵十足

北京的茶馆充满了“京味儿”。

传统北京茶馆卖茶是把开水与茶叶分开算账的，有的茶馆干脆只供应开水，称作“玻璃”，听凭茶客自带茶叶，“提壶而往，出钱买水而已”。这是与四川茶馆所不同的地方。第二个不同是所卖茶叶，一律是茉莉花茶，俗称“香片”，不像南方茶馆还有红茶、绿茶供应。

在今天，北京的茶馆有千家，其中老舍茶馆是北京的一张“名片”。老舍茶馆的服务是特色的京味儿服务，上至国家元首、下至平民百姓，在这里都能感受到独特的温情。

（三）上海茶楼海派风格

湖心亭茶楼建于清朝。湖心亭茶楼几经岁月洗礼，仍保持原有的风貌，楼顶 28 只角、飞檐斗拱，青瓦红柱，飞禽走兽雕像林立，砖刻瓦刻繁多，一泓碧水九曲长桥，旖旎风光尽收眼底。

湖心亭茶楼位于豫园商业旅游区的中心，与豫园相邻，每日客流量成千上万，其营业收入高居上海同行榜首。

悠久的历史是湖心亭茶楼的一笔永久性财富，作为“百年老店”，它们在硬件上做到建筑保持特色。在经营的品种上，始终以传统茗品为主流，因而享有很好的口碑和品牌效应。由于地处大众消费的城市中心，湖心亭茶楼的宾客既有名流显贵，也有国内外普通游客，更有当地大批喜欢逛城隍庙的老年茶客。于是，茶楼把宾客的消费水平分为三个层次：一是“高档消费层”。茶楼将二楼作为迎合高档消费的场所，茶室布置精美古朴，硬件设计优良，配备高素质服务人员。二是“中档消费层”。一楼以国内游客为主，中档收费，这类宾客要求茶品实惠、场地清洁、服务内容实在。三是“低档消费层”。低档消费主要面向当地社区离退休老年宾客。茶馆每天上午5:30~9：00特别向来这里晨练或散步的老年宾客提供价格低廉的特价茶。

（四）杭州茶楼休闲特色

“上有天堂，下有苏杭。”苏州、杭州是中国江南著名古都，亦是人们旅游、休闲的好去处。

杭州自南宋建都以来，就有各种茶肆分布在都城及西湖四周，明代达到极盛，到了清初，由于政治局面稳定，经济繁荣，出现了“太平父老清闲惯，多在酒楼茶社中”的和平景象。鸦片战争以后，清代国力日衰，政局动乱，茶馆成了悲观消极人们虚度时日和了解信息的场所，因而促使清代茶馆在明代的基础上更加兴盛起来。茶馆成了上至达官贵人、下至挑夫小贩云集的场所。

20世纪以来，龙井茶、虎跑水的闻名以及西湖山水的秀丽，使杭州茶馆业更加欣欣向荣。西湖附近有“三雅园”“藕香居”两大茶馆。城里有“四海楼”“连升阁”“迎宾楼”“碧霞轩”“七重天”等茶馆。另外还有万安桥下的水果行茶店，堂子巷、城头巷的木匠业茶店等以行业划分的专业茶馆。

中华人民共和国成立以后，杭州茶馆业曾一度衰落，进入20世纪90年代，杭州的各式茶馆、茶艺馆、茶楼又骤然兴起。茶馆业的兴起既迎合了人们期望“回归自然，崇尚健康”的心态和时尚，也为弘扬中华茶文化、促进茶经济发展提供了一次机遇。随着杭州旅游业的发展，西湖各风景点无论是玉泉顶峰、云栖竹径，还是灵隐道上，皆有品茗之所——茶室。这些茶室建筑与湖山景色配置相宜，室内装饰美观典雅，以现代的装饰手法将传统的古典元素运用在茶馆的空间设计中，以其强大的视觉冲击、新颖的文化表现力赢得了宾客的喜爱，赢得了市场，再现了中华传统文化灿烂与淡雅并存的美好境界。

思考题

一、选择题

1. 茶艺的核心部分是（　　）。

A. 茶叶的基础知识　B. 茶艺的技术　　C. 茶艺的礼仪　　D. 茶艺的规范

2. 湖心亭茶楼位于（　　）。

A. 北京　　B. 上海　　C. 杭州　　D. 成都

二、问答题

请问茶艺的类型有哪几种？

【经验性训练】

分析不同茶艺类型对宾客服务的针对性。

【实践考核项目】

茶艺解说训练

（一）本项目的考核目的

通过学习，要求同学理解茶艺解说的作用和重要性，明确茶艺解说的形式与类别，掌握茶艺解说的要领。

（二）所需仪器设备和消耗性器材

实践考核项目所需设备和消耗性器材有茶壶、茶杯、茶碗、茶盘、茶盅、茶托等饮茶用具。

（三）实训考核内容与要求

1. 内容

知识性茶艺解说词：将茶艺知识、茶叶知识等基础的茶文化知识融合在一起，随着茶艺的操作进程进行介绍。

2. 要求

（1）朗读各种茶艺表演的解说词。

（2）背诵需要掌握的茶艺程序解说词。

（3）自创茶艺解说词并表演。

（四）实训考核标准

（1）吐字清楚。

（2）茶艺解说要做到语气连贯、内容完整、停顿适当、逻辑清楚。介绍性的解说要做到语气平缓、平稳，切忌时快时慢。

（3）神态要自然，举止要大方得体。表演型的茶艺解说要抑扬顿挫，诗句解说可适当加重语气，语速可稍慢，凸显激情。

（4）茶艺解说要与茶艺操作同步。

第十五章　饮品单的策划与设计

本章概要

本章主要介绍了饮品单的作用、分类、式样以及饮品单的策划、设计、定价。

学习目标

▲ 知识目标

（1）了解饮品单的作用、分类以及式样。

（2）掌握饮品单的策划原则、设计原则以及设计内容。

（3）了解饮品单的定价方法。

▲ 技能目标

（1）能够进行饮品单的策划。

（2）能够进行饮品单的设计。

关键性术语

饮品单　设计原则　策划　饮品单的定价

章首阅读

袁枚与《随园食单》的茶酒单

袁枚（1716—1797），字子才，号简斋，晚年自号随园老人，钱塘（今浙江杭州）人。袁枚30多岁时便辞官，在南京小仓山随园隐居。袁枚是一位有丰富经验的美食家。他的《随园食单》是一部系统地论述烹饪技术和南北菜点的重要著作。

《随园食单》包括须知单、戒单、海鲜单、江鲜单、特牲单、杂牲单、羽族单、水族有鳞单、水族无鳞单、杂素菜单、小菜单、点心单、饭粥单和茶酒单14个“食单”。他用大量的篇幅详细地记述了中国14—18世纪流行的326种南北菜点，也介绍了当时的美酒、名茶。

值得一提的是“茶酒单”一篇，此篇对南北名茶名酒均有所评述，颇有特色。

以下是《随园食单》节选：

金坛于酒

于文襄公家所造，有甜、涩二种，以涩者为佳。一清彻骨，色若松花。其味略似绍兴，而清洌过之。

德州卢酒

卢雅雨转运家所造，色如于酒，而味略厚。

四川郫筒酒

郫筒酒，清洌彻底，饮之如梨汁蔗浆，不知其为酒也。但从四川万里而来，鲜有不味变者。余七饮郫筒，惟杨笠湖刺史木簰上所带为佳。

绍兴酒

绍兴酒，如清官廉吏，不参一毫假，而其味方真。又如名士耆英，长留人间，阅尽世故，而其质愈厚。故绍兴酒，不过五年者不可饮，参水者亦不能过五年。余党称绍兴为名士，烧酒为光棍。

饮品单的策划与设计是一项技术性工作，现在，越来越多的酒吧管理人员认识到，饮品单设计是酒吧服务的重要环节，必须认真对待。

第一节　饮品单概述

一、饮品单的作用

（一）饮品单是酒吧经营计划的执行中心

任何酒吧，不论其类型、规模、档次如何，一般都存在饮品单设计、原料采购、原料验收、原料储存、原料领发、服务、结账收款等业务环节。如果缺少其中某一环节或某一环节运转失灵，那么整个酒吧服务系统就会失去平衡甚至瘫痪。按照以往的模式，酒吧要先建造房屋、购置设备、配备人员，然后才匆匆地拼凑饮品单开始营业。很多人认为酒吧服务营业循环始于饮品原料采购，然而，只要人们对酒吧服务业务环节之间的相互关系稍加分析，就不难发现酒吧服务营业循环的起点是饮品单设计，而不是原料采购或其他环节。因为，饮品单不仅决定了采购的内容，而且支配着酒吧服务的其他业务环节，影响着整个酒吧服务系统。现在，越来越多的酒吧管理人员意识到，饮品单设计是酒吧服务的重要环节。

（二）饮品单是酒吧经营计划的实施基础

饮品单是酒吧经营计划的实施基础，是酒吧服务活动和销售活动的依据，它在很多方面以多种形式支配和影响着酒吧服务系统。

1. 饮品单决定酒吧原料的采购及储存工作

原料的采购与储存是酒吧业务活动中的重要环节，它们受饮品单内容和饮品单类型的影响和支配。饮品单内容决定了酒吧到底采购和储存了哪些原料，饮品单类型在一定程度上决定着采购和储存活动的规模、方法和要求。从数量方面看，饮品单中价格较低、易于推销和销售的饮品便是需大量采购的品种，反之则是仅需小批量采购的品种；同时，不同种类的饮品有不同的储存要求，如啤酒及葡萄酒的储存温度低于烈性酒。饮品单中啤酒、葡萄酒与烈性酒所占比例的不同决定了其储存要求的不同。

2. 饮品单决定了酒吧厨房设备、用品的选购

酒吧选择购置厨房设备、用品，其种类、规格、数量、质量均取决于饮品单上酒水产品的品种和特色。有无食品供应，决定了是否需要采购厨房设备；不同的酒水产品，需要不同的用具及载杯。

3. 饮品单决定调酒师及服务员的选用及培训方向

饮品单的内容和形式标志着酒吧服务的规格水平和风格特色，而体现这些特色和水平，需通过调酒师和服务员的工作来实现。饮品单设计得再好，若调酒师无力调制或服务员不懂如何去服务，也会使饮品单黯然失色。所以，酒吧在配备调酒师和服务员时，应根据酒水产品及其服务要求招聘具有相应技术水平的人员，并进行定向培训，使其工作与酒吧的总体经营设计相协调。

4. 饮品单是酒吧成本控制的依据

一份合适的饮品单，是根据酒吧的经营方针，经过认真分析目标消费者及市场的需求制定出来的。饮品单根据市场竞争状况及消费者的消费能力列出了各种酒水产品及其价格，不同酒水产品的利润率也有所不同，饮品单应包括不同成本及利润率的酒水产品。所以，确定各种酒水产品的成本及饮品单中不同酒水产品品种的数量，是酒吧成本控制的重要环节。

5. 饮品单决定酒吧的主题与风格

从经营角度讲，酒吧装饰的目的是打造酒吧酒水产品的理想销售环境。因此，装饰的主题立意、风格情调及装饰物的陈设、灯光色彩等，都应根据饮品单的内容及其特点来精心设计，以体现酒吧的风格，并达到烘托酒水产品特色的效果。

（三）饮品单是连接消费者与酒吧经营者的桥梁

饮品单是酒吧生产、销售、服务等信息的载体，经营者通过饮品单向消费者展示酒水产品的种类及价格、推销服务、传递企业的经营意图，而消费者则根据饮品单选购自己所需要的酒水产品和服务。所以，饮品单是连接消费者与酒吧经营者的桥梁。

（四）饮品单是酒水产品销售的控制工具

饮品单是管理人员分析酒水产品销售状况的基础资料。管理人员定期对饮品单上每项酒水产品的销量、消费者喜爱程度、消费者对酒水产品价格的敏感程度进行分析和调查，会发现酒水产品生产计划、调制技术、酒水产品定价以及酒水产品选择方面的问题，从而不断改进酒水产品和改善服务质量，使酒吧盈利。

（五）饮品单是酒吧促销的重要载体

酒吧通过饮品单的艺术设计塑造酒吧的形象。一份设计美观的饮品单，能给人以感性的认识和对味觉的刺激，从而勾起消费者的兴趣并影响消费者对酒水产品的选择，促进酒水产品的销售。饮品单扉页上除印制精美的色彩及图案外，还可以配有优美的文字或特殊的祝福语，既增添文化气息，又可以拉近酒吧与消费者之间的距离。在饮品单上印上酒吧的简介、地址、服务内容等信息，以加深消费者对酒吧的了解，也可充分发挥其广告的宣传作用。

二、饮品单的分类及式样

（一）饮品单的分类

按照酒吧的经营特色，饮品单可分为以下几类：

（1）主酒吧饮品单。

（2）大堂酒吧饮品单。

（3）西餐厅饮品单。

（4）中餐厅饮品单。

（5）客房小酒吧饮品单。

（6）娱乐厅饮品单。

（二）饮品单的式样

好的饮品单，其形式、颜色等都要和酒吧的规格、气氛相适应，所以饮品单的式样应不拘一格。饮品单的式样可采用桌单、手单及悬挂式饮品单三种，前两种形式最为常见。从式样上看，饮品单可以折叠成不同的形状，常见的有正方形或长方形，还可以制作成各种特殊的形状，如圆形，或类似圆形的心形、椭圆形等式样。

1. 桌单

桌单是将具有文字、照片等的饮品单折成三角或其他形状，立于桌面，每桌固定一份，消费者一坐下便可自由阅览。这种饮品单多用于以娱乐为主及吧台小、酒水产品品种少的酒吧。这种饮品单内容简明扼要，立意突出，方便消费者浏览阅读。

2. 手单

手单是酒吧里最常见的一种饮品单，常用于经营酒水产品品种多、吧台大的酒吧。在酒吧里，一般等消费者入座后再递上印制精美的饮品单。手单中，活页式饮品单也是可以采用的，活页式饮品单便于调整酒水产品的品种、价格。饮品单内容需要调整时，只要撤换活页就可以了，所以活页式饮品单受到很多酒吧经营者的青睐。酒吧也可将季节性酒水产品用活页式饮品单介绍，定活页结合，给消费者以方便灵活的感觉。

3. 悬挂式饮品单

悬挂式饮品单也是许多酒吧常采用的一种式样，一般在门庭处吊挂或张贴，配以醒目的彩色线条、花边，具有美化环境及广告宣传的双重效果。

三、常用饮品单介绍

各种类型的酒吧因经营特色不同，提供的酒水产品差异很大，饮品单的式样也就风格各异。下面介绍几种常见的饮品单。

1. 主酒吧饮品单

各种主酒吧饮品单（见图 15 – 1）上酒水产品的类别出入不大，但规模大、档次高的酒吧，酒水产品的价格较高，品种也较多；档次低的酒吧，酒水产品的价格较低，品种也少一些。有些酒吧还提供一些简单的快餐、点心和小吃，这些也要反映在饮品单上。

图 15 – 1 各种主酒吧饮品单

2. 餐厅饮品单

餐厅饮品单（见图 15 – 2）要反映消费者享用酒水产品的顺序以及与所点菜品的搭

配。餐厅根据经营方式和类型的不同，有些将饮品单附在菜单上，有些则单独开列。

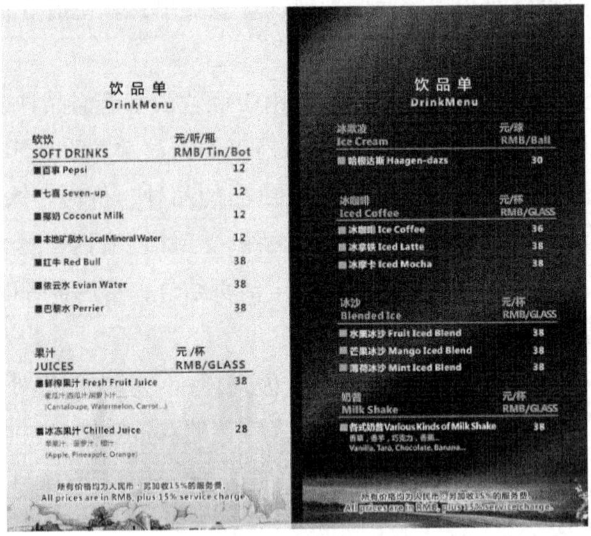

图 15－2　餐厅饮品单

3. 娱乐厅饮品单

娱乐厅饮品单即歌厅、舞厅等娱乐场所的饮品单。这些娱乐场所供应的酒水产品不能影响主要的经营活动，所以饮品单要针对消费者娱乐活动的特点，多提供一些酒精含量较低或无酒精的碳酸饮料、矿泉水、果汁等软饮料以及一些餐前、餐后的混合酒。对于 KTV 包间，因不影响他人，可适当增加一些酒精饮料。娱乐厅饮品单如图 15－3 所示。

图 15－3　娱乐厅饮品单

第二节 饮品单的策划

一、饮品单的策划原则

饮品单是连接消费者和酒吧经营者的桥梁，是酒吧无声的“推销员”，是酒吧管理的重要工具。一份合格的饮品单应反映酒吧的经营特色，衬托酒吧的气氛，为酒吧带来经济效益。同时，饮品单作为一种艺术品，能给消费者留下美好的印象。因此，饮品单的策划绝不仅仅是把一些酒水产品的名称简单地罗列在纸上，而是调酒师、酒吧管理人员、饮品单设计者们集思广益、群策群力的结果。

1. 以消费者需求为导向

任何企业，不论其规模、类型和等级，都不可能具备同时满足所有消费者所有需求的能力和条件，企业必须选择一群或数群具有相似消费特点的消费者作为目标消费者，以便更好、更有效地满足这些特定消费者的需求，并达到有效吸引消费者、提高盈利能力的目的，酒吧也一样。不同消费者的消费特征是不同的，这便是策划饮品单的基本依据。

2. 体现出自己的特色

饮品单是酒吧经营目标的一种反映，如果一个酒吧盲目照搬其他酒吧的饮品单，消费者要么就会对酒水产品的品种意见较大，要么就会其对价格意见较大，从而造成因酒水产品品种的调整影响成本，因价格的调整损害酒吧收益能力的局面。

3. 不断创新以适应新形势

要密切注意消费者对酒水产品口味的变化和时尚流行趋势的变化。面对消费者口味的变化，饮品单的内容也要进行及时的调整，使饮品单始终能反映时代的气息。

4. 形式美观大方

一个好的饮品单其式样和外观都要具有吸引力，饮品单应能第一时间激起消费者的兴趣，使消费者有受欢迎的感觉。

5. 能创造经济效益

酒吧经营的最终目标是获得利润，酒吧营业收入是反映酒吧经营效果的价值指标。这一指标与饮品单定价的高低有直接关系。

6. 量力而行

清楚酒吧内的人力、财力、物力、技术、市场供应等情况，从实际出发，量力而行，才能策划出适合酒吧经营特色的饮品单。

二、饮品单的策划步骤

在策划饮品单时，应遵循以下几个步骤。

（1）明确酒吧的经营策略，确认酒吧的经营方针。

（2）明确市场需求、消费者的消费习惯及消费者对酒水产品价格的接受能力。

只有在及时、详细地调查了解和深入分析目标消费者各种特点和需求的基础上，酒吧才能有目的地在酒水产品品种、规格水准、价格、调制方法等方面进行计划和调整，从而设计出为消费者所乐于接受的饮品单。饮品单策划一般考虑如下因素：

①针对国内外不同的消费者。国外消费者和国内消费者在饮酒习惯上差别很大，因此应根据不同客源制作不同的饮品单。近年来，中国居民的饮酒习惯发生了一些变化，各种软饮料和啤酒逐渐成为人们在酒吧消费的主要饮品，消耗量不断增加。高档次的葡萄酒、鸡尾酒等酒水的主要消费场所，还是集中在服务较多国外消费者的酒吧。

②针对不同类型的消费者。不同类型的消费者有不同的消费习惯，因此，酒吧经营者要研究消费者的年龄结构和消费特点，针对不同类型的消费者制作不同的饮品单。比如，大学生喜爱喝软饮料，年轻白领喜欢喝啤酒等低度酒。

③针对不同类型消费者的不同消费水平。不同类型消费者的消费水平不同，其消费行为也不一样。比如，针对消费水平较低的消费者，饮品单应选择一些较普通的酒水产品。

④针对不同的季节。饮品单制作也应考虑在不同的季节消费者对饮品的不同需求，如冬季消费者偏爱热饮，则饮品单品种应做相应调整，大量供应热饮酒水产品；夏季则应以冷饮酒水产品为主。这样才能满足消费者的消费需求，使酒吧有效地销售其产品。

（3）明确酒水的采购途径、费用、品种和价格。

凡列入饮品单的酒水产品、水果拼盘、佐酒小吃，酒吧必须保证供应，这是一条相当重要但极易被忽视的经营原则。某些酒吧的饮品单上酒水产品及小吃虽然丰富多样，但在消费者需要时常常无法提供，导致消费者失望和不满，也使消费者对酒吧经营管理产生怀疑，直接影响酒吧的形象。这通常是原料供应不足所致，所以在策划饮品单时就必须充分掌握各种原料的采购途径、费用、品种和价格。

（4）明确酒水的基本情况。

酒吧工作人员要明确酒水的品名、特点、级别、产地、年限及制作工艺。

（5）明确酒水的成本、售价及企业合理的利润。

酒水产品作为商品是为销售而配制的，所以其销售应考虑该酒水产品的成本与价格。成本与价格太高，消费者不易接受，该酒水产品就会缺乏市场；如果压低价格，则会影响利润，酒吧又可能亏损。因此在策划饮品单时，必须考虑成本与价格及合理利润的因素。从成本的角度来说，虽然酒水产品在销售时已确定了标准的成本率，但并不是每一种酒水产品都符合标准成本率。在制定饮品单时，既要注意一种酒水产品中高低成本的品种搭配，也要注意一张饮品单中各种酒水产品高低成本的品种搭配，以便制定有利于竞争和市场推销的价格，并保证在整体上达到目标毛利率。

（6）选择恰当的纸张。

选择恰当的纸张，认真地对饮品单进行策划和设计，写出酒水产品的名称、价格、销售单位等内容。

（7）做好记录。

定时评估、改进饮品单，将消费者购买率低的酒水产品品种去掉，重新策划出消费者喜爱的酒水产品。饮品单的制作不能一成不变，应随消费者的消费需求及酒吧销售情况的变化而改变，即动态地制作饮品单。如果消费者对混合饮料的消费量大，就应扩大此类酒水产品的种类；如果消费者对咖啡的消费量大，就可以将单一的咖啡品种扩大为咖啡系列，同时将那些消费者很少点的，或根本不点而又对储存条件要求较高的酒水产品从饮品单上删除。

三、饮品单的策划内容

通常，饮品单策划的内容包括酒水产品的分类、名称、价格、销售单位（瓶、杯、盎司）、酒水产品的介绍等。目前，有许多饭店在各种酒吧中都使用同一种饮品单，其目的是便于管理和节省开支。

（一）酒水产品的分类

对于饮品单中的各种酒水产品，应按照它们的特点进行分类，然后再分类别列出各种酒水产品。一些酒吧按照人们用餐时饮用酒水的习惯，将酒水分为开胃酒、餐酒、烈性酒、鸡尾酒、利口酒和软饮料等类别，然后在每一类酒水中再挑选适当数量的有特色的酒水。饮品单上每个类别的酒水产品不要太多，否则会影响消费者的选择，也会使酒水产品失去特色。根据统计，饮品单中的酒水产品最多分为 20 类。每类 4 ~ 10 个品种，并尽量使每个类别的数量保持平衡。

越是高档酒吧的饮品单，其酒水产品的分类越详细。例如，有些酒吧将威士忌分为普通威士忌、优质威士忌、波本威士忌和加拿大威士忌；将白兰地分为普通科涅克和高级科涅克；将鸡尾酒分为短饮鸡尾酒和长饮鸡尾酒；将无酒精饮品分为茶、咖啡、果汁、汽水和混合饮料 5 大类；再加上其他酒水产品，饮品单上共计约有 20 种酒水产品类别。这种详细分类的优点是便于消费者选择酒水产品，消费者观看饮品单时可以一目了然。同时，各种酒水产品的品种和数量平衡，也会使饮品单显得规范、整齐，容易阅读，方便消费者选择酒水产品。

（二）酒水产品的名称

酒水产品的名称是饮品单的中心内容，酒水产品的名称直接影响消费者对酒水产品的选择。在制作饮品单时酒水产品的名称要做到以下几点：

（1）名称要真实，尤其是要确保鸡尾酒名称的真实性。

（2）名称要通俗易懂，尽量不要用生僻字。酒水产品的名称除沿袭习惯用名外，新酒水产品的起名应注意贴切、易懂和文字优美等几个方面。命名酒水产品时，可按该酒水产品的原材料、配料、调制出来的形态命名；也可按该酒水产品的口感冠以别致的名称。夸张的酒水产品名称、不符合质量要求的酒水产品必然是不受欢迎的，尤其是鸡尾酒，一定要符合其名称和配方。

（3）饮品单上的外文名称和中文名称一定要确保准确，这是饮品单上的重要部分，不能忽视，否则消费者会对饮品单失去信任，降低饮品单的营销效果，酒吧形象也会受到影响。

（三）酒水产品的价格

价格在任何情况下都是个敏感的问题，虽然消费者在酒吧中消费主要是为了精神享受，但也必然会考虑到“物有所值”的问题和自身的消费能力，如果不知道价格，消费者便会无所适从。通常可以看到，在餐厅中标着“时价”的菜品，消费者很少下单，道理是一样的。所以，在饮品单上，各类、各品种的酒水产品应该明确地注明价格，让消费者做到心中有数，自由选择。如果在酒吧服务中加收服务费，则必须在饮品单上加以注明；若酒水产品有价格变动应立即更改饮品单，否则，饮品单将失去推销的功能，也可能在结账时引起纠纷。

（四）酒水产品的销售单位

所谓酒水产品的销售单位是指饮品单上注明的计量单位，如瓶、杯等。酒水产品的销售单位是饮品单上不可缺少的内容之一，应详细注明，以免使消费者产生异议。一般情况下，酒水产品的销售单位都标在价格的右侧。目前，许多优秀的酒吧已经对一些酒水产品的销售单位进行了更详细的标注，如对白兰地、威士忌等烈性酒注明其销售单位为 1 盎司（oz），对葡萄酒注明其销售单位为杯（Cup）、1/4 瓶（Quarter）、半瓶（Half）、整瓶（Bottle）等。

（五）酒水产品的介绍

酒水产品的介绍是饮品单上对某些酒水产品的解释或介绍，目前国内大多数饮品单中缺少对酒水产品的介绍。只知酒水产品的名称、销售单位、价格，而不知其内容及特征，这也会让消费者望而却步。所以，对于某些新推出的或进口的酒水产品，应做一个简单的介绍，让消费者了解其特征、口味及饮用方法，尤其是对鸡尾酒的介绍，可以使消费者在短时间内完成对酒水产品的选择，从而提高服务效率。对一些特色的酒水产品可配彩图，以增强直观感受，这是宣传推销的有效方法。

（六）葡萄酒名称代码

酒吧会在饮品单上标有葡萄酒的代码。这是酒吧管理人员为方便消费者选择葡萄酒，方便调酒师和服务人员提供酒水服务而设计的代码。由于葡萄酒来自许多国家，其名称很难识别和阅读，以代码代替葡萄酒名称，能够方便消费者点单，提高服务员的服务效率，从而增加葡萄酒的销售量。

（七）广告信息

酒吧会在饮品单上注明酒吧的名称、简介、地址、联系电话、服务内容、营业时间、业务联系人等信息，以增加消费者对酒吧的了解，使饮品单成为连接消费者和酒吧经营者的桥梁。

第三节 饮品单的设计

一、饮品单的设计原则

饮品单的设计是酒吧管理人员、调酒师及艺术家对饮品单的形状、颜色、字体等内容进行设计的过程。饮品单有吸引力、美观并体现酒吧或餐厅的特色，不仅便于消费者选择酒水产品，也可以提高酒水产品的销售量和酒吧的服务效率。优秀的饮品单设计必须注意酒水产品的排列顺序、饮品单的尺寸、饮品单的色彩、字体的选择、饮品单的外观及图片的应用等。在设计饮品单时应遵循以下两个原则。

1. 饮品单设计要标准化

饮品单是一个酒吧对外推销和宣传的最佳工具，因此饮品单的设计不仅要与酒吧的档次、风格相适应，而且必须注意一些规范化、标准化的要求。标准化饮品单的内容要完整，字体要便于认读。标准化饮品单在设计上还必须体现出艺术性和技术性完美结合的特点，印刷清晰，整洁漂亮，具有一定的广告宣传和促销作用。

2. 饮品单设计要体现酒吧特色

饮品单的设计要具有一定的特色，体现酒吧的良好形象，对消费者具有吸引力。

二、饮品单的设计内容

（一）饮品单的色彩

色彩对于饮品单有着多种作用，使用色彩可使饮品单更动人、更有趣味。制作彩色酒水产品照片，使酒吧经营的酒水产品更具吸引力。

利用色彩设计饮品单，方法也比较简便。可以用一种颜色加黑色，也可以用多种颜色。究竟以几种颜色为宜，这要视成本和经营者所希望产生的效果而定。颜色种类越多，印制的成本就越高。

色彩会使饮品单产生所需的某种效果。如果饮品单的折页、类别标题、酒水产品实例照片用了许多鲜艳色，便体现了娱乐型酒吧的特点；少用鲜艳的色彩，多采用柔和清淡的色彩，如淡棕色、浅黄色、象牙色、灰色加黑色，饮品单就会显得简约，这是一些高档酒吧饮品单的典型用色。饮品单设计中如使用两色，最简便的方法是将类别标题印成彩色，如红色、蓝色、棕色、绿色或金色，具体酒水产品名称用黑色印刷。还有一种方法是利用彩色纸，其中包括金色、银色、铜色等，如果饮品单上文字多，为增加饮品单的易读性，彩色纸的底色不宜太深。

为饮品单增添色彩，还有一个简单且便宜的办法，就是采用宽色带，不论是纵向粘在封面上还是横向包在封面上，都能增加饮品单的色彩。

需要注意的是，运用色彩于饮品单上一般的原则是只能允许将少量文字印成彩色，因为将大量的文字印成彩色，可能会妨碍消费者阅读。

（二）饮品单的用纸

为了使饮品单更精美耐用，选择哪种纸张印刷饮品单也很值得下功夫，一般来说，饮品单的印刷从耐用和美观考虑应使用重磅的涂料纸。这种纸张通常用来制作封面，它经过特殊处理，耐水、耐脏，使用时间也较长。

选择恰当的饮品单用纸，其复杂程度并不亚于选择恰当的盘碟，这里涉及纸张的性能和美观问题，如纸张的强度、折叠后形状的稳定性、不透光度、油吸收性、光洁度和白皙度等。此外，纸张还存在着质地差异，有表面粗糙的，也有表面十分细腻光滑的。由于饮品单总是拿在手里阅读，所以纸张的质地或“手感”也是个重要的问题。

纸色有纯白、柔和素淡、浓艳重彩之分，采用不同纸色，会给饮品单增添不同的特色。此外，纸可以用多种方法折叠成不同的形状，除了可切割成最常见的正方形或长方形外，还可以制作成各种特殊的形状。

（三）饮品单的尺寸

饮品单的尺寸和大小是饮品单设计的重要内容之一，饮品单的尺寸太大，消费者拿着不方便；尺寸太小，又会造成文字太小或文字过密，妨碍消费者的阅读，从而影响酒水产品的销售。实践表明，比较理想的饮品单尺寸是20cm×12cm。

（四）酒水产品的排列顺序

许多饮品单中酒水产品的排列顺序都是根据消费者目光集中点的推销效应，将重点推销的酒水产品排列在饮品单的第一页或最后一页以引起消费者的注意。但是，也有酒吧经营者认为，按照人们的用餐习惯顺序排列酒水产品更具有推销力度。

（五）饮品单的字体

饮品单的字体应方便消费者阅读，并给消费者留下深刻印象。饮品单上各类酒水产品一般使用中英文对照，以阿拉伯数字排列编号和标明价格。字体要端正，使消费者在酒吧的光线下容易看清。各类酒水产品的标题字体应与其他字体有所区别，一般为大写英文字母，而且采用深色或彩色字体，既美观又突出，所用外文都要根据标准词典的拼写法统一规范。

（六）饮品单的页数

饮品单一般是4～8页，许多饮品单只有4页内容，外部用朴素而典雅的封皮装饰。有些饮品单只是一张结实的纸张，被折成正折，共6页，其中外部3页是各种鸡尾酒的介绍并带有彩色图片，内部3页是各种酒水产品的目录和价格。有些饮品单共8页，在这8页中列有各种酒水产品的名称、价格等信息。

（七）饮品单的更换

饮品单的酒水产品、销售单位、价格等需要更换时，严禁随意涂去原来的项目或价格，如随意涂改，一方面会破坏饮品单的整体美，另一方面会给消费者造成错觉，认为酒吧在经营管理上不稳定或太随意，从而影响酒吧的形象。所以，如需更换，要更换整个饮品单或重新制作，对某类可能会更换的项目也可采用活页装订。

第四节 饮品单的定价

一、饮品单的定价观念

饮品单定价是饮品单设计的重要环节。饮品单上每种酒水产品的定价是否合适，往往影响酒吧的销售状况，影响酒吧的竞争力和市场占有率。因此，饮品单定价时要遵照价格反映产品价值、适应市场供求规律、综合考虑酒吧内外因素及灵活机动的原则，合理定价。

（一）饮品单定价的整体观念

价格不是一个独立的因素，其与酒吧营销的其他因素互相影响，相辅相成。一方面，酒吧既定的营销目标、促销手段都要求有相应的价格与之协调；另一方面，酒吧的决策、经营又以一定的价格水平作为条件。价格的变化及执行，会对整个酒吧营销产生深刻的影响。因此，饮品单定价必须从整体出发，既要适应酒吧外部环境因素，特别是消费者需求和市场竞争因素的要求，又要服从酒吧制定的经营目标。也就是说，饮品单的定价，必须综观全局，在酒吧整体营销观念的指导下进行。

（二）饮品单定价的策略观念

酒吧在进行饮品单定价时，首先必须明确目标市场，即为哪一类消费者服务。确定了具体的服务对象，才能根据实际情况和要求制定价格。其次是酒水产品的定位，即明确提供何种酒水产品及该酒水产品在同类酒吧市场所处的地位。最后，当明确了目标市场和酒水产品定位后，可以使用相应的定价策略。酒吧常用的定价策略有：撇脂定价策略、渗透定价策略、短期优惠定价策略。

1. 撇脂定价策略

当酒吧开发新酒水产品时，将价格定得很高，以获取高额利润；当别的酒吧也推出同样酒水产品而消费者又开始拒绝高价时再降价。这种定价策略往往是价格在施行一段时间后要逐步降价。这种定价策略运用于酒吧新开发的酒水产品，新开发的酒水产品独特性强，竞争者难以模仿，尝试新开发的酒水产品的消费者一般对价格敏感度低。采取这种定价策略能在短期内获取尽可能大的利润，尽快回收投资资本。但是，由于这种定价策略能使酒吧获取高额利润，因而会很快吸引竞争者，引起激烈的竞争，从而导致价格下降。

2. 渗透定价策略

在市场有同类酒水产品的情况下可将酒水产品的价格定得很低，目的是使酒水产品迅速地被消费者所接受，使酒吧能迅速打开和扩大市场，尽早在市场上取得领先地位。酒吧由于获利低而能有效地防止竞争者挤入市场，使自身能长期占领市场。渗透定价策略用于酒水产品竞争性大、容易模仿且消费者的需求价格弹性较大的新产品。

3. 短期优惠定价策略

许多酒吧在开张初期开发新酒水产品时，暂时降低酒水产品价格使酒吧或新酒水产品迅速进入市场，为消费者所了解。短期优惠定价策略与渗透定价策略不同，它在酒水产品的引进阶段完成后就可提高价格。

（三）饮品单定价的目标观念

酒吧定价必须选择一定的目标为定价的出发点。

1. 以取得满意的投资报酬率为目标

这主要是考虑酒吧的投资回收及期望利润来制定价格。

2. 以保持或扩大市场占有率为目标

这主要是指以价格手段来调节酒吧产品在市场中的销售量，使价格较容易吸引更多消费者，使酒吧市场占有率上升。

3. 以应对竞争或免竞争为目标

价格是竞争的重要手段之一。在酒吧业迅速发展的今天，饮品单定价必须考虑竞争因素。

4. 以追求长期最大利润为目标

立足酒吧的长期最大利润来定价。要实现这一目标，不能只顾眼前利益，一味以高价追求短期最高利润，而应根据不同的市场情况和营销组合因素，灵活定价，使其总体上长远发展并达到利润最大。

二、影响饮品单定价的因素

在市场经济的条件下，为使酒吧在竞争中立于不败之地，在制定价格时，要仔细地研究影响定价的多方面因素。在众多的因素中，成本和费用为最根本的因素。酒吧确定酒水产品的价格时首先要确保酒吧能够保本并且能获得一定的利润，还要考虑消费者的因素、酒水产品的竞争状况以及对酒水产品价格有影响的其他因素。

（一）成本和费用因素

成本和费用是确定价格的重要因素。制定饮品单价格的管理人员要掌握酒水产品成本和费用的特点，密切关注影响成本和费用变动的因素，采取相应的价格措施降低成本和费用，使价格具有竞争力。

1. 酒水产品成本的构成

（1）酒水产品成本。酒水产品成本是酒吧酒水产品价格的主要组成，主要指酒水产品的购进价，占价格的比例很大。一般而言，档次越高的酒吧，其原料成本率越低，通常是售价的30%。档次低的酒吧原料成本率较高，有的超过70%。酒水产品中零杯酒和混合饮料的成本率要低于整瓶酒。掌握酒吧酒水产品中原料的成本应占售价比例的大小，是饮品单酒水产品定价的主要基础。

（2）酒水产品费用的构成。在饮品单产品定价时还需要考虑费用，费用是酒吧经营所需要的一切费用，包括人工费、折旧费、水电燃料费、维修费、经营用品费等。

2. 酒水产品成本和费用的特点

（1）变动成本较高，固定成本较低。变动成本是酒吧销售总额随着酒水产品销售数量的增加按正比例增加的成本，即饮料的原料成本以及燃料费、经营用品（如餐巾纸、火柴等）费、水电费、人工费等，其中有一部分随酒水产品销售数量变动而变动；而固定成本是不随酒水产品销售数量的变动而变动的。在酒水产品中，折旧费、大部分人工费等不随酒水产品销售数量的变动而变动。低档酒吧变动成本比例略高，而高档酒吧固定成本比例略高。酒水产品中哪些是变动成本、哪些是固定成本及其各自所占比例，对于定价具有十分重要的意义。如果变动成本占酒水产品价格的70%，那么价格折扣率最大不能超过30%，否则，每多销售一份酒水产品会减少一份酒吧的利润。

（2）可控成本高，不可控成本低。除了酒吧不能完全控制原料进价之外，酒水产品成本的高低还取决于对采购、加工、调制和销售各个环节的控制。在费用中除了折旧和维修费用之外，其他各项费用均可以通过严格的管理来控制并设法减少。在饮品单定价时要掌握哪些成本和费用是可以控制的，并通过控制，对其进行影响，这有利于饮品单价格水平的稳定。

3. 影响成本和费用变动的市场因素

在成本和费用中，有很多因素是管理人员无法控制的，如原料成本和营业费用中受物价指数和通货膨胀率影响变动的部分，当物价上涨时，各种原料的价格、水电费、燃料费、职工的工资都会相应提高；同时，消费者的口味变化也会导致酒水产品原料价格的变动，比如，近年来，消费者开始喜欢天然的果汁和矿泉水，致使其价格上升，而消费者对高酒度白酒的冷淡也造成了高酒度白酒价格的下降。管理人员要注意这些影响因素，关注市场行情，并制定相应的定价策略，以灵活的价格来适应这些变化，使酒吧不受或少受损失。

（二）消费者因素

酒水产品价格的制定仅考虑成本和费用因素是不够的，因为这种价格往往不一定能被消费者接受，因此酒吧酒水产品的定价还要考虑消费者因素。

1. 消费者对酒水产品价值的评估

酒吧酒水产品的成本和费用并不是饮品单定价的唯一因素。饮品单定价还取决于消费者对酒水产品价值的评估。消费者认为价值高的酒水产品，其价格可以定得高一些；反之，可以定得低一些。一般来说，消费者对酒吧酒水产品价值的评估是根据以下几点进行的。

（1）酒水产品的质量。

（2）服务质量。

（3）环境和气氛。

（4）酒吧地理位置。

2. 考虑消费者对酒水产品的支付能力

不同类别的消费者对酒水产品的支付能力不同，例如，收入高的消费者支付能力强，学生及收入较低的职员，其支付能力相对就弱。管理人员要针对消费者的支付能力，制定相应的价格。

3. 研究消费者光顾酒吧的目的

消费者光顾酒吧的目的不同，愿意支付的酒水产品价格也各不相同。消费者光顾酒吧的动机主要有：同朋友叙旧、娱乐消遣、品尝酒水产品等。

管理人员研究消费者光顾酒吧不同动机的价格心理，采用不同的酒水产品和价格策略去迎合消费者的需求，这样的经营才会成功。

4. 其他因素

还有许多其他因素影响消费者对价格的承受程度，例如，消费者光顾酒吧的频率、结账方式、酒吧竞争对手、同种饮品价格等。

总之，管理人员要研究各种消费者因素对价格的影响，以采取相应的价格策略。

（三）竞争因素

酒吧业的市场竞争非常激烈，而价格往往是影响竞争能力的重要因素。认真地研究酒吧和酒水产品的竞争状况和相对的竞争地位，采取相应的价格策略，才能使酒吧和酒水产品在竞争中生存下去并战胜竞争对手。

1. 研究酒水产品的竞争形势

管理人员要分析本酒吧酒水产品所面临的竞争形势。竞争越激烈，价格的需求弹性越大。只要价格稍有变动，需求量变化就很大。若酒水产品处于十分激烈的竞争形势下，酒吧通常只能接受市场的价格。

2. 分析酒吧酒水产品所处的竞争地位

酒吧酒水产品的竞争来自以下两个方面：

（1）同一地区内同类酒吧酒水产品间的竞争。酒吧经营项目越相似，档次越接近，相互间的竞争就越激烈。在这种情况下，只依照成本费用定价是不适宜的，应把竞争状况考虑进去，既可以采用略低一点的价格争取消费者，也可以在保持原来价格不变的基础上提高服务质量，提高声誉，吸引消费者。

（2）同一地区内不同类酒吧酒水产品间的竞争。消费者一般会受新的服务方式的吸引，追求新的享受和乐趣。这就有必要对饮品单定价做全面的调整，稳住既有消费者，争取新消费者。

3. 分析竞争对手对本酒吧定价策略的反应

在制定定价策略、调整价格之前要分析竞争对手对本酒吧酒水产品价格的反应。如果酒吧为增加销售数量而想降低酒水产品价格的话，先要研究竞争对手将会采取什么应对措施，分析他们是否也会降价，从而引起价格竞争。如果原料进价上涨，酒吧拟对饮品单价格做出大幅度上调的话，也要分析竞争对手将会采取什么措施。

三、饮品单的定价方法

（一）以成本为基础的定价方法

以成本为基础的定价方法是酒吧在饮品单定价时常用的方法，在具体使用中又可分为以下四种方法。

1. 原料成本系数定价法

原料成本系数定价法，首先要算出每份酒水产品的原料成本，然后根据成本率计算售价。

售价 = 原料成本额 ÷ 成本率

成本系数是成本率的倒数。国内外很多餐饮企业运用成本系数法定价。因为乘法比除法容易运算，如果经营者计划其成本率是 40%，那么成本系数即为 1 ：0.4，即 2.5。

原料成本系数定价法公式转化为：

售价 = 原料成本额 × 成本系数

以该法定价需要两个关键数据：一是原料成本额，二是成本率。通过成本率便可以算出成本系数，原料成本额由酒水产品实际调制过程中使用情况汇总得出。

【例 1】已知一杯啤酒的成本为 4 元，计划成本率为 40%，则其售价应为多少元？

成本系数为

1 ÷ 40% = 2.5

一杯啤酒的售价为

4 × 2.5 = 10（元）

另外，确定鸡尾酒售价时，首先根据配方算出每种成分的标准成本，然后加总之后再除以成本率。

为方便计算，酒吧常常对每杯或按盎司出售的同类酒水产品定以相同的价格。具体的方法是，以软饮料为例，将雪碧、可乐等软饮料的进价汇总，除以成本率，再除以软饮料的种类即可得到售价。

【例 2】酒吧常用的果汁有 5 种，橙汁、柠檬汁、菠萝汁、西柚汁和番茄汁，在确定成本率为 25% 以后，酒吧每杯常用果汁进价如表 15 - 1 所示，则每杯常用果汁的售价应为多少元？

表 15 - 1　　酒吧每杯常用果汁进价

项目	进价（元）
橙汁	1.20

续 表

项目	进价（元）
柠檬汁	1.20
菠萝汁	1.50
西柚汁	2.00
番茄汁	1.60
合计	7.50

每杯常用果汁的售价 = 原料成本额 ÷ 成本率 ÷ 5 = 7.50 ÷ 25% ÷ 5 = 6.00（元）

2. 毛利率定价法

销售价格 = 成本 ÷ （1 − 毛利率）

毛利率是根据经验或经营要求确定的，故也称计划毛利率。

【例3】一盎司的威士忌成本为7元，如计划毛利率为80%，则其销售价格为多少？

7 ÷ （1 − 80%） = 35（元）

这种方法一般只考虑酒水产品的原料成本，不考虑其他成本因素。

3. 全部成本定价法

销售价格 = （每份酒水产品的原料成本 + 每份酒水产品的人工费用 + 每份酒水产品的其他经营费用） ÷ （1 − 要达到的利润率）

每份酒水产品的原料成本可直接根据饮用量计算得出；每份酒水产品的人工费用（服务人员费用）可由人工总费用除以饮用的酒水产品份数得出，也可由此办法计算出每份酒水产品的其他经营费用。

【例4】某鸡尾酒每份原料成本为6元，每份人工费用为0.6元，每份其他经营费用为1.2元，计划经营利润为30%，营业税率为5%，则该鸡尾酒每份售价为多少元？

（6 + 0.6 + 1.2） ÷ （1 − 30% − 5%） = 12（元）

4. 量、本、利综合分析定价法

量、本、利综合分析定价法是根据酒水产品的成本、销售情况和盈利要求综合定价。其方法是将饮品单上所有的酒水产品根据销售量及其成本分类，每一款酒水产品总能被列入下面四类中的一类：①高销售量，高成本；②高销售量，低成本；③低销售量，高成本；④低销售量，低成本。虽然第②类酒水产品是最容易使酒吧盈利的，但实际上，酒吧出售的酒水产品四类都有。这样，在考虑毛利的时候，把第①、第④类的酒水产品的毛利定得适中一些，而把第③类酒水产品加较高的毛利，第②类酒水产品加较低的毛利，然后根据毛利率定价法计算饮品单上的酒水产品价格。这一方法综合考虑了消费者的需求（表现为销售量）和酒吧成本、利润之间的关系。

酒水产品价格还取决于市场均衡价格，若价格高于市场价格，酒吧就等于把消费者推给了别的酒吧；但若大大低于市场价格，酒吧盈利就会减少，甚至会亏损。因此，在定价时，可以经过调查分析或估计，综合以上各因素，把饮品单上的酒水产品进行分类，加上适当的毛利率。有的取较低的毛利率，如20%；有的取较高的毛利率，如80%；还有的取适中的毛利率。这种高、低毛利率也不是固定不变的，在经营中可随机适当调整。

量、本、利综合分析定价法看上去比较复杂，有一定难度，但经过经营者的一些调查分析，综合考虑多种因素之后所确定的价格必定是比较合理的；而且，这些市场调查分析的结果能使酒吧经营服务不断得到改进。

（二）以竞争为中心的定价方法

价格是酒吧增强竞争能力、提高市场销售率的有效手段，以竞争为中心的定价方法就是密切注视和追随竞争对手的价格，以达到保持和扩大酒吧市场占有率和提高销售量的目的。

1. 随行就市法

这是一种最简单的定价方法，即把同行的饮品单价格为己所用。使用这种方法要注意以成功的饮品单为依据，避免参考同行不成功的定价。这种定价方法有很多优点，如定价简单，容易被一部分消费者接受；方法稳妥、风险小，易于与同行协调等。

2. 竞争定价法

这是以竞争对手的售价为定价依据的方法。

（1）最高价格法。最高价格法是在同行业的竞争对手当中，同类酒水产品总是高出竞争对手的价格的方法，该定价法要求酒吧具有一定的实力，即尽可能地提供良好的酒吧环境，提供一流的服务和一流的酒水产品，以质量取胜。

（2）同质低价法。对同样质量的同类酒水产品和服务定出低于竞争者的价格，该方法能够提高经营效率，实行薄利多销，既能最大限度地满足消费者的需求，又使酒吧有利可图。

（三）考虑需求特征的定价方法

在一般情况下，市场对酒吧酒水产品的需求量同价格高低成反比，即价格高则需求量小，价格低则需求量大。然而，酒吧类型与酒水产品的不同使其具有的需求特征也不相同，下面是针对不同需求特征的几种定价方法。

1. 声誉定价法

这种定价方法以注重社会地位、身份的消费者的需求特征为基础，这类消费者要求酒吧的环境好、档次高、服务质量好、酒水产品知名度高。酒水产品的价格是反映酒水产品质量和个人身份的一种标志。针对这类消费者，酒水产品价格应定得高一些，这种定价方法常用于高档酒吧。

2. 抑制需求定价法

酒吧中某些大众酒水产品成本低，需求大。如果对它的定价会影响到其他酒水产品的消费，那么，对这类酒水产品一般采用抑制需求的方法，即把价格定得非常高。

3. 诱饵定价法

对一些能对其他酒水产品起连带需求作用的酒水产品和小吃，酒吧采用低价定价法来吸引消费者光顾，起到诱饵作用。

4. 需求反向定价法

许多酒吧在给酒水产品定价时，首先调查消费者愿意接受的价格。以消费者愿意支付的价格作为出发点，然后反过来调节酒水产品的配料数量和品种，调节成本，使酒吧获利。

思考题

一、选择题

1. 原料成本系数定价法，首先要算出每份酒水产品的原料成本，然后根据成本率计算售价，即售价 = （　　） ÷成本率。

A. 成本　　B. 原料数量　　C. 毛利率　　D. 原料成本额

2. 比较理想的饮品单尺寸是（　　）。

A. 20cm × 12cm　　B. 25cm × 15cm　　C. 35cm × 20cm　　D. 20cm × 15cm

3. 已知某白兰地酒每份成本为 6 元，如计划成本率为 40%，其每份售价应为（　　）元。

A. 14　　B. 15　　C. 16　　D. 17

4. 某鸡尾酒每份原料成本为 8 元，每份人工费用为 1 元，每份其他经营费用为 1.4 元，计划经营利润为 30%，营业税率为 5%，每份售价为（　　）元。

A. 14　　B. 15　　C. 16　　D. 17

5. 一盎司的威士忌成本为 8 元，如果毛利率为 80%，则其销售价为（　　）元。

A. 30　　B. 35　　C. 40　　D. 45

二、问答题

1. 饮品单的作用有哪些？

2. 按照酒吧的经营特色，饮品单可以分为哪几类？

3. 影响饮品单定价的因素有哪些？

【实践考核项目】

1. 实训内容

（1）学生按照教师给出的数据用毛利率定价法和原料成本系数定价法进行酒水产品价格的计算。

（2）饮品单的策划与设计。

2. 实施目的

了解饮品单的分类及式样，掌握饮品单的策划、设计、定价，分组制作饮品单，提高学生的实际动手能力和创新能力。

3. 实训内容

（1）所需理论知识：饮品单的分类方法，饮品单的策划原则、步骤和内容，饮品单的设计原则和内容，饮品单的定价观念和方法。

（2）所需仪器设备和消耗性器材：纸、图片、彩笔、计算器、尺子、小刀。

（3）实训考核内容与要求。

①实训内容：酒水产品的选择、饮品单内容安排、饮品单制作。

②实训要求：学生4人一组，提交一份有实用价值的、可操作性强的纸质饮品单。

4. 实训考核标准

饮品单制作考核评分表

班级________ 姓名________ 序号________ 分数________

标准	分数（分）	得分（分）
主题明确，设计美观	5	
式样别致，内容完整	5	
定价合理	5	
有实用价值，可操作性强	5	

考核时间：　年　月　日　　　　考评教师签名：________

参考文献

［1］单铭磊．酒水与酒文化［M］．2版．北京：中国财富出版社，2015.

［2］兰迪·穆沙．啤酒圣经［M］．高宏，王志欣，译．北京：机械工业出版社，2014.

［3］日本枻出版社．清酒［M］．陈泽宇，译．海口：南海出版公司，2018.

［4］颜坤琰．名人与啤酒［J］．中国食品，1987（5）：36－37.

［5］冯金．日本清酒文化漫谈［J］．现代交际，2013（5）：54－55.

［6］马艳波，程跃．清酒与日本原生文化关系研究［J］．酿酒科技，2014（12）：106－108.

［7］顾复昌．清酒——日本国家的名酒［J］．酿酒科技，2001（1）：81－82.

［8］C. R. 格雷戈里．干邑鉴赏手册［M］．陆韬，译．上海：上海科学技术出版社，2000.

［9］尼古拉斯·费尔．干邑白兰地：燃烧500年的传奇［M］．古炜耀，译．广州：南方日报出版社，2009.

［10］邱德夫．威士忌学［M］．北京：光明日报出版社，2019.

［11］蒋雁峰．中国酒文化［M］．长沙：中南大学出版社，2013.

［12］张文学，赖登燡，余有贵．中国酒概述［M］．北京：化学工业出版社，2011.

［13］肖冬光，赵树欣，陈叶福，等．白酒生产技术［M］．2版．北京：化学工业出版社，2011.

［14］来安贵，赵德义，曹建全，等．海昏侯墓出土蒸馏器与中国白酒的起源［J］．酿酒，2018，45（1）：11－15.

［15］本刊讯．"中国蒸馏酒产业技术创新战略联盟"在京宣告成立［J］．酿酒，2017，44（6）：2.

［16］王猛，仪德刚．元代蒸馏酒制作技艺及其现代调查研究［J］．农业考古，2016（3）：197－201.

［17］冯恩学．中国烧酒起源新探［J］．吉林大学社会科学学报，2015，55（1）：163－170，176.

［18］黄以华．古代文人与酒［J］．中国工会财会，2014（10）：56.

[19] 郝光岭. 低度清香型白酒用酒头酒尾勾调效果好 [J]. 酿酒, 1990 (6): 32 - 33.

[20] 潘学森, 刘民万, 闫涛. 如何正确饮用酱香型白酒 [J]. 酿酒, 2017, 44 (3): 5 - 7.

[21] 姚应泰, 孙振. 商榷当前洋酒生产中的几个问题 [J]. 酿酒科技, 1996 (2): 90 - 91.

[22] 陈君慧. 中华酒典 [M]. 哈尔滨: 黑龙江科学技术出版社, 2012.

[23] 费多·迪夫思吉. 酒吧圣经 [M]. 龚宇, 译. 上海: 上海科学普及出版社, 2006.

[24] 张海玲, 易红燕, 王高社. 酒水知识与调酒技能 [M]. 长沙: 湖南师范大学出版社, 2016.

[25] 吴振鹏. 葡萄酒品鉴一本就够 [M]. 北京: 中国纺织出版社, 2015.

[26] 樊丽丽. 茶技茶艺与茶馆经营全攻略 [M]. 北京: 中国经济出版社, 2008.

[27] 刘勤晋. 茶文化学 [M]. 北京: 中国农业出版社, 2005.

[28] 田海娟. 软饮料加工技术 [M]. 3 版. 北京: 化学工业出版社, 2018.

[29] 张瑞菊, 王林山. 软饮料加工技术 [M]. 北京: 中国轻工业出版社, 2007.

[30] 周敏慧, 周媛媛. 酒水知识与调酒 [M]. 北京: 中国纺织出版社, 2009.

[31] 单铭磊. 调酒与酒吧管理 [M]. 北京: 北京大学出版社, 2012.

[32] 单铭磊. 酒水与酒文化 [M]. 北京: 中国物资出版社, 2011.

[33] 张丽娜. 茶艺实训教程 [M]. 北京: 科学出版社, 2018.

[34] 刘勤晋. 茶馆与茶艺 [M]. 北京: 中国农业出版社, 2007.